U0691316

本丛书系国家哲学社会科学基金项目“现代性的维度及其当代命运”（04BZX009）成果

微观政治哲学研究丛书

衣俊卿　主编

福柯微观政治哲学研究

赵福生◇著

黑龙江大学出版社
中央编译出版社

图书在版编目(CIP)数据

福柯微观政治哲学研究 / 赵福生著. --哈尔滨 :
黑龙江大学出版社 ; 北京 : 中央编译出版社, 2011.5 (2021.9 重印)
(微观政治哲学研究丛书 / 衣俊卿主编)
ISBN 978 - 7 - 81129 - 399 - 9
Ⅰ. ①福… Ⅱ. ①赵… Ⅲ. ①福柯(1926 ~ 1984) -
政治哲学 - 思想评论 Ⅳ. ①B565.59②D0
中国版本图书馆 CIP 数据核字(2011)第 057267 号

福柯微观经济学研究
FUKE WEIGUAN JINGJIXUE YANJIU
赵福生　著

责任编辑　李小娟　杜红艳
出版发行　黑龙江大学出版社　中央编译出版社
地　　址　哈尔滨市南岗区学府三道街 36 号　北京市西单西斜街 36 号
印　　刷　三河市春园印刷有限公司
开　　本　720 毫米 ×1000 毫米　1/16
印　　张　21.75
字　　数　302 千
版　　次　2011 年 5 月第 1 版
印　　次　2022 年 1 月第 2 次印刷
书　　号　ISBN 978-7-81129-399-9
定　　价　66.00 元

目　录

>>> 总序

自觉地开启社会历史理论的微观视域

衣俊卿

如何能够比较集中地、比较清楚地展示微观政治哲学的初步样态，自觉地开启社会历史理论研究的微观视域，是我近年来在从事国外马克思主义文化批判理论、文化哲学理论，特别是现代性语境中的日常生活批判等问题研究时，常常思考的问题。① 2006 年我在第六届马克思哲学论坛上作了题为"论微观政治哲学的研究范式"的大会发言，开始有意识地探讨这一问题，此后又陆续发表了几篇关于这一主题的论文②。然而，这些工作还是很初步的，自觉意义上的微观政治哲学尚未露出地平线，要建立相对成熟的微观政治哲学还面临着诸多困难，任重而道远。其中的困难和问题是多方面的。直接的或者表面的困难在于，这一问题尚未引起学术界足够的重视，很少有学者自觉地关注或者投身到这一问题的阐发上。

---

① 微观政治哲学是我主持的黑龙江大学文化哲学研究中心近年来的主要研究方向之一。这套丛书是研究中心在这一研究领域的第一批比较集中的学术成果。

② 衣俊卿:《日常生活批判与社会科学范式转换》,《光明日报》2006 年 2 月 14 日;衣俊卿:《论微观政治哲学的研究范式》,载《中国社会科学》2006 年第 6 期;YI Jun-Qing, On Micro-political Philosophy, In *Diogenes*, February 2009 vol. 56 no. 1, 41 – 52;衣俊卿:《作为社会历史理论的文化哲学》,载《哲学研究》2010 年第 2 期;衣俊卿:《历史唯物主义与当代社会历史现实》,载《中国社会科学》2011 年第 3 期等。

而深层的原因则在于,微观政治哲学不是一个独立的哲学研究领域,更不是政治哲学的一个分支,而是一种蕴涵于当代哲学社会科学诸多研究领域之中,对当代社会历史理论的发展具有重要影响的研究范式或者理论方法论的东西。换言之,微观政治哲学作为社会历史理论研究范式重要的当代转换,与哲学社会科学诸多领域都处于交叉、交融、渗透、内在化等复杂的关系之中,而我们的研究工作不是去新建一个理论研究领域,而是促使当代社会历史理论中已经自觉或者不自觉地包含着的某种趋势性的东西走向自觉,走向整合。

这显然是一个十分困难、十分复杂的理论任务,我们在从当代社会历史理论文献中进行这种理论提炼和理论建构的时候,面临着许多需要回答和澄清的问题,例如,把哲学社会科学不同领域中的一些思想和趋势性变化提炼整合起来,表述为一种重要的社会历史理论的研究范式,是否具有合理性或合法性?会不会存在某种理论"强迫症"的问题?把哲学、历史学、政治学等领域的一些共同的或相近的理论趋势用"微观政治哲学"这一范畴来统摄,是否合适?会不会有以偏概全的问题?进而,这种研究是否符合马克思的思想传统?对于社会历史理论微观视域的强调和凸显会不会导致对社会历史理论宏观视域的忽视或削弱,从而导致否定社会历史规律的后果?如此等等。因此,我在丛书的序言中,除了对我们所理解的微观政治哲学的基本内容进行一般的介绍和基本限定外,还尽量对我们近年来在探讨中遇到的一些理论困惑和某些理论质疑作一点有针对性的讨论。① 当然,无论如何限定和解答,目前的研究肯定是初步的、不成熟的,因为这一理论研究本身注定是开放性的。

---

① 需要说明的一点是,为了在丛书一开始比较清晰地介绍与微观政治哲学相关的一些基本问题,我这篇比较长的序言并非是一篇完全的"新作",而是把近几年我的相关论文中的基本观点重新梳理综合而成。为了保持对于微观政治哲学或者微观社会历史理论范式的基本问题前后一贯的阐述,我对自己相关论文中,包括收录到这套丛书中的《现代性的维度》对一些基本问题的概括和表述,没有作大的修改,基本上是直接在这里搬用。考虑到一种新的理论形态或者理论范式的建立,大多需要反复的描述、阐发和强调,才能给读者或者研究者留下印象,因此,对于序言中的类似重复,敬请读者理解。

一、关于"微观政治哲学"的称谓辨析

从该丛书所收录的三本专著和一套文集，我们不难看出，虽然我们把它们都冠以"微观政治哲学"，但是实际上，它们所涉及的领域不仅包括传统意义的政治学和政治哲学，而且还包括哲学、历史学等其他社会历史理论领域。这样概括或者命名的依据是什么，会不会导致以偏概全的理论误差？

我们必须承认的是，微观政治哲学的兴起，首先是当代政治学和政治哲学研究的重大进展之一。一般说来，20 世纪 70 年代以来，政治哲学研究在西方全面复兴并很快在中国学术界引起了政治哲学研究的热潮，这是一个不争的事实。罗尔斯的《正义论》发表后，诺奇克等人的自由至上主义、哈贝马斯的话语政治理论和社群主义等同罗尔斯的新自由主义正义理论展开了全方位的争论；福柯、德勒兹、加塔利等后现代理论家对于知识权力、欲望政治等问题开展了政治哲学分析；拉克劳、墨菲、雅索普等后马克思主义者通过领导权、社会主义策略、资本主义国家等问题的研究在西方马克思主义中实现了政治哲学转向。这些不同侧面、不同流派的共同努力，推动了当代政治哲学的复兴和发展。

问题不在于如何判定政治哲学当代复兴这一事实，而在于如何把握这一复兴的深层意蕴，如何在当代哲学研究中为政治哲学进行定位。应当说，这样的思考在我国目前的政治哲学研究中相对比较少。关于政治哲学的复兴所带来的转变和当代政治哲学的定位，国内外学者从不同的角度有一定的涉猎。例如，有的学者注意到在罗尔斯等人的新自由主义政治哲学中，西方政治哲学主题发生了从"自由"到"正义"的重大变换；有的学者关注到当代政治哲学与伦理学或价值哲学不可分割的联系。也有的学者通过对现代性批判理论和西方马克思主义的"后现代"转向的分析，概括出从文化批判向政治批判回归的基本理论逻辑。

然而，我认为，上述分析还不足以揭示当代政治哲学的重要性，我们应当在研究范式的层面上把握当代政治哲学复兴的深刻意义。首先必须

承认西方政治哲学在许多方面呈现出多样化的特征,我们不能强制地把各种政治哲学流派纳入一个统一的模式之中。然而,换一个角度看,我们又必须承认,无论这些政治哲学流派有多大差异,它们当中的确存在着某些不同于传统政治哲学的共同的特征和重要的发展趋势,这些特征和趋势在深层次上以特有的方式折射出我们时代理论和实践的一些重大变化。因此,捕捉这些特征和趋势应当是当代政治哲学研究的一个重要的任务。我认为,在当代西方政治哲学的许多流派中正在自觉不自觉地发生着研究范式的转变:从宏观政治哲学向微观政治哲学转变。我们不能断言这是西方政治哲学的唯一发展趋势和基本特征,但可以断定,这肯定是不容忽视的重要特征和发展趋势。对于这一趋势作认真的分析,可以为我们的政治哲学研究开启新的地平线。

对于微观政治哲学的具体内涵,我们需要逐步展开,在这里,可以围绕着权力的类型作一点基本的概括。一般说来,政治哲学是对人类社会的政治现象或政治事物的本质规定性和政治体制的合法性基础进行形而上的反思,对政治体制的建构和政治活动的开展进行价值判断,并提供理念基础的哲学反思活动。政治具有丰富的内涵,但它的主要功能是调节人与人之间的关系,通过不同形式的制度安排调控社会秩序,因此,政治的核心是权力和控制。所谓宏观政治是指国家制度的安排、国家权力的运作等宏观的、中心化的权力结构和控制机制;而所谓微观政治是指内在于所有社会活动和日常生活层面的弥散化的、微观化的权力结构和控制机制。在现代性的视域中,宏观政治主要表现为理性化的权力运作和制度安排,而微观政治既包括不同形式的知识权力,也包含自发的文化权力。

当我们把所讨论的问题集中于权力和控制,特别是集中于微观权力问题时,我们的研究就开始在新的层面上拓展和深化:一方面,它使政治哲学研究的理论范式意义更加突出;另一方面,它开始突破传统政治学和政治哲学的阈限,进入社会历史理论的更广阔的视野。我们对微观权力的类型稍加分析和分类,问题就会更加清晰。应当说,在不同文明时代、不同历史条件下，微观权力的形态和作用都有很大的差异。在以自然经济为基础的传统社会中，微观权力主要表现为日常生活世界中的各种控制机制，例如，氏族、家庭、家族、宗族、血缘网络、乡里制度、民间组织及与此相适应的家规家法、习俗习惯、礼俗乡约、道德纲常等自发的规范体系。这些控制机制既表现为政治权力，也表现为文化权力。随着人类社会的理性化进程的不断深化，在现代社会中，除了不同程度地保留着日常生活权力之外，又产生了其他各种类型的微观权力结构，其中最为重要的体现在两个基本方面：一是宏观的、中心化的理性权力机制向社会生活和个人生活所有层面的渗透所形成的微观控制机制；二是随着公共领域的扩大、非政府组织的增加、新社会运动的兴起而产生的各种边缘化的微观权力结构。

关于微观权力的这种分析和分类，不仅使我们对当代人类社会的权力和控制问题有了更为丰富的理解，看到当代社会运行的权力机制的新变化，而且使我们的研究从政治哲学进入了其他社会历史理论领域，在研究范式的层面上打通了政治学、历史学、哲学等多个学科领域。核心的问题在于，如上述展示的那样，在微观权力层面上，政治权力、文化权力，以及其他各种类型的权力开始"合流"，相应地，政治哲学、文化哲学、历史学、社会学等领域也呈现出交汇交融的态势。对于当代社会历史条件下权力特征或者政治特征的这种变化，其他一些研究者也已经有所认识。例如，佩里·安德森在《思想的谱系——西方思潮左与右》中就指出："政治不是一种自我封闭的行为，不能够自行孕育出一个内部的概念体系。与某一时期一系列被视为政治冲突有关的观念的东西，是因时因地而变化的。时至今日，它已经远远超出了政治科学的范围。哲学、经济学、历史学、社会学、心理学，更不要说地理学、生命科学和艺术，在经典定义中都与政治领域有着各自不同的相交点。正式的政治理论虽然远远谈不上消失，但它也只占据一部分领地。”[①]近年来，中国学者也在高度关注政治学和政治哲学的复兴问题。例如，赵汀阳在自己的新作《每个人的政治》中断言，“政治哲学在今天变得如此重要，几乎成为哲学中最突出同时也是最活跃的部分，以至于成为当下哲学体系中的‘第一哲学’，这一变化可以称为哲学的政治学转向”[②]。

对于上述现象和上述观点，既可以说是对政治领域、政治学领域、政治哲学视域的进一步拓宽和延伸，也可以说是对传统政治学和政治哲学的限度的突破。对此如何评价并不重要，重要的是这种现象和态势让我们看到开启一种能够真正有效地面对今天的社会历史现实，并且贯通哲学社会科学不同学科领域的理论范式的可能性。因此，我们虽然使用或者“借用”了政治哲学的术语，把我们的研究称之为微观政治哲学，但是，实际上我们在探讨一种重要的社会历史理论的研究范式。

二、传统宏观社会历史理论研究范式的局限性

在探讨这一问题时，首先必须加以说明和限定的是，我们只是在相对的、有限的意义上区分宏观权力和微观权力，区分社会历史理论的宏观视域和微观视域。实际上，微观权力和宏观权力是相互交织的，同样，绝对排斥微观视域的宏观社会历史理论和绝对排斥宏观视域的微观社会历史理论也是不存在的。我们不能用绝对的、非此即彼的态度来把二者对立起来。在上述限定的基础上，我们必须承认，在不同社会历史时期，社会的宏观权力和微观权力的发达程度、活动机制、相互关系是不同的，相应地，不同时期、不同类型的社会历史理论，并不能确保在任何时候都能够合理地、辩证地处理对社会历史现实的微观透视和宏观把握。特别需要指出的是，在人类历史的不同时代，不同的社会历史理论的确会出现由于无法提炼出社会历史运动的宏观发展趋势和规律而停留于对纷繁杂乱的

① (英)佩里·安德森:《思想的谱系——西方思潮左与右》,袁银传、曹荣湘等译,社会科学文献出版社2010年版,“前言”第1~2页。

② 赵汀阳:《每个人的政治》,社会科学文献出版社2010年版,第9页。

微观现象进行描述的状态,或者由于把社会历史规律的普遍适用性强调到极端而完全忽略或者否定微观权力的作用机制的问题。因此,当我们今天批评宏观社会历史理论范式及其“宏大叙事”时,并非一般地拒斥或否认对于社会历史现实进行宏观解释的合理性,更不是完全不承认建构宏大叙事和把握历史规律的价值,而只是批判那种完全遮蔽了微观视域,完全忽视了微观权力的社会历史理论范式,我们习惯地称之为传统社会历史理论。①

我在这里作一个假定性的判断②:今天我们在这里重新关注的微观权力和重新开启的社会历史理论的微观视域并不是全新的东西,只是它们在历史演进中,经历了被遗忘、被遮蔽的过程。实际上,在漫长的传统农业社会和自然经济时代,人类生存和活动的主要寓所和平台是自在自发的衣食住行、饮食男女、婚丧嫁娶、生老病死、礼尚往来的日常生活世界,这个世界,以及那时尚未从日常生活世界中彻底分化出来的政治、经济以及精神生产等非日常生活世界,都主要是由异常丰富的、日常的、微观的文化权力和政治权力编织而成的。与这种社会历史现实的基本状况相适应,那个时代的相对不发达、不够自觉的社会历史理论,也充满了对于微观社会现象的描述和体悟。随着航海时代对地理空间的扩展,及其现代性所逐步开启的世界历史进程,加之近现代自然科学范式的深刻影响,明晰的历史感和自觉的宏大叙事在哲学社会科学领域中逐步占据主导地位,而微观权力要素和微观历史描述逐步退居次席或者退隐到背景世界之中。我们可以对这一理论转型的后果加以简要的分析。

西方马克思主义创始人卢卡奇在《审美特性》中曾把日常生活比做一条长河,他认为,科学、艺术等更高的对象化形式都是从这条生活长河中分化出来的。他的学生赫勒在《日常生活》中明确把日常生活界定为

---

① 实际上,“传统社会历史理论”是一个很模糊的概念,并非代表着前此一切社会历史理论,而是特指受自然科学普遍化和抽象化范式支配的,极端排斥和否认微观权力的差异性和多样性的宏观社会历史理论。

② 之所以说这是“一个假定性的判断”,并非指这一判断属于没有任何史实和文献根据的臆想,而是说对这一判断的内涵我们在本文中不去展开具体的历史考证和论证。

“那些使社会再生产成为可能的个体再生产要素的集合”。她认为，如果没有个体的再生产，任何社会都无法存在。然而，与每一个体的生存息息相关，而又无言地孕育和滋养着人类社会的衣食住行、饮食男女的日常生活世界，却长期处于哲学社会科学的视野之外，成为人们熟知的但又熟视无睹的背景世界，一种与物换星移、花开日落无异的自然氛围。把日常生活世界从背景世界中拉回到理性的地平线上，使理性自觉地向生活世界回归，是20世纪哲学的重大发现之一，胡塞尔、维特根斯坦、许茨、海德格尔、列菲伏尔、哈贝马斯、赫勒等许多理论家从不同层面推动了这一哲学转向。对我国哲学界而言，生活世界的概念已经不再陌生，但是，回归生活世界的真实含义以及这一转向对于哲学社会科学范式转换的重大意义，还远远没有开展出来。

生活世界之被遗忘是在两个层面上完成的：首先，在社会结构层面上，历史的进展呈现出从日常向非日常的演化趋势，即从原初的、未分化的衣食住行、饮食男女、婚丧嫁娶、礼尚往来的日常生活世界中逐步分化出哲学世界、艺术世界、科学世界、政治系统、经济体系等非日常世界。相应地，人类社会和历史发展的重心也由日常向非日常转移。其次，在理性反思的层面上，哲学和历史科学的关注点越来越被非日常世界所吸引。近现代，哲学社会科学经历了“自然科学化”的过程，习惯于把自然科学所揭示的因果现象、必然性、线性决定特征、还原性、可计算性、普遍性等，放大为统一的、一元的、无限的世界的普遍规律，由此建立起以理性逻辑、绝对真理、普遍规律为核心的形而上学、认识论和各种社会科学体系，人真实地生活于其中的日常生活世界则被完全从理性的视野中放逐。一种遗忘生活世界的社会科学理论范式生成了：围绕着在社会历史现实中越来越占据主导地位的宏观的政治权力、经济权力及其宏观的政治体系和经济体系，哲学成为描述普遍精神和绝对理性的纯粹意识哲学，历史学表现为环绕着政权更迭和国家兴亡的宏观史学，政治学表现为以政治权力和制度安排为核心的宏观政治学，经济学成为揭示基本经济运动规律的国民经济学，等等。

应当说，这种以追逐普遍性的宏大叙事为特征的哲学社会科学范式有其存在的合理性，因为，理性的反思性本身就具有抽象性和普遍性的本质特点。在人类历史由自发走向自觉的时代，对日常的微观的生活现象进行理论抽象，有助于在偶然的、差异的、个别的、多样化的社会现象中把握人类历史运行中的某些规则性和普遍性的机制。但是，当宏观的哲学社会科学把人具体地生存于其中的生活世界完全视做无足轻重的、平庸的日常琐屑而加以蔑视时，当以价值和意义为特征的人的生活世界完全被以必然性和普遍性为特征的自然世界所消解时，这种遗忘生活世界的社会科学理论范式之弊端就充分显现出来。

弊端之一：否定差异性和个体性。李凯尔特曾分析过，自然科学是一种排斥特殊性和个别性，强调同质性和规律性的“普遍化的方法”，而文化科学则是探讨文化的价值和意义内涵，强调个别性和差异性的“个别化的历史方法”。遗忘生活世界的社会科学理论范式的根本缺陷是用普遍化的方法来研究文化和社会现象，从而否认差异性、个别性、主体性和自由。黑格尔在《精神现象学》中甚至断言，在精神的普遍性已经大大地加强的时代，“个别性已理所当然地变得无关重要”，而绝对理念的普遍性要求统治一切。

弊端之二：忽略社会发展的文化内涵。遗忘生活世界的社会科学理论范式对差异性和个体性的否定，实际上是对生活世界的内在文化内涵和意义结构的排斥。结果，在这种宏大的哲学社会科学体系中，不仅生活世界和伦理道德世界的特殊性和个别性被抽象掉，变成数学化和理念化的无限自然世界图景中的一个案例，而且，从原初的生活世界中分化出来的经济领域、政治领域、科学世界等非日常世界，也变成没有内在文化规定性和价值约束的机械的、冷冰冰的自然领域，历史成为“无主体的”自在运动。

弊端之三：理论研究的抽象化顽症。马克思关于从抽象上升到具体的方法论强调思维中的具体，即思维中包含“许多规定的综合”和“多样性的统一”。恩格斯曾断言，任何一种社会哲学，它的研究结论如果没有包括“使它得以成为结论的发展过程”就毫无价值。我们发现,遗忘生活世界的社会科学理论范式的根本特征正是在普遍的知识和原理中抽象掉这些多样性和过程性,从而形成空泛的、大而化之的理论结论。目前,这种抽象化的毛病不仅在哲学研究中而且在社会科学各个领域中普遍存在,例如,在社会学和人类学研究中,人们开始习惯于不必亲自动手开展“田野工作”,而从现成的原理和结论出发,使用现有的各种思想资料和实证材料,进行逻辑推演或范畴排列。甚至回归生活世界在许多理论研究中也与现实的日常生活的文化意义结构无关,变成一种理论标签和理论口号,变成关于生活世界的基本特征、功能、规律等的抽象概括。关于实践的研究,也往往热衷于争论实践的规定性、功能、要素、形式等理论思辨,而与具体的、历史的、现实的实践无关。结果,我们的哲学社会科学研究提供的许多原理和结论往往没有明确的“所指”,呈现为“能指的狂欢”。

三、当代社会历史理论微观视域的逐步开启

在某种意义上可以说,这种忽略或者遮蔽微观权力要素和微观视域的,传统哲学社会科学的宏观的和抽象的理论范式,在黑格尔的泛理性化的和泛逻辑化的绝对精神的普遍运动中达到了登峰造极的地步。黑格尔的哲学范式显然受到自然科学的普遍化方法的支配,他对精神和理论的普遍化的强调和对体系的完整性或者完美性的追求已经走到了极端。他在《精神现象学》“序言”中强调作为科学的体系和科学的认识的真理。按照他对普遍性的重视,在真理的体系中,个人的认识以及个别性的东西,是微不足道的或者没有任何位置的。“在我们现在生活着的这一个时代里,精神的普遍性已经大大地加强,个别性已理所当然地变得无关重要,而且普遍性还在坚持着并要求占有它的整个范围和既成财富,因而精

神的全部事业中属于个人活动范围的那一部分,只能是微不足道的。”①

也正是由于黑格尔哲学的这种鲜明的特征和独具的地位,他的哲学构成了哲学社会科学基本研究范式的一个重大的拐点。不难发现,黑格尔身后,许多重要的哲学流派和其他理论领域都从不同的侧面批判黑格尔,特别是拒斥他的泛理性化和泛逻辑化的理论体系的宏大叙事和极端思辨化、抽象化的宏观研究范式。从叔本华开始的人本主义哲学思潮和由孔德开启的科学主义或者实证主义哲学思潮,从不同侧面批判和超越黑格尔哲学的这种普遍化和抽象化特征,例如,艾耶尔《二十世纪哲学》讨论罗素和摩尔的逻辑实证主义的一章(即该书的第二章),就使用了“叛离黑格尔”的标题②。不过,必须指出的是,真正自觉地、深刻地批判传统哲学社会科学的抽象化和思辨性的是马克思和恩格斯。他们都深受黑格尔哲学的影响,但是,他们真正从黑格尔那里继承的只是巨大的历史感、基于劳动和实践的辩证法和批判的革命的精神,他们对黑格尔哲学的思辨体系和过分抽象化特征,则持彻底批判的态度。正如恩格斯指出的那样:“黑格尔本人,虽然在他的著作中相当频繁地爆发出革命的怒火,但是总的说来似乎更倾向于保守的方面;他在体系上所花费的‘艰苦的思维劳动’倒比他在方法上所花费的要多得多。”③

因此,如果我们使用今天的学术术语,那么可以断言,虽然在马克思的学说中并没有形成自觉的微观政治哲学、微观史学或者微观社会历史理论范式,或者说没有使用微观理论范式之类的术语,但是,马克思的宏观社会历史理论及其所揭示的社会历史规律是建立在关于各种社会现象的丰富的微观分析的基础之上的,在马克思的社会历史理论中具有丰富的微观理论思想资源。在这方面,有两点特别能够说明马克思恩格斯对自己理论定位的清醒意识。一是反对理论思辨和抽象化。马克思从自己

---

① (德)黑格尔:《精神现象学》(上卷),贺麟、王玖兴译,商务印书馆 1979 年第二版,第 50 页。

② (英)艾耶尔:《二十世纪哲学》,李步楼等译,上海译文出版社 1987 年版,第 25 页。

③ 《马克思恩格斯选集》第 4 卷,人民出版社 1995 年版,第 220 页。

的哲学生涯伊始，就对思辨哲学范式的体系化特征深恶痛绝，反复强调哲学要以其内在的批判的自我意识冲破体系的束缚，在现实的社会历史中而不是在纯粹的理性王国中开展批判。人们常常引用马克思在《〈科隆日报〉第179号的社论》中的那句“哲学不是世界之外的遐想”的断言。马克思在批判德国哲学时多次直指它的思辨意识哲学范式的弊端。“哲学，尤其是德国哲学，爱好宁静孤寂，追求体系的完满……就像一个巫师，煞有介事地念着咒语，谁也不懂得他在念叨什么。”[①]二是反对脱离生活世界的思辨历史观。马克思和恩格斯在《德意志意识形态》中明确把“现实的生活生产”当做历史的基础，反对脱离日常生活的历史观。他们这样批判传统历史观：“迄今为止的一切历史观不是完全忽视了历史的这一现实基础，就是把它仅仅看成与历史过程没有任何联系的附带因素。因此，历史总是遵照在它之外的某种尺度来编写的；现实的生活生产被看成是某种非历史的东西，而历史的东西则被看成是某种脱离日常生活的东西，某种处于世界之外和超乎世界之上的东西。”[②]

因此，我们在马克思恩格斯的各种文献中，处处可见的都是这种关于现实的人和具体的社会历史现象和现实的具体的、微观的分析。例如，人的问题、人的自由和全面发展、人的解放一直占据马克思恩格斯思想的核心，但是，在他们的著作中，我们看不到那种对“抽象的”、“理想化的”、“大写的”人的一般呼唤或描绘，而是对各种具体的人及其境遇的描述，例如，马克思《1844年经济学哲学手稿》中异化的、非人化的劳动者，恩格斯《英国工人阶级状况》中饱受压迫的女工、童工、工人家庭等，他们的《德意志意识形态》中作为“一切历史的第一个前提”的吃喝住穿等日常生活，以及作为“历史发展过程的第三种关系”的人自身的生产、繁衍、家庭关系等。[③] 因此，马克思恩格斯认为，他们所理解的历史的前提是现实

① 《马克思恩格斯全集》第1卷，人民出版社1995年版，第219页。
② 《马克思恩格斯选集》第1卷，人民出版社1995年版，第93页。
③ 《马克思恩格斯选集》第1卷，人民出版社1995年版，第78、80页。

的人及其物质生活条件，“这些前提可以用纯粹经验的方法来确认”[1]。再如，马克思特别重视具体化的方法论，他在揭示现代社会运动时，并非抽象地推演生产力和生产关系、经济基础和上层建筑的原理，而是深入劳动、价值、生产、交换、流通、工资、资本、地租、利润、价格、供给、需求、市场等社会经济运动和社会生活的许多方面。我们还可以列举许多类似的分析。这些思想资源，连同马克思学说的批判精神和实践精神，对20世纪的人类思想发展产生了重要的影响，对此福柯也充分意识到了，例如，他在《知识考古学》中探讨年鉴学派开启的微观历史视角时，明确指出，“今天，历史的这一认识论的变化仍未完成。然而这种变化并不是从昨天才开始，因为我们肯定会把它的最初阶段上溯到马克思”[2]。

当然，必须在这里明确的一点是，虽然马克思的社会历史理论包含着丰富的微观理论思想资源，但是，在马克思的学说中并没有强调或者使用微观政治哲学、微观史学或者微观社会历史理论范式，马克思当时所关注的作为历史发展基础的是宏观的社会领域（经济领域）和宏观的权力（政治权力）及其普遍的规律，例如，生产力和生产关系、经济基础和上层建筑的矛盾运动的规律，人类社会从原始社会到共产主义的宏观的发展模式等。这些也刚好构成人们通常所理解的经典历史唯物主义的宏大叙事和宏观理论范式的基本内涵。我想，造成这种状况的原因并不复杂，我们可以从两方面加以分析。首先，每一时代的社会历史现实对于理论研究提出的任务都是不同的，马克思处在人类历史主要由经济、政治等主导领域和宏观权力所左右的时代，他所面对的社会现实刚好是全球化的世界历史进程、世界性的市场、资本的逻辑、机械化的大生产构成的主宰一切的宏大的经济力量，以致马克思强调“我的观点是把经济的社会形态的发展理解为一种自然史的过程”[3]。其次，在马克思所处的时代和之前的相当长的历史时期，社会历史理论的总体倾向是不承认人类历史发展中存在

---

① 《马克思恩格斯选集》第1卷，人民出版社1995年版，第67页。

② （法）米歇尔·福柯：《知识考古学》，谢强、马月译，三联书店2003年版，第12页。

③ 《马克思恩格斯选集》第2卷，人民出版社1995年版，第101～102页。

着规律和必然性，因此，马克思在对繁杂的社会历史现象分析的基础上，有意识地突出人类社会历史的规律性。恩格斯在《在马克思墓前的讲话》中对此作了说明，他指出，正如达尔文发现了有机界的发展规律一样，马克思发现了“历来为繁芜丛杂的意识形态所掩盖着的”、“人类历史的发展规律”。[①] 这里还需要指出的一点是，当我们断言马克思学说中没有形成自觉的微观社会历史理论范式时，是针对今天我们的社会历史理论研究忽视微观分析的问题而言的，实际上，在马克思恩格斯那里，根本就不会有类似的问题提出，因为微观分析和宏观分析不可分的有机统一是他们一直坚持的理论范式。这种理解，对于当今的哲学社会科学也一直产生着重大的影响。具体说到20世纪在哲学社会科学不同学科领域中逐步形成的自觉的微观理论视域，我们可以从两个方面加以简要的描述。

首先需要分析的是，在全球化和信息化时代，人类社会历史现实本身发生了重要的变化，为哲学社会科学的微观理论视域的开启奠定了现实的基础。我认为，对于社会历史理论具有实质性意义的社会历史现实变化至少有以下两个大的方面。一是从社会结构或构成上来看，由于信息化背景下的文化整合，伴随着工业文明而彼此分化的社会诸领域呈现“再一体化”和相互渗透融合的趋势，从而导致各领域之间界限的模糊，并使社会构成呈现内在差异化和多态化，消解或削弱了主导型领域的统治地位或控制作用。经济、政治和精神文化领域之间，在尊重各个领域的相对独立性自律性、尊重合理的社会分工原则的前提下，通过自觉的文化整合而形成社会各个领域的有机的一体化。其中，文化不再是与政治经济相分离的、外在的、相对独立的、被决定的精神文化，而是真正成为人类生存的自觉方式和社会各个领域内在的机理和图式。信息化、数字化、网络化是最能展示文化的整合力量的方式，它使文化的力量体现在社会的各个领域之中，极大地改变了人的生存方式和社会运行机制，在这种背景下，文化和经济、政治、社会生活的传统界限或外在性开始消失或模糊，呈现

---

① 《马克思恩格斯选集》第3卷，人民出版社1995年版，第776页。

出一体化的特征。这样一来,原本彼此分离的、自律的宏观社会领域之间的界限变得模糊,彼此渗透和相互融合,形成了既相互区别又相互交织的多态化的、非中心化的社会领域的复杂星丛。二是从社会运行和控制机制来看,由于社会诸领域的“再一体化”和相互融合,社会的主导型、中心化的宏观权力逐步分化为非中心化的、弥散的微观权力(例如,微观政治权力、文化权力等),从而使社会的控制机制由几种宏观权力的彼此冲突或相互博弈逐步让位给多态化的微观权力的相互制约和差异化共生。在传统社会中,特别是在工业文明的普遍的理性化进程中,构成社会运行、控制和治理机制的核心要素是宏观力量或宏观权力,其中既包括宏观的生产、交换体系所形成的经济规律和经济力量,也包括由国家机构和社会管理机制形成的宏观政治权力,由此形成的宏观政治一般指国家制度的安排、国家权力的运作等宏观的、中心化的权力结构和控制机制。在这种社会运行机制中,社会的控制和治理主要依靠国家权力和政治管理体制等宏观的公共权力来实施,而在社会转型和社会变革时,一般要通过宏观的革命(多半是暴力性质的变革)和政治运动来实现。而在信息化时代或者在后现代的背景中,构成社会运行、控制和治理机制的要素除了宏观的政治权力或者宏观的经济力量外,越来越多地大量涌现出非中心化的、分散的、弥散化的、多元差异的微观权力,例如各种相对自律的公共领域、非政府组织、边缘群体、社会微观结构和层面上的微观权力,以及以符号、形象、符码、仿真等形式表现出来的非经济的经济权力和渗透到所有社会领域和层面的、无所不在的文化权力。这种内在于社会生活和日常生活所有层面的弥散化的、微观化的权力结构和控制机制形成了所谓的微观政治,而社会的运行和控制机制开始表现为这种中心化的宏观权力和多态化的微观权力相互交织相互制约的网络。一般说来,这种政治、经济、文化相互融合,真实与符号(符码)彼此渗透的多态化的微观权力结构或者微观政治结构,既可能为个体的自由和个性发展提供空间,也可能使理性对人的统治渗透到生活的每一个角落。而对这种控制机制的抗拒和改造往往同样需要各种多态化的、边缘化的微观权力的多维反抗,而无法沿用传统的宏观政治变革模式。

其次,通过分析20世纪哲学社会科学的主要领域中的一些深层次变化,我们发现,与社会结构和运行机制从自律的宏观领域和宏观权力向多态化的微观领域和微观权力的这一深层次转变相适应,当代哲学社会科学的思想模式也经历了从宏大叙事向微观叙事,从宏观理论范式向微观理论范式的自觉转变。例如,在政治学和政治哲学领域,传统的理论主要以国家权力的运作、政治制度的安排、政权的更迭、重大历史事件的发生为对象,而很少关注社会生活其他层面的边缘化的权力结构和日常生活领域中的微观控制机制。而20世纪出现的多种形式的微观政治学,则或者是主张从日常生活的机制去思考制度安排问题,探讨微观权力秩序的重建问题,或者像福柯那样,从监狱、医院、军队、学校等被传统政治学忽略的边缘领域,开展了关于理性权力结构的微观政治学的批判,揭示分散的、不确定的、形态多样的、无主体的、弥散于日常生活和不同社会层面的微观权力,也即知识性的权力或文化权力。微观政治学或政治哲学还确立了微观权力的反抗模式,即各种多元的抵抗,多元的自主斗争。后马克思主义代表人物拉克劳、墨菲、雅索普等人更是基于微观权力样态提出社会主义的新策略,他们关注新兴的女权主义,少数种族、少数民族和性少数的抗议运动,人口边缘阶层发动的反制度化生态斗争等,围绕着领导权而展开微观的政治斗争。①

这里要特别提到20世纪史学领域的重大范式转变。众所周知,传统史学与传统宏观政治学往往有着共同的主题和共同的爱好,都以宏观政治,即宏观权力为核心。在传统史学的宏观理论范式中,大人物、大事件、大政权、大结构之外的日常生活和细微的社会结构或领域,基本上没有任何地位和史学价值。对20世纪史学理论作出最大贡献的是法国的年鉴学派,它最先自觉地开始了对传统史学的宏观理论范式和宏大叙事的解

① Laclau, E. and Mouffe, Ch., *Hegemony and Socialist Strategy: Towards a Radical Democratic Politics*, Verso, 1985, p. 1.

构和颠覆。在它的影响下,陆续出现了意大利的微观史学派、德国和奥地利的日常生活史学派、英国的"个案史"学派,以及新文化史、系列史、心态史等,这些流派都反对只写重大历史事件和只关注政治、经济、军事、外交等宏大叙事的历史学,而主张把关注中心转向具体的和微观的日常生活世界的各个领域。年鉴学派代表人物布罗代尔的《15—18 世纪的物质文明与资本主义》共分三卷,其中第一卷就是《日常生活的结构》,主要讨论 15—18 世纪人们的日常生活,包括这一时期人们衣食住行的各个方面和细节,把日常生活作为解读这一时段历史的重点。20 世纪 70 年代之后,更是出现了以"历史的碎片化"为特征的后现代历史叙事。

此外,与传统政治学和历史学相比,理性化进程中深受自然科学普遍化范式影响的意识哲学最集中、最典型地展示了这种宏观理论范式的特征和本性。理性的普遍化要求、自然科学所揭示的因果必然性、线性决定特征、还原性、可计算性、普遍性等范畴对思维模式的深刻影响,使得纯粹意识哲学和思辨理论哲学无论面对自然的对象还是社会的存在,都以普遍的、绝对的、放之四海而皆准的规律和必然性为核心,而生活世界、个体的活动、日常的琐碎存在所体现出的个体性、差异性、特殊性等统统都被抹平。而 20 世纪各种文化批判理论的兴起,从不同侧面反对以宏大叙事为表现形态的意识哲学,自觉或不自觉地开始形成文化哲学的微观理论范式。例如,20 世纪哲学的重大创新之一是把日常生活世界从背景世界中拉回到理性的地平线上,使理性自觉地向生活世界回归,日常生活批判范式的要点在于,它不再孤立地探讨和强调政治、经济等宏观社会历史因素的决定作用,而是把所有的社会历史因素都放到生活世界的文化意义结构中加以审视和评价。再如,西方马克思主义的文化批判理论把批判的触角延伸到现代社会的各个层面和现代人的生活的各个角落,一直深入到性格结构和心理机制批判、消费社会文化心理分析,等等。后现代理论思潮更是把解构宏大叙事、彰显微观权力的导向发展到了极端。

在这里需要指出的是,历史学、政治学、哲学等不同领域中关于微观理论研究范式的探讨和建立,并非彼此孤立的现象,而是相互影响、相互交织的思想进程，因此，我们把分散在哲学社会科学不同领域中的微观思想理论资源加以整合，并使之自觉地建构成为一种社会历史理论的微观范式，是有合法性依据的。我们可以举一个典型的例子，这就是福柯本人就承认他的微观政治学受到了年鉴学派史学范式的影响。他在《知识考古学》的引言中特别分析了法国年鉴学派[①]的“长时段”史学方法的重要理论意义。他指出，年鉴学派的新史学家强调从政治事件的变幻不定的背后揭示一些在较长历史时段中相对稳定的、深层次的现象，“一些因传统叙述的混乱而被掩盖在无数事件之下的静止和沉默的巨大基底”[②]。当然，福柯在这里并不是要寻找一种不变的、决定性的和连续性的结构和力量，相反，他在史学家关于深层长时段历史现象的深层挖掘中，发现了内在复杂的结构，发现了复杂结构的各种断裂。这里有一段非常精彩的表述：“这些方法使历史学家们能够在历史范畴中辨别各种不同的沉积层。过去一向作为研究对象的线性连续已被一种在深层上脱离连续的手法所取代。从政治的多变性到‘物质文明’特有的缓慢性，分析的层次变得多种多样：每一个层次都有自己独特的断裂，每一个层次都蕴含着自己特有的分割；人们越是接近最深的层次，断裂也就随之越来越大。”[③]

当然，必须承认，当代哲学社会科学思想模式、研究视角和理论范式的转变毫无疑问存在着许多问题，有的学科或领域存在着走向极端和片面化的问题，对此，我们必须加以分析、鉴别和批判。但是，必须看到，这种从宏观理论范式向微观理论范式的自觉转型不是随心所欲或者心血来潮，而是适应当代社会历史现实深刻变化所作出的积极的调整和理论创新。在这种意义上，我们不得不遗憾地承认，目前我们的历史唯物主义研究无论是对当代社会历史现实的深层变化还是对当代哲学社会科学的范式转换，都没有给予足够的重视，更没有积极的应答。这是我们的哲学研

---

① 关于年鉴学派比较详细的介绍，我们将在《现代性的维度》的第一章确立现代性研究的理论假设和方法论预设时具体展开。

② (法)米歇尔·福柯：《知识考古学》，谢强、马月译，三联书店2003年版，第1页。

③ (法)米歇尔·福柯：《知识考古学》，谢强、马月译，三联书店2003年版，第1页。

究鲜有创新的根本原因之一。我们在讨论微观理论范式时曾遇到一些质疑,一些研究者认为这种微观理论研究不符合马克思的思想传统和哲学立场。这实际上是一种误解,如上所述,在马克思恩格斯那里,根本就不会提出宏观分析和微观分析哪种范式更为重要的问题,他们一直坚持微观分析和宏观分析不可分的有机统一。问题出在20世纪受哲学教科书影响的当代一些马克思主义的理解,在这里存在着严重的纯粹意识哲学或者思辨理论哲学的问题,他们抛弃了马克思恩格斯理论中丰富的微观分析的思想资源,导致了严重的理论抽象病。萨特就注意到了这一点,他认为,马克思的整体化(总体化)方法具有很大的优势,并且马克思思想的优越性在于他没有因为强调总体化而否定微观的和差异化的分析。他指出:“马克思主义的力量和宝贵之处,在于它曾是整体性阐述历史过程的最激进的尝试。”①马克思本人是富有创造性地运用总体化方法进行历史分析的典范,其成功的主要之点在于,在马克思那里,总体化不是脱离具体的“实体”,不是抑制或否定个性和个体的整体性,而是包含着具体的丰富多样性的总体化,因此,能够形成关于人类社会历史运动的合理的把握。而在当代马克思主义那里,马克思所坚持的这种具体的总体性,这种活的总体化不存在了,剩下的是强调抽象的普遍性,强调整体对个体和特殊性的压抑的绝对的总体化。“对于当今大部分马克思主义者来说,他们认为思考就是在整体化,并以此为借口而用普遍性来代替特殊性;也就是说把我们重新引向具体,在基本的但有抽象的规定性这个标题下来显现我们。黑格尔至少让作为被超越的特殊性的个体存在下去;而一个马克思主义者认为,试图理解一种资产阶级思想的特殊性,就将是浪费时间。在他看来,重要的是表明这种资产阶级思想是唯心主义的一种形式。”②显而易见,当马克思的具体的总体化方法在当代马克思主义这里

① (法)让-保罗·萨特:《辩证理性批判》(上卷),林骧华等译,安徽文艺出版社1998年版,第27页。

② (法)让-保罗·萨特:《辩证理性批判》(上卷),林骧华等译,安徽文艺出版社1998年版,第44~45页。

变成抽象的总体化方法时，个体自由和价值、历史的多元差异的丰富内涵都无法保留，当代马克思主义中的"人学空场"就是这样形成的。因此，萨特断言："这种方法不能使我们感到满意：它是先验的；它不是从经验史中得出自己的概念——或者至少不是从它力图了解的新经验中得出的——它已经形成了这些概念，它已经确信它们的实在性，它将把构成性模式的角色分配给它们：它唯一的目的是把被研究的事件、人或行为放入预先制造好的模子。"①萨特的这种批评或许有些过于尖刻和偏激，但是，对于揭示当代那些忽略或者否定微观分析的哲学社会科学的根本病症，可谓一针见血。在这里，还可以提及阿尔都塞关于宏观与微观相互依存的关系的论述，他指出："人们可以把微观联系'当作'非存在；这并不是说它不存在：而是它对认识说来不存在。但无论如何，宏观的必然性'归根到底'正是在这种无限的微观多样性中'向前发展'，即取得胜利。"②这些思想都从不同侧面要求人们关注社会历史的微观分析，确立微观视域和宏观视域相结合的理论范式。

四、微观理论范式对于社会历史理论的丰富和完善

如前所述，随着现代社会的开放程度的提升，随着政治权力多元化的进程，微观权力结构在人类社会中的地位越来越重要。微观权力是多维度的、多层面的、丰富多彩的、多元差异的、蕴涵不同价值内涵的复杂的星丛。对于微观权力所编织的复杂的社会之网的细致分析和把握，有助于我们真正恢复历史的多样性、文化的多样性和社会实在的丰富内涵，从而防止把社会历史发展规律变成排斥一切差异和特殊性的自然科学规律，防止社会历史发展的线性决定论，进而为历史发展道路的多样性提供坚实的学理基础。在这里，我们简要概括微观政治哲学研究范式的几个主要特征，几个主要的理论要点。

---

① （法）让－保罗·萨特：《辩证理性批判》（上卷），林骧华等译，安徽文艺出版社1998年版，第35页。

② （法）路易·阿尔都塞：《保卫马克思》，商务印书馆2006年版，第108～109页。

第一，在政治、经济、文化等社会诸领域重新整合和融合的基础上，建立起影响和制约当代社会运行的新的权力谱系。其中特别要梳理清楚那些在传统社会历史结构中被宏观的经济权力和政治权力所遮蔽，而在当今社会结构中越来越显示出重要影响的微观权力。例如，要充分认识以下几种类型的微观权力及其活动机制。一是与宏观权力同构的微观权力。在很多历史情形中，宏观政治体制和国家政权的稳定同深层次的微观政治权力或文化权力的支撑密切相关。一个典型的例子是中国传统社会以家庭为本位、“家国同构”的宗法专制的政治制度。在这种情形中，整个社会从体制到具体运行都表现为围绕着家庭而形成的血缘关系、亲属关系、宗法体系等日常控制机制的扩大，由此形成一个超稳定的国家政权和行政管理体系。另一个典型例子是福柯、德勒兹等人所批判的现代理性社会的微观权力机制。中心化的、理性的宏观政治权力机构是凭借着渗透到学校、医院、军队等社会的每一层面、每一个角落的微观权力而编织一个全方位的“宰制社会”或“全景监狱”。二是阻碍宏观权力机制更新的微观权力。转型期的中国社会，以及其他发展中国家在建立民主、法治、理性的政治体制过程中经常受到来自日常生活世界的经验式、人情化的微观权力机制的严重阻滞。这充分说明，任何一种政治体制或社会控制模式，例如民主体制、法治模式的建立，都不可能凭借一般的理论号召就得以确立，如果不考虑社会各个层面，包括日常生活中各种微观的、多元差异的权力结构的特点和价值取向，是无法真正扎根的。三是反抗宏观政治霸权的微观权力。后现代政治理论、话语政治理论、后马克思主义政治理论等从不同视角不约而同地强调公共领域、市民社会、文化领导权、新社会运动、非政府组织等微观政治现象，其根本原因在于，要保护自由、公正、平等、民主的社会秩序和自主的生活世界体系不受某种总体化的政治权力或经济权力的“殖民化”，其有效途径并非简单地用一种新的中心化的宏观权力来取代另一种宏观权力，而是激活社会各个层面和生活世界的各种微观权力的话语和力量，形成多元的反抗力量和多元差异的社会调控体系。显而易见，对于当代社会丰富多彩的微观权力的类型和性质的深入研究，对于建立宏观视域和微观视域相结合的理论范式至关重要。

第二，以丰富的微观权力的网络体系或者复杂“星丛”为中介或者活动平台，建立起经济基础与上层建筑的宏观结构与个体的微观活动结构之间的有机联系和互动交融关系，走出关于二者关系的外在对立和决定论的宏观理解模式。我们知道，唯物史观的确立对于人类的历史认识的确具有重大的意义，它一方面把历史奠定在人所特有的实践活动的基础上，另一方面强调人类历史服从于内在的规律，这两方面的思想构成历史唯物主义的核心。然而，在抽象的宏观理论范式中，二者之间的关系常常呈现为外在的二元对立的状态，人们或者强调经济基础和上层建筑的宏观社会结构决定个体的活动，或者强调个体的自由自觉的和对象化的实践活动决定社会结构的变化和发展。显而易见，关于历史唯物主义的许多根本争论都与此有关。我认为，只有用自觉的微观理论范式去完善和补充传统唯物史观的宏观理论范式，并以自觉地建构起来的微观权力网络体系为中介和活动平台，才能真正建立起自由自觉的实践活动和宏观的社会结构及其规律之间的内在统一。在这方面，萨特在建构存在主义马克思主义时所作的方法论探讨，对于我们建构微观理论范式具有一定的启示意义。如上所述，萨特认为，马克思主义的总体化（整体化）方法具有重要的历史感，但是，当代马克思主义研究中的过分普遍化容易导致对个体和特殊性的压抑，即“人学的空场”，因此，萨特提出要用中介方法和前进－回溯方法来补充和完善马克思主义的总体化方法。具体说来，中介方法的主要特征是，在对人的行为的分析中，不是简单断言社会构成因素对人的直接决定，而是充分重视精神分析学、微观社会学等辅助学科的作用，寻找人和历史条件之间相互作用的中间环节和因素，如与人的活动直接相关的家庭、童年的经历、周围的直接环境、个体心理、情感因素、两性关系等，从而使人成为历史运动中的丰富的个体。他进而强调，要运用前进－回溯方法具体分析社会整体和个人实践之间的复杂关系，无论是社会整体通过各种中介因素对个体行为的影响和决定，还是个体实践在各种中介因素的制约下对社会环境的自主选择,都不是单向的和一次性完成的运动,而是双向往复的运动。①

第三,充分把握政治、经济、文化等社会诸领域通过信息化背景下的文化整合而重新一体化的趋势,对社会结构和运行机制进行宏观的、微观的、多维的、多层面的、多视角的透视,解构单纯宏观权力霸权的宏大叙事,破除外在的决定论历史模式。具体说来,一方面,鉴于在当代社会结构中,不再存在界限分明的政治领域或经济领域,因此对于经济、政治等社会领域不再作单纯的经济学或政治学的封闭的分析,而是开展经济学、政治学、历史学、文化学、哲学等多学科的综合把握;另一方面,无论对于经济、政治,还是别的领域的分析,都不能停留于一般的抽象的宏观把握,而是要深入文化哲学的微观分析层面,例如,对于政治治理的分析,要综合国家权力、宏观政治治理、行政管理、公共领域、社会自治领域等多层面以及政治文化理念、宏观经济调控、微观市场运行、个体政治参与等多视角的微观分析,从而真正深入社会历史现实的丰富内涵,回到人类实践活动的历史丰富性和文化丰富性,形成宏观视域与微观视域结合、社会诸领域内在融合的社会历史分析。在这样的理论视域中,不再有经济决定论、政治决定论或者文化决定论的空间,无论是宏观的历史规律还是具体的实践活动都不再是一种受制于人的活动之外的铁的必然性的自然进化论和线性决定论进程,而是充满文化创造力的人的历史进程。在这种意义上,我们所理解的作为历史解释模式的文化哲学正是这样一种新的社会历史理解范式。文化哲学反对意识哲学用自然科学的普遍化的方法去剪裁人的实践活动的丰富的文化内涵的做法,反对把历史的内涵简单化地归结为生产方式、经济、技术等几个决定性的因素,更反对运用几个决定性因素把历史描绘成一种类似自然的线性决定过程。它坚信,任何一种因素,无论如何重要,都不可能独自决定历史的全部内涵和命运,它肯定

① 参见(法)让-保罗·萨特:《辩证理性批判》(上卷),林骧华等译,安徽文艺出版社1998年版,第34~50页。

人类历史发展的多样化、个别性、差异性及其价值内涵,强调历史是人的实践活动的各个维度的全面展开的过程,它所揭示的社会历史规律是包含着多样性和差异性的基本发展趋势。

五、微观理论范式与社会历史规律

近年来,我们在微观政治学、微观政治哲学、微观史学、日常生活批判、文化哲学等领域的研究中,经常遇到的一种质疑就是,这种微观视域的研究或社会历史理论的微观理论范式不符合马克思主义的传统,并且容易导致否定社会历史发展规律,从而存在着背离历史唯物主义的危险。因为按照一种比较常见的理解,历史唯物主义从本质上讲必然是宏大叙事,它的创立对社会历史理论的革命性贡献,就是超越繁杂琐碎的社会历史现象,揭示出关于人类历史运动的普遍的、“放之四海而皆准”的一般规律。

对此,我的看法是这样的:是否承认社会历史发展的规律,与对社会历史发展进行宏观分析还是进行微观分析,没有必然的因果关联;但是,宏观分析是否拥有扎实的和丰富的微观分析做基础,所揭示的规律的性质和所表述的宏大叙事的性质是有质的差别的。进而,并非任何关于规律的认识都适合于我们对人类社会历史运动的真实把握。

前面已经说过,对宏观权力和微观权力、宏观政治和微观政治、宏观政治哲学和微观政治哲学的区分只是相对的,实际上并不存在着截然不同、彼此分离的微观政治和宏观政治,即使德勒兹和加塔利等力主微观政治学的后现代思想家,也强调微观政治和宏观政治之间不存在着固定不变的区分,强调政治既是宏观政治,也是微观政治。[①] 列菲伏尔在《日常生活批判》中曾指出:“‘宏观’和‘微观’层面之间虽然存在着间距和鸿沟,但这并不意味着容许我们把其中的一个层面与另一个层面二分开来,

---

① 参见(美)道格拉斯·凯尔纳、(美)斯蒂文·贝斯特:《后现代理论:批判性的质疑》,张志斌译,中央编译出版社2006年版,第123页。

更不允许我们‘忽视’其中的某一个层面。不可还原性并不等同于截然分立。在‘宏观’层面和‘微观’层面之间,存在着多种多样的关系、对应性以及同源性。”[①]因此,不存在绝对的宏观解释模式或者微观解释模式,一种健全的和富有解释力的社会历史理论,一定是兼顾宏观分析和微观分析,一方面善于根据特定的社会历史现实而突出其中的某一个维度,另一方面又善于保持二者间的有机结合,不会用其中的一个维度来否定或取消另一个维度。分析一下当今人类的思想发展状况,特别是社会历史理论发展状况,就会发现,能否将宏观解释和微观解释有机结合直接影响到特定理论的解释力和说服力。在这方面,如上所述,马克思思想的确是一种我们应当学习的楷模,赵福生在分析这一问题时,认为马克思研究范式的优势在于:“他走入实证科学,又走出实证科学;他走入微观分析,又走向宏观分析;他走入具体人群,又走向全人类;他走入微观史学,又走向总体史学”,而相比之下,“传统意识哲学和后现代哲学共同的弊病就在于只有走入,传统意识哲学走入宏观视域,而没有走出宏观视域,所以陷入抽象化、体系化;后现代哲学走入微观视域,却没有走出微观视域,所以陷入断裂化、破碎化”[②]。这种分析有其合理性。

对于社会历史理论研究范式同社会历史规律的把握之间的特殊关联问题,需要作具体的分析。可以说,那种笼统地、不加分析地断言微观视域必然会导致否定社会历史规律的说法,是没有根据的。但是,构建什么样的理论研究范式,对于能否真正把握社会历史规律,却是关系紧密的。具体说来,在今天的理论研究中,人们一般都承认,不能把社会历史规律等同于严格意义上的自然规律,否则,就会取消历史发展道路的多样性、差异性和人的历史创造的可能性。但是,人们较少考虑另一个重要的问题:社会历史规律和自然规律虽然有着本质的联系,但是存在着根本性的差别,因此,必须运用不同的研究方法和理论范式才能真正有效地加以把

---

① Henri Lefebvre, *Critique of Everyday Life_Foundations for a Sociology of the Everyday*, Verso, 2008, p. 140.

② 赵福生:《论马克思的微观哲学视域》,载《求是学刊》2008 年第 1 期,第 40 ~ 41 页。

握。假如运用自然科学的研究方法去揭示和概括社会历史规律，就会把历史必然性变成与自然科学规律无异的“经济决定论”。李凯尔特在《文化科学和自然科学》中就专门探讨了两种科学在方法论上的不同。他认为，自然科学的方法是一种普遍化的方法，它排斥特殊性和个别性，而强调自然之物中的普遍性和同质性，寻找规律性，它强调“事物和现象的本质就在于它们与同一概念中所包摄的对象具有相同之处，而一切纯粹个别的东西都是‘非本质的’”①。而与自然现象的给定性和客观性不同，文化作为人为的现象的突出特征是其价值内涵，因此，文化科学的方法不能是普遍化的方法，“只有个别化的历史研究方法才是适用于文化事件的方法。如果把文化事件看作自然，亦即把它纳入普遍概念或规律之下，那么文化事件就会变成一个对什么都适用的类的事例（Gattungsexemplar），它可以被同一个类的其他事例所代替”②。

这正是我们担忧的地方和问题：我们今天的哲学研究、社会历史研究，甚至包括社会学、文化人类学等实证性很强的学科，常常由于忽略、懒于、不屑于或者拒斥微观分析，不仅没有对今天的社会历史现实作出具体的、微观的深刻分析，而且对马克思恩格斯当年在得出各种理论结论时所作的具体的和微观的历史分析也不甚了解。结果人们常常轻车熟路地、得心应手地从现成的原理和结论出发，对今天的现实作一些蜻蜓点水式、外在观望式、标签套用式的笼而统之的远眺。这常常容易导致双重消极后果：一是由于把历史规律变成了自然规律式的“铁的必然性”，变成了盲目的经济逻辑，结果人们以一种貌似坚定不移地“坚守”历史规律的方式取消了历史规律；二是使我们的理论研究无法切中和穿透今天的社会历史现实，成为缺乏创造力和解释力的抽象教条和思辨的理论推演。因此，我们提出加强社会历史理论的微观视域的建构，以宏观研究和微观研究相结合的方式面对今天的社会历史现实，绝不会导致否定历史发展规

---

① （德）李凯尔特：《文化科学和自然科学》，涂纪亮译，商务印书馆1986年版，第37页。

② （德）李凯尔特：《文化科学和自然科学》，涂纪亮译，商务印书馆1986年版，第72页。

律的结果，相反，这应当是在今天的条件下丰富进一步丰富历史唯物主义的重要途径。只有这样，我们才可能获得真正切中今天的社会历史现实的，包含着丰富的多样性和差异性，包含着丰富的创造性空间的社会历史规律性的认识。而这正是马克思所强调的，摆脱了思辨抽象性的具体："具体之所以具体，因为它是许多规定的综合，因而是多样性的统一。"①

在这里，我们应当重温恩格斯晚年在给康拉德·施密特的信中所表达的对德国青年理论家的担忧。恩格斯发现，一些青年人把历史唯物主义的原理当做标签"贴到各种事物上去，再不做进一步的研究"；并且只是用历史唯物主义的套语"来把自己的相当贫乏的历史知识"尽速"构成体系，于是就自以为非常了不起了"。因此，恩格斯告诫："必须重新研究全部历史，必须详细研究各种社会形态的存在条件，然后设法从这些条件中找出相应的政治、私法、美学、哲学、宗教等等的观点。"②恩格斯120年前的这些语重心长的话语，真的好像是在说我们今天的事儿。在那封信中，恩格斯还特别说道："一切都可能被变成套语。"③这正是我们对今天的理论研究的担忧所在。因此，我们积极探索，用一种微观分析的视域认真思考今天丰富的现实，从而形成关于社会历史规律的更加丰富的认识，防止把我们的社会历史理论变成各种"标签"和"套语"。

这套丛书只是关于微观政治哲学或者社会历史理论的微观研究范式的初步探讨。在这里，我想指出的一点是，丛书的几位作者并非一般意义上具有某种理论共识或者理论诉求的学术同路人，而是一个非常紧密的小型学术团队。《福柯微观政治哲学研究》的作者赵福生和《年鉴学派史学范式研究》的作者张正明都曾是我指导过的博士研究生，前者2003年入学，2008年通过博士论文答辩；后者2005年入学，2010年通过博士论文答辩④，我们在一起共同研究已经有七八年的时间了。从研究丛书的

① 《马克思恩格斯选集》第2卷，人民出版社1995年版，第18页。

② 《马克思恩格斯选集》第4卷，人民出版社1995年版，第692页。

③ 《马克思恩格斯选集》第4卷，人民出版社1995年版，第692页。

④ 两篇博士论文在答辩时都获得了"优秀"，赵福生的博士论文2010年获得了全国百篇优秀博士论文提名奖。

结构来看，我的《现代性的维度》属于哲学，特别是文化哲学领域的研究；赵福生的《福柯微观政治哲学研究》侧重于政治哲学领域的研究；张正明的《年鉴学派史学范式研究》侧重于历史哲学领域的研究；论文集《社会历史理论的微观视域》也主要是从以上三个学术领域精选的国内外自觉地开启社会历史理论的微观研究的代表性文献。因此，丛书的规模虽然不大，但是，无论其内在的思想，还是外在的构成，都是具有内在的、有机的联系的。当然，理论探索总是艰辛的，开辟一个新的研究领地，所遇到的困难和问题就会更多。虽然我们已经尽了最大的努力，但是由于学术水平、知识背景和思想穿透力等方面的局限，这套丛书的不成熟之处、不合理之处在所难免。恳请学界各位同人和读者批评指正，我们尤其期待着那种真诚的、具体的而不是那种简单地判定“立场”的笼统的批评。

2011 年 2 月 1 日（农历大年二十九）于哈尔滨

导 论[①]

1984 年，在法国，一位“启蒙精神”的捍卫者、最激进的政治哲学家与世长辞。他的死亡，引起了极大恐慌、回避、争议和误解，在西方哲学史上，还没有一位哲学家像他那样生，像他这样死。他以“生”书写了一系列微观权力控制和生产“主体”的考古学，以“死”完成了反抗宏观权力和微观操纵谱系学。在此后的 20 余年里，这一系列思想犹如“星丛”，闪烁于西方哲学的天空，又犹如一排新的路标，竖立在现代性研究的迷宫。这个人就是福柯，这一系列思想就是微观权力思想。微观权力思想是一个开创性的微观政治哲学谱系，它开创了政治哲学的微观“面向”，重构了现代性话语的“台词”，在与福柯同期及稍后的新自由主义、社群主义、认同政治、差异政治、族群政治、女性主义、民族主义等当代学术戏剧中，到处都有福柯思想的“身影”。福柯以后，任何忽略微观权力的政治哲学，必将表现为宏大叙事；任何忽略微观权力的研究都无法触及现代性的真正根基；任何忽略了“现代性态度”的现代性研究，必然都会深陷于现代

① 本书为 2010 年度黑龙江省社会科学研究规划专项项目成果，10D045。

性话语的泥淖。福柯微观权力思想是对细分控制的书写,现代性态度是对超越控制体验的思想总结,哪里有压迫,哪里就有反抗,“压迫”与“反抗”成就了一代政治哲学大家福柯,彪炳 20 世纪西方哲学史册。[①] 那么,福柯为什么要研究微观权力,福柯微观权力与微观政治哲学是什么关系?

一、福柯微观权力思想的政治哲学意蕴

“微观权力”是福柯微观政治哲学的主题和主线。布莱恩·雷诺和詹姆斯·米勒(James E. Miller)分别指出:“他的全部著作,从《疯癫与文明》开始,都围绕着同一个轴心,即一套杂乱纷呈的关系。人们正是在这些关系中行使着权力——有时经过认真思考,但常常是肆意为之。”[②]人们一般认为,从 1975 年出版《规训与惩罚》开始,福柯才开始关注权力问题,他此前的许多著述受结构主义的影响,探讨的问题也集中在知识考古学上,因此“早期研究”与权力无涉。然而,事实并非如此,早在其《临床医学的诞生》的前言中,福柯就强调了权力的概念,他写道:“发生在医生和病人、生理学和自愿者的所有可见性空间权力不是消失了,而毋宁被移置,被封闭在病人的异常性之中和‘主观症状’的领域中,对医生来说,这不是知识的模式,而是将被认识的客体世界。”[③]这就是说,一种“深层”的知识将自己的话语权力,对疾病的解读权力拱手让给了另一种“深层”的知识。1976 年 6 月福柯在接受丰塔纳和 P. 帕斯奎诺采访时提出,在他开始求学的时候,也就是 1950 年到 1955 年间,李森科事件这一长期藏掖和百般掩盖的恶劣事件引起的是一系列关于科学的政治地位和科学所能传递的意识形态功能的问题,所有这些问题可以归纳为两个词:权力与知

---

① 1981 年,纽约《时代周刊》把福柯定位为“法国的权力哲学家”,参见(美)詹姆斯·米勒:《福柯的生死爱欲》(注释),高毅译,上海人民出版社 2005 年版,第 75 ~ 76 页。根据美国学者波斯纳对 1995 年至 2000 年的统计,福柯在美国的学术引证率始终排名第一位,参见(美)理查德·A. 波斯纳:《公共知识分子:衰落之研究》,徐昕译,中国政法大学出版社 2002 年版,第 268 页。足见福柯以权力研究为核心的微观政治哲学的学术影响力。

② (美)詹姆斯·米勒:《福柯的生死爱欲》,高毅译,上海人民出版社 2005 年版,第 13 页。

③ Foucault Michel, *The Birth of the Clinic*: *An Archaeology of Medical Perception*, *preface*, Translated from the French by A. M. Sheridan, Routledge, 2003, p. x.

识。他进一步指出："现在重新思考此事，我想当时我能讲些什么呢，比如在《疯狂史》和《临床学的起源》中，除了权力，我又能讲些什么呢？"①路易丝·麦克尼认为："遍览他的全部著作，福柯全神贯注于权力概念的发展和重新阐述。"②那么，为什么福柯对权力如此关注呢？

福柯自己对此给出了最好的答案。福柯提出，直到19世纪，我们才了解到剥削的性质，而直到今天，我们还没有完全了解权力的性质。因此，他将揭示权力的性质作为自己学术研究的主攻方向，而这一构思本身就抓住了政治哲学的重大论题。

权力一直是哲学，尤其是政治哲学的一个重大论题。因此，早在福柯之前，历代哲学家都对权力给予了相当的关注，亚里士多德、马基雅维利、霍布斯、尼采、韦伯、罗素等人都曾对权力进行过专门的研究。而权力之所以成为政治哲学的核心论题之一，是因为权力总是与人的生存有内在的关联，人总是生活在权力中，从衣食住行等日常生活到各种社会活动与历史活动，都显示出明确无误的权力内涵：人们不仅在经历的重大历史事件中体会权力的咆哮、更迭，即旧的权力关系的衰亡和新的权力关系的诞生，而且在日常的家庭邻里生活中，也能感受到权力的控制。现实的人，无一例外地生活于无所不在的权力网络中，即使海外孤岛上生活的鲁滨孙，在他对"星期五"的命名和监督管理的背后也蕴涵着一种权力关系，因此，一个社会能够组织起来从根本上说就是权力的控制问题，权力作为社会的一种深层结构而存在。正是因为权力问题对人之生存如此重要，所以，研究权力对于政治哲学来说不是可有可无的，而是不可或缺的。

马克思认为，在现实性上，人是一切社会关系的总和，在这个意义上，权力是人生存内在结构的一部分，而作为人生存内在结构一个部分，权力自然有着极大的穿透力，它不仅是哲学核心论题，而且是历史学、社会学、人类学、心理学、法学、政治学和其他人文社会学科的基本论题。罗素指出："我所注重的是证明社会科学的基本概念是权力，它的涵义与物理学

---

① (法)米歇尔·福柯：《福柯集》，杜小真编选，上海远东出版社2003年版，第433页。

② (英)路易丝·麦克尼：《福柯》，贾湜译，黑龙江人民出版社1999年版，第2页。

上的基本概念是能量相同。”[①]吉登斯也强调:“在社会科学中,不能把对权力的研究当成是次要的问题。可以说,我们不能等到社会科学中比较基本的观念都一一阐述清楚之后,再来探讨权力。没有比权力更基本的概念了。”[②]而《政治哲学导论》一书的作者,英国杰弗里·托马斯则提出:“权力是讨论任何政治话题时看似合理的起点。”[③]对福柯来说,他所生活的时代更能显示出权力问题的突出地位。他在1977年10月13日同日本学者交谈时指出,起码有两个重大事件与他特别关心的权力问题有关:第一是当时法西斯势力的猖狂肆虐,第二是当时西方民主国家中出现的权力泛滥和渗透。透过这些重大事件,权力过度泛滥的问题日益突显出来,到1982年,福柯强烈地意识到“法西斯现象”仍在西方继续发烧、疯狂及恶魔化。因此,福柯把注意力集中到权力问题上,并揭示出掩饰着“法西斯现象”的当代政治的“合理性”。由此可见,福柯并不像一般的政治学家那样为权力而研究权力,而是从人的具体生存角度研究权力,这种微观视角使得福柯微观权力研究得以摆脱抽象的概念推演而深入人自身的生存结构之中。

由于微观视域具有多面向性,福柯思想的研究者总是从自己的视角出发而形成各自的福柯视域,有人从政治学角度来理解福柯的权力思想,认为福柯是“泛权力主义”(丹尼斯·朗);有人从政治哲学角度理解福柯权力思想,认为福柯主要研究政治哲学知识(拉克劳、墨菲);有人从科学技术哲学角度研究福柯,认为福柯思想是走向科学的政治哲学(约翰·劳斯);有人直接从主体角度出发理解福柯思想,认为福柯在透过权力而研究主体性(彼德·丢斯、莫伟民);有人从社会学角度研究福柯权力思想,认为福柯的权力思想是一种法律社会学(吉登斯、李猛);有人从美学角

① (英)伯特兰·罗素:《权力论:一个新的社会分析》,靳建国译,东方出版社1988年版,第4页。

② (英)安东尼·吉登斯:《社会的构成:结构化理论大纲》,李康、李猛译,三联书店1998年版,第410页。

③ (英)杰弗里·托马斯:《政治哲学导论》,顾肃、刘雪梅译,中国人民大学出版社2006年版,第77页。

度研究福柯思想,认为福柯主要研究生存美学(理查德·沃林、高宣扬)。可见福柯思想的丰富性和开放性。这些研究成果对于我们理解和研究福柯无疑是有积极意义的,然而,在部分研究中,存在一种排斥他者的倾向,这是成问题的。福柯的思想,一经产生,就进入时间之流,按照柏格森的说法,它就进入绵延之流[①],进入思想生命的自然进化;按照伽达默尔的解释学,它就进入一种无限的解释学循环当中,其"真正意义的发现永远不会结束"[②];按照德里达的观点,它就会发生延异,只能留下"痕迹",任由他人书写,生活不止,意义不息。那种给福柯贴标签的非此即彼的二元逻辑,恰恰是福柯本人所反对的,福柯曾提醒我们不要问他是谁,更不要希求他保持不变,从一而终,这种改变能够使人在写作中获得自由[③],他本人就向我们呈现了不同的脸谱。

一个思想的最好解释者应当是思想家本人,1984 年,福柯在《什么是启蒙》[④]中提出,微观权力论就是我们自身的历史存在论,因此,微观权力就是我们自身历史存在的境遇,它塑造着我们的身体,规范着我们的行为甚至思想,现代性态度是对微观权力批判和超越的哲学气质,这种对微观权力研究的定位,非常明确地表现了微观权力研究的哲学性及其在福柯思想中的地位。早在 1968 年,福柯就提出:

> 如果有一种独立的哲学,摆脱了所有这些领域(数学、语言学、人种学或政治经济学内在的一种理论活动——引者注),那么,我们就可凭以下方式定义哲学:哲学是一种诊断活动。诊断目前,就是说出目前的所是,说出我们的目前在何处不同于和截

---

① 即一种可能存在,一个能够对具体生活和思想予以直接认识的超智性感觉。Henri Bergson, *Creative Evolution*, Modern Library, 1994, p. 391.

② (德)伽达默尔:《真理与方法》(上卷),洪汉鼎译,上海译文出版社 1992 年版,第 257 页。

③ (法)米歇尔·福柯:《知识考古学》,谢强、马月译,三联书店 2003 年版,第 19 页

④ 1984 年,福柯发表两篇同名文章《什么是启蒙》。其中一篇发表在《世界文字》杂志,后被于奇智译为《什么叫启蒙运动》,发表于《世界哲学》2005 年第 1 期,第 28 ~ 41 页。另一篇在中国有三个译本:汪晖译的《什么是启蒙》,见汪晖、陈燕谷编:《文化与公共性》,三联书店 1998 年版,第 422 ~ 442 页;李康译的《什么是启蒙》见 www. IdeoBook. net;顾嘉琛译的《何为启蒙》,见《福柯集》,杜小真编选,上海远东出版社 2003 年版,第 528 ~ 543 页。

然不同于非目前，即我们的过去。现在，哲学的使命可能就在于此。①

作为福柯的知音和挚友，德勒兹认为，福柯的主观化思想同权力、知识思想构成了一种生活的方式，一种三位一体的"最伟大的现代哲学"。他提出："福柯是伟大的哲学家"，"由于他，哲学有了新的意义"，"我们不相信那种不以分析资本主义及其发展为中心的政治哲学"，"做人的耻辱我们有时也会在一些普普通通的场合中感觉到……这是哲学最强有力的动机之一，这使哲学变为一种政治哲学"。② 丹尼尔·德菲尔认为，"福柯给我印象最深的第一点：一种不同的哲学思想"，"他掩饰哲学的技术性，这使读者无法立刻意识到这是一本哲学书"，"只有对哲学非常了解的人才能明白福柯的研究方式"。③ 德勒兹对福柯的评价与哈贝马斯的评价、福柯对自己的评价及有关福柯的政治哲学研究④一道表明了福柯微观权力思想的政治哲学意蕴。

我们无意给福柯贴上"政治哲学家"的标签，也无意表现我们并不缺乏成功地给福柯贴标签的能力，这里，我们的意图无非是考察从微观权力角度来分析福柯政治哲学的合法性，从微观权力思想来理解福柯的现代性思想的可能性。通过考察，一个结论向我们显现：微观权力的谱系是我们自身的"历史存在"的具体处境，现时的存在论是现时代的生存论，是哲学以它自己独有的方式面对现实的集中体现，表明我们自身超越历史存在的现代性态度，表征人自身对现时代显在的资本逻辑一元统治和潜在的文化逻辑多元操纵共谋挑战下的自觉应战精神。因此，福柯以微观权力为主题和主线从微观的视角书写了现代政治运作的微观机理，以微

① （法）福柯：《福柯答复萨特》，载《世界哲学》2002 年第 5 期。

② （法）吉尔·德勒兹：《哲学与权力的谈判：德勒兹访谈录》，刘汉全译，商务印书馆 2001 年版，第 107、171、195、196 ~ 197 页。

③ （美）丹尼尔·德菲尔、汪民安：《友爱、哲学和政治：关于福柯的访谈》，载《读书》2008 年第 1 期。

④ 密歇根大学(The University of Michigan)、贝尔法斯特女王大学(Queen's University Belfast)等大学将福柯微观权力思想纳入当代政治哲学进行专题研究。

观的范式表征了现代政治现象的本性。在这个意义上,系统研究福柯的微观权力思想,也就是研究他的微观政治哲学。

二、福柯微观政治哲学研究的架构

本书以现代性问题为旨趣,以福柯的微观权力思想为焦点,从审理启蒙运动以来现代性范式出发,既非系统分析,又非单纯评述,力求通过深入福柯微观权力思想的纵深来揭示福柯微观权力思想的现代性话语及其意义,呈现它所引起的现代性问题研究理论范式的转换,研究微观政治哲学与马克思社会历史思想的关系,推进马克思主义中国化,探索本土现代性的理论致思和实践出路。为此,本书从日常生活角度分析了福柯对现代性制度、秩序和理念束缚的敏感体验以及他以强烈的逆反行为和激进社会活动对束缚的反叛;从福柯的哲学话语中分析微观权力的运作机制以及"人民"对微观权力的"反抗";从福柯哲学著作的关联中理清福柯的微观权力叙事的谱系和脉络,揭示其自我关怀的超越性的现代性态度;从福柯对马克思思想的引用出发深入马克思的文本深处,挖掘马克思社会历史思想的微观资源。作为这种运思的结果,我们确立了本书的三个部分:第一部分包括导论、第一章和第二章,是福柯微观政治哲学的出场和总体说明;第二部分包括第三章、第四章、第五章、第六章和第七章,是对福柯文本中隐含的五种具体微观权力及其现代性话语的提炼和分析;第三部分包括第八章和结语,是对福柯微观政治哲学所作的总的反思和延伸思考。

第一章梳理了福柯微观政治哲学的视域与方法,交代了福柯微观政治哲学的方法论支撑。从福柯的文本和社会活动出发,我们把福柯的微观权力分析提炼为"对他者的权力"、"对主体的权力"、"空间权力"、"规训权力"和"牧师权力",并试图通过对这五种微观权力的概括从总体上勾画出福柯现代性研究的视角、图景和策略。

第二章要解决的问题是福柯微观政治哲学的旨趣,这是具体研究福柯微观政治哲学之前必须弄清的基本问题,福柯为什么展开微观权力批判,他是一个彻底的悲观主义的人,还是一个知耻而近乎勇的学者?微观权力批判是现代性的福音,还是现代性的魔咒?本书开宗明义,以“微观权力”与“现代性态度”引领全书。作为现代性态度与微观权力批判反思关联起来的初步尝试,我们试图打破那种削弱福柯思想的哲学性,把福柯现代性研究庸俗化的做法,试图从思想深处和人文关怀的层面揭示福柯微观政治哲学的时代性和人类性,从而探讨其对人类生存和现代性研究的价值和意义,揭示现代性态度与马克思以来的现代哲学思想的关联。

第三章是关于福柯对他者的权力的分析,之所以选择把对他者的权力作为福柯微观政治哲学研究的首选,不仅是因为对他者的权力是福柯哲学研究的肇始,蕴涵着福柯全部微观政治哲学的萌芽,更为重要的是,对他者的权力在现代性过程中最为突出,也最为敏感。无论西方还是东方,无论是在国内还是在国际上,对他者的权力都可能导致矛盾的升级,西方现代性实践表明,对他者的权力可能为极权主义甚至种族灭绝主义提供理性秩序的支持和正名,即使在通常情况下,他者、隔离、失语、圈子问题也始终是人们日常生活关心的话题。本书通过对福柯、勒维纳斯、德里达和哈贝马斯他者思想的比较分析,尝试找寻解决他者问题的思路。

第四章是关于福柯对主体的权力的分析,我们的解读试图求证两点:第一,在福柯有关“非思哲学”和“人类学沉睡”的阐述中,现代性三个互动层面已经初现端倪,为后来的现代性态度的出场奠定了谱系学基础;第二,福柯并不是要反对人文科学知识对人的塑造,而是要揭示对主体的权力可能产生的后果,从而提醒人们不要忽视对主体的权力而自我割除别样生活的可能,由此我们想提醒人们,在高扬“主体性”的时候,在高扬人文知识对人的关怀的时候,切不可低估日常生活中人文指导的政治性和权力性的一面。

第五章是对福柯空间权力思想的解读,从雷比诺、苏贾、吉登斯等人对福柯关于空间研究的空白处,从他们所忽略的《不同空间的正文和上下文》这一文本出发,试图揭示福柯的差异空间学中提出的空间权力及其对现代性研究的意义。

第六章是对福柯规训权力思想的解读，从分析福柯对涂尔干、笛卡儿(也译作笛卡尔)和拉·美特利(也译作拉·梅特里)的批判出发,尝试挖掘“权力微观权力学”包含的“权力的相对论”、“权力的量子力学”、“权力光学”、“权力热力学”和“权力声学”的含义,通过福柯与恩格斯对边沁批判的比较,从职业训练、日常纪律与监狱监督三个方向描述规训权力机制,发掘《规训与惩罚》作为福柯明确引用马克思思想最多的著作的原因及其对中国民主政治建设的意义。

第七章是对福柯牧师权力思想的解读,我们试图概括福柯业已表达出来的牧师权力转型的文化机理、权力运作的形式,重点分析了关怀自身的现代性态度及“老师”在“学生”关怀自身的现代性态度中的角色和地位,明确了真正的哲学修行的精髓。

第八章是对福柯的微观政治哲学与马克思社会历史思想关联的研究,在前面对微观政治哲学及其与马克思关联的具体研究基础上,本章旨在从马克思哲学长期以来不被注意的,却绝非可有可无的方面出发,关联福柯微观政治哲学中对马克思思想的引用和评述,揭示马克思哲学的微观资源,分析福柯微观政治哲学与马克思社会历史思想的内在一致性、福柯微观政治哲学对马克思哲学的补充性和局限性。

结语是对福柯微观政治哲学所作的延伸,包括福柯的微观政治哲学理论定位、哲学定位及其对本土现代性研究的启示。

在本书看来,福柯的微观权力不只是要写就权力的政治学,而且是要分析揭示人自身的历史存在论,其旨趣在于寻求从我们自身历史存在中解脱出来的可能性,用福柯的话语来表达,它就是“现代性态度”,现代性态度强调时间的当下性、空间的差异性和生存的超越性,是人自身当下所愿、所思和所行,是对哲学批判理性的重申和对“批判理论”的超越,是对审美现代性的重申,是对诗性生活的强调,其实质就是微观政治哲学。福柯微观权力阐述的不是表面看来的“鸡零狗碎”,而是一个由对他者的权力、对主体的权力、空间权力、规训权力和牧师权力所构成的多重褶皱、折扇、脸谱、谱系。通过对这五种权力样式的解剖,福柯所揭示的并不是简单的二元对立—— 一面是微观权力,另一面是受动、被动的人,而是要强调非中心的、多样态的、异质的权力互动关系。这种权力关系或者说关系权力使社会对人自身的规范化和操控在每一个主体的实践中实施,在社会生活的每一个细节中展开,然而,对微观权力的反抗的现代性态度给以同样边缘的、多元的、差异的、弥散的实践,从而体现为新的微观权力,因此对微观权力的反抗和超越形式也必然是微观政治斗争。

如果说以往人们对哲学的理解是"哲学是一种表征",那么福柯微观政治哲学所表征的当代哲学所理解的哲学则是"哲学是一种干预",如果说以往人们对于人和主体的理解是给定的和预成的,那么当代哲学所理解的则是人和主体是被生产的和生成的,如果说以往人们对于权力的理解是中心化的、同质的、一元的,被人和主体所拥有的,那么,当代哲学所理解的权力则是弥散的、异质的、多元的,对人和主体进行历史的生产的,对这种生产的超越则是新的人和主体在当下的生成。由此,福柯将哲学由黑格尔的"精神的逻辑"、马克思的"资本的逻辑"推进到"知识的逻辑",如果说"精神的逻辑"、"资本的逻辑"是同一的和可同一的,那么"知识的逻辑"的特点在于它是非同一的,不可同一的,当代社会生活的多元异质性使得对其回应的当代哲学具有了更加明显的多元异质性。

福柯没有直接地提出干预和生成的总体理论,而是以一种局部化批判将人们感受到的微观权力概念化。旧哲学因为是预成的、表征的、静态的,因而以总体、宏观为主,新哲学因为是干预和生成的过程,因而必然是以局部化、微观为主。这样来看哲学,人们就会形成一些新的认识:福柯以一种反理性的形象表明了其最理性的现代性,以一种颠覆人文主义的方式表达了最彻底的人文主义,以最微观的权力形式表征了最重大的社会生活现实,以一种非哲学的样式表现了哲学的中介,以一种非马克思主义的方式丰富了马克思的思想和我们对马克思思想丰富性的理解。正像托德·梅(Todd May)评价的,福柯没有向我们提供与以往哲学研究的一致性,他多次调整研究的过程和方向,如果在此过程中他打破了传统哲学叙事的同一性,我们不应该为此责备他。也许我们应当像他那样看待当代哲学:哲学由原来的一种理论工作变成了复数哲学,研究我们自身的历史存在论和当下生存论,调查、询问我们何以成为具体的历史之所是,寻求我们自身当下之所是,既然当代社会权力已经呈现异质化、多元化和弥散化的特征和趋向,那么我们没有理由固执于同一哲学而不思改变,唯有如此才能体现出哲学是时代精神的精华。

三、研究福柯微观政治哲学的目的

柏格森曾说:"哲学就是要扭转人们的思维方式。"这可以看做是对马克思关于哲学功能的名言的重申。研究福柯这样一个扭转人们思维方式的哲学大师,其意义至少是消除人们对他理解的混乱,进一步阐明福柯思想尚未被明晰的视域:微观政治哲学为什么要扭转人们的"非思哲学",如何扭转哲学的"人类学沉睡",扭转到的"差异空间"意谓什么,如何"关怀自身";这些扭转如何用不同的方式解释世界,又改变世界,它们与马克思、恩格斯的相关研究有什么关联?而要厘清这些问题,难度是可想而知的,因此,它只是关于福柯思想众多研究中的一种,它有着自己的局限性。通过这种研究,本书的远景目标是要展现与以往认识不一样的福柯,不一样的微观权力,不一样的现代性,不一样的马克思,不一样的政治哲学,这些目标在"现代性的多维视角"、"福柯的现代性态度"、"福柯微观权力的'脸谱'"、"福柯的空间权力思想"、"福柯的关怀自身与他者伦理学"、"福柯的多元辩证法"、"新马克思主义整体观"、"马克思与福柯历史观的微观比较"、"马克思哲学的微观资源"和"马克思和谐社会思想的三个维度"等具体论题中逐步呈现出来。

理解福柯的微观政治哲学,有助于重建现代性研究的生存论、认识论和方法论。从生存论上看,现代性不只指涉着对人规范的理性秩序、指涉着令人向往的自由、平等、博爱、理性的理念,而且指涉着人在当下的理性反思、诗性生活和审美生存的统一;从认识论上看,现代性既不是单一理性的自我同一,也不是工具理性与价值理性二元对立,而是多元理性微观互动的网络;从方法论上看,现代性研究必须摆脱意识哲学和思辨哲学的研究范式,在传统社会历史研究中引入文化分析的视角,在社会历史概括中发掘日常生活视界,在政治哲学研究中开辟微观政治哲学视域。对于中国的马克思主义来说,中国改革开放的历史教训和经验告诉人们,要想彻底改变中国社会生活的面貌,不只需要变革宏观权力的性质,而且需要改变微观权力的结构,不只需要政治革命,而且需要深层的文化启蒙。

需要强调的是,本书与其他研究相比的独特之处,与其说是前面提到的五个"不一样",不如说是试图为本土现代性实践提供某种新的视角、方法和态度,毋宁说它以极大的热情将"改变世界"置于比"解释世界"更高的地位,至于它能否真正使人们关注身边的微观权力、关怀自身,它无法回答。"后哲学"的一个观点认为,哲学家不是世界的拯救者,他所能做的只是拯救自身,若以此为标准,那本书的目的算是达到了。"后哲学"还有一个观点认为,哲学是诗化哲学、对话哲学、启迪哲学。对于诗化,本书虽力不能及,但力抬哲学之声调[①];关于对话,它心甚喜之,且尝试之;至于启迪,它诚惶诚恐,恭身候之。毕竟,本文不是"后哲学",它对哲学寄以更多的希望和更多的历史责任,哲学仍在途中!

---

① 德里达从康德晚年的小论文和专题论文中发掘出康德前所未有的对与之争论的其他人的休战原则和包容他性的特点,提出了哲学的声调之间的非决定论和差异意义的问题。Derrida Jacques, *Raising the Tone of Philosophy*, The Johns Hopkins University Press, 1993, p. 1,3。德里达的这一思想为后结构主义的意义思想提供了新的支持与阐释,本文认同哲学的深入对话观点,并从差异入手,尝试在严谨的逻辑说理中表达哲学形而上的高贵品质及其与诗、艺术、文学在人文关怀上的相通性,从而加入到学术维新的对话中去。

第一章　福柯微观政治哲学的视域与方法

> 直到19世纪，我们才了解到剥削的性质，而直到今天，我们还没有完全了解权力的性质。
>
> ——福柯《必须保卫社会》
>
> 敬请你们不要问我是谁，更不要希求我保持不变，从一而终，因为这是一种身份的道义，它支配我们的身份证，但愿它能在我们写作时给我们以自由。
>
> ——福柯《知识考古学》

福柯的权力研究以其独具的原创性和深刻性，洞穿了现代社会层层隐蔽，冲散了传统哲学的迷雾，使福柯的思想大放异彩，不仅突破了哲学的学科界限，而且穿梭于哲学、社会学、心理学、语言学、法学、政治学、历史学、教育学等人文社会科学领域之间，极大地推动了整个西方哲学社会科学研究范式的转换，深刻地影响了20世纪下半叶西方社会科学界的理论研究方向。那么，福柯所揭示出来的权力的性质是什么？福柯的研究呈现出什么样的特征？他的研究策略是什么？这些问题构成了本章的研究内容。

第一节 福柯微观政治哲学的视域

福柯并不想写作“权力学”，因此他反对构筑权力的思想体系，他特别反对人们询问“权力是什么”之类的问题，他更想表明“权力是如何运作的”。但是，作为福柯微观权力思想的研究者，我们不可避免地要对微观权力思想作出一个界说，以便使我们的研究工作在明确的界限中展开，而对微观权力思想的界说首先要从微观权力的界说开始做起。

一、“微观权力”界说

微观权力是什么？这着实令人困惑，从访谈上看，他有多种说法；从书上看，他有多种写法。总的看来，福柯经常以“知识－权力”来指称“微观权力”，以“主权”和“法权”来指称“宏观权力”，从本体上说，宏观权力与微观权力的共同之处在于它们都是操纵人的客观的社会物质力量；不同之处在于前者的控制的样态为“一”，后者的样态为“多”，具体表现为前者更多体现为自然性、政治性、总体化、中心化，而后者则相对体现为知识性、文化性、非弥散化、边缘化，宏观权力与微观权力模式的差异与社会生活模式和人的实践方式的差异互为基础，相互关联。

传统社会中，人们的经济、政治生活相对简单，从经济上看人们处于自然经济状态，对土地资源的占有成为全部社会活动的核心，社会生活和实践方式的简单化使权力相应地体现为家族权力和以暴力基础的神权等文化权力的控制。随着社会的发展，人逐渐从自然界分离出来，在人身上，越来越多地体现出主体性，自然科学从哲学中分离出来并获得了巨大成功，获得越来越大的话语权，逐步将家庭规范、神权政治赶出政治的中心地带，自然科学的方法被社会普遍地借用，以构造和解释权力为主，社会生活的控制模式发生了变化。一方面，在自然科学思维下，以契约为核心的法律权力成为社会控制的主导，暴力逐渐成为国家权力和法律的底线；另一方面，具体的科学话语、技术运作悄悄地渗透到整个社会生活之中,在社会对人自身的控制中发挥越来越重要的作用。从18世纪起,前者是显在的,被启蒙运动所宣传,并随着拿破仑战争而输出到整个欧洲社会;后者则是潜在地构成了法律权力的基础。然而,随着科学技术的进一步发展、社会生活的进一步丰富,原本潜在作用的、边缘化的微观化的知识实践和技术实践越来越无所不在,越来越中心化,越来越成为当代政治生活的重要内容,因而也越来越引起人们的关注。当微观化的权力已经泛化到政治分析的所有领域,微观权力的文化逻辑已经成为普遍化原则贯穿所有日常生活时,必然进入哲学的视野。哲学作为自己时代精神的精华,总是以表征、干预自己时代的实践而回应现实的危机,自从马克思对资本进行政治批判以来,西方哲学界就开始对权力问题进行广泛探讨,尤其是20世纪,当人们以各种文化批判来表征和反驳多样的社会控制时,现代权力的微观性越来越体现出来。在这个意义上说,福柯的微观权力思想既不是从天而降,也不是空穴来风,它具有丰富的理论资源和现实根据,20世纪七八十年代,福柯已经进入了微观层面来全面研究权力与人自身存在的关系,因此,福柯对政治哲学的再度兴起起了很大的开启和推动作用。在这个意义上说,福柯的微观权力思想是19世纪后半叶以来各种文化批判的集大成,它不仅与以文化批判为核心的文化哲学和20世纪70年代兴起的政治哲学相通,而且极大地推动了后者的发展,也正因此,凯尔纳和贝斯特在《后现代理论:批判性的质疑》中强调是福柯开创了"微观政治学"。

微观政治学强调,微观政治与宏观政治差别的实质在于微观权力与宏观权力不同:第一,从存在方式上看,微观权力存在的领域不同于宏观权力存在的领域,宏观权力存在于国家机器中,而微观权力不限于国家政治,它弥散于社会所有细节、所有层面、所有微观人群、各种文化活动中;第二,从权力的来源看,微观权力表现为不同于实体化的国家主权和法律权力,"权力不是获得的、取得的或分享的某个东西,也不是我们保护或回避的某个东西;它从数不清的角度出发在各种不平等的和变动的关系的相互作用中运作着”[①];第三,从权力的样态看,现代权力运作的重点已经从国家主权的单一化、中心化、固化的样态转换到文化权力、知识权力的多样化、边缘化、弥散化、渗透化的样态;第四,从权力的保障看,中心化权力的保障机制在相当长的时间内是“神权”加“暴力”,而微观权力的保障机制则是以知识化和技术化来表征理性化和合理化;第五,从日常经验看,宏观权力是显性的、看得着的,具有可见性,而微观权力是隐性的、看不见的,反而将社会中的一切置于一种可见性之中;第六,从历史描述上看,宏观权力是实名的,它在一系列宣言布告、法律法规中存在,而微观权力是匿名的,它通过隐藏自己来发挥作用;第七,从权力的反抗方式看,微观权力的反抗不是通过暴力来实现权力的易主,而是通过同样微观多元化、弥散化、多态化的局部反抗而实现,具体体现在两个方面:一方面从对宏观权力的批判而言,微观权力本身就是一种反抗,20 世纪各种文化批判本身就是对宏观权力的反叛,另一方面从对微观权力批判而言,它既是一种反对对象,也是反抗本身。当然,现代西方社会微观权力与宏观权力是一种共谋关系,微观权力控制也必然带来宏观的一体化反抗,但是,这种反抗往往是无物之振,传统的阶级、上层建筑工具在微观权力面前基本上起推动效用,微观权力不是由某一个体选择或决定的,所以不必寻找保证权力合理性的最高机构、统治阶层、社会团体和重要决策者,它们都控制不了在社会中运转的微观权力。

作为微观政治学的核心内容,微观政治哲学不同于传统宏观政治哲学之处在于:宏观政治哲学,尤其法国大革命开创的宏观政治哲学向人类承诺了民主、公平、正义,主张以一种宏观权力来取代另一种宏观权力,或者消灭所有微观权力从而达到我们认为的理想状态,然而,这种方案实际上没有力量保证它自身的实现,而且往往走向反面,成为一种新的专制;微观政治哲学强调微观政治本身就是多样态、弥散化的知识或文化权力控制,它本身就是某种合理性,因而它并不承诺某种可以确保公平、正义

① (法)米歇尔·福柯:《性经验史》,佘碧平译,上海人民出版社 2002 年版,第 70 页。

的政治方式，它本身已经消解社会的那些应然问题。因此，福柯主张人自身应时时刻刻激发现代性态度，它坚持这个世界根本没有同一救世主，有的只是差异化的人的自我拯救。换句话说，微观政治哲学并不是将人们已经丧失的政治信仰托付于某种普世化的特定政治形式，而是主张将信仰寄托于自身当下的实践。

二、微观权力的五个维度

但是如果我们停留于这些现在的结论，可能会使自己的理解抽象化，为本土化研究服务的初衷也要求我们进一步对微观权力进行研究，而这就要求我们至少也要采用一种微观分析的方式，才能理解其来龙去脉，理解其对现代性的构想，因此，我们首先要对福柯的“微观权力”进行考古。

理解福柯的微观权力思想，必须依托福柯的文本，然而，从福柯的观点看，文本只是各种话语组织和运作框架，本身就具有权力性，话语本身处于各种社会、政治、历史、文化力量的交织、争斗和共谋之中，当我们怀着某种目的阅读它时就会发现，我们被话语牵着鼻子走，我们的思想有时并不听从我们的意志，当我们想让它们去说点我们想让它们说的东西时，我们发现它们在自说自话，所以没有人敢保证能清楚地理解福柯的本真话语，大家都无法绕开他书中所说的话，于是，人们就陷入到书中去了，而一旦如此，哲学也就失去它批判的本性了。这种情况的通常表现是，读者往往惊叹于福柯的某一本书，并被书中的话语自身紧紧抓住，而不能自拔，这种情形最突出地体现在福柯主义者那里，结果人们往往只关注了福柯微观权力的某一形式或某一谱系，而失去了对福柯思想的总体把握，从研究的角度看，走入福柯的文本远胜于未曾走入，然而，如果缺乏一种“走出”意识，人们就会把福柯理解为西方社会的一个“愤青”，从而低估福柯思想的总体威力。那么如何“走出”呢？

福柯微观权力思想并不是一个完整的理论体系，而是一直处于流变之中，我们考察福柯的访谈就会发现，每当人们认为已经判明《疯癫与文明》、《词与物》、《知识考古学》、《规训与惩罚》或者《性经验史》的立场时,他总是让你大失所望,甚至他对自己刚刚说过的话,也不断修改。这就好像福柯跑在前面,人们在后面追赶,每次当人们以为要追上他了,他又转个弯,重新把人们甩在后面。事实上,福柯根本就不是一个跑直线的运动员,因此,最好的办法不是跟着他跑某一段路,而是尝试着绘出他的折线的地形图,从这些折线尤其是转折处看他的作为。这样,我们就会发现福柯折线的特征。以这样的思路来看福柯的作品,我们发现,福柯的作品不仅没有一次成型,而且即使是成品本身也存在着大量的裂纹。然而,这些裂纹不但没有减少我们对他的敬意,反而会增加我们对他的钦佩,因为他本不是要做一个完整的成品流传于后世,所以他说现代性是一种态度,这种态度决定制作的目的本身不是也不可能是做出一些完整的作品。

为了说明问题的方便,我们不妨暂时把福柯的微观权力思想分为考古学、谱系学和伦理学三大阶段,把第一个阶段与第二个阶段联系起来的是空间,把第二个阶段与第三个阶段联系起来的是身体(性),而从第二个阶段起,每一个谱系都是福柯批判前一个谱系的结果,都体现着福柯的思想危机和超越。

与其他真正哲学的本性一样,福柯哲学也蕴涵着对现实生存困境的理性回应。福柯从小对道德规范和权力斗争的敏感和反感,以及法国作为最有创造力的学术摇篮在福柯那里发生了交互作用,这些都被福柯以不同寻常的方式表达出来,这就是福柯提出的“对他者的权力”和“主体的权力”。福柯没有选择人们常用的“科学知识”,而是选择了人们丢弃的档案来表现科学知识和知识实践本身的权力性。在福柯看来,经由马克思开创的微观史来分析,精神病学知识并不是传统理解的连续的关联整体,而是微观上彼此差异的相关知识的断裂的微观史。这种研究使知识与权力的关系突显出来,“知识”不仅是人类征服自然和世界的客观力量,而且是规范和约束人自身的权力,这就把“知识就是力量”推进到人们所说的“知识就是权力”阶段。“知识考古学”作为理论形态与研究策略的统一以“非历史的历史学”面貌引起极大反响,然而,福柯本人却越来越陷入危机之中,这种危机既来自外部,也来自内部。在《知识考古学》中，福柯对他在《疯狂史》中过多使用经验分析而检讨，可是《知识考古学》刚刚出版，福柯又对自己刚完成的工作大为不满，于是，他停止写作，去了阿尔及利亚。在此期间，西方社会发生的学生运动使知识权力的运作在社会中鲜活地表现出来，在捕捉和回应这一现实的过程中，福柯重拾 1967 年有关空间的思考，从而使微观权力研究峰回路转。

依靠“空间”观念，福柯不仅将先前的知识考古学碎片与权力联结起来，而且他还在列非伏尔基础上提出了空间权力，并且以抽象的空间哲学表达了权力的多重性和反抗的可能性。随后，福柯将空间权力具体现实化，并与考古学结合起来，形成了“规训权力”的思想，福柯不仅在《规训与惩罚》中正式提出“规训权力”，而且还将其扩展为具有治理术层次的生命权力。

这种对人所是、所思和所行的分析，显然具有很大的局限性：首先，从话语权力到规训权力、生命权力，权力对人的作用尽管从压抑性到生产性，但这不过是以精致的外在作用替代了粗糙的说明而已，权力描述仍然是外在的，这使福柯无法对微观权力思想如何内化作出说明，微观权力分析毕竟是理性的分析形式，如果理性即是权力，那么，微观权力分析本身就失去了其合法性，这个问题一直是福柯哲学的生命线；其次，以非理性形式来超越和反抗权力无法说明“人民的知识”、“局部的知识”[①]的意义在哪里；再次，既然“人们比他们感觉的更自由”，那么这个自由的主体何在？人们对规训权力和生命权力的诘问从间接意义上使上述问题更加急迫，这使得福柯又一次停止写作而陷入苦行之中。

在规训权力的研究中，福柯重申了身体问题，这实际上开创了 20 世纪的身体哲学视域，也为福柯解决上述疑难打下了基础。为了找寻答案，福柯一方面在实践上投入到对自己身体界限的逾越当中，另一方面回到启蒙事件总体中考古，经由《临床医学的诞生》中提出的“身体”，福柯又

---

① 萨义德在《东方学》的结尾提出“‘非强制性的知识’（noncercive knowledge）的观念就是有意反福柯的”。详见（美）薇思瓦纳珊编：《权力、政治与文化：萨义德访谈录》，单德兴译，三联书店 2006 年版，第 444 页。

回到了古希腊无人关注的旧档案中，前者使福柯发掘出现代性的核心——现代性态度，后者使福柯找到了权力的内在化——牧师权力，即自我技术的异化。由此，福柯终于解决了自己长期以来反抗权力的虚位的主体，把这个幽灵的主体实体化，这个主体就是自我伦理的主体，它从“合法的怪异”中隐约闪现，在“人民的知识”和局部对局部的反抗主体中漂移，到关怀自身的审美主体中最终定型，这一过程本身生动显现着福柯这个孤独者以当下所愿、所思和所行来超越传统的现代性态度，体现了吉登斯所说的“谁谈现代性，谁就是在谈‘超我’”①。

通过对福柯微观权力考古，我们发现，福柯微观权力思想的“微观”研究是多重分析，它指向日常微观的人群，分析微观知识领域，联系社会微观机构，考察文化微观机理，揭露微观权力策略，剖析现代性微观结构，倡导微观政治反抗。这一工作使我们对微观权力的认识在关系性、内在性、自下而上性、社会意向性、辩证性基础上增加了微观的人群的指向性、知识权力性、机构关联性、文化机理性、权力技术性、差异相似性和微观反抗性。

与马克思哲学一样，福柯哲学首先是对现实生活中的具体的人的观照，因此，他不同于传统哲学对大写的人的分析，而是对疯子、穷人、失业者、罪犯、性“反常”者等边缘、弱势群体和劳动者、说话者、生活者等“正常”的类群的关怀。与所谓“后现代”研究相似的是，福柯哲学以西方文化的某一领域为切入点展开解构，不同的是，福柯的分析是相似性的系列分析，形成的是多维视域，对知识分析而言，福柯既指向精神病学、临床医学、刑法学、管理学、宗教学，也指向人文科学、哲学和伦理学知识，这种分析不是一种新的知识论分析，而是联结起与知识相对应的社会机构，在文化媒介中展开的文化批判，它们揭示现实生活各个微观处所和角落的权力运作，揭露现代性在理念、制度和秩序维度上的复杂网格，发掘和宣扬

---

① （英）安东尼·吉登斯：《亲密关系的变革：现代社会中的性、爱和爱欲》，陈永国、汪民安等译，社会科学文献出版社 2001 年版，第 25 页。

日常生活中微观批判和反抗，由此来表达的现代性态度。

福柯微观权力思想的谱系大致有以下五重维度：

第一，对他者的权力。这一思想集中体现在《疯狂与非理性：古典时期的疯狂史》（1961）、《临床医学的诞生：一种临床医学的考古学》（1963）两部著作和《水与疯狂》（1963）一文中。福柯主要描述了西方人对"疯狂"的观念在17、18和19世纪经历的变化。"疯狂"在16世纪之前是受到承认的，是日常生活中的一个部分，而后，社会对"疯癫"越来越不可忍受，在17世纪把边缘人收进了大量的医院，18世纪把"不正常"的人关进监狱，19世纪把疯狂的人送入精神病院。在这个断裂的"历史"中，理性的秩序、文学、医学、政治、精神病学在对他者进行命名、驱逐、区隔、剥夺话语权、改造、道德科学化和内化的过程中，与其伴生的机构、产品共同形成对他者的权力谱系，其与宏观国家政权勾结、合谋、互相利用，形成了对他者的越来越精细的匿名控制，最后福柯提出了个体化的超越之路。

第二，对主体的权力。这一思想集中在《词与物：人文科学考古学》（1966）一书中和《人死了吗?》（1966）等同期的访谈中。福柯主要考察了人文主义、主体哲学和人文科学对"主体"的建构，人文主义和主体哲学通过赋予自己以"原主体"的地位来书写连续的历史，使得大写的主体有了栖身之所，大写的主体反过来也赋予宏观历史以"人"的历史的意义，人文主义和主体哲学由此获得了在文化中的至高地位，这体现了它们对大写的主体的权力，然而，福柯的目的不只是要揭露大写的主体的虚假性，而且在于揭示从马克思以来的现代哲学已经敞开了的日常生活的"具体的"主体并不是"真正的"主体，而是人文科学权力作用的对象，因此，福柯考察政治经济学、生物学和语言学的历史断裂，发现"人文科学"对劳动的人、生活的人和说话的人的规范，凸显了知识这个"第二人造自然"对主体的束缚性和控制性的一面，从而为"主体的主动性"寻求出路。

第三，空间权力。这一思想集中体现在题为《不同空间的正文和上下文》（1967）的访谈中，《地理学问题》（1980）和《知识、权力和空间》（1982）两个访谈是其丰富和发展。空间权力是没有主题化却不可或缺的微观权力形式,从福柯的观点看,它构成了知识与权力的纽带,是知识考古学转向权力谱系学的中介,实际上,与《词与物》一样,在《不同空间的正文和上下文》一文抽象的表述背后隐藏着对现代性的结构分析,这一点对于理解福柯后来在《什么是启蒙》中提出的现代性结构具有特别重要的意义。

第四,规训权力。《规训与惩罚》(1975)对这一思想进行了集中阐述,从表面上看,这本书既考察了现代社会的规训权力,也考察了惩罚权力,但事实上,福柯认为现代惩罚已经被转变成规训的一部分,他不把规训当做一种体制、机构,而是当做一种权力的新类型。他不仅考察了规训权力产生的社会原因,而且考察了它们的性质、形式、应用层次、运作程序、技术和目标,他以谱系学细致入微的社会解剖,刻画了现代社会对军人、工人、学生、罪犯和所有个体所发明和实施的分割、区隔、监视和管制,表明其目标是对全社会的每个人进行全面塑造,以使他们能最大限度地满足社会的需要。《规训与惩罚》把较粗糙的"对他者的权力"的描述细化,把较强调知识性的"对主体的权力"的分析社会学化,把较抽象的"空间权力"研究具体化,它标志着福柯开始从单纯依靠考古学方法写作向考古学与谱系学研究并举的研究范式的转换。

第五,牧师权力。这一思想在《性经验史》的第一卷《求知之志》(1976)被正式提出,之后又在法兰西学院演讲系列《主体解释学》(1981—1982)中不断丰富和成熟。在这两部文献中,福柯不仅将知识-权力批判推进到"牧师"权力阶段,而且在这种推进中找到了超越微观权力的古希腊资源,从而将其对微观权力的反抗推进到最高层次,为其在《什么是启蒙》中提出现代性态度埋下伏笔。在福柯的笔下,"牧师权力"源于公元5世纪以后,基督教修行是对古希腊关怀自身的异化,随着这种异化在现代社会愈演愈烈,越来越隐蔽和匿名化,它们与医学等科学自身发展一拍即合,为社会将各种微观权力内化入人心提供了机制。在这种牧师权力的复杂性、普遍性和微观性作用之下,理性的批判、非理性的追求或风格化的艺术生活中的哪一个都无法单纯靠自己的力量突破微观权力的掌控，只有三者合一的“现代性态度”才能使人自由。

三、微观权力思想的五重境界

福柯在其《尼采、谱系学、历史》中批判传统哲学剧场的同一性的历史面具，“这种脆弱的、我们竭力在面具下确保和聚合的同一性，本身不过是个可笑的模仿，它本身是复数的，内部有无数的灵魂争吵不休；各种体系杂陈交错、互相倾轧”[①]。这些复数的权力是“带着面具登台亮相的他者”[②]，它们华丽的身体只是没有生命的虚壳，上演着一出远离日常生活的戏剧：

> 我们今天所处的场景的特点，就是上演的戏剧，没有我们创造的、属于我们自己的纪念碑，我们在一堆道具中生活。更有甚者，欧洲人不知道自己是谁，不知道自己向上有哪些种族的血脉，到处找寻应属于自己的角色，毫无个性可言。[③]

福柯要创造自己的角色，找到“种族的血脉”，追求自己个性的风格化。与传统哲学的大写的掩人耳目的面具哲学不同，福柯的哲学是微观的真情流露的脸谱哲学，它将以夸张的表达显现内心的激情，他要上演属于这个时代的伟大戏剧，建构属于福柯的哲学剧场。福柯的微观权力剧场向人们呈现了“对他者的权力”、“对主体的权力”、“空间权力”、“规训权力”、“牧师权力”五张脸谱，向人们呈现了针对不同微观人群的复杂的微观权力样式和家族相似的微观运作机制。然而，福柯“移情”而不“别恋”，在不断变换中，福柯心之所系始终如一，那就是突破人的历史存在，开辟人之当下生存。如果我们要为微观哲学分析找到戏剧艺术的对应物，那么最恰当的当属川剧的变脸表演。变脸的至高境界，不在于能变换多张脸谱，而在于心随脸走、涌现生命、迸发真情，唯有如此，方能表征大

---

① （法）米歇尔·福柯：《福柯集》，杜小真编选，上海远东出版社2003年版，第163页。
② （法）米歇尔·福柯：《福柯集》，杜小真编选，上海远东出版社2003年版，第157页。
③ （法）米歇尔·福柯：《福柯集》，杜小真编选，上海远东出版社2003年版，第161页。

师的艺术造诣。当人们真正走进福柯哲学剧场,就会看到福柯的微观权力变换的五张脸谱,就会感受到福柯现代性态度的激情。在精神关怀的形上层面,哲学与艺术不可分,按照福柯借助物理学进行哲学运思的思路,对福柯哲学的艺术欣赏大致可以分为五重境界:

第一重,感受到剧情的引人入胜,饰演的角色活灵活现,剧中人的命运时而令人窒息、时而壮怀激烈。人们看到剧本中的"权力的微观物理学"、"现代性态度",脸谱就有了发射意义。

第二重,感受到剧情富于激情,意识到表演者本色出演,福柯在表演他本人的内心世界,微观权力戏剧本身揭示了其内心的权力与反抗。"我的每一本书都是我自传的一部分。"[①]人们看到剧场空间权力的微观物理学、剧场中显现的现代性态度,脸谱有了透射意义。

第三重,感受到剧情是真实再现,联系表演者现实中的激进政治活动,戏剧成了日常生活的再现,人们看到剧场下的权力微观物理学、剧场下的现代性态度,脸谱就有了折射意义。

第四重,感受到剧情而引起共鸣,令人震撼,人们吃惊地在剧中发现了自己的生活、发现它所表征的思想中的时代。人们感受到自己身上的文化的逻辑,感受到自己迸发的现代性态度,脸谱就有了干涉意义。

第五重,如果说前四重境界都是一种对福柯的走入,那么第五重境界就是对福柯的走出:人们有没有感受到来自福柯的权力的微观物理学?是否对这种权力的微观物理学也能迸发现代性态度呢?

对微观权力的考古表明,福柯一生不断超越自身、关怀自身。福柯已经站在了我们所说的第五重境界之上,因此,他才有"作者已死"之说,他起初的迷惘、继而的执著和最终的顿悟再现了王国维先生所说的学术人生的三大境界。微观权力的五张脸谱表达了福柯对大写的意义的消解,对一切文化桎梏的挣脱,对一切思想围墙的冲决,对一切权力枷锁的解

① Foucault Michel, *Truth, Power, Self: An Interview with Michel Foucaul*, In *Technologies of the Self: A Seminar with Michel Foucault* Martin, L. H. etal. , Tavistock, 1988, p. 10.

构，它要赢得的，不是虚无主义、相对主义，而是超越整体主义、本质主义进而寻求人生意义的偏执。

“方法是真理的胚胎学。”福柯哲学的惊世骇俗，与他独具特色的研究方法是分不开的。

第二节　福柯微观政治哲学的方法

福柯能够揭示权力与知识的关联以及微观权力的多重视域，与其所采用的考古学和谱系学方法是分不开的，理解福柯的研究策略，是研究福柯微观权力思想不可或缺的维度，对福柯的方法论理解，是深入分析福柯微观权力思想的关键，然而，由于人们对考古学方法的渊源及其范式转变的意义了解尚不够深入，对谱系学的理解还停留于概念表面，这就导致了考古学和谱系学要么被理解为“具体问题具体分析”，要么被理解为揭示历史“本来面目”的客观工具，从而忽略了其界限，误解了其深意。

一、考古学方法

福柯的知识考古学以批判传统历史方法为前提，以现代微观史学方法为基础，提出前期方法论，挖掘话语的形成规则。

（一）批判传统史学方法

福柯反对那种记录和虚构政治事件的帝王传奇史，主张以长时段史学和微观史学来改造传统史学。因此，他在知识考古学开篇就指出：“迄今许多年来，历史学家们对长时段予以了更多的关注，犹如在政治事件的变幻不定和有关它们的插曲的背后，他们正试图揭示出一些稳固的难以打破的系统，这个系统是检查、平衡、不可逆过程、不间断调节、积蓄权力的潜在趋势，一些持续了数百年后突然的转向、缓慢的饱和与积极的运动，被传统叙述的混乱所掩盖的静止和沉默的巨大基底。”①以前的人们

① Foucault Michel, *The Archaeology of Knowledge*, Routledge Classics, 2002, p. 3.

认为,传统历史的对象与现实存在的日常生活无涉,传统历史学家往往停留在日常生活之外,驻足于社会历史的表层,要么把政治事件的变幻作为历史的指涉,要么把领袖的插曲作为历史的兴奋点,而新史学要关注的是事件背后的、被掩盖的"静止和沉默的巨大基底",其目的是要找到历史的深层机制及其基础。

福柯反对"全面"和"整体"的历史观,正如福柯所批判的,全面的历史将一个社会的所有差异的内容还原为某一个形式、某一种世界观的结构、某一种价值系统的建立和某种文明的一致的类型。"全面历史旨在重建某一文明的整体形式,某一社会的——物质的和精神的原则,某一时期全部现象所共有的意义,涉及这些现象的内聚力的规律——人们常比喻作某一时代的'面貌'。"[①]全面历史观也就是认识论上的本质主义和价值论的整体主义。这里,整体的历史观的弊端就凸显出来了,其包括三个方面:第一,它假定它所指涉的时空内的全部事件之间具有同质性,这些事件遵循同样的因果关系;第二,它假定历史发展是与经济结构、社会结构、心理习性、技术习惯、政治行为这些社会要素同步整体的发展;第三,它假设历史发展的线性和连续性;用马克思主义的话来说,全面历史观是意识哲学的历史观,即唯心史观;整体的历史观就是机械的历史观,本质上也是唯心的。

福柯反对还原论的历史观,从前面两点的阐述不难看出,传统历史观在方法论上存在严重的弊端,它要么把一切还原为领袖事件,要么把一切还原为英雄人物的精神,这种历史观实质上是以主体之思来统一历史的写作和解读,把丰富的历史还原为精神的历史,它以抽象的标准遮蔽了市民社会、日常生活、政治活动和现实的道德伦理实践。

福柯的考古学做了三个方面的工作:首先,要呈现多样的话语事件之间的异质性,分析有关经济结构、社会结构、心理习性、技术习惯、政治行为的论述之间的历史交错性,揭示历史档案本身的间断性;其次,要分析

---

① (法)米歇尔·福柯:《知识考古学》,谢强、马月译,三联书店2003年版,第9页。

这些陈述在各自的微观领域形成的相似的序列；最后，要分析相似的序列形成的机制，从而建立总体历史。

（二）吸取微观史学方法论精华

福柯的知识考古学形成于法国科学哲学背景中，存在于结构主义语境下，从更广的视野看，它产生于20世纪反思科学知识困境的潮流之中，这就决定了分析福柯知识考古学的难度。要完成这一项庞大的工程，无疑需要做大量的工作，这里，本书只能就知识考古学思想的谱系学渊源作一概要分析。

在知识考古学中，福柯向我们展现了他兼收并蓄的精神。吉尔茨在《纽约时评》上提出，福柯是"一个非历史的历史学家，一个反人本主义的人文科学家，一个反结构主义的结构主义者"①，这个概括非常准确，从考古学中，我们看到马克思、尼采、海德格尔、布罗代尔、阿尔都塞、列菲伏尔、巴什拉等人在场。韦伯曾说："如何科学地在法国文化与德国文化的价值之间作出选择，我不知道。在这里，诸神又打架了。"②而在福柯那里，这种"诸神"的战争更加复杂，有语言学结构主义、历史学结构主义和科技史学派的"法兰西大战"，有马克思与尼采、海德格尔的"德国内战"，有马克思、尼采和海德格尔与法国结构主义的"德法大战"，还有时间哲学与空间哲学的"世界大战"。尼采的权力意志、马克思的实践历史观、语言学结构主义的符号的意义、结构主义历史学的长时段的稳定条件和短时间的断裂规则、法国科技史学派的间断前后的不可通约性、柏格森和海德格尔的时间哲学、西方马克思主义历史哲学、列菲伏尔的空间哲学和巴什拉空间诗学等思想，在福柯的知识考古学剧场中齐聚一堂，展开方法论战役，《知识考古学》就是在这些方法论战役中逐渐发展并最终形成的，因此，福柯的知识的"历史"显现为四个历史的整合，它们是：节奏的

---

① 转引自（美）布莱恩·雷诺：《福柯十讲》，韩泰伦编译，大众文艺出版社2004年版，第6页。

② （德）马克斯·韦伯：《入世修行：马克斯·韦伯脱魔世界理性集》，王容芬、陈维纲译，陕西师范大学出版社2003年版，第40页。

历史——长时段的稳定和短时间的断裂的历史；结构的历史——具体知识话语之间的相互作用的某些规则（总体）和规则之间的差别的历史；结论的历史——对疯狂史、临床医学史、人文科学史的考古学总结的历史；转向的历史——由强考古学、弱谱系学向弱考古学、强谱系学转向的历史。

福柯知识考古学思想的提出得益于结构主义历史学的启迪，这在《知识考古学》开篇第一句话就被清楚地表达出来。福柯并不只是关注断裂，他对知识“长时段”和“一些持续了数百年”的被“掩盖的静止和沉默的巨大基底”也有很大的兴趣，他要弄清楚长时段的“特定话语内人们可以说的条件”，也就是话语的构成规则，同时，他也用法国科技史断裂来说明问题，传统科技史和编年史学极力消除历史的非连续性，而法国科学哲学和科技史同美国的库恩一样主张历史的间断性，“从表面的政治的多变性下沉到‘物质文明’的缓慢性，更多层次的分析建立起来了即每一个层次都有自己独特的断裂，每一个层次都蕴涵着自己特有的分割。人们越是接近最深的层次，断裂也就随之越来越大”①。

福柯考古学既吸取了语言学结构主义方法论的核心思想，又对它实施了超越，在《知识考古学》中，福柯明确提出了考古学的任务：“这个任务在于不把——不再把——话语当做符号的总体来研究（把能指成分归结于内容或者表达），而是把话语作为系统地形成这些话语所言及的对象的实践来研究。”②从索绪尔开始，语言学结构主义强调符号的意义不在于符号整体的外部或符号的整体，而在于符号与其他正在使用的符号的差异，福柯吸收了这一点，同时，他把符号的总体转换为话语及其实践的总体，这就使得尼采的权力被引入到知识实践的分析中，这样，话语并不单纯是一种语言现象，它还是一种“推理性实践”，是包含了非语言因素的“语言事件”，它本身必然与社会文化力量关联起来。

---

① Foucault Michel, *The Archaeology of Knowledge*, *Introduction*, Routledge Classics, 2002, p. 3.

② （法）米歇尔·福柯：《福柯集》，杜小真编选，上海远东出版社2003年版，第53页。

知识考古学考察多种力量关系综合作用，它们使传统历史哲学的时间发生了变化，不仅出现了“长—短—长”的节奏和断裂，而且福柯通过将它们并置于当下而使其扭曲，结果不仅体现了汤因比强调的克罗齐的“一切历史都是当代史”①，而且将其转换为一切历史都是当下史，这种历史观不仅打破时间常规，而且使空间解放出来。

（三）寻求话语的形成规则

福柯通过对疯狂现象进行档案挖掘和对医学、人文科学在时间轴线上的变化所作的事件解析，已经使考古学方法日益凸显和成熟。福柯在《知识考古学》的“引言”中对他以往的工作作了方法论的总结，他写道：

> 《疯狂史》、《临床医学的诞生》、《词与物》勾勒出了这种研究的轮廓，只是十分不尽人意。我们试图通过这项研究测量出一般发生在历史领域中的变化；在这项研究中，一些属于思想史的方法、界限和主题受到质疑；我们还想通过这项研究试图在历史领域中解脱人类学的束缚；这项研究反过来揭示这些束缚是怎样形成的。上述这些任务，虽然已被零乱地勾画出来，但它们的整体联接还没有得到明确的确定。现在是使它们一致起来的时候了或者至少应该尝试一下。尝试的结果就是下面这本书。②

通过深入反思和总结自己前期著作中对发生在历史领域中的精神病学、医学、政治经济学研究中的话语及其形成的单位和特定条件，福柯考察了历史事件的形成“规律”，即分散性的规则。分散性的规则是福柯知识考古学的核心目标，至于什么是分散性的规则，福柯指出：“我们将把这种分配的成分（对象、陈述行为的方式、概念、主题的选择）所屈从的条件

---

① “我曾在自己的著作中引用过意大利哲学家克罗齐的话，即一切历史都是当代史。”详见（英）阿诺德·约瑟夫·汤因比：《汤因比论汤因比》，王少如、沈晓红译，上海三联书店1997年版，第18页。

② （法）米歇尔·福柯：《知识考古学》，谢强、马月译，三联书店2003年版，第16页。

称为形成的规则。形成的规则是在一定话语分布中的存在条件(也是它们共存、保持、变化和消失的条件)。"[①]这里的"存在条件"也就是知识实践或者话语形成的结构条件,福柯对对象、陈述行为的方式、概念、主题的选择作出了独特的分析,并得出了自己的结论:第一,话语对象并不先于话语而存在;第二,陈述方式的形成涉及说话者身份、话语实践所发生的空间、说话主体的位置,不是主体决定话语而是话语决定主体;第三,概念的形成序列由特定的关系网络构成;第四,理论的形成不是对象、陈述形式、概念的各种选择的总和,而是不同方式、多种力量的组合,这就描述了话语的权力属性和话语与社会文化力量之间的复杂关系。

对某一对象进行考古学分析,大致经过三步:首先,要分析对象出现的时空,对象成为其所是与其所在社会、时代和话语形式有关,这些条件变化将引起对象的所指发生变化。其次,要分析命名该对象的各种机构和力量,在对精神病进行合法确认的机构和力量中,医学、司法、宗教权威、文学和艺术批评都是参与到精神病这个对象的命名中的机构或力量,"简言之,这是一个标志着这种话语实践的陈述形成的整体。然而,这个实践不只是在某一具有科学性的地位和科学目的学科中,我们在司法文件中,在文学语言中,在哲学思考中,在政治性决策中,在日常话题中,在意见中,同样可以发现这一实践在起作用"[②]。再次,要分析不同所指连接成系统的机制。通过考古学分析,不难看出,话语关系并不内在于话语,也不外在于话语;话语关系并不在自身中把概念或词语联系起来,不在句子或命题之间演绎;也不是外部暴力限定话语,强加给它某种形式或者强迫它服从暴力安排而陈述;它们之间是一种复杂的共谋关系。这样,知识考古学就以它特有的方法论特征与其他历史学方法区分了开来。

知识考古学与伽达默尔的解释学都反对传统的历史观,都否定有先在的或给定的客观标准,但是与伽达默尔赋予解释学以"能指的狂欢"不

---

① (法)米歇尔·福柯:《知识考古学》,谢强、马月译,三联书店2003年版,第41页。

② (法)米歇尔·福柯:《知识考古学》,谢强、马月译,三联书店2003年版,第200页。

同，福柯并不否认“客观地”揭示历史事件的可能，他的知识考古学就是要考察历史物质关系之间的真实力量关系。福柯认为：“考古学使话语形成与非话语范围（机构、政治事件、经济实践和经济过程）之间的关系显示出来。”[①]与传统历史分析相比而言，福柯的知识考古学似乎更贴近实际、更贴近生活，它不仅考察话语作为知识的结构，而且考察话语作为政治的条件。

粗略地说，考古学主要是对语言的分析，然而，这里的语言已经不是静态的语言，而是话语，即语言的实践，它与语用学又有不同，“话语是由符号构成的，但是，话语所做的，不止是使用这些符号以确指事物。正是这个‘不止’使话语成为语言和话语所不可减缩的东西，正是这个‘不止’才是我们应该加以显示和描述的”[②]。考古学要考察的不仅仅包含了语言使用的一般情境，而且强调语言使用的政治文化机理。

考古学既进行内部分析，又进行外部分析，因此，它不同于结构主义的内部分析，也不同于社会历史学派的外部分析和强纲领（SSK）分析，而是三者的有机统一。“这些关系所标志的不是话语使用的语言，不是话语在其中展开的景况，它们标志的是作为实践的话语本身。”[③]通俗地说，考古的对象不是作为实物的遗迹，而是考察“实话”，实际说的什么样的话，哪些人说的，在什么情境下说的，在什么样的社会文化力量综合作用之下说出的。

（四）提出方法论的新范式

德勒兹在《哲学与权力的谈判》中提出，哲学就是制造概念。也有人说，20世纪法国是学术思想的T型台，是学术的时装周，因此，福柯思想中必然带有新潮的味道。然而，知识考古学作为哲学研究的新的方法论，意义远不止如此，传统的人类学哲学和科学哲学的方法论决定了他们根本无法走入历史存在本身，因此他才大费周折，创造出知识考古学方法。

---

① （法）米歇尔·福柯：《知识考古学》，谢强、马月译，三联书店2003年版，第200页。
② （法）米歇尔·福柯：《知识考古学》，谢强、马月译，三联书店2003年版，第53页。
③ （法）米歇尔·福柯：《知识考古学》，谢强、马月译，三联书店2003年版，第50页。

知识考古学与以往人类学哲学和科学哲学最大的区别在于思考路向的不同,考古学要颠倒传统历史学方法依据其形而上学信仰建立起来的思维定式,后者实际上喜欢把目光投向遥远的东西,而前者却把目光投向切近的东西,传统哲学是从自己出发,由内向外、由近而远、自上而下、由"已知"考察"未知",而考古学恰恰相反,它首先远离自己,采用长焦镜头,由远向近看,考察人们的立脚点,自下而上、从未知到已知、由不熟悉之物来考察人们已知之物。知识考古学是一种福柯所谓的"外在之思",只有走出历史存在,反观历史存在,才有可能超越历史存在。在这个意义上,我们才能理解为什么在《必须保卫社会》中,他把自己比喻成一只抹香鲸,当他以一只鲸的眼光而不是人的眼光来遥看人类社会时,视域中出现的不再是我们人类所见的主体的能力、属人的理性的张扬和人造之物的辉煌,相反,那里只是知识这个第二人工自然的世界,到处是喧嚣话语的海洋,在这无边的海洋中只是偶尔闪出一丝艺术的光亮。如果说,古代自然哲学向人们呈现了人对自然神的恐惧,那么福柯的知识考古学就向人们显现了新自然神的恐怖,在这个意义上说,福柯的知识考古学或许可以称为"新自然哲学",这种新自然哲学显现了现代知识不被人们注意的一面——与权力相镶嵌,重现了康德曾经提醒过人们的——人的不成熟。在知识考古学的末尾,福柯效仿康德再一次提醒人们不要陷于不成熟状态,他写道:

> 我十分理解这些人的苦衷。他们无疑难以承认他们的历史,他们的经济,他们的社会实践,他们讲的话语,他们祖先的神话,甚至他们童年时怕听到的寓言所遵循的并不都是给予他们意识的规律;他们并不希望被剥夺这样一种话语,即他们用它能直接地无间距地表达他们所思考、相信、想象的东西的那种话语。①

① (法)米歇尔·福柯:《知识考古学》,谢强、马月译,三联书店2003年版,第234页。

这一点与弗洛姆(也译作弗罗姆)的"逃避自由"思想或许是相通的，弗洛姆的研究"试图表明在我们努力逃避孤独与无能为力感时，我们是如何或通过臣服于新式权威或者通过强迫接受公认的模式，随时准备除掉个人自我的"[①]。他们以不同的方式显现一个主题：现代西方社会中的人即使摆脱了前个人状态社会纽带的束缚，也并未获得积极意义上的实现个人自身的自由，他仍然陷入外在的控制和内在的束缚之中。其实，从根本上说，这是一种文化心态问题，"以过去为定向"在西方是一个社会心理特征，在我国又何尝不是一个社会心理问题？而且，中国传统社会的这种文化心态比之西方有过之而无不及，悠久的历史、厚重的积淀、超稳定的文化结构使得"每每在重大社会转型来临之际，人们对失去固有的文化依托的恐惧远远大于对新文化精神的渴望和追求"[②]。这种文化心态以往没有进入传统知识分子的视野，它与微观的文化权力相互作用，阻挡、对抗和瓦解了知识分子的批判激情，正如鲁迅的《药》所揭示的，只留下徒劳的悲壮。因此，深入社会历史存在的微观细节中去，展开新层面的文化启蒙是人们用生命换来的教训。

福柯的工作表明，历史存在非先在、久在、永在和全在，在话语中，人之所是并不先于话语，并非像人们以为的那么源远流长，人之所是也不会一直如是，西方人之所是也非人类之所是，这或如黑格尔所说，凡存在的就是合"理"的，凡合理的就"是"存在的。知识考古学就是要究其"理"求其"是"，唯有如此，才能使人在当下实践中超越其历史存在。

福柯的知识考古学方法虽然揭示出知识(话语)实践的权力性，也涉及了对话语的文化机理分析，然而，在权力与知识联结的机制分析方面还有明显的局限性，因此，从《规训与惩罚》开始，福柯又提出了谱系学方法，它与考古学方法一样，都是分析具体话语实践的方法。如果说，考古学方法更多地针对知识－权力中的"知识"而展开，那么，谱系学方法更

---

① (美)埃里希·弗罗姆：《逃避自由》，刘林海译，国际文化出版公司2007年版，第93页。

② 衣俊卿：《大学使命与文化启蒙》，黑龙江大学出版社2007年版，第327页。

多地针对知识-权力中的“权力”而展开，按照传统的划分方式，如果说考古学分析具有科学哲学和知识社会学性质，那么谱系学分析则更具社会学和政治哲学色彩。

二、谱系学方法

福柯对谱系学的阐述集中体现在1971年发表的《尼采、谱系学、历史》和1976年于法兰西学院的演讲——《必须保卫社会》中。福柯在《尼采、谱系学、历史》中开篇指出："谱系学枯燥、琐细，是项极需耐性的文献工作。它处理各种凌乱、残缺、几经转写的古旧文稿。"[①]这是对谱系学方法的现象描述，同样适用于知识考古学，这样的方法不是从“我思”的我出发，而是从打碎了的我出发，再把这个我抛入历史的尘迹中，在那个同一的“我”确定统一的开端和起源处，谱系学呈现的是复杂多样的事件所呈现出的无数可能路径，继考古学的历史分析之后，谱系学方法发掘权力的复杂斗争，“Entstchung 分析应该揭示权力的活动、相互斗争的方式、与环境相对抗的搏斗以及为避免退化而获得新生的所有努力——自我分化”[②]。

需要指出的是，尽管这两处文献同是对谱系学方法的阐发，但二者的理论色彩和它们所启发的理论领域略有不同，如果说前者更多地体现为历史分析，那么后者更多地表现为政治分析，如果说前者使谱系学方法表现为微观史学方法，那么后者使谱系学表现为微观政治学策略，因此，我们可以把《尼采、谱系学、历史》视为福柯考古学与谱系学的过渡文献，而将《必须保卫社会》看做是对谱系学方法论的较为成熟的表达。福柯的谱系学方法以反对对权力进行抽象同一的分析为前提，以反对权力等级划分为基础，以转换“权力模式”为策略，以开展局部化批判为核心，以反对权力极权化为目标。

---

① (法)米歇尔·福柯:《福柯集》，杜小真编选，上海远东出版社2003年版，第146页。

② (法)米歇尔·福柯:《福柯集》，杜小真编选，上海远东出版社2003年版，第153页。

（一）反对对权力进行抽象同一分析

传统权力分析方法的特点是追求概念的抽象同一，“谱系学导向的历史不是寻找我们同一性的根源，相反要尽力消解它，不是确定我们源出的唯一策源地，那个形而上学家预言我们必将回归的最初决定，而是致力于昭显我们所经历的一切非连续性”[①]。局限性在于：总是将权力抽象解释为国家权力、中心主权及其控制机制；总是习惯于从客观权力的事实出发，他们把权力在现实中所经历的物质过程，放进一般的、抽象的公式，然后，把这些公式当规律，因此，它不理解这些规律，因为它没有指明这些规律是怎么产生出来的。随着社会生活的丰富化和多元化，在西方，大量的多元的社会组织发育起来，从现实出发，20 世纪政治哲学家们已经不再把权力仅仅理解为国家权力，而且已经开始从对权力展开多角度的研究来反思“现代性的危机”，关于对权力的定义，20 世纪的哲学家们已经形成不同于传统政治哲学的见解。

在 1976 年法兰西学院的讲座中，福柯概括了 20 世纪后半叶西方学者对包括权力在内的传统宏观政治哲学观点的批判的谱系学特征。他把这种谱系学攻击称为“非连续的分散攻击”，他写道：

> 我想到了根本性的参照系——存在主义分析，也想到了目前使用的参照系，大体上说是在马克思主义或莱切（Reich）的理论中，我同样想到了（应当说）对传统的性道德或传统的性等级进行的令人惊奇的有效攻击，这些攻击同样用一种含混和有相当距离的方式，总之是用一种含混不清的方式以莱切或马尔库塞（Marcuse）为参照。我还想到了对司法和刑罚系统有效的攻击，其中有些攻击离“阶级正义”这个相当可疑的普遍概念的距离非常远，而另一些实际上与无政府主义主题的联系也并不更加密切。同时，我还更确切地想到了一些有效的东西（我甚至不

① （法）米歇尔·福柯：《福柯集》，杜小真编选，上海远东出版社 2003 年版，第 163 页。

敢说到具体的书),像《反俄狄浦斯》,它实际上除了自己不可思议的理论创造力以外没有任何参照。①

在此,福柯表明:首先,过去所强调的同一性的我思、经济制度、法律实践、道德伦理、性、身体的整体观念被存在主义、弗洛伊德主义的马克思主义、法兰克福学派、结构主义、德勒兹和加塔利以及福柯本人所质疑,从而被"问题化"(problématisation);其次,在这些批判当中,与存在主义对现象学的参照不同,与弗洛伊德主义的马克思主义对马克思哲学和弗洛伊德精神分析的参照不同,德勒兹和加塔利与福柯在一种更加彻底的意义上展开批判,这就决定了现象学、存在主义、弗洛伊德主义和马克思主义必将成为福柯与德勒兹等人的批判对象。

(二)反对等级划分

福柯指出:"谱系学,相对于把知识注册在专属科学权力的等级中的规划,是一项解放历史知识使其摆脱奴役的事业,也就是说它有能力对统一的、形式化的和科学的话语进行反抗和斗争。"②如果说考古学是描述局部知识是如何失语的,那么,谱系学就是描述局部话语如何获得发声的。"局部知识的复兴反对科学和认识的等级化及其固有的权力,这就是无序的、片面的谱系学计划。"③因此,谱系学可以说就是反对权威等级的社会达尔文主义,反对主张连续性的历史主义,反对科学霸权,反对知识同一。

"不应当从关系的原始术语出发来研究权力,而必须从关系本身出发来研究权力,这个关系决定它涉及的因素:不是向理想的臣民探询他们自己身上或权力中有什么可以出让从而使自己被奴役,而是应当研究奴役关系怎样可以制造出臣民。"④用一句经典话语说,福柯要反对那种诉诸"原始"概念的基础主义,由原始概念为本质推演体系的本质主义。

---

① (法)米歇尔·福柯:《必须保卫社会》,钱翰译,上海人民出版社 1999 年版,第 5 页。
② (法)米歇尔·福柯:《必须保卫社会》,钱翰译,上海人民出版社 1999 年版,第 10 页。
③ (法)米歇尔·福柯:《必须保卫社会》,钱翰译,上海人民出版社 1999 年版,第 10 页。
④ (法)米歇尔·福柯:《必须保卫社会》,钱翰译,上海人民出版社 1999 年版,第 248 页。

(三)转换“权力模式”

福柯将克劳塞维茨的“政治是战争的继续”翻转为“战争是政治的继续”,这种翻转的结果突显了斗争(战争)在日常生活中的普遍性和必然性。为谱系学方法的实践性作了合法性说明。由此,霍布斯关于人们只在观念中斗争甚至为了避免观念中斗争而主动签订契约的假设马上成了问题,福柯将霍布斯的权力模式称为“契约－压迫”模式,即法权模式。从战争模式出发,福柯将“马克思主义”权力观称为“经济功能性”,将黑格尔的权力的压迫之物、弗洛伊德的性压抑和莱切的“权力就是镇压”(莱切的假设)①称为“镇压”模式;将尼采的“敌对力量的冲突”称为“尼采的假设”,并称为“战争”模式。“镇压”模式和“战争模式”都是对日常生活中的真实发生的权力关系的概括,是对“契约－压迫”模式的反叛,在福柯看来,无论是合法与不合法之间的对立图式,还是斗争和屈服之间的对立图式都是成问题的。因此,他一边运用了权力战争－镇压模式,一边用谱系学对这一模式进行不断的修正。这里,福柯清楚地表明了自己对传统权力观和新权力观的批判态度。对前者,福柯强调说:“为了对权力关系进行具体的研究,必须放弃统治权的法律模式。它实际上把个人预设为自然权利或原始权力的主体;把认识理想化的国家诞生当做自己的目标;最终,它使法律成为权力的根本表现。”②因此,福柯的权力就是

---

① 福柯在《权力的眼睛》中,多数是以访谈的形式对权力的模式问题作出的精彩说明,而《必须保卫社会》是1976年在法兰西学院所开的课程,两个主要文献中译者不同,因此许多词的中译名也不同,比如Reich在《权力的眼睛》中被译作“赖希”,在《必须保卫社会》中译为“莱切”,“假设”和“命题”等也是如此,这里多少体现了译者作为社会学工作者与哲学工作者的殊异。从理解福柯权力思想的角度看,初学者应以《必须保卫社会》为主,以《权力的眼睛》为辅,把二者结合起来,因为从两篇文献的性质看,前者的讲座性质决定其思想的系统性、历史性和有组织性总要胜于后者的即兴发挥,而按照苏格拉底对话的“思想榨汁机”功能和德里达的“延异”观点,后者也是不容忽视的。详见(法)福柯:《权力的眼睛:福柯访谈录》,严峰译,上海人民出版社1997年版,第226~227页。

② (法)米歇尔·福柯:《必须保卫社会》,钱翰译,上海人民出版社1999年版,第248页。

"反法律"[1]。对后者，他说："因为肯定还有很多地方没有得到充分的研究（我甚至可以说完全没有研究），也因为我认为'镇压'和'战争'这两个概念应该得到很大的改正，也许至少应当放弃。"[2]这种研究的结果突出表现为权力的生产性。与传统权力研究的集中性、同一性和等级性策略不同，谱系学分析是分散的分析，"不要力图得到一个统一的形式，一个中心点，所有的权力形式都是其后果或发展，而应当首先让它们在它们的复杂性中、它们的区别中、它们的特殊性中、它们的可逆性中得到评估：这样就把它们当作相互交叉、相互反射，焦距集中或相反针锋相对，趋向相互取消的力量关系"[3]。权力的谱系学不但要取消以法律来表现权力的特权，而且要在各种处境中以各种知识技术来对策略加以揭示、捕捉和斗争。

（四）开展局部化批判

在1976年法兰西学院演讲的第一讲中，福柯激动地说：

> "我相信这并非指迟钝、幼稚或愚蠢的经验主义，更不是指死气沉沉的折衷主义和机会主义，可以被任何理论工作进行渗透，更不是指有些自愿的禁欲主义，使自己尽可能在理论上干瘪。我相信，局部化批判的这个最主要的特点实际上指出一种自治的理论生产，而不是集中化的，也就是说它不需要统一体制的认可来建立它的有效性。"[4]

这就明确地提出了谱系学方法的特殊性，主要体现在以下三个方面：

---

① "反法律"在《规训与惩罚》和《必须保卫社会》等文献中多次出现。这种表达与由福柯发起的"监狱改革运动"使人们误以为福柯是一个"违法者"，这种认识往往忽略了反法律的深意，"反法律"不是说反对法律的，不是去违法，而是说微观权力关系是法律得以确立和实施的基础和前提，法律不过是微观权力的产物和效果。因此，微观权力不在法律所控制的范围内，相反，法律反而在微观权力的控制之下，日常生活中的微观权力总是使法律暂时悬搁。在这个意义上，微观权力是"反法律"的。

② （法）米歇尔·福柯：《必须保卫社会》，钱翰译，上海人民出版社1999年版，第16页。

③ （法）米歇尔·福柯：《必须保卫社会》，钱翰译，上海人民出版社1999年版，第248页。

④ （法）米歇尔·福柯：《必须保卫社会》，钱翰译，上海人民出版社1999年版，第6页。

第一,非经验主义。传统经验主义以具体事实的多样性来反对理论的抽象整体,而谱系学不是为了证明未被知识捕获的经验的重要意义,而是使那些局部的、不连贯的、被贬低的、不合法的知识运转起来,来反对抽象整体权力分析的霸权。后者以真理的名义,以控制在少数人手里的权威的名义把精神病人的知识,罪犯的知识,非概念化的、没有得到充分研究的知识,"幼稚"的知识,低等级的知识,认识和科学性层次以下的边缘知识这些"人们的知识"都过滤掉,对它们进行命名、分级、压抑、取缔,谱系学通过揭示传统权力分析的策略及其对他者的压抑来揭露其本身的权力性。

第二,非实证主义。实证主义通过贬低思辨家来反对他们的形而上学,以科学主义形式和逻辑建立起严密性,谱系学不是实证主义,与其说它要建立严密的逻辑,还不如说是一种器官、细胞和组织系统的解剖学展示,是一种微观相似的展示和陈列。福柯指出:"谱系学,准确地说是反科学。"[①]这句话或许可以解读出两重意思:一是谱系学有如一把带有多重褶皱的折扇,又如川剧演员脸上的多重脸谱,它不追求连贯的逻辑性和体系的严密性,而是展示一种差异的相似性,以此为方法反对科学书写的霸权,是对唯科学主义方法论权力的反叛;二是谱系学研究的目的和功能是揭开具体知识实践的权力性,此为在旨趣上反对科学生存的霸权,是对科学话语权力的反叛。

第三,非"非理性主义"。谱系学的"反科学"不是"非理性主义",不是主张无知和非知识至上,不是拒绝科学的真实性和有效性,不是反对科学的内容、方法和概念,而是以新的理性批判方式,以一种对社会进行外科手术式的分析,对知识、秩序、文化、经济、商业、制度和阶级紧密联系进行政治性分析。

(五)反对极权化权力

福柯在 1974—1975 年法兰西演讲的结尾提出:

---

① (法)米歇尔·福柯:《必须保卫社会》,钱翰译,上海人民出版社 1999 年版,第 8 页。

新纳粹,它是属于20世纪的,作为反对不正常的人的社会内部保护措施,它是由精神病学产生的,纳粹主义所做的不过是把这种新种族主义与属于19世纪的人种种族主义结合起来……我将重新思考19世纪末精神病学作为社会保护的功能的问题,它把无政府主义、社会混乱和无政府主义的精神病学化作为出发点。因此,这是一个针对政治犯罪的工作,社会保护和秩序的精神病学。①

尽管多重谱系学分析的总体揭示了权力的能量场和毛细血管式的关系网络,但是,福柯揭示的微观权力不是要把人们送入微观权力网络的无边黑暗,而是要提醒人们,差异的微观权力所具有的相似性机制是极权主义和种族主义的前提、基础和运作策略,这是尼采的再现,马克思的在场②。在1976年法兰西讲演的第一次讲座中,福柯问道:

在最近40年里,权力的癫狂、力量、刀锋和荒诞同时在法西斯倒台的线索上和斯大林主义后退的线索上表现出来,这个权力是什么?权力是什么?③

这种质问表明了福柯谱系学的反极权主义立场,在后来发表的课程概要中,他断言道:

现代种族主义的特殊性以及成为它的特殊性的东西,与思想、意识形态、权力的谎言没有联系,而是与权力的技术,与权力的工艺有联系。④

不难看出,福柯的离散的谱系学分析总体上向心地揭示了极权主义

---

① (法)米歇尔·福柯:《不正常的人》,钱翰译,上海人民出版社2003年版,第357~358页。

② 弗洛姆认为,在现代秩序对人类自由的控制问题上,尼采打乱了19世纪乐观主义的自鸣得意,马克思则殊途同归。参见(美)埃里希·弗罗姆:《逃避自由》,刘林海译,国际文化出版公司2007年版,第10页。

③ (法)米歇尔·福柯:《必须保卫社会》,钱翰译,上海人民出版社1999年版,第12页。

④ (法)米歇尔·福柯:《必须保卫社会》,钱翰译,上海人民出版社1999年版,第243页。

和种族主义运作机制，这与考古学的断裂分析寻求“形成规则”一样，体现了福柯微观权力方法论上的整体性和辩证法。

现代社会，微观权力全方位、多角度地作用于人的空间、时间、身体、心理、语言、行为等一切所在，这种规训社会、新型牧师社会的微观运作网络已经使得传统宏观分析无力应对，谱系学所呈现的微观权力分析的局部性、斗争性、政治性和分散性，是由微观权力本身的局部性、斗争性、政治性和分散性特征决定的，然而，这一现实决定纯粹的谱系学解剖和展示也是有限度的，因此，将考古学、谱系学的微观哲学分析与宏观哲学分析方法有机地结合，是哲学实践要求的研究策略。

应当看到，微观权力思想的现实价值和谈论的具体语境相关。在西方社会，微观权力思想具有限制西方中心论、消解西方话语霸权从而解放思想的积极意义。对于落后民族和发展中国家来说，它的意义要复杂得多:一方面，微观权力思想虽然是西方世界内部产生的思潮，但是由于它的价值取向是非西方中心的，落后民族和发展中国家的社会生活中也存在着微观权力问题，只是它们有着不同的样态和不同的性质，因此，它可以成为落后民族和发展中国家改变日常生活结构，提高现代性的资源。另一方面，微观权力思想由于过分强调权力的微观性、相对性和特殊性，而且其容量助长这些国家民族分裂势力，又会对落后民族和发展中国家的宏观权力建设进程起到一定的阻抑作用，以至于成为国际宏观政治斗争的工具，具有一定文化保守主义性质。

本章从总体上明确了微观权力思想在福柯思想中的地位，理清了微观权力多重视域，交代了福柯微观权力思想所依赖的方法论。

从福柯的文本和福柯本人的自述看，微观权力贯穿于福柯哲学的始终，它们塑造了西方社会的人之所是、所思和所行，形成了人自身的历史存在论，对微观权力的批判和超越是人在现时的存在论，是人在当下的“现代性态度”，这种定位确切无疑表明了微观权力思想的哲学性。

对“微观权力”进行探微，我们试图发现福柯微观权力思想的“微观”所在，运用马克思宏观和微观分析相结合的方法，使我们看到福柯微观权力呈现为对他者的权力、对主体的权力、空间权力、规训权力和牧师权力五重维度，这些微观权力的展开是福柯对个人生活的体验，自身社会活动的总结和对西方文化资源的运用，表现出福柯哲学的五重境界。

福柯的知识考古学和权力谱系学超越了微观史学和政治分析方法，是19世纪以来法国甚至西方新史学方法的集大成者，《知识考古学》、《必须保卫社会》的正文不仅有福柯对马克思、尼采、海德格尔、布罗代尔、阿尔都塞、列菲伏尔、巴什拉等人思想的明确引用，其行文中，我们也看到法国文化内部、法国文化与德国文化之间，甚至欧陆文化与英美文化之间的复杂交锋和融合。福柯的知识考古学方法以“外在之思”颠倒了传统历史依据其形而上学信仰建立起来的认识路向，是视角的转换和研究范式的突破，他的谱系学方法以反对对权力进行抽象同一分析为前提，以反对权力等级划分为基础，以转换“权力模式”为策略，以开展局部化批判为核心，以反对权力极权化为目标，是对自身考古学局限性的超越，从根本上说，考古学方法和谱系学方法的有效性是由现代社会的微观权力的实践所决定的，实践同样要求人们把微观哲学分析与宏观哲学研究方法结合起来。

第二章　福柯微观政治哲学的旨趣

从我们成为之所是的那种偶然性中得出不再是、不再做或不再思我们之所是、我们之所做或我们之所思的那种可能性。

——福柯《什么是启蒙》

在英美哲学与大陆哲学两者都很关注的主要问题上，可以发现哲学也越来越社会学化了。

——吉登斯《社会科学与哲学——社会理论的新趋势》

微观权力的谱系通过各自合理化的方式不断塑造着人的历史存在，对他者的权力促使社会对自己的他者进行命名、标记、赋意、象征、驱逐、监禁和贬低。对主体的权力促使社会决定通过语言学、生物学和经济学等人文科学决定个体应当如何生活、说话和工作。空间权力以容器、生产者、权力关系等形式塑造人之所是、所思和所行，差异空间提供了超越人自身历史存在的可能。规训权力揭示知识与权力的合谋及其向日常生活扩散和渗透的机制。牧师权力注重知识，尤其是有关性的知识的内化以及与此相伴的坦白来实现自身的确证，现代牧师权力与传统牧师权力的差别在于，前者是创造一个积极的自己而成为自身，后者表现为摒弃自己而成为自身。

因此，福柯微观政治哲学的旨趣在于通过批判人自身历史存在论而建立人自身在当下的生存论，而这一切由“现代性态度”这一概念集中表现出来。微观权力与现代性态度之间是一种基础与主导的关系。从事实角度看，是微观权力激发出人潜在的现代性态度，从思想主题化的历史角度看，是微观权力研究的积累使“现代性态度”突显出来进而概念化，而从思想的发生动力和思想对于思想者的自我指涉角度看，尽管“现代性态度”是福柯后期才提出的哲学概念，但是，无论是其内容还是精神早已经蕴涵在福柯微观权力分析的文本内，发轫于其写作行为里，彰显在其不同于社会公共与社会控制性质这些“微观权力”的权力意志，显现为一种另类的微观权力。现代性态度既是对西方哲学尤其是启蒙运动所恢复的理性批判精神的重申和发展，又是对文艺复兴运动而复兴的新感性、艺术和诗化生活的重申和彰扬，因而构成了现代性中最具活力的维度，是“反思现代性”的“反思”的核心所在。

第一节　现代性态度的意蕴

“微观权力”是福柯哲学思想的“标签”，而这个“标签”所叙述的是现代性问题。现代性一直都是现代世界中存在着的一个深层的，且被人们视为热点和难点的问题。这个问题非常复杂、非常敏感，也非常突出，因此，安东尼·吉登斯干脆写了《现代性的后果》。弗雷德里克·詹姆逊认为：“事实上它（现代性概念——引者注）在全世界都已经重新出现，而且在政治讨论中几乎不可能避免，从拉丁美洲到中国——且不说先前的第二世界——无不如此。”[①]福柯则认为：“这个问题（启蒙问题，即现代性问题——引者注）现代哲学一直无法回答，但也从未设法摆脱。这是一个两百年来以各种形式重复的问题，从黑格尔，中经尼采或马克思，直到霍克

① （美）F. R. 詹姆逊：《詹姆逊文集》第4卷，王逢振主编，中国人民大学出版社2004年版，第5页。詹姆逊认为，在第三世界的社会里，此后只有现代的东西存在，而且这种现代已经经历了后现代的重新洗礼。

海默或哈贝马斯,几乎一切哲学都未能成功地面对这同一问题,无论直接还是间接地。"[①]任何真正的哲学都是自己时代精神的精华。如果说詹姆逊的这句话从社会事实上点明了现代性的重要性,米歇尔·福柯则从政治哲学研究上表明了现代性的复杂性。

一、福柯现代性思想的出场

什么是现代性?在马克思的任何一本著作中,都没有关于"现代性"一词的说明,然而,不容置疑的是,马克思一生都在探讨现代性,一生都在体现现代性,马克思在《共产党宣言》中强调资产阶级在历史上的革命作用时指出:"它迫使一切民族——如果它们不想灭亡的话——采用资产阶级的生产方式;它迫使它们在自己那里推行所谓的文明,即变成资产者。一句话,它按照自己的面貌为自己创造出一个世界。"[②]这里,马克思分明指出了现代性秩序对于人类社会发展的必然性。正如马克思所预见的那样,当今世界,已经没有任何一个国家和民族能够回避制度层面的现代性问题,然而,这并不意味着我们没有反思和选择的可能,恰恰相反,《共产党宣言》通篇都是马克思和恩格斯在反思制度层面的现代性,并提供了马克思主义的方案,哲学不仅是"密涅瓦的猫头鹰",而且是"高卢雄鸡"[③]。如果说从消极意义上看,现代性的扩张、全球化的形势迫使我们"不得不"研究现代性问题,那么从积极意义上说,马克思哲学有自觉研究现代性的传统,当代的马克思主义有积极研究现代性的勇气,21 世纪的马克思主义哲学必然会以自己的方式切中现代性问题。

观察和研究现代性问题既是一个认识论问题,又是一个方法论问题。马克思和恩格斯在《共产党宣言》中写道:"各民族的精神产品成了公共的财产。民族的片面性和局限性日益成为不可能,于是由许多种民族和

---

① 汪晖、陈燕谷主编:《文化与公共性》,三联书店 1998 年版,第 422 页。

② 《马克思恩格斯选集》第 1 卷,人民出版社 1995 年版,第 276 页。

③ 《马克思恩格斯选集》第 1 卷,人民出版社 1995 年版,第 16 页。

地方的文学形成了一种世界的文学。"[①]这里,马克思提醒我们要把历史问题放入世界的视域中探讨,把世界问题放入历史的视域中研究。以此为指导,用马克思的理论眼光,把现代性问题放在当代世界的背景下,放在历史的环境中考察,我们发现:当我们进入新的千年,东西方围绕现代性问题的话语所发生的变化已经改变了现代性研究的面貌,对我们来说,重新思考、考察、阐明现代性的时刻已经到来,通过我们对现代性研究视角的划界和梳理,福柯微观政治哲学以其独特的方式浮出水面。福柯微观政治哲学强调:现代社会正在对人自身实施着史无前例的全面操控,这种操控通过弥散于社会存在和日常生活的所有层面的、形态多样的、无主体的知识话语和技术的制度化等微观权力而构造个人的躯体和认同,从而成就现代秩序的合法性;而个人自身通过审美生存、诗化生活和理性反思以微观权力反抗微观权力的方式对这些微观权力进行局部的、片段的、动态的、多元差异的自发反抗,以此表达自身的现代性态度,赋予自由、平等、博爱等人类性理念以现时代精神。因此,福柯的微观权力思想作为一种独创的现代性研究,不仅改变了西方现代性的话语结构,而且凸显出其自身超越以往政治学和历史学的哲学维度,这种哲学敞开、引发并推动了哲学和社会历史研究的微观向度,使人文社会科学研究面貌一新。那么,具体说来,福柯微观权力思想的哲学性体现在何处?它是如何改变西方现代性话语结构的?这种体现和改变对于马克思主义哲学的中国化、西方社会和我国本土现代性研究又有什么启发和意义呢?这些问题构成了本书的基本写作动机和研究内容。

从最简单的意义上说,对象并不先于人的研究而存在,人的观察生成观察对象。例如,"举头望明月",生成的对象"月亮",生成的概念"月光"和"故乡",生成的主题是"静夜思";当我们用望远镜观月,生成对象是"月面",生成的概念是"月陆"和"月海",生成的主题是"月面地理学",这个"月"不再那么"亮","那里也没有北大荒";当我们置身火星观月,生

---

① 《马克思恩格斯选集》第1卷,人民出版社1995年版,第276页。

成对象是“月球”，生成的概念是“地球的卫星”，生成的主题是“地月系统”。我们会惊愕地发现原来我们在地球上永远只能看到月球的一面，它的另一面始终处于“不可见”之中。在这个例子中，人们虽然凝视的是同一个客体，但是由于凝视的方式和角度不同，形成的对象、概念和主题也迥然不同。从这个意义上看，研究方式不容置疑地为研究本身划界，方法决定了研究“视界”和可能对象的总体。

现代性的魅惑就是一个人造“月”，它吸引着无数人的目光，人们为之倾倒，为之癫狂。有人说它是光明，说它是人造的天堂，然而，也有人说它不过是黑暗的地狱，说它是不破的铁笼。这个人造的“月”远比自然的月的谱系庞大雍容，以至于现代性的各种研究，表面看来是通向罗马的条条大路，其实同样是令人眩晕的迷宫。

至于如何才能走出迷宫，那就要看我们有什么样的对策，如何才能走出现代性迷雾，要看我们对现代性采用什么样的视角和方法。福柯的微观权力思想开创了现代性研究的多维视角，因此，要解读福柯的微观政治哲学，需要从现代性研究视角的梳理开始。由此出发，我们大体上将以往的现代性研究归纳为三种：现代性的一维视角、二维视角和多维视角。

（一）现代性的一维视角

一维视角是现代性研究的传统视角，它将现代性理解为以理性为核心的一元整体和逻辑。“从笛卡儿起，贯穿着整个启蒙运动及其后继者，所有关于现代性的理论话语都推崇理性，把它视为知识与社会进步的源泉，视为真理之所在和系统性知识之基础。人们深信理性有能力发现适当的理论与实践规范，依据这些规范，思想体系和行动体系就会建立，社会就会得到重建。”①19世纪之前的唯理性主义、经验主义和各种非理性主义都持这种观点，它们都默认了柏拉图、笛卡儿、黑格尔对理性同一性的整体描述。既然“理性是自我同一”的，那么在理性的自我同一过程

① （美）斯蒂文·贝斯特、（美）道格拉斯·凯尔纳：《后现代理论：批判性的质疑》，张志斌译，中央编译出版社1999年版，第3页。

中,理性必然自我膨胀,排斥他者,使人们陷入理性同一的现代性的网罗之中。那么,如何解决这一难题呢?

唯理性主义的方案是以更大的理性超越现有的理性,那么,这个更大的理性是什么呢?它又何以超越现有的理性?更为关键的是,谁又能保证它不会形成更大的控制呢?这些都是唯理性主义的局限。经验主义的经验方法本身就是理性的,唯理性主义的问题也是经验主义的问题,早期经验主义者比如培根选择向上帝求助,主张“抛弃人类理性的小舟,登上教会的大船”,刚刚凭理性成为“真正主体”的人们又退回上帝那里,“现代性”出师不利。后来的经验主义者彻底驱逐了上帝,同时撤销了哲学的先验性,这种试图将哲学还原为科学的努力大致从韦伯起被赋予并承担起克服多少是由它所引起的哲学危机的任务。非理性主义者主张以意志、本能、身体、冲动、艺术来打破理性的藩篱,然而,他们马上面临一个两难选择:第一,非理性也要借助理性来说理,这样又掉入了所谓的“理性的陷阱”;第二,非理性丝毫也不借助理性来回避理性的自我同一性,在有效抗争理性的同时丧失自身的意义。在一维视角之下,人们必然陷入对理性敬畏兼具、爱恨交织的局面。这个问题不仅是19世纪以前西方思想家面临的普遍难题,也是今天所有坚持“理性自我同一”话语之人的共同问题。19世纪以来的现代性二元观已经表明,一维视角所面对的现代性难题不过是人们给自己制造的。

(二)现代性的二维视角

二维视角是现代性研究的现代视角,它的特点是把现代性划分为制度和理念两个层面,将理性相应地分为工具理性和价值理性两个层面,将价值理性与道德联系起来,从而形成了现代性的二元结构。如果说现代性的一维视角是“举头望明月”,那么现代性的二维视角就是借助望远镜在火星上观月,它已经将道德引入现代性,已经注意到了理性的分岔和现代性的总体性,将现代性与启蒙、现代性制度与工具理性、现代性理念与价值理性和道德联系起来,使现代性的话语结构发生变化,现代性问题变成了现代性制度的合理念性问题和现代性理念的现实化问题,它既突显了优越于一维视角的解释力，也暴露了自身的问题。

“每当时代想终结自己的价值时，这个人总会生还。”①里尔克的这句诗提醒马克斯·韦伯的后人们，谈现代性不能不谈韦伯，当人类想终结自己的价值，想终结理性的价值时，就必须问一问韦伯。韦伯对宗教道德给人类理性行为带来的影响与他的“合理性”范畴构成后人研究现代性的谱系学渊源。② “惟有神在他的意志之上，那么高，那么遥远，他深深地爱神。”韦伯作为一个虔诚的新教基督徒，他的“合理性”并不等于人们通常以为的合乎“理性”，而是合乎神的旨意、合目的性，这使韦伯超越了理性一元论，将理性一分为二——“工具理性”和“价值理性”。韦伯的理性二分法或许来自康德，康德反对单纯从整体上对人世间的事物进行观察，他在《纯粹理性批判》中主张理性的“辩证法”③，在《什么是启蒙》中，他说：“人间事务显现出一种奇怪的、意想不到的趋势，从宏观上加以观察，其中的一切就几乎都成了悖论。”④韦伯指出：“从各种宗教预言中脱颖而出的有条不紊的伦理生活方式的伟大理性主义，为了给‘惟一的必然之神’开路，废黜了上面谈到的多神论。”⑤这里的“理性主义”说的是价值理性，一种理想意义的思想解放。“在苏格拉底手里，一种可以把人置于逻辑的老虎钳上的方法第一次显现自己的威力：要么承认自己一无所知，要么承认

---

① （德）马克斯·韦伯：《入世修行：马克斯·韦伯脱魔世界理性集》，王容芬、陈维纲译，陕西师范大学出版社2003年版，第15页。

② 在《宗教社会学》全书中，韦伯提出：“如果这类理性行为受到精神上的障碍所阻滞，那么理性的经济行为的发展就会遭受严重的内部阻力。神秘的力量与宗教的力量，以及基于这些力量的伦理上的责任观念，过去一直是影响人类行为的最重要的构成因素。在本研究文集中，我们将探讨这些力量”，“理性主义是一个历史概念，它涵盖着由形形色色的事物构成的整体世界。我们的任务就是要找出那种独特而具体的理性思想形式到底是谁的产物，天职观念及其劳动献身精神皆从中孕育百出”。他认为，“宗教教育最有可能克服传统主义”。详见（德）马克斯·韦伯：《新教伦理与资本主义精神》，李修建、张云江译，九州出版社2007年版，第25、73、51页。

③ 李秋零主编：《康德著作全集》第3卷，中国人民大学出版社2004年版，第18页。

④ Here is shown a strange and unexpected trend in human affairs in which almost everything, look at in the large, is paradoxical，详见（德）伊曼努尔·康德：《道德形而上学基础》，孙少伟译，九州出版社2007年版，第182页。

⑤ （德）马克斯·韦伯：《入世修行：马克斯·韦伯脱魔世界理性集》，王容芬、陈维纲译，陕西师范大学出版社2003年版，第41页。

这便是惟一永恒的真理,否则就不能从老虎钳下爬出去。这就是使苏格拉底的学生们大彻大悟的伟大阅历。”[①]这里的“置于逻辑的老虎钳上的方法”是指唯理性的说话方式、行为方式,韦伯称之为“工具理性”。从价值理性出发,韦伯得出了理性的科层制比传统官僚体制更具合理性的结论,他主张以理性权力超越身份、血缘和“神授”权力。从工具理性出发,韦伯提醒人们:“专家没有灵魂,纵欲者没有心肝;这个废物幻想着它自己已达到了前所未有的文明程度。”[②]工具理性成了束缚人自由的牢笼。如何走出“理性”(现代性)的铁笼?韦伯认为,科学理性自身不能胜任,他说:“谁今天还相信,天文学、生物学、物理学或者化学的知识能够教给我们,世界的意义是什么,哪怕只告诉我们,通过什么途径能够找到这种意义——如果真有的话——的踪迹?”[③]非理性也不能胜任,“想通过这条道路从理智主义中解放出来,结果可能适得其反”[④]。天职责任,还是不能胜任,“天职责任的观念,在我们的生活中也像死去的宗教信仰一样,只是幽灵般地徘徊着”[⑤]。只有集中表现为职业伦理的价值理性才可能克服工具理性,正视时代命运的狰狞面目,以学术为业,为了事业而生存,为了信仰而劳动,韦伯的《社会科学与社会政策的客观性》一书的结尾,是韦伯答案的生动写照:“新的动力已醒,我继续前行,面对白昼,背负黑夜,头顶蓝天,脚踏浪尖。”[⑥]

如果说韦伯砸碎了现代性一元论的大锁,打开了通往现代性二元论

---

① (德)马克斯·韦伯:《入世修行:马克斯·韦伯脱魔世界理性集》,王容芬、陈维纲译,陕西师范大学出版社2003年版,第26页。

② (德)马克斯·韦伯:《入世修行:马克斯·韦伯脱魔世界理性集》,王容芬、陈维纲译,陕西师范大学出版社2003年版,第233页。

③ (德)马克斯·韦伯:《入世修行:马克斯·韦伯脱魔世界理性集》,王容芬、陈维纲译,陕西师范大学出版社2003年版,第27页。

④ (德)马克斯·韦伯:《入世修行:马克斯·韦伯脱魔世界理性集》,王容芬、陈维纲译,陕西师范大学出版社2003年版,第28页。

⑤ (德)马克斯·韦伯:《入世修行:马克斯·韦伯脱魔世界理性集》,王容芬、陈维纲译,陕西师范大学出版社2003年版,第231页。

⑥ (德)马克斯·韦伯:《入世修行:马克斯·韦伯脱魔世界理性集》,王容芬、陈维纲译,陕西师范大学出版社2003年版,第3页。

的大门，那么法兰克福学派就走在现代性二维视角的大路上，他们把韦伯的理性二元论发扬光大。其中，哈贝马斯或许是法兰克福学派中最得韦伯真传的一位，哈贝马斯认为，技术理性是一种意识形态，需要以交往理性来破解，他坚持通过商谈伦理的建立，即通过发展交往理性来消解技术理性的霸权。哈贝马斯认为："任何一种再语境化的理性批判都触及了内在批判的极限，因为它用局部背景条件来批判纯粹理性错误的自负。"[①]由此我们不难看出哈贝马斯的逻辑：理性批判是无效的，因为它是以局部批判其内在于其中的整体。这里，哈贝马斯存在两个问题：第一，他将理性批判圈定在纯粹理性范围内，因此他才有"内在批判无效说"，才提出"在分析过程中，我们必须既注意到生活世界通过交往实现合理化所具有的解放作用，也要注意到野蛮化的功能主义理性所引起的效果"[②]，这似乎体现了康德的理性二元论的在场；第二，他将现代性危机或者说理性的危机视为"纯粹理性错误的自负"，"理性的基础是自我关涉的封闭世界的语言机制"[③]，这似乎又回到了黑格尔的理性一元论立场，哈贝马斯似乎不停地在康德、黑格尔和韦伯之间徘徊。哈贝马斯的弟子魏尔默说得好，哈贝马斯的理论综合了三大领域，即康德道德哲学的普遍主义、黑格尔社会理论的实在论，以及韦伯后形而上学的经验论。[④] 从实用主义的立场上看，哈贝马斯强调的"交往理性"还是有积极意义的，也有一定的可行性，然而，交往理性的纯粹平等假定究竟在多大意义上能够实现？对于那些已经被剥夺话语权的他者来说，这是不是一种新的乌托邦？

从"工具理性"到"统治理性"、"技术理性"、"制度理性"、"功能主义理性"，从"价值理性"到"交往理性"，我们看到了理性二元论的延续，这

---

① （德）尤尔根·哈贝马斯：《后民族结构》，曹卫东译，上海人民出版社 2002 年版，第 197 页。

② （德）尤尔根·哈贝马斯：《后民族结构》，曹卫东译，上海人民出版社 2002 年版，第 204 页。

③ （德）尤尔根·哈贝马斯：《后民族结构》，曹卫东译，上海人民出版社 2002 年版，第 199 页。

④ 曹卫东：《权力的他者》，上海教育出版社 2004 年版，第 17 页。

种延续已经走到自己的尽头,而理性的分岔显现着潜在的优势,渴望自身获得进一步生发。哈贝马斯 2001 年在中国社会科学院演讲时提出:“理性不仅仅是指工具理性和目的理性,还应当包括交往理性。”[①]这句话表明了哈贝马斯的理性三维视域,也隐含着现代性的多维视角。

(三)现代性的多维视角

多维视角是现代性研究的当代视角,它把现代性分成多个层面,把理性理解成多元分岔的总体。犹如人们登上月球,钻探月球的地层,多维视角的特点是不再把现代性视为单一整体或者二元对立,而是把它看成一个异质的多元谱系。事实上,这是由马克思等人开启,由福柯、吉登斯等人所展开的现代性多元谱系,遗憾的是,人们忽略了这一谱系,陷入自己编织的现代性陷阱而不能自拔。

确定现代性的多维视角的起始点是一个难题,甚至确定现代性本身的开端也是个难题,有人从“现代性”这个词源出发,把现代性开端确定为波德莱尔,但现代性的背景很快被突破,利奥塔认为,现代性应当上溯到黑格尔。[②] 其后,人们又把现代性的肇始从波德莱尔、黑格尔向前推进到康德、亚里士多德,甚至苏格拉底,从最宽泛的意义上,福柯的现代性上溯到比苏格拉底更早的时期。既然确定现代性的多维视角的起点是一个难题,那么我们不妨听从詹姆逊的建议,暂时从“关于‘现代性’最有影响的当代理论家安东尼·吉登斯的作品来进行探讨”[③]。吉登斯非常重视现代性问题,他认为现代性问题是当代社会理论的核心问题。他在《社会理论与现代社会学》中指出:“如果我们不去询问和探讨诸如我们应该怎样最佳地界定现代性?这种现代性源于什么?在影响世界历史发展轨迹中,当前起主要作用的社会转型有哪些?那么,社会学中就有太多的知识

---

① 曹卫东:《权力的他者》,上海教育出版社 2004 年版,第 72 页。

② (法)利奥塔:《后现代性与公正游戏:利奥塔访谈、书信录》,谈瀛洲译,上海人民出版社 1997 年版,第 167 页。

③ (美)F. R. 詹姆逊:《詹姆逊文集》第 4 卷,王逢振主编,中国人民大学出版社 2004 年版,第 9 页。

不为人知了。”[①]作为建构主义者，吉登斯兼收并蓄，集现代性研究之大成，因此他采用了现代性的多维视角，提出了多维现代性。多维视角的现代性不仅是对理性二维视角的再分岔，而且更多地观照了多元的社会生活本身。

关于现代性的多元层次，吉登斯在他的访谈录中给出了经典说明，他说：

> 在其最简单的形式中，现代性是现代社会或工业文明的缩略语。比较详细的描述，它涉及：(1)对世界的一系列态度、对人类干预所造成的开放式转变的世界的理念；(2)复杂的经济制度，尤其是工业生产和市场经济；(3)一定范围的政治体制，包括民族国家和大众民主。[②]

如果我们把吉登斯的分类进行重新优化和整合，即把“对世界的一系列态度”与“对人类干预所造成的开放式转变的世界的理念”区分开来，把经济制度和政治体制综合在一起。那么，我们就会看到，吉登斯“比较详细的描述”的现代性就转换成了这样三个层次：现代性的制度层次、理念层次、态度层次。

1. 现代性的制度层次

制度和体制是现代性最明显的层次，它位于现代性结构的表层，是一种由理性设计的经验实存，它绝非虚幻的臆想，而是有着明确标准和规则的物质体系，现代西方社会就是按照这种理性设计的体制而运作的。制度层次的现代性是工业文明的物质基础，韦伯的理想科层制是现代社会的典型写照。在吉登斯看来，现代性是比以往任何类型的社会秩序都更有活力的新型秩序，这种对作为制度的现代性的看法，与韦伯具有相通性，韦伯的现代性制度的观点是吉登斯现代性制度思想的谱系学来源，韦

---

① （英）安东尼·吉登斯：《社会理论与现代社会学》，文军、赵勇译，社会科学文献出版社2003年版，第47页。

② Giddens Anthony and Pierson Christopher, *Conversations with Anthony Giddens: Making Sense of Modernity*, Polity Press, 1998, p. 94.

伯认为，现代性的制度体现就是以合理和法定权力取代神授权力和传统的地位权力，就是以理性制度取代传统制度，就是以理性秩序取代传统秩序，韦伯的这一思想又有着从高举理性大旗的启蒙主义者、孔德、斯宾塞、马克思到涂尔干的谱系学来源。

之所以说韦伯的现代性制度思想是吉登斯现代性制度思想的谱系学来源，而不说是其理论来源，是因为在吉登斯那里，现代性的制度是一个多元制度的谱系，而不是韦伯所说的单一性制度。在吉登斯看来，把现代性的制度归结为资本主义或工业主义，是一种还原论的做法，是成问题的。现代性在制度层面上应该是多维的，每一个传统的要素都发挥着自己的作用，他认为，至少应该从资本主义、工业主义、监督、军事力量四个维度对现代性制度作出明确区分：第一，资本主义是指一个包含竞争性的产品市场和劳动力的商品化过程的商品生产体系，它是在竞争性劳动与产品市场情境下，日益从政治生活中脱离开来的经济；第二，工业主义是指蕴涵于生产过程中物质力量和机械的广泛应用所体现出的社会关系；第三，监督是指政治领域对被管辖人口的行为实施的规训，它既是对身体的监视性控制，对信息的管理性控制，也是对精神的监督和控制；第四，军事力量是指在军事工业化情境下对暴力工具的控制。吉登斯认为，资本主义、工业主义、民族国家的监督和暴力、战争的工业化构成了现代性制度的四个基本维度。

社会制度，既是一种知识存在，又是一种实体存在。作为一种知识存在，现代性制度显现出自己的实证科学形态，它可观察、可实验、重条件、重定量、可以复重、可以检验，具有此岸性。作为一种实体存在，现代性制度看得见、摸得着，既具有固体性，也具有流动性。固体性体现在马克思描述的早期资本主义制度，韦伯描述的科层制；流动性则隐含于福柯所分析的微观权力的“循环流动”[①]，吉登斯考察的不断“脱域”和“再嵌入”，

---

① Foucault Michel, *Power/Knowledge: Selected Interviews and Other Writings1972 - 1977*, harvester, 1980, p. 98.

戴维·哈维等人的政治地理学，显现于齐格蒙特·鲍曼的"流动的现代性"①。不论是固体还是流体，现代性制度总是可测的，可达的具体实存。

2. 现代性的理念层次

理念是现代性较为明显的层次，它位于现代性结构的深层，是一种形而上的超验存在，它是人的价值观，一种原经验和原初道德，是有关人和社会发展的精神境界和理想目标。吉登斯提出了"对人类干预所造成的开放式转变的世界的理念"，这一观点的谱系学来源之一是韦伯的《新教伦理和资本主义精神》。韦伯认为，新教伦理催生现代性的价值观念，现代性价值观念催生了现代性制度。就现代性价值观念而言，现代性的理念是以新教伦理取代传统天主教伦理，以"天职"理念和"预选"理念取代"善行获救"的理念，以世俗劳动的神圣化取代献祭的神圣化，以自我克制的意志取代荒淫无度的放纵，以自我实现的精神取代消极等待的救赎。与对韦伯的现代性制度观点的处理方式相似，吉登斯的现代性理念层次，在一定意义上构成了对韦伯思想的反动，吉登斯的现代性理念在某种程度上实现了对韦伯现代性理念与制度关系的倒转。

当代西方社会现代性的特点之一，就是后福特工业社会的生活方式、制度体制已经极大地改变了人们日常生活的结构，不仅改变着人们关于人、社会世界的认识，而且改变着人们的价值观念，不仅改变着人们的传统观念，而且改变着启蒙运动宣传的那些价值观念。梯利的《西方哲学史》有一句话说："尊重人类理性和人权几乎是一切近代哲学思想的特征，这在十八世纪普遍流行；人性、善意、天赋人权、自由、平等和博爱脍炙人口。"②现在，人们对于理性、人性、善意、天赋人权、自由、平等的理解发生了分岔，整个世界观、社会观和价值观都发生了巨大变化，知识化的理念已经秩序化，它与理性制度在微观运作上已经交织在一起。

---

① 鲍曼在《流动的现代性》中所讲的作为现代性永恒特征的"瓦解传统"、"拒绝建立秩序而逃避承担责任的现代权力、"从对生活政治替代品的仔细观察开始"和"现在"的"新奇"实质，无一不是对福柯现代性思想的阐发和批判。详见（英）齐格蒙特·鲍曼：《流动的现代性》，欧阳景根译，上海三联书店2002年版，第3、8、16、79页。

② （美）梯利：《西方哲学史》，葛力译，商务印书馆1995年版，第422页。

3. 现代性的态度层次

“对世界的一系列态度”是吉登斯在现代性层次思想中提出的[①],是最能体现吉登斯现代性思想的深度的部分,是吉登斯直接解释最少的部分,也是人们研究吉登斯思想最少的部分。人们更多地关注吉登斯的“民族国家和暴力”,较多地关注“脱域”、“再嵌入”、“经验封存”,而对“现代性的态度”、“自我认同”这一关涉现代性态度的主题研究则相对较少,也较晚。如果说现代性的制度层次和理念层次更多地表达了现代性的客观性和必然性的话,那么,现代性的态度层次更多地关涉人当下对自身走出现代制度和理念造成的历史存在的出路和选择,其集中体现或者首先体现在“自我认同”上,“自我的认同并不仅仅是给定的,即作为个体—动作系统的连续性的结果,而是在个体的反思活动中必须被惯例性地创造和维系的某种东西”[②]。自我认同体现了当下人之为人的生存状况,最鲜活地体现了人的主体性态度,最清楚地体现了人的自我选择,最深刻地体现了人的客体性和主体性统一,自在性和自为性统一,也最直接地体现了人的辩证生存和实践本性。

吉登斯不仅非常明确地表达了现代性的多维性,而且对每一个维度又进行进一步的分解:制度理性产生了四个分岔——资本主义、工业主义、监督和对暴力手段的控制,理念理性产生了两个分岔——理想与价值观,实践理性产生了四个分岔——实用主义、乐观主义、犬儒主义和激进主义的自我认同,这使得吉登斯的现代性呈现为关于理性的多元谱系。

人们很少关注吉登斯对“一系列态度”的阐述,而倾向于把他归结为制度阐述,这种分析看到了吉登斯的主要工作是可取的。但是,对于复杂的现代性问题而言,把全部工作还原为主要工作的做法,即使单从逻辑上也是存在明显问题的,更不要说内容。事实上,作为态度的现代性,在吉

① 吉登斯现代性三个层次的第一个方面。详见(英)安东尼·吉登斯、(英)克里斯多弗·皮尔森:《现代性:吉登斯访谈录》,尹宏毅译,新华出版社 2001 年版,第 69 页。

② (英)安东尼·吉登斯:《现代性与自我认同:现代晚期的自我和社会》,赵旭东、方文译,三联书店 1998 年版,第 58 页。

登斯之前，福柯有着明确的阐述，在其临终前发表的两篇同名文章《什么是启蒙》中，福柯以“现代性态度”为核心对自己一生的工作作出了总结，他把自己的微观权力思想称为“我们自身的历史存在论”，而把对我们自身历史存在的超越称为“我们自身的批判的本体论”、“我们现时的存在论”，即“现代性态度”，在此，福柯以其前所未有的纯粹哲学姿态，明确表达了微观权力思想对现代性的全新刻画和深入剖析，实现了其哲学剧场的完美谢幕。

（四）福柯的多元现代性

福柯坚决反对把以往现代性归结为理性，在他那里，现代性不只指涉启蒙运动恢复的“新理性”（批判的理性），而且蕴涵着文艺复兴所恢复的“新感性”（美学的现代主义），不只具有世俗性，而且强调自身的神圣性。因此，他特别反对把理性视为一个简单的“自我同一”的整体化做法，反对“历史是理性的计谋，权力就是历史的计谋”这种把理性、权力和历史都加以简单化的还原论策略，他在《词与物：人文科学的考古学》中写道：

> 同一性是在模糊的、不确定的、面目全非的和可以说是不偏不倚的差异性背景下被建起来的……“同”对一个既定文化来说，既被分散了，又被联系起来，因而是分门别类，被收集成同一性。①

换句话说，现代性一元论主张的“同一”是被收集、编织起来的同一，是远离历史和现实的真实声音的形而上学信仰，是掩住了“聆听他者的耳朵”的做法。② 福柯也反对理性的二元划分，他在阐述谱系学时曾引用尼采的话说，“德国人说他们有双重灵魂时，自以为触及自身复杂性的根基，但他们搞错了，或者至多只是试试而已，他们以为这样就能把握自己族系

---

① Foucault Michel, *The Order of Things: An Archaeology of the Human Sciences*, Routledge, 2001, p. xxvi.

② Derrida, J., *The Ear of the Other*, Schocken books, 1985, p. viii.

的复杂状况”[①]。在他看来,思想史是一个万花筒,没有任何普遍整体的理性规范方案,有的只是理性的偶然的碎片,在1983年与罗莱的谈话中,福柯对哈贝马斯给他的“精妙地描述过理性分岔的时刻”的评价并不满意,他认为这一评价低估了自己对理性和现代性的认识。福柯明确指出:“我不会谈论理性的一次分岔,我谈论的是一种复杂的、没有中断过的分岔,一种丰富的分枝。”[②]在《什么是启蒙》中,现代性、启蒙事件、启蒙所恢复的理性都是由多元要素组成的整体。从最简单的意义上说,这个整体可以分成三个层面,第一个层面大致相当于在他之后的吉登斯制度和秩序层面以及一部分理念层面,只是在福柯那里,这个层面是微观权力的谱系;第二个层面是理念层面中最理想的那部分;第三个是现代性的态度,一种集理性批判精神、诗化生活和审美生存于自我关怀的三个维度一体的实践性的“现时的本体论”。微观权力所书写的内容、哲学运思和福柯本人的社会实践三位一体地表明了福柯的“我们自身的历史存在论”和“现时的存在论”,从而建构起现代性的多元话语,这种话语的建构使现代性问题第一次令人信服地以如此清晰的面目呈现出来。

为了研究方便,我们暂且从宏观上粗略地划定现代性的层次,如果说作为制度的现代性是现代性结构的表层,作为理念的现代性是现代性结构的深层,那么,作为态度的现代性就是现代性结构的中间层次。现代性态度的实践性将实证性的制度与形上性的理念联系起来。现代性制度具有实证性,它从不考察自身的“承诺”;现代性理念自身具有形上性,它自身无法确保其成为现实,只有现代性态度,才能质疑制度的前设,只有当下的实践才能确保理念在一定程度实现。制度具有两面性,它从来就不是只有解放性,它从一开始就具有束缚性,这可以说是“进步与异化共生”[③];理念具有二重性,它具有形上性,又具有超稳定性,这可以说是“文

---

① (法)米歇尔·福柯:《福柯集》,杜小真编选,上海远东出版社2003年版,第151页。

② (法)米歇尔·福柯:《福柯集》,杜小真编选,上海远东出版社2003年版,第494页。

③ 李进书:《狂欢与对话主义:现代性危机的一针解毒剂》,文化研究网,http://www.culstudies.com。

明与野蛮并存"[①]。只有现代性态度才能反抗制度的束缚性，只有当下的实践才能打破理念的超稳定性。

现代性制度的形下性与现代性理念的形上性之间是矛盾的，现代性制度和秩序的自律性与现代性理念的理想性之间是冲突的，这种矛盾与冲突在本性上是人自身的有限性与无限性的矛盾和冲突，人只有通过实践解决二者的矛盾，却始终无法获得一劳永逸的解决，此之谓"现代性困境"。

当然，正如福柯研究所表明的，从微观角度看，问题远不是宏观分析那么简单。制度、理念、态度并不是完全独立的简单静止的层级结构，而是多元互动的权力网络，而且在这个现代性态度所在的实践层面，还存在一种"反现代性态度"，它的集中体现就是"对理性的讹诈"、"对启蒙的讹诈"、"对现代性的讹诈"，福柯微观权力批判剑锋所指的正是"反现代性态度"。在与罗莱的访谈中，福柯指出：

> 人们经常讹诈整个理性批判或讹诈批判性的思考：要么接受理性，要么堕入非理性主义。好像不可能对合理性进行理性的批判，不可能写出关于所有分枝和分岔转向的理性历史，好像不可能写出一部关于合理性的偶然的历史。[②]

在不同制度机构和知识实践领域以及空间，现代性微观体制与知识理念交织在一起，形成细致入微的操纵力量网络，这使得现代西方社会越来越"进步"，政治生活越来越"讲规则"，对人自身的束缚也越来越精致。西方现代性的制度和理念的社会运作机制的自律性和扩张性使得这两个层面的现代性不断向传统国家和地区扩张，与传统国家和地区的自律性制度、超稳定性社会理念之间必然产生激烈的冲突，除了全球性经济危机、生态危机，这种冲突的极端化还表现为现代战争。20 世纪的两次世

---

① 李进书：《狂欢与对话主义：现代性危机的一针解毒剂》，文化研究网，http://www.culstudies.com。

② （法）米歇尔·福柯：《福柯集》，杜小真编选，上海远东出版社 2003 年版，第 494 页。

界大战,多次地区性冲突,21 世纪之初的伊拉克战争都是现代性总体内部冲突的极端表现,此之谓"现代性危机"。西方哲学对这种微观权力支撑的极权化及其倾向自觉反思,对权力扩张展开批判,这与传统国家和地区的哲学对自身文化中宏观的极权化倾向的反思和对现代性制度和理念的批判交相辉映,形成了 20 世纪和当代哲学关注和研究现代性制度和观念的热潮,此之谓"现代性反思"。

总体说来,"启蒙运动"以后的 200 多年里,西方的现代性不仅是一个不断延宕的危机,而且是一系列重大的转型。从理论上看,现代性危机成为各类人文社会科学的核心论题,围绕现代性话题越来越多,疑问层出不穷;从现实上看,这种转型使现代性与日常生活越发紧密地联系在一起,直接关系到人之为人的生存状态。于是人们面临着两个问题:第一,现代性到底意味着什么?这已经成为哲学维护自己声誉而必须回答的课题,第二,康德、福柯等人对现代性的哲学分析遭受了不应有的遗忘,如何恢复起来?经过 20 世纪 80 年代以来对现代性的集中讨论,对于西方哲学界而言,到了以哲学的名义把二者结合起来思考的时候了;对于中国学术界而言,分析福柯微观权力思想所倡导和推动的微观政治,充分重视、研究和强调各种边缘的、微观的、多形态的、多元差异的文化权力的作用,对于我们理解现代性意蕴,自觉地消解日常社会生活中阻碍宏观理性权力渗透机制的微观文化权力机制,积极培育理性的微观权力机制,促进政治权力同文化权力与生活世界的协调发展,建构本土现代性都将具有重要的意义。

福柯与马克思一样,尽管他们一生都在探讨现代性,却很少使用"现代性"一词。"现代性"与"哲学"概念一样,充满了歧义性,这使人们通常以为在阐述现代性和哲学,结果却是落入了这些概念的陷阱。然而,1984 年,福柯一反常态,接连发表两篇同名文章《什么是启蒙》,这是《词与物》

中现代性观点的回声[①],是对《什么是批判》的发展[②]。在《什么是启蒙》中,福柯例外地谈论起他从不多谈的"现代性"和"哲学",并以"现代性态度"将二者联结起来。为什么会有这个"例外"呢?这与福柯本人意识到自己生命即将终结有关,也与福柯一生的工作有关。曾子曰:"人之将死其言也善,鸟之将亡其鸣也哀。"如同常人临终前总要对自己的一生作个总结,给世人一个说法一样,福柯的这次"例外"是一生研究工作的总结,是就人们的诘问和挑战的回应,是就人们对"启蒙"的"讹诈"的回应。

此时提出"现代性态度"("我们自身的历史存在论"或"现时的存在论"),可谓水到渠成、画龙点睛。在这个意义上说,"现代性态度"是福柯微观政治哲学的旨趣,如果说"我们自身的历史存在论"是福柯微观权力思想的提纲和摘要,那么"现代性态度"就是福柯微观权力思想的升华,是福柯人生精神的写照。

二、现代性态度的内涵

福柯的现代性态度,不是对现代性的态度,不是对现代性的认识态度,不是对现代性的情感,不是朝向现代性的态度,不是现代的态度,也不是现代的"性"态度。换句话说,福柯的现代性态度不是认识论的,不是价值论的,不是方法论的,不是目的论的,也不是私欲的。那么,福柯的现代性态度到底是什么呢?它应该是"现在存在论",即"我们自身本体论"[③],在《什么叫启蒙运动》中,福柯指出:"这是我的什么现实性?现实性的意义是什么?当我谈论现实性时我在做什么?我认为,正是最后这

---

① 在《词与物》中,福柯指出:"我们至今仍然没有跨出现代性的门槛。"Foucault Michel, The Order of *Things*:*An Archaeology of the Human Sciences*, Routledge, 2001, p. xxvi.

② 福柯在索邦大学发表《什么是批判》演讲的结尾时说:"一个态度的问题。你们明白我为什么不能也不敢给我的论文取个题目——这个题目本该是'什么是启蒙'。"当时,他已经建立起了启蒙、批判和态度的总体性,6年后,他终于接连写了两篇"什么是启蒙",提出现代性态度及尝试一条"以相反的途径来理解"启蒙运动,以"批判的态度去面对批判问题"。详见(法)福柯:《什么是批判》,(美)詹姆斯·施密特编:《启蒙运动与现代性:18世纪与20世纪的对话》,徐向东、卢华萍译,上海人民出版社2005年版,第401页。

③ (法)米歇尔·福柯:《什么叫启蒙运动》,载《世界哲学》2005年第1期。

个问题构成了关于现代性的新问题。”①

福柯这里实际上提出了两个问题:第一个问题:人自身的历史存在是什么?用马克思的话说是“异化”,用尼采的话说是“已如是”,福柯的答案是“权力控制”。第二个问题:“人当下可能的所是是什么?”用马克思的话回答:“一切人的自由发展。”用尼采的话回答:“我曾要它如是。”福柯自答:“对微观权力的反抗。”他说:“人们比他们感觉的更自由。”②因此,想要成为其所是,愿意成为其所是,由现时的“此是”向可能的、未定的“彼是”的通达,超越人历史存在的荒漠,显现人之为人的属性,显现人之为人的使命,彰显人之为人的气质,实施对自身的关怀,这就是现代性态度的意义。在最简单的意义上,从其精神本性来说,这种现代性态度就是韦伯的“入世修行”,马克思的“使现存世界革命化”,海德格尔的“诗意的栖居”,福柯的“关怀你自己”。现代性态度不是对现代性这个东西采取什么态度,它本身就是内在于现代性总体的人的存在、人的生存、人的实践。

在《何为启蒙》一文中,福柯指出:“我说的态度是指对于现时性的一种关系方式。”③这里,福柯清楚地表明了现代性态度的含义。

现代性态度是对于现时性的一种关系方式。这个关系方式是人自身与自身存在的关系方式,是人自身对自身的“历史存在”在现时性上的态度。这一点可以从三个方面理解:

从时间来看,作为态度的“现代性”是“当下性”。第一,从它时间的长度来看,这个“当下性”(现代性)不是人们通常理解的历史的某一个确定的物理时期(比如人们所说的16—19世纪或者18—20世纪),而是一个时刻,即此时此刻,其表征着一个思想中的时代,即现时代。第二,从它的时态来说,作为态度的现代性不是过去完成时(历史终结论的主张),

---

① (法)米歇尔·福柯:《什么叫启蒙运动》,载《世界哲学》2005年第1期。

② Foucault Michel, *Truth, Power, Self: An Interview with Michel Foucault*, In *Technologies of the Self: A Seminar with Michel Foucault*, Martin, L. H. etal., Tavistock, 1988, p. 9.

③ (法)米歇尔·福柯:《福柯集》,杜小真编选,上海远东出版社2003年版,第534页。

不是一般过去时（部分后现代主义的主张），不是现在完成时（部分后现代主义的主张），不是一般将来时（哈贝马斯），而是现在进行时。第三，现在并不与过去和未来完全割裂，它是理解历史和未来的核心。“现实是存在于某个现在之中。当然，‘现在’意味着还有一个过去和一个未来，而我们一般认为过去和未来不处于存在状态。”[①]对于某个现在来说，人们总有一个习以为常的假定，以为决定我们现在的是过去，而决定我们过去是存在的，它不在别处，就在那里，而事实上，“我们的那样的过去”本身是建构出来的，是重构性的，不过是多种真实发生的之中被选择的一处，用阿尔弗雷德·许茨的话说，它不过是构想，无论是一级构想还是二级构想。[②]

从空间来看，作为态度的“现代性”是敞开性。第一，从它的广度看，这个敞开性不是人们所理解的在历史包裹之下的某一固定的地域（比如现代西方社会），而是从历史中破茧而出的空间，是各民族、各地区自己的可能空间。第二，从它的结构来说，作为态度的现代性不是一条一维的直线（庸俗社会进化论），不是一个二维的平面（伽利略观点），也不是一个三维等级空间（韦伯观点），而是一种拓扑的多维空间，一种差异空间或异托邦（heterotopia）。[③]

---

① （美）乔治·赫伯特·米德：《现在的哲学》，李猛译，上海人民出版社 2003 年版，第 1 页。

② （德）阿尔弗雷德·许茨：《社会实在问题》，霍桂桓、索昕译，华夏出版社 2001 年版，第 32 页。

③ “Heterotopia”在医学上一般被译为“异位”，福柯借用这一词显然想表达一种具体的差异的空间，鉴于福柯对医学权力的反感和批判，为了能更清楚地表达福柯思想的意蕴，本文中文部分不采用“异位”这一现成译法，在《差异空间：不同空间的正文和上下文》（Foucault Michel, Des Espace Autres In Architecture /Mouvement/ Continuité, in *October*, 1984 或 Foucault Michel, Texts/contexts of Other Spaces, Translated from the French by Jay Miskowiec. s. In *Diacritics*, 1986, 16 (1), (spring). Http://www. foucault. info /documents）中，福柯的“差异空间”首先是一种权力空间（不断对人实施控制、规范、约束、对人行为进行生产的空间），因此本文将其译为“差异空间”，“差异空间”同时是一种批判和超越传统宏观权力空间和微观权力空间的可能空间，为了说明的方便，在福柯表达批判和超越意义的相关语句中，本文将 Heterotopia 译为“异托邦”—— 一种具体的多样的异质希望，以对应乌托邦（Uotopia）—— 一种抽象的总体的同一希望，当然，二者之间绝非简单的二元对立，而是相互内含、多元互动、辩证关联，这一问题是饶有兴味的、值得深入研究的哲学问题。

从生存论看,作为态度的“现代性”是人的钦在性(dasain)。第一,从存在的状态来看,钦在不同于历史存在。历史存在是人非反思存在,而钦在是人的反思性存在。第二,从存在意义来看,历史存在无意义,没有意义的生产性,而人的钦在则体验当下的“畏”、“烦”、“死”,创造着生存的新意义。

因此,现代性态度是人在当下时刻正在进行的反思性存在,这种存在超越时间、空间与传统意义的限制而不断创造新的空间、新的意义,向人敞开着人之为人的可能的自由生存。福柯指出:“什么是我们的现实性?什么是可能经验的现实领域?这里关键不在于真理分析,而在于我们可以叫做现在本体论,我们自身本体论的东西。”①因此,它不是心理学的,不是认识论的,而是生存论的,或者说,它首先是生存论的。

对我们的现代性——就是对我们的现在②,把现代性当成“当下性”来理解,并不是福柯的独创。从词源上说,现代性一词一开始就蕴涵着“当下性”(lá présent):在拉丁语“modernus”中就有“the present”的意蕴。更为重要的是,把“现代性”当做“当下性”的理解已经在福柯的法国前辈波德莱尔那里显现。波德莱尔将自己比做现代生活的画家 G 先生,他写道:

> 他就这样走啊,跑呀,寻找啊。他寻找什么?如我描写的这个人,这个富有活跃想像力的孤独者,有一个比纯粹的漫游者的目的更高些的目的,有一个与一时短暂的愉快更普遍的东西,他寻找我们可以称为现代性的东西。③

这里,波德莱尔不仅表明了“现代性”的“当下性”含义,还表明了“现代性”的“态度”含义,换句话说,对人之为人而言,当下性与态度是不可

---

① (法)米歇尔·福柯:《什么叫启蒙运动》,载《世界哲学》2005 年第 1 期。

② 汪民安、陈永国、张云鹏主编:《现代性基本读本》(下),河南大学出版社 2005 年版,第 397 页。

③ (法)波德莱尔:《1846 年的沙龙:波德莱尔美学论文选》,郭宏安译,广西师范大学出版社 2002 年版,第 424 页。

分的。

三、现代性态度的结构

福柯指出:“我说的态度是指对于现时性的一种关系方式:一些人所作的自愿选择,一种思考与感觉的方式,一种行动、行为的方式。”①这实际上交代了现代性态度的结构。从福柯的观点看,“现代性态度”包括三个维度:人自身所愿的方式、人们所思的方式、人们所行的方式。

人自身所愿的方式是指“人所作的自愿选择”。即人想成为其所是,愿意成为其所是。这要求人们首先理解人们以往没有反思的“非自愿”的是其所是的状态,现代性态度就是当下对人的非自愿的是其所是的批判及向自愿的是其所是方向的努力。

人自身所思的方式,是指“一种思考与感觉的方式”,这种方式不是作为历史存在的致思方式,而是由“此是”达“彼是”(这个“彼是”不是一个预设的目标)的思,由现实的“此是”向可能的、未定的“彼是”的通达。

人自身所行的方式,是“一种行动、行为的方式”。所愿的努力、所思的通达使人摆脱所行的历史而展开新的行为方式,这种方式既显现了人之为人的属性,也显现了人之为人的使命,更显现了人之为人的气质(êthos)。

福柯对现代性态度的定义,不仅表明了“现代性态度”的内涵和维度,而且表征着其本性。

四、现代性态度的本性

“现代性态度”显现福柯的多元的微观主义立场,表现了其理性批判的情怀,透射出其审美生存的意味,彰显了其诗化哲学的品格,“现代性态度”就是作为当代哲学家的福柯的宣言。

福柯的多元的微观主义立场不仅体现在他对微观权力的“黑暗”予

---

① (法)米歇尔·福柯:《福柯集》,杜小真编选,上海远东出版社2003年版,第534页。

以“凌迟”式的抽丝剥茧分析上，而且体现在其对冲破权力黑夜的“星星点灯”式的局部反抗之中，正是这种立场使福柯惊世骇俗。福柯的多元的微观主义立场还体现在，现代性态度既不是哈贝马斯所反对的“内在批判”，也不是其提倡的外部批判[①]，而是集理性与非理性批判的大成。

（一）理性批判的重申和发展

现代性态度是一种哲学的质疑、哲学的气质、永恒批判的精神，它们使人自身的历史的存在方式成为问题，也使传统哲学宣扬的“主体”成为问题。在福柯看来，这种现代性并不是后来才有的，而是根植于“启蒙事件”之中，这种哲学气质，即现代性态度，与宏观进步的政治制度，资本主义的经济秩序、社会文化的理性和平等、自由、博爱、独立的观念一起内在于启蒙的总体当中。启蒙本身一开始就是一个具体的总体的事件，因此，福柯完全有理由拒绝对“启蒙”的“讹诈”，后者对启蒙的“要么拥护，要么反对”图示的弊病在于，将启蒙还原为一个单一实体，而不是把它看成有着丰富的异质部分形成的整体。需要强调指出的是，人们通常误解福柯所说的这句话，把它当成启蒙对人进行讹诈，即人们常说的“启蒙的讹诈”[②]，人们的这种话语暗含了对启蒙的否定。而这恰恰是福柯要反对的，把福柯反对的硬说成福柯所提出的，这无疑是对福柯的讹诈。在福柯看来，启蒙是一个丰富的总体，既有肯定的方面，也有否定的方面，我们要做的是批判其否定方面，突显其肯定方面，而且是由其肯定的方面批判其否定的方面。这里，福柯完成了漂亮的总结和收关。在“例外”地谈现代性中，他提出“现代性态度”，在“例外”地谈哲学中，他提出“哲学的气质”。福柯由此表明了自己的哲学家身份和自己对哲学本性的深刻把握。

“现代性态度”这个概念是福柯的独创，然而，现代性态度所指称的哲学的批判气质，福柯现代性态度在微观权力思想的展开却不是凭空产生的，而是建立在先前学者研究的基础之上的。

---

① 详见（德）尤尔根·哈贝马斯：《后民族结构》，曹卫东译，上海人民出版社 2002 年版，第 197～199 页。

② 汪晖、陈燕谷编：《文化与公共性》，三联书店 2005 年版，第 434 页。

1. 对哲学批判精神的重申

托马斯·恩斯特认为，按照福柯的观点，批判并不是关于真理的问题，而是态度问题，或者说它代表着道德。[①] 在《什么是批判》中，福柯把这个“态度”或“道德”追溯到康德，康德别具一格地提出新的哲学问题：“我认为是现在问题，现实性问题：今天发生什么事啦？现在发生什么事啦？我们所有人都身居其中的该‘现在’是什么？谁来确定我写作的时间？在哲学反思中，我们发现现在参照物（起码作为确定的历史状况）和对哲学反思可能有价值的东西。”[②]除了康德，这些现代学者是包括马克思、尼采、韦伯、阿尔都塞、列菲伏尔等人的一个庞大谱系，如同福柯后来研究所表明的，哲学的气质远远超出了现代性的地平，可以上溯到哲学甚至文化的起源之处，哲学气质源远流长。因此，“现代性态度”是内在于启蒙事件总体之中的，而其气质和品格早已蕴涵于人类文化当中。在这个意义上讲，现代性态度是先前哲学精神的在场。

从福柯《性经验史》第二、三卷来看，古希腊的自我关怀在基督教的牧师权力中异化，哲学遮蔽了关怀你自己而只是显现为认识你自己，因而哲学的批判精神极大地丧失了，而成为意识哲学的附庸，于是批判在后来的哲学中仅仅是一种认识论的方式和方法论的工具，批判的本体论丧失了。启蒙运动使得哲学的批判气质在启蒙总体活动中部分地恢复了，“现代哲学，这正是试图对两个世纪以前如此冒失地提出的那个问题作出回答的哲学”[③]。到波德莱尔、马克思、尼采、克尔恺郭尔那里，艺术的批判和哲学的批判作为人的本体论存在奏出了19世纪批判的最强音。在福柯看来，马克思等人已经确定了话语，而20世纪人们不过是一种话语功能。“我认为与我们相对照的哲学选择目前是这个：我们可能为（通常将表现为真理分析哲学）批判哲学做出选择，不然，我们能够为批判思想

① 参见（德）马文·克拉达、（德）格尔德·登博夫斯基编：《福柯的迷宫》，朱毅译，商务印书馆2005年版，第200页。

② （法）米歇尔·福柯：《什么叫启蒙运动》，载《世界哲学》2005年第1期。

③ （法）米歇尔·福柯：《福柯集》，杜小真编选，上海远东出版社2003年版，第528页。

(将具有我们自身本体论形式与现时性本体论形式)做出选择;这是从黑格尔,经由尼采与马克斯·韦伯,到法兰克福学派的哲学形式,这种形式建立了一种反思形式,我力图研究这一反思形式。"[①]因此,现代性态度是对由马克思等人所恢复了的现代哲学的批判精神的重申。

2. 对批判理论的超越

法兰克福学派是现代西方马克思主义中明确提出批判理论的学派,其研究在许多方面与福柯的研究相通,这其中,与福柯现代性态度联系最为密切的是阿多诺,因为他先后写作了两个辩证法(启蒙辩证法和否定辩证法),否定辩证法与微观权力思想具有相关性,启蒙辩证法与疯狂、自我技术具有相关性,因此这里仅以阿多诺为例分析福柯对批判理论的超越。

从二人各自的研究战略上看,对辩证法否定性诉求与对启蒙的批判性诉求在方向上是一致的,对理性边缘的诉求,对理性断裂的强调,对身体经验的关注在总体上是相通的。然而,福柯对阿多诺的超越集中体现在,无论是压制还是反抗,福柯都强调"多",而阿多诺更多的时候强调"一"。换句话说,虽然都采用一种异质化策略,在阿多诺那里,"否定"仍具有本质主义色彩,而在福柯那里,异质化是多元主义的,本质主义被根除。

对存在的方式和行为方式上的超越。在阿多诺那里,人之所是和社会之所是都为"一",即"交换原则"成为决定个体之间相互关系的首要原则,交换原则通过平均劳动时间再抽象化,抹杀了个体之间的差异性和个体生活的丰富性。而在福柯那里,社会之所是乃是微观权力的控制,这种微观权力不是"一",不是一元的、整体的,而是多元的,分散而相似的异质性(比如话语、规训、性),正是这些异质性在生产着不同的差异空间。

对思想的方式理解的超越。虽然从总体上说,阿多诺那里表现为同一性思维的压迫结构,在福柯那里则体现为囊括一切的由话语构成的压迫结构。然而,在阿多诺那里,人之所思的原则是概念原则,理性化的自

---

① (法)米歇尔·福柯:《什么叫启蒙运动》,载《世界哲学》2005 年第 1 期。

我发展及社会生活物化对思想的殖民使得同一性概念成为思想的全部内容，只要是思想总是意味着同一性思考，就连哲学——这个人类最后的理性家园也不能免俗。而在福柯那里，人之所思是具体的规范、技术、真理和科学。

对批判的出路上的超越。尽管阿多诺的"星丛"概念极富创造性和建设性。然而，它毕竟通过概念超越概念，这种审视必将发现，所有的哲学都"随身"携带着"不自由"，这使得社会的不自由变得更加漫长，比之于福柯对微观权力多层次反抗还略显粗糙，与阿多诺对身体的原始经验原真性坚持不同，在福柯看来，身体本身已经被权力铭刻。

通过对理性批判的重申和对批判理论的超越，福柯的现代性态度的理性批判策略已经清晰可见，然而，福柯意犹未尽，现代性态度的意蕴不只局限于此。

（二）诗化生活和审美生存

福柯在微观权力分析中，经常引用波德莱尔、勒内·夏尔的诗，马拉美的文学，委拉斯开兹、凡·高等人的画作，德国民歌大师们的作品来深化其微观分析，升华其现代性态度，这里我们仅以《什么是启蒙》中福柯对波德莱尔的描述来勾画现代性态度诗化的境界和审美的图景。福柯对波德莱尔的描述，令人不禁想起著名作家杰克·伦敦《野性的呼唤》的主角巴克[①]，因此下面将二者一起分析。

现代性态度强调自身在当下超越当下存在样式的渴望。这种渴望既不在现时之前，也不在现时之后，就在当下这一刻，这一刻的英雄化是打破沉闷，感受沉闷被打破瞬间中永恒的精神，因此，现代性并不是人们所理解的对断裂、新颖、消逝活动本身的敏感，而是在自愿和艰难的态度上把握运动中超越。这就如同巴克，它愿意不断将自己当做一只狼，尽管面临很多认识论上的困难（它只是一只狗），但它灵魂深处时刻渴望自己是

---

① （美）杰克·伦敦：《野性的呼唤》，（英）布拉德改写，余珺珉译，外语教学与研究出版社1997年版。

一只狼。

现代性追求的“英雄化”，不是“追忆似水年华”，不是要把“英雄化”定格，而是要显现自己当下的差异存在。它如同马拉美所说，“像被人群所惊悚的畜牲，遥望苍穹篷起闪光的野性长鬃，在人世的大道上蹒跚而行”[①]。福柯把人的世界理解为“人的荒漠”，把波德莱尔看成善于积极想象的总是穿越人的荒漠而行的“孤独者”，如同巴克孤独地穿越于狗群、人群、狼群寻求自己的想象和激情。

现代性态度与苦行是不分的，从这个意义上说，现代性不是即时享乐，不是一种安逸的游荡，而是与自身内在的严格要求相关联，现代性在突破界限和创造困难中显现，一如巴克不顾遍体鳞伤，不断与欺压它的人、狗、印第安人以及狼战斗。

现代性态度是“非功利的”，一如巴克的追求并不是做狗群的头领，不是为了讨主人的欢心，而是为了一种自我实现的不知疲倦的投入，一种对着那夜晚的星斗纵情嚎叫的渴望。

杰克·伦敦曾说，人的主要功能是生活，而不是存在。换言之，人的主要功能不是活着，而是怎么活，这里的“生活”就是当下对存在的超越，然而，遗憾的是，作为作家的杰克·伦敦草率地为《野性的呼唤》中的巴克划界，这在一定意义上实现了对“哲学家是蹩脚的文学家”的倒转，文学家是蹩脚的哲学家，巴克最终“成为”一头狼。而波德莱尔的艺术生存却在“尚未”中超越了死亡而没有尽头。在这个意义上说，现代性态度是什么？是波德莱尔式的人生，是“凡·高式”的人生，是人的生命对形式的摆脱，是自身在当下创造的裂隙中自由绽放。

需要强调的是，谈及波德莱尔的现代性，人们总要提起他的那句名言，“现代性是什么？就是过渡、短暂、偶然”[②]，总要因为它的下半句“就是艺术的一半，另一半是永恒和不变”而将其“现代性”局限于艺术现代

---

① （法）S. 马拉美：《马拉美诗全集》，葛雷、梁栋译，浙江文艺出版社 1997 年版，第 351 页。

② （法）波德莱尔：《1846 年的沙龙：波德莱尔美学论文选》，郭宏安译，广西师范大学出版社 2002 年版，第 424 页。

性之中，而忽略了艺术与哲学之间的相通性。在本书看来，"过渡"强调现代性的过程性，它所指称的与其说是巴门尼德式的生活，毋宁说是怀特海式的生活，它突出了生活的变化；"短暂"强调现代生活的时间性，它所指称的与其说是赫拉克利特式的生活，毋宁说是柏格森式的生活，它突出了生活的节奏；"偶然"强调现代性的不确定性，与其说是亚里士多德式的反常，毋宁说是伊壁鸠鲁式的偏斜，它突出了生活事件的异质性和多元性，这种波德莱尔现代性的"三位一体"，又何尝不是突出了波德莱尔审美现代性的哲学意蕴呢？"林中树木巍然矗立，长相毗邻却彼此不识"①，事实上，哲学、诗、文学、绘画等不同文化形式都是对人生存和自由的表达方式，它们都随着时代的不同在不同的方向上对人的生存状况作出具体的再现或回应，尽管每一种形式都有其自身固有的优越性、相对性和局限性，但是，在其最基本的文化精神上，它们具有内在的相通性。

与波德莱尔不同，福柯更明确将自己视为一个哲学家，他必将以更具哲学性的形式表现自己的现代性态度。因此在《什么是启蒙》中，福柯以清楚的逻辑明确表达了"现代性态度"的理性精神、审美意味和诗性品格三个维度，这一表达内蕴了现代性态度对人自身历史存在的超越效力。

福柯对现代性态度的内涵、结构和本性作了明确的界说，然而，如果以为福柯的作为态度的现代性意蕴终结于此，那么就把现代性态度简单化了，因为这种做法不仅忽视了现代性态度所具有的丰富内涵，更没有关注现代性态度的广阔的外延。如前所述，福柯的现代性态度是对他一生工作的总结，是权力与反抗的重申，新哲学的精华，在这个意义上说，我们可以把德勒兹访谈录的汉译标题送给福柯，那就是"哲学与权力的谈判"，如果福柯在世，这一礼物必能博得他爽朗的大笑。

五、现代性态度的外延

现代性态度的核心是批判，对"我们自身历史存在论"的批判，"批判

---

① （德）马丁·海德格尔：《海德格尔选集》（下），孙周兴选编，上海三联书店 1996 年版，第 1163 页。

在其合目的性上是谱系学的,在其方法上是考古学的"①。所谓考古学是指:设法找出作为历史事件的,影响我们所思、所说、所做的那些话语权力是怎么发生的。所谓谱系学是指:要从使我们成为我们之所是的那种权力所构造的偶然性中解脱,从那种构造的分析中向我们敞开的不再如此是、不再如此做或不再如此思的新的我们之所是、我们之所做或我们之所思的种种可能性。

福柯的现代性态度又是具体的、多元的和异质的,这种哲学气质在于通过我们自身的历史本体论,对我们之所说、所思、所做进行批判。福柯列举了康德的未成年的例子来说明权力对我们所思、所说和所行的建构,康德举了"未成年"的三个例子:书本代替我们的知性,某个精神首领代替我们的意识,医生为我们决定我们的特定食谱。福柯诉诸康德的原因,旨在把现代性态度与自己曾经分析过的对主体的权力、牧师权力、对他者的权力、规训权力关联起来。福柯指出:

> 与20世纪中最糟的政治制度老调重弹什么新人的诺言相比,我宁愿选择20年来在有关我们的存在方式和思维方式、权力关系、两性关系以及我们观察精神病或疾病的方法等领域中所发生的那些十分确切的变化,我宁愿选择在历史分析和实践态度的互相关系中所发生的那些甚至只是部分的变化。因此,我将把我们自身的批判的本体论所特有的哲学气质视作一种对我们能超越的界限的历史—实践的检验,因此,也就是视作我们自身对自身(这被视作自由的存在)的工作。②

从《疯癫与文明》中微观权力思想的全面萌芽到《不同空间的正文和上下文》中空间权力的提出,从身体哲学的全面展开到自我伦理的高度提升,"现代性态度"图式以不同面目显现出来。从批判"成年"之愿、"正常"之思、监禁邻人之所行的人之历史存在到当下"发展合法的怪异",从

---

① (法)米歇尔·福柯:《福柯集》,杜小真编选,上海远东出版社2003年版,第539页。

② (法)米歇尔·福柯:《福柯集》,杜小真编选,上海远东出版社2003年版,第540页。

批判“等级空间”、“延伸空间”、历史时间、“真实空间”、“虚假空间”的人之历史存在到当下“差异补偿空间”的生成，从批判“主体”之愿、“科学”之思、规训他人之行的历史存在到当下“人民的知识”反抗、“局部政治”反抗，从批判精神分析之愿、性压抑之思、批判性解放之行的人之历史存在到当下审美生存、关怀自身，从批判英雄史、功利、人的荒漠到当下苦行艺术，从批判道德、真理、权力到当下激活哲学气质，这些“现代性态度”图式就如川剧的变脸绝技，向我们展现了福柯“现代性态度”的绝技，也显现了福柯自身不断在当下超越向自身历史存在而通达的苦行和激情。因此，福柯的“现代性态度”通过微观权力的谱系表现出来，通过考古学和谱系学的形式表现出来，这样，通过现代性态度，本来就已经联成系统的微观权力思想的多重奏与另一个更高昂的大调统一起来，显现出福柯思想在现代性音乐会中的动人的交响乐章。

第二节　现代性的中间层次与活力维度

福柯在其《什么是启蒙》中强调了现代性态度，与以往人们把现代性理解为“时期”、“理性自我同一”、“价值理性与工具理性的冲突”的做法不同，他将现代性视为一个具有多元异质性的总体。这个总体既包括政治、经济、社会、文化的制度和事件，又包括理性、自由、平等等价值标准和“现代性态度”。那么，现代性态度在现代性中处于什么地位呢？简单地说，它是现代性的中间层次和活力维度。

一、现代性的中间层次

由于人们习惯于把现代性理解为社会发展的一个阶段或时期，这样就将现代性置于这样的议程中：现代性之前有一个或多或少幼稚的或陈旧的前现代性，而其后是一个令人迷惑不解、令人不安的“后现代性”，由此必然追问现代性是“启蒙”的继续还是对18世纪基本原则的断裂或背离。哈贝马斯的“未完成”的现代性在坚持启蒙的同时，暗地里预设了一个可能完成的目标,而在福柯看来,人之为人,总是未完成的。福柯的现代性态度允许人们把人理解为不断的"完成"的异质存在,不断生成的差异空间,这就发展了海德格尔所说的"总在途中"。启蒙也是一个不可能但是必然的任务,是一个总在完成又未完成的任务,这是人之为人的属性和使命。

在走入-走出福柯的"现代性态度"中,我们不难发现,现代性是作为一个总体向人们显现的。与"和谐社会"一样,现代性是一个内涵丰富,外延广阔的系统,如同和谐社会思想有其科学维度、形上维度和社会学维度一样[①],现代性也有其科学维度、形上维度、社会学(政治学)维度,现代性的科学维度指称的是现代性制度,这是可实验的、可计划的、可实现的具体目标。现代性的形上维度是现代性的价值观念,是永远无法彻底实现的人类理想。社会学(政治学)意义的现代性,则是作为态度的现代性,这种现代性态度在传统上表现为哲学的批判气质,在当下表现为在日常生活的当下不断的批判和超越。这三个维度自身的反思性形成了学术界对现代性解释的三个范式:现代性的科学范式、哲学范式、社会学(政治学)范式,这三个维度生发于启蒙的事件总体之中,运思于哲学的总体之中。因此,这三个维度研究的分化和转型,在一定意义上说,本身就是现代性研究在回应现实过程中的自我分化和转型。自马克思起,有关现代性描述已经开始转向了社会生活的经济、政治、日常生活和社会心理领域,脱离开现实社会生活的现代性思考是不可想象的,目前,现代性表面上由科学、哲学向社会学方向的转移现象,实际上则是哲学研究范式的转化,即由意识哲学和科学化哲学向社会哲学、政治哲学等方向转型。

1984年,吉登斯在芝加哥大学所作的题为"社会科学与哲学——社会理论的新趋势"的演讲中指出:

社会科学与哲学(特别是一些大陆哲学理论)在过去的几

---

① 赵福生:《马克思和谐社会思想的三个维度》,载《理论探讨》2005年第5期。

十年间的联系越来越密切，以至于彼此关心的问题比以前更多了，虽然解决这些问题仍有很多困难。我们经常说，在最近几年里，社会理论越来越哲学化了，特别是在充满认识论的问题上更是如此。但同时，在英美哲学与大陆哲学两者都很关注的主要论题上，可以发现哲学也越来越社会学化了。①

简单地说，吉登斯的观点是，当代社会学越来越哲学化了，而当代哲学越来越社会学化了。吉登斯认为，这种趋势早在马克思、涂尔干、韦伯那里就开始了，“这其中就包含着‘经典三大家’的影响因素”②。1996年，哈贝马斯在韩国哲学研究会所作的题为“现代性的概念——两个传统的回顾”的演讲中把“哲学在解释过程中为何又逐步让位给了社会理论”作为自己演讲的第三个主题③，这大体上可以看做是与吉登斯在现代性研究策略上形成的共鸣，值得注意的是哈贝马斯在这里绝不是说哲学不能研究现代性，而是说，坚持理性自我同一的“纯粹哲学”是不能胜任现代性研究的，这实际上是对一元现代性观点的批判，也是对他一如既往坚持的“实践－政治哲学”的重申④，那种把哈贝马斯的这一观点理解为以社会学学科取代哲学学科来研究现代性的观点实在是一场误会，有悖其学术旨趣和思想精神。哈贝马斯认为，如果谁还单纯用理性批判的手段来诊断现代性，那么他就还停留于纯粹的哲学之中，因此，哈贝马斯从“实践－政治哲学”角度来思考现代性，把这个演讲的宗旨确定为“交往

---

① （英）安东尼·吉登斯：《社会理论与现代社会学》，文军、赵勇译，社会科学文献出版社2003年版，第56页。

② （英）安东尼·吉登斯：《社会理论与现代社会学》，文军、赵勇译，社会科学文献出版社2003年版，第55页。

③ （德）尤尔根·哈贝马斯：《后民族结构》，曹卫东译，上海人民出版社2002年版，第178页。

④ 哈贝马斯于1957年在《哲学评论》杂志上发表《关于马克思和马克思主义哲学讨论综述》一文，其核心思想是要建立不同于以往纯粹哲学的“实践－政治哲学”，这一做法遭到时任法兰克福学派社会研究所所长霍克海默和法兰克福学派主要代表人物阿多诺的坚决反对，致使哈贝马斯离开了研究所，有趣的是，哈贝马斯一如继往地坚持并不断深化的“实践－政治哲学”反而成为第三代法兰克福学派的路向，2001年在读书座谈会上，哈贝马斯答问时强调，法兰克福学派历来主张将“谱系式的批判”与“历史式的批判”结合起来，他强调，福柯也是这么认为的。

理论如何归纳出一种新古典主义的现代性概念,以便反过来用作一种社会批判理论的基础”①。不难看出,吉登斯与哈贝马斯对于哲学范式转换观点的不同之处在于,吉登斯是从社会学发展趋势的角度附带地提出了“哲学的社会学化”观点,哈贝马斯则更加明确地提出哲学要从纯粹的理性沉思走向“实践－政治哲学”,他们的共同点在于,在传统“宏观哲学”研究中挖掘和引入微观哲学视角,呈现具有社会哲学和政治哲学色彩的新哲学。

当前,哲学范式的转型已经初步显现,实践哲学、日常生活哲学、文化哲学、政治哲学、生存哲学、交往哲学、人学、科学哲学等都是新哲学的典型样态。无论哪种哲学样态,都日益体现出对日常生活的重视,对微观分析的关注,在它们当前现代性研究的视域中,现代性的三个维度不可分割,离开了现代性的科学维度,现代性就失去了其物质基础;离开了现代性的形上维度,现代性就失去了方向;离开了现代性的社会或政治维度,非批判性的制度建构就会与方向之间失去关联,现代性要么成为“铁笼”,要么成为“空想”。在最简单的意义上,用中国传统话语说,现代性的三个维度就是“三才”,如果说制度是“地”,价值观念是“天”,那么态度就是“人”,它们相互关联,由实践统一起来。由此看来,作为一个总体事件,启蒙活动开启了现代性的总体,从最简单的维度意义上,现代性结构可以简化为制度层面、观念层面和态度层面,福柯从微观角度解析制度和理念运作的文化机理,并从中生发出作为人自身超越性存在的现代性态度。

二、现代性的活力维度

如果说上述分析是从理论上的说明,那么,从实践角度来看现代性态度的地位,我们可以说现代性态度是现代性的活力维度。

---

① (德)尤尔根·哈贝马斯:《后民族结构》,曹卫东译,上海人民出版社2002年版,第204页。

哲学是对人当下生存困境的回应，是人对人自身历史存在的理性反思，是人对以往生活方式的逾越，是人当下对未来的自愿选择。吉登斯的《现代性的后果》对人当下的生存困境作出了细致的描述，这些描述表明，核战争的威胁、全球经济和环境危机及地区性军事冲突的背后是现代性危机，是现代性问题使然。世界上发展程度不同的国家和地区的现代性问题呈现出不同的面貌：在发展中国家，理性化制度的建设问题成为人们关注现代性的焦点；在带头的发展中国家，现代性理念层面与制度层面一样，得到人们的关注；在发达国家，人们自觉地对理性化制度和价值观念发展进行反思。发展程度不同的国家之间又存在着制度上、理念上和态度上的融合与冲突。正是在解决自身的困境和彼此的冲突中，哲学形成了对现代性研究的主题。

人的生存困境出现的问题是一个总体，首先进入人们视野的社会存在和意识的总体，是社会存在层面上的，集中体现在现代性制度上的问题。18 世纪开始现代性的制度建设走上西方国家的议事日程，同时进行的是现代性意识的宣扬，集中体现为价值观念的确立，这两个方面产生的积极的影响，同时产生了严重的问题。对此，当时的学者自觉地作出了回应，其结果在哲学上集中体现在尼采、马克思、克尔恺郭尔，在社会学上集中体现在马克思、韦伯、涂尔干等人那里，马克思哲学的特点在于已经将哲学与社会学融合起来，开创了一种今天我们称之为文化哲学的新样式。

马克思对现代社会人的存在、现代性的反思和回应是全方位的，他不仅指明了现代性的制度维度，并且对作为制度的现代性即早期资本主义展开全面的批判，并找到了替代方案。同时，马克思也对作为价值观念的现代性展开了全面批判，比如法哲学批判。在马克思看来，现代性制度和价值观念比之以往是进步的，但是与这种进步相伴的是更大的异化问题，因此，只有在前两个维度的基础上再加上一个至关重要的维度，才能确保这种进步的积极意义。这个重要的维度就是批判性实践，他把这个批判本身当做历史进步性或现代性的一部分。在马克思对现代性制度和观念进行批判的过程中，哲学批判的态度始终在场，这种批判的实践与福柯的现代性态度无疑是相通的。现代性态度是理性批判、诗化生活和审美生存在当下的统一，它的本性是一种“风格化”，这种风格化，用德勒兹的话说，“永远是一个生命的风格，而不是某种人格的东西，而是一种生命可能性的创造，一种生存方式的创造”①。

综上所述，福柯从现代性态度的视角对自己一生的微观政治哲学作了全面的总结，对以往哲学中现代性问题作了总结，从这个终点回溯，有助于我们把握福柯微观权力分析的灵魂，更加清晰地看到现代性态度对于现代性总体的实践意义。

第三节　现代性态度思想的局限和意义

“现代性态度”在福柯那里具有重要地位，然而由于这一思想是福柯在病床上匆匆提出的，在其阐述中难免有局限性。

一、现代性态度思想的局限

从福柯的定义来看，现代性态度是由“现时性”和“态度”两个词构成，实际暗含一个词，那就是个体，现代性态度意味着此时此刻，个体对自身的历史存在的批判。现代性态度所具有的实践性使之无疑是极具启发性意义的哲学概念，然而，福柯这里实际上暗含一个预设，那就是个体自身能够确立批判和超越的标准，这就出现了问题。

第一，现代性态度的自主性给人的生命以驰骋奔流的空间和可能性，但它对所有人来说，在日常生活中只能是一个假定。在当今社会，并不是所有人都有这个能力和愿望，这就需要人来指导，这种指导会不会异化呢？福柯尽管在《什么是启蒙》中没有对此作出说明，但是他在

① （法）吉尔·德勒兹：《哲学与权力的谈判：德勒兹访谈录》，刘汉全译，商务印书馆2000年版，第115页。

《主体解释学》中对“老师”的界定可以看做对此问题的回应，然而，如何才能实现“老师”对学生指导的非权力性呢？除了老师的自我约束，关怀自身之外，还需要学生自身的内在动力，也就是学生有自我关怀的意识，让“不能和不愿关怀自身的人”必须“关怀自身”，这就形成一种悖论，维特根斯坦曾说，“凡不可说的，就保持沉默”，这恐怕是思想逻辑本身的共性，凡到其思想最核心处，都会陷入同义语反复。

第二，现代性态度突出强调了新的主体性，这种新的主体性如何处理主体间性问题呢？这正是福柯和哈贝马斯的争论焦点所在，从福柯的回复看，福柯在这一点上还没有达到海德格尔的高度，事实上，从海德格尔诉诸的中国道家的观点看，关怀自身与关怀他者不可分，现代性态度是对自身的至上关怀，而关怀达到至上程度，也就进入了无我境界，有我与无我之间相互通达，主体与主体间性内在同一，或许，福柯的英年早逝使他的理论还没来得及走出古希腊文化的语境，因此未能更好地解决主体间性问题。

二、现代性态度思想的意义

现代性态度的提出具有重要的意义。对福柯来说，它是微观权力思想旨趣，集中表达了福柯思想的批判现实的超越情怀，提升了微观权力思想的哲学性；对于现代性研究而言，它改变了现代性话语，更新了现代性的话语结构，表现了现代性的总体性，彰显了现代性中人之为人的根本所在；对于马克思主义中国化而言，它强调个体实践对于体制和理念的纽带和桥梁作用，揭示了日常生活中现代性各层面之间的互动性，丰富和发展了马克思现代性的实践维度。

第一，提升了微观权力思想的哲学性

“微观权力”和“现代性态度”实现了时代精神主题化、现实存在间接化、流行观念的陌生化、基本理念的概念化，因此，它们使福柯的思想更具哲学性，现代性态度的主题化还提升了在微观权力思想文本、微观权力思想的写作和福柯本人的社会实践中折射出的人文关怀，使隐藏于令人压抑的权力网络之下的哲学激情得以突显,体现了福柯哲学的诗意境界和审美维度。

福柯曾说,他写作就是为了变换 faces,在《尼采、谱系学、历史》中,福柯指出:"谱系学家很清楚应该怎样去看待假面舞会。不是严肃地去拒斥它,相反要把它们发挥到极致:他要举办盛大的时间狂欢节,让各种面具频频亮相。不是把我们苍白的个性统一到往昔强健的同一性,而是要在大量重现的同一性中,将我们非真实化。"[①]可见,面具是遮蔽、隐藏和虚假,微观权力"是带着面具登台亮相的他者"[②]。而微观权力研究要"把它们作为程序舞台上的事件显现出来"[③]。因此,福柯的微观权力思想不是"面具思想",faces 也不是面具。有人把 faces 译作面孔[④],可是面孔如何变换?我们每日的常人生活中倒是经历千万张如瀑布流过的面孔,冷漠的、职业化的,蒙着遮掩其内心的面具,很难看见发自内心的表达。在我们看来,faces 的最恰当译法或许应当是"脸谱",脸谱是人内心丰富情感的外在表达。福柯在《词与物》的序言中曾经以中国分类学来观照西方分类学,我们这里不妨也用中国的艺术来观照福柯的艺术。中国戏曲文化中有一门艺术,叫"变脸",它所使用的脸谱或许能够形象地说明福柯的谱系图示。"变脸"艺术的至高境界就在"最后一张脸谱",即在揭开自己的"庐山真面目"之后,还要凭空蒙上一张金脸,以隐去真身。如果说,福柯是一个"变脸"艺术的绝世高手,那么,"现代性态度"就是福柯微观权力思想的"最后一张脸谱",它是福柯一生思想的结语,也是福柯留给自己的评价,经由"现代性态度",福柯隐去了真身,犹如一头"抹香鲸"离

---

① (法)米歇尔・福柯:《福柯集》,杜小真编选,上海远东出版社 2003 年版,第 162 页。
② (法)米歇尔・福柯:《福柯集》,杜小真编选,上海远东出版社 2003 年版,第 157 页。
③ (法)米歇尔・福柯:《福柯集》,杜小真编选,上海远东出版社 2003 年版,第 156 页。
④ 汪民安、陈永国、马海良编:《福柯的面孔》(封底),文化艺术出版社 2001 年版。

我们远去①。

第二，更新了现代性的话语结构

与韦伯的二元对立的现代性观点相比，福柯认为现代性要复杂得多。在韦伯那里，单独的理性或单独的非理性都不能解决现代性危机，新教伦理也失去了指导实践的能力。现代资本主义抛弃了新教伦理，而信仰拜金教和支持它的技术理性。在福柯看来，理性化只是在一些关键场合才会出现，而且，那也不是一个铁笼，反抗一直都在，只要人们有现代性态度，人们就能自由。现代性态度不是我们怎么看现代性的问题，不是一个认识论问题，而是人自身当下的可能态（愿望是什么，思考什么，干什么），是一种存在论，是作为态度的现代性。

福柯的现代性态度对当代现代性研究有极大的启发，这一点我们不仅在吉登斯的“脱域”、“再嵌入”、民族与国家暴力的有关权力和监视中看到，而且吉登斯的自我认同的四种类型本身就是现代人生存态度的四种表现。詹姆逊在《单一现代性》中与福柯现代性态度有异曲同工之妙。

福柯的现代性态度，对于 21 世纪的哲学社会科学，对于马克思哲学就现代性问题的研究是不可或缺的。这一切或如福柯自己所说：

> 关于这种对今天进行诊断的工作，我想说的是，它不应是简单地指出我们之所是的特征，而应该在描述今天的脆弱的同时去把握当下的存在之来由以及当下存在如何能够不再如是。在此意义上，就总是应当根据潜在的断裂来进行描述，这种潜在的断裂打开了自由的空间（当然是指作为具体自由的空间），也就

---

① 福柯在 1976 年法兰西学院演讲中，把自己比喻为一头跃出水面的抹香鲸，他提出微观权力分析是一些要继续下去的轨迹。“它们通向哪里并不重要，甚至不通向任何地方也不重要，无论怎样，它并不规定必须向前的方向；这是一些断断续续的点，应当由你们来继续或转向；而我可能会继续，也可能给它们另外勾画一个轮廓。总之，我们都很清楚能够怎样利用这些片段。我使自己有点像一头跃出水面的抹香鲸，留下一串稍纵即逝的泡沫，让人相信，使人相信，人们也愿意相信，也可能人们自己实际上相信，在水面下，有一条人们不再看得到的抹香鲸，它不再受任何人觉察和监视，在那里，这条抹香鲸走着一条深深的、前后一致和深思熟虑的道路。”详见（法）米歇尔・福柯：《必须保卫社会》，钱翰译，上海人民出版社 1999 年版，第 4 页。

是说为可能的变革打开了空间。[①]

第三,丰富和发展了马克思现代性的实践维度

毋庸置疑,马克思的实践概念是马克思现代性研究的内容。在对实践的理解上,除了认识论视域仍然强调理论与实践的二分法外,人们越来越关注实践本身所荷载的理论内容和精神维度,实践与理论的关系成为新的热点。福柯提出的“微观权力”本身就是一种知识实践、话语实践,它更明确地表现出现时代理论与实践之间的互含性,在他那里,知识实践本身就具有微观权力的特性,因此,在存在论的意义上,理论与实践是无法截然分开的。“现代性态度”是人自身当下对历史存在的批判和超越,是对马克思的“全部问题都有在于使现存世界革命化,实际地反对并改变现存的事物”的回响,福柯对马克思哲学批判精神与现代性态度关系的强调,使马克思现代性研究中实践概念所蕴涵的精神内涵和理论维度更加突出,丰富和发展了马克思现代性的实践维度。

本书认为,福柯的微观权力不只是要写就一个有关权力的政治学,而是要分析揭示我们自身的历史存在论,其根本目标在于寻求从我们自身历史存在的偶然性中解脱出来的可能性,这种“寻求”用福柯的话语来表达就是“现代性态度”,它是微观权力分析的旨趣。因此,本书将其放到第一章以统摄全文。

第一节分析了现代性态度的意蕴:从时间、空间和生存三个角度明确了其内涵,从人自身所愿、所思和所行出发明确了其结构,结合其对哲学批判精神的诉求分析了其哲学批判理性和对“批判理论”的超越,结合波德莱尔的现代性分析了其审美意味,结合杰克·伦敦的《野性的呼唤》和马拉美的《恶运》分析了其诗性品格,明确了现代性态度的本性,结合其在《什么是启蒙》中关于现代性态度与谱系学、考古学内在关联的阐述分析了其外延。

第二节分析了现代性态度与现代性总体的关系,确定了其在现代性结构中的位置,从最简单的意义上说,现代性态度是现代性的中间层次与活力维度。本节在分析现代性态度在现代性总体中地位时引出了当代哲学研究范式转换——由马克思、涂尔干、韦伯等人开启的,由福柯、吉登

---

① (法)米歇尔·福柯:《福柯集》,杜小真编选,上海远东出版社2003年版,第504页。

斯、哈贝马斯等人推动和主题化了的,由“形而上学化”的意识哲学、“科学化”哲学向“社会学化”、“政治哲学化”的哲学转换,提出了中国20世纪80年代兴起的日常生活哲学、文化哲学、政治哲学、实践哲学、生存哲学、交往哲学等关注微观现实生活的哲学都是这种转型的典型样态,强调了无论在哪种哲学样态中,现代性的三个维度都不可分割。

第三节分析了现代性态度的个体化视角所产生的局限性,概要地提出其对福柯微观权力思想哲学性的提升、对现代性话语结构的更新和对马克思实践维度的丰富和发展的意义。

第三章　对他者的权力

小偷、骗子、乞丐、失业的、快饿死的、贫穷的和犯罪的劳动人，都是些在国民经济学看来并不存在，而只在其他人眼中，在医生、法官、掘墓者、乞丐管理人等等的眼中才存在的人物；他们是一些在国民经济学领域之外的幽灵。

——马克思《1844 年经济学哲学手稿》

喃喃低语着，在黑暗中摸索的、归还珍宝的悲怆的同伴们。一种神秘的新奇事物在你们的骨髓里唱歌。发展你们合法的怪异吧。

——福柯《疯狂与非理性》

在近代以来的西方文化中，疯人、穷人、失业者和性倒错者等边缘群体开始被妖魔化，近代实证知识的演进使这些群体“脱魔”，然而，这种“脱魔”的背后隐藏着具体科学的权力。与韦伯所理解的整体铁笼不同，在福柯这里，对疯人、小偷、失业者、罪犯等边缘群体的文化权力是理性秩序对他者的权力，正如马克思预见的，是由不同的知识及其机构所运作的。福柯对疯狂和临床医学的考古学试图表明，精神病、罪犯等文化他者之所是，从来就不是其自然所是，而是理性秩序之思建构之所是。“疯狂”这类对他者的命名和区隔不过是道德之所愿,“真理”之所思,各种社会力量争斗之所为。

福柯把揭示西方理性秩序和精神病治疗学对他者的微观权力思想作为自己理论研究的首选。“疯狂史将是异(I’Autre)之历史,‘异’对一个文化来说,同时成了内在和陌生的东西,并因此只通过禁闭(为了减少其异性)就被排斥了(以便驱赶内在的危险)。”[1]这一理论在西方引起了很大的反响,并最终形成了主张疯狂等非理性发言权的社会运动。人们已经看到有关疯狂的研究对于福柯微观权力谱系的奠基意义,然而,人们错误地以为福柯旨在全面地拒斥理性秩序,事实上,只要从现代性态度角度来理解福柯疯狂的考古学和临床医学的考古学,人们就不难看出,尽管表达得还不是很清楚,但福柯对理性及其具体形式的批判不是全面的摒弃,而是理性秩序对非理性的压抑和遮蔽。在我国经济、社会的转型期生成了许多边缘存在,如何对待这些他者是很现实的问题。由于对他者的权力问题的忽视,一些人对这种研究感到不解,在他们看来,这里至少有四个问题:第一,疯狂和边缘人是与我们无关的他者,关起来没有什么不好;第二,把他们送入精神病院是对他者的关爱,而不是对他者的压抑;第三,尽管西方理性秩序和精神病学压抑了疯狂,也是为了保护正常人,因而是正当的;第四,如果说研究微观权力是为了反对权力的滥用,不必大费周折,放着宏观权力滥用和腐败的现实不研究,而去关注发生在少数不正常人身上的权力,毫无意义。一句话,对他者的研究让人费解,也是需要我们回答的现实问题,也是需要福柯回答的理论问题。

第一节　对他者的权力思想的提出

福柯对疯狂和临床医学的研究,显现了理性秩序对他者的权力。福

① (法)米歇尔·福柯:《词与物:人文科学考古学》,莫伟民译,上海三联书店2002年版,第13页。

柯以批判理性秩序对疯狂的话语霸权为逻辑起点,以回应现实的理性困境为实践取向,以精神病学权力及反抗研究为核心,以勾勒理性秩序自身界限及恢复非理性地位为旨趣,把他本人敏锐感受到的“对他者的权力”的压抑与现代西方社会所受的理性秩序的裁剪和规范关联起来,在自己的哲学剧场中向人们表达了对“对他者的权力”的反抗。

一、批判理性秩序

人们通常很“自然”地以为,疯人是不正常的人,既然疯人只是非理性的生存形式,不是正常人的生存形式,既然通过这种权力,保卫了正常人,维护了社会秩序,那就没有什么大不了的。然而,这种“非思”的所思才是人们不折不扣的疯狂。在古代的西方文化中,疯狂与其他非理性原为正常,然而,近代理性秩序通过将疯狂经验命名为“疯狂”而将之压抑于自己的强力之下。从此,在有限的艺术领域之外,在人的日常生活世界中,疯狂之思成了人们的禁忌,疯狂的行为被视如洪水猛兽,疯狂的话语不再被人们倾听,因此,把疯狂视为反常的思想预设了理性秩序的完美,悬置了理性秩序的反思性,体现了西方理性秩序的另一种疯狂。因此,福柯把揭示理性秩序对疯狂的命名、放逐与区隔作为自己批判对他者权力的逻辑起点。其批判主要体现在以下四个方面。

第一,命名权批判。在《疯狂与非理性》中,福柯开篇就引用了帕斯卡的名言说:“人必然是疯狂的,不疯也许只是疯狂的另一种形式。”①在福柯看来,这种理性的霸权以一种真正疯了的极端方式表明了自身对非理性的意志,以命名“疯狂”来压抑自身的他者,在这个意义上,并没有一个疯狂的先在对象。“对象不是在未成形的状态中等待解救它、使它可以体现在一个可见的和可言的客观性中的秩序;对象不先于自己而存在,它被某种障碍阻拦在光明的前沿边缘。”②对他者的命之以“疯狂”之名表

① (法)米歇尔·福柯:《福柯集》,杜小真编选,上海远东出版社 2003 年版,第 1 页。

② (法)米歇尔·福柯:《词与物:人文科学考古学》,莫伟民译,上海三联书店 2002 年版,第 48 页。

明,自律的理性秩序在与非理性的交往和对话中发现自身的局限性,因此它以一种极端形式取消了非理性的话语权,以掩盖自身对于表达人的激情的无能。福柯的考古学不仅揭露出了理性制度和秩序的诡计,而且强调非理性对理性的制约性和补充性。取消了自身的一个对立面,理性秩序必然陷入高度自我膨胀之中,理性理念的理想层面被悬空,人的全面性受到挑战。

第二,放逐权批判。被理性秩序命名之初,疯狂尚能凄厉地叫喊,15世纪,理性秩序在扩张中将疯狂放逐,城市居民将不按理性秩序行事的他者逐出城市,使其漂泊在城市之外的空间。在疯狂文学考古过程中,福柯发现了这个空间,它就是长期在大海之上漂泊的"愚人船"。有人至今仍然以为"愚人船"的描述充满浪漫,放逐能使被放逐者亲近自然,然而,放逐本身就是对古希腊理性与非理性和谐相处的反叛,而且这不是结束,而是刚刚开始。正如福柯所说:"漂泊的疯人、驱逐他们的行动以及他们的背井离乡,都没有体现他们对于社会效用或社会安全的全部意义。"[①]这句话明确表明"愚人船"必定是短命的,因为它并没有真正地被理性秩序纳入自己的网罗之中。在"愚人船"的世纪,除了港口附近的人偶尔能感受到"愚人船"带来的新奇,广大的城市居民已经开始习惯了理性的秩序,人们乐于接受理性秩序的规范,以其为自己所是、所思和所行的依据,渐渐把它当做信仰,失去警惕,这种状况终于孕育出20世纪理性秩序的危机。

第三,区隔权批判。《疯狂与非理性》的副标题是"古典时期的疯狂史",在书中,福柯不只描述了中世纪法国的"愚人船"对疯狂的放逐,而且还描述了法国17世纪的总医院、18世纪的监狱、19世纪的精神病院对疯狂和非理性的命名和区隔。这种命名和区隔有两个方面的特征:一是形式的断裂性和异质性,二是机制的断裂性和异质性。

---

① (法)米歇尔·福柯:《疯癫与文明:理性时代的疯癫史》,刘北成、杨远婴译,三联书店2003年版,第7页。

从福柯的描述看,对他者的命名和区隔的形式与机制不是始终一致的。17 世纪的总医院几乎是对所有的非理性的收容,它对于疯狂、小偷、骗子、乞丐、失业的、快饿死的、贫穷的和犯罪的劳动者不加区别,如果说"愚人船"是对非理性的第一次区隔,把他们命名为非正常人从而与城市居民这些正常人分隔开来,那么总医院就是对疯狂进行第二次区隔,它把那些他者改名为道德败坏者,而与有道德者(市民)区隔开来;如果说 17 世纪把疯狂、小偷、骗子、乞丐、失业的、快饿死的、贫穷的和犯罪的劳动者视为同样的人,那么 18 世纪监狱是对他者进行的第三次区隔,疯狂被命名为妖魔,被视为对与其关押一处的罪犯、乞丐等的极端"不道德"、"不公正";如果说 18 世纪疯狂被视为对罪犯实施了暴力,那么 19 世纪精神病院对他者实行了第四次区隔,疯狂等他者被视为"未成年"的病人,而与罪犯等违法者区隔开来,新的逻辑是,罪犯是"做错了事情要法办",通过教育可以重新做人,然而,疯狂是一种未成年病态存在,一般教育无法奏效,必须加以特殊的"科学"治疗。通过上述梳理不难看出,对他者的权力并不是由某个大写的主体拥有或独立实施。从中世纪受理性秩序排斥的"愚人"到 17 世纪的秩序破坏者,从 18 世纪医学、道德、文学和政治宣传下邪恶和传染病的怪胎、监狱中的权力承受者和实施者到 19 世纪患有精神病的"未成年病人",这一切转变的发生都在于各种社会文化权力形式共同作用的合谋效应。

第四,话语霸权批判。通过理性秩序对疯狂和非理性的命名、放逐和区隔,福柯批判了理性秩序对非理性的话语霸权。在福柯看来,在文艺复兴时期,理性与疯狂之间相互对话、相互交谈。相比之下,古典时期的监禁就是一种对语言的压制,但这种压制不是彻底的,语言没有真正被消除,在疯狂与罪犯之间,在监狱、地牢甚至酷刑中,理性与非理性之间都进行着一种无声的对话,一种斗争的对话。然而,当疯人进入精神病院后,这种对话彻底停止了。在精神病的沉寂中,现代人不再与疯子交流:一方面是理性的人,他们给疯子派去医生,另一方面是疯狂的人,他们只能借助于同样抽象的理性与另一部分人交流,"这种理性就是秩序,肉体和道德的约束、匿名的集体压迫、必须服从的要求”[①]。在福柯看来，精神病科学之所以剥夺了疯狂的话语权，是因为19世纪后的精神病科学在精神病院里发展的永远只是一处观察和分类的体系，它不停地以一种可见性观察它的对象，而根本无须与其发生任何形式的交流，因此，它不可能是一种对话，只是理性的独白。20世纪精神分析实践本质上不是恢复对话，而是引诱被观察者永无休止的忏悔和交代，从而实施更精致的权力。

二、回应理性困境

20世纪是西方社会对于理性信仰陷入危机的时代，两次世界大战是把他者有组织地在地图上“抹掉”，奥斯维辛是对他者有计划的屠杀和精确计算的屠杀，个体和弱势群体作为秩序的他者被贬低消除，社会生产按照技术原则组织为自动机器，这一切使人们不得不反思人与理性的关系问题，与卢卡奇对理性的坚持捍卫不同，20世纪许多西方思想家从理性本身思索理性秩序所产生的理性困境问题，韦伯和斯宾格勒是较早的两位。韦伯理性反思的范例就是“铁笼”隐喻，他在讲演中指出：“身外之物只应是‘披在他们肩上的一件随时可甩掉的轻飘飘的斗篷。’然而命运却注定这斗篷将变成铁的牢笼——启蒙主义——宗教禁欲主义那大笑着的继承者——脸上的玫瑰色似乎在无可挽回地褪去。”[②]这里的身外之物是指理性秩序及其产生的物质和经济体系，人们本来以为有着理念理性的引导，经济理性不过是防寒的工具，是人们能够自由取舍的“斗篷”，然而，秩序的狂欢使它曾经的“合理念性”、进步、自由和解放的象征如雾般消退，理性秩序的绝对同一标准和精确计量系统使人被束缚于物化的铁笼之中。韦伯的描述使人不由想起“铁面人”，铁面本是国王服务于自己目的的工具，然而这个冷冰冰的铁面却最终套在了它主人的头上。斯宾格勒的代表作就是《西方的没落》，在他看来，今天文明中的政治跟昨天

---

① （法）米歇尔·福柯：《福柯集》，杜小真编选，上海远东出版社2003年版，第2页。

② （德）马克斯·韦伯：《入世修行：马克斯·韦伯脱魔世界理性集》，王容芬、陈维纲译，陕西师范大学出版社2003年版，第231页。

文化中的政治比起来，标志就是金钱，就是理性秩序的同一化符号。韦伯身后，卢卡奇批判“拜物教”，霍克海默、马尔库塞、弗洛姆批判“技术理性”和“工具理性”，哈贝马斯批判意识形态等都是对理性秩序的批判。

与上述思想家不同，20 世纪 60 年代初期的福柯不是从理性自身或理性的辩证法角度来批判理性秩序，而是首先从理性的对立面，从被理性贬低之物来反证理性自身的局限性，这一策略有着典型的尼采特征，尼采曾说：“日神顶峰的这种崩溃，我们倘若不向酒神魔力去探寻其根源，又向哪里去探寻呢？”[①]与德国和犹太裔学者对德国的分析不同，由于法国在二战中扮演不光彩的角色，福柯与其他的法国学者一样，将更多的目光投向前苏联的“极权主义”，斯大林和后斯大林政治在法国左翼知识分子中产生了很大的影响。福柯在 1976 年的一次采访中说：“权力与知识。我想，这些问题可以说是《疯狂史》的写作背景。”[②]通过对精神病学与极权主义的关联的敏锐洞察，福柯发现了当时法国左翼知识分子没有发现也没有勇气去揭露的知识权力现象。因此，《疯狂史》在另一个意义上说也是知识实践与极权主义关系的历史，无论是把疯狂关入监狱，还是把疯人关入精神病院，对待他者，人们总能看到时间上的长时段的标准和短时段的断裂，总能看到空间的划分和时间的组织，从知识的建构效果看，罪犯的“不正常”是短时间的反常，是一时糊涂，因此罪犯明确知道自己的刑期；然而，疯狂的“不正常”是长时段的反常，是长期未成年，疯人不知道自己要在疯人院待多久。从前，他者乘坐“愚人船”航行在各城市之间；后来，他者被关进总医院、监狱；再后来，他者被送进精神病院。在 1977 年成功解救他者后的访谈中，福柯批判了赫鲁晓夫把对立面的思想或持有异议的思想归于发疯的做法，他讥讽道：“在这方面，苏联是拾人牙慧。”[③]

从根本上说，对理性秩序的怀疑和批判从启蒙运动就开始了。梯利

---

① （德）尼采：《悲剧的诞生》，周国平译，广西师范大学出版社 2002 年版，第 165 页。
② （法）米歇尔·福柯：《福柯集》，杜小真编选，上海远东出版社 2003 年版，第 428 页。
③ （法）米歇尔·福柯：《福柯集》，杜小真编选，上海远东出版社 2003 年版，第 397 页。

曾说:“尊重人类理性和人权几乎是一切近代哲学思想的特征,这在 18 世纪普遍流行。”[①]这种对启蒙运动时期哲学对理性的态度描述只是一种总体概括,具体情况要复杂得多:唯理性主义认为,只有理性才是衡量一切事物的准绳,才是确保人类社会进步的力量,所以主张以理性来支配人类生活的一切方面;培根的经验主义对理性能否解决终极关怀问题有所怀疑,认为“形而上学和神学超越天然理性的能力”[②];怀疑论以唯意志论的观点取代了唯理性主义的宗教起源,以历史的观点取代了唯理性主义的国家起源;神秘主义的逆流则认为理性不能透过“实在之幕”,真理和价值来源于信仰和心灵。[③] 在哲学上,如果说培根和笛卡儿羞羞答答地给上帝预留了空间,那么康德则干脆把维持世界秩序的工作彻底交托给理性。不过,康德后来也注意到这样做的危险,他在《什么是启蒙》一文中写道:

> 有更大部分的人(包括全部女性)认为向着成熟的进展会是非常危险的——事实上,除了认为它是非常艰辛的之外——那些已经友好地僭取了他们的监护权的监护人留意着这一点。监护人首先使他们驯养的牲口默不做声,并确信这些温和的生灵,即使没有那些拴系他们的马具,也不会胆敢向前走出一步,在此之后,监护人就会向他们指出,如果他们试图要独自走出这一步时会威胁到他们的危险。[④]

这里,他主要描述了怯懦和懒惰使人处于不成熟状态,也附带描述了“监护人”对“更大部分的人”的束缚,“监护人”出于统治的目的,首先通过理性秩序束缚住他们“驯养的牲口”也就是“更大部分的人”,这种“对他者的权力”使人们习惯被安排,使人们一般不必、不愿也不敢尝试使用

---

① (美)梯利:《西方哲学史》,葛力译,商务印书馆 1995 年版,第 422 页。

② (美)梯利:《西方哲学史》,葛力译,商务印书馆 1995 年版,第 431 页。

③ 参见(美)梯利:《西方哲学史》,葛力译,商务印书馆 1995 年版,第 432 页。

④ (英)伊曼努尔·康德:《道德形而上学基础》,孙少伟译,九州出版社 2007 年版,第 169 ~ 171 页。

“自己”的理性,他们已经成为驯良的物质工具,现代机器的零件。因此,康德呼吁:“要有勇气使用你自己的理性!”[①]福柯在《疯狂与非理性》中实际上强调的正是“你自己”,因为他对他者讲话,所以他实际上说的是:要有勇气使用你自己的他性,无论它是理性的,还是非理性的;人性的,还是神性的。

三、精神病学权力考古

福柯的考察表明:在 18 世纪“大恐惧”中产生的被称为疾病的疯狂是多种社会力量作用的结果。在这一事件中,医学权威在场,道德在场,文学渲染在场,政治宣传在场。正是这种医学、道德、文学和政治对疯狂的竞争与合谋,使人们将他者的“疯狂”审定权赋予医学,医学反过来把非理性与疾病结合起来,医生不是作为医学工作者介入禁闭世界以区分罪恶和疯狂,邪恶和疾病,而是作为保卫者被组织起来,他们的责任就是保护其他人免受从禁闭院墙渗出的幽灵伤害。通过医学与其他社会各种力量的构建,对疯狂的监禁逐渐显现了一种不公正,这种不公正不是对疯狂而言的,而是对与疯狂关在一起的罪犯而言的。人们认为,监狱和总医院中的其他非理性遭受着疯人的伤害,“18 世纪对于禁闭的政治批判是如何运作的。它不是沿着解放病人的方向,也不是让人对精神错乱者投入更多的仁爱或医学关注。相反,它使疯狂比以前更加紧密地与禁闭联在一起”[②],这使疯狂进入一种双重权力关系,一方面,疯狂象征权力,被禁闭的他者除了面对法律权力外,还无法摆脱被描写为“荒诞的”、“恐怖的”、比凶犯还“反常”的“不正常的人”的迫害;另一方面,疯狂是各种严厉禁闭的对象。这样,通过知识实践,非理性之间的同一被打破了,疯狂成了“不正常”。

---

① (英)伊曼努尔·康德:《道德形而上学基础》,孙少伟译,九州出版社 2007 年版,第 169 页。

② (法)米歇尔·福柯:《疯癫与文明:理性时代的疯癫史》,刘北成、杨远婴译,三联书店 2003 年版,第 211 页。

19世纪,实证的精神病学的建立和精神病院的建立被人们视为文明的进步,然而,在福柯看来,把疯人送入精神病院不是对疯狂的关爱,而是对他者权力形式的转化,是理性和实证主义的精神病治疗学以科学的面目对他者实施的更为细致的权力,在精神病院中,对疯狂采用了新的驯服方式,即赋予疯狂以"未成年"地位,"疯狂不再是绝对的抗争形式,而是代表了一种未成年的地位,表现了自身的一个方面,即没有自治权利,只能移植到理性世界才能存活"①。作为精神病医学研究的对象和客体,在精神病医生的一次次强化中,疯狂开始意识到自己应该成为"对自己负责"的主体,对"真理"负责,并因为自己成为精神病医学的对象而感到羞愧,这样,存在的意义和羞愧的联系就被建立起来了,惯常的告白和忏悔就成为理所应当的事情了。

剥夺疯狂话语权,建立未成年隐喻,无休止的秩序审视和道德审判,使精神病医生实施着一种类似于家长、教师、法官、监狱长和牧师的复合型权力。在谈到法国大革命以后精神病学实施对他者的权力计划时,福柯说道:"这个计划在当时的杂志上和精神病科医生的讲话中十分明确地表达出来了:'社会到处碰到一大堆问题,在街头、在各行各业、在家庭等到处都有,我们这些精神病科医生是社会秩序的公务员。应该由我们去纠正这些混乱。我们起到了公共卫生的作用。这是精神病学的真正使命,是它的气候、它的生存前景。'"②从19世纪开始,精神病专家开始不满足于从那些疯人院的创立者那里继承的道德性质的能力,随着实证主义向各类知识中扩展,随着医学实践不断扩大自己在社会关系中的地盘,精神病学实践的属性变得越来越模糊,医生从社会秩序、道德和家庭中借用来的权威现在似乎来源于他本人超凡的能力,以至于只要他是精神病医生,他就拥有话语权、家长权、审判权和处罚权。

在福柯看来,医生代表着家庭和法律,他的医疗实践在很长时期内是

---

① (法)米歇尔·福柯:《疯癫与文明:理性时代的疯癫史》,刘北成、杨远婴译,三联书店2003年版,第233页。

② (法)米歇尔·福柯:《福柯集》,杜小真编选,上海远东出版社2003年版,第396页。

对古老权威的微观补充,19 世纪疯人院成为资产阶级社会及其价值观的庞大结构的一个象征,即以家长权威为中心的家庭与子女的关系,以直接司法为中心的越轨和惩罚的关系,以社会和道德秩序为中心的疯狂和无序的关系。① 精神病学、精神病医生在精神病院中还以新的面目行使牧师权力。这些对他者的权力形成了一种总体的效果,即通过命名、区隔、惩罚、教化、医治等形式,塑造符合资产阶级生产需要的"正常人"。福柯指出:"在被当做实证科学的精神病学形成前的一百五十年间,这种结构(观念、机构、法律和警察制度、科学概念的结构)尤为显见,这难道不值得惊讶吗?"②这些标准与历史上的重大事件相关,与专制政体相关,与技术水平相关,与精神病学自身发展的要求及其实践相关。因此,社会越发展,理性越发达,知识对人的观察、划分、约束、教训、管制也就越多。

四、为非理性正名

福柯在书写疯狂的历史过程中,发现理性和精神病学对疯狂和非理性的命名、驱逐、区隔和驯服,由此福柯找到了为他者的存在和话语正名、辩护的哲学方式,即对他者的权力的考古学。在这个原则的指导下,通过考察档案馆里满是灰尘的、不为正统历史学采用的各个时期的档案,福柯向我们展现非理性与理性曾经的关联。关注福柯的人都知道,福柯在少年时代就被人认为精神有问题,他对于那些法国式的道德礼仪十分反感,与同学也很难相处,有同性恋倾向,年轻时代曾经有两次自杀的经历,这些内容在米勒的《福柯的生死爱欲》中有着详细的描述,生长于法国情绪化文化中的福柯深陷疯狂的经验,对边缘化有深切的感受,在这个意义上说,福柯的哲学首先是自我合法性的确证,其次也有其社会原因。福柯在 1982 年的一次访谈中指出:

> 我因为两个原因关照边缘人群和过程:西欧社会秩序化的

---

① (法)米歇尔·福柯:《疯癫与文明:理性时代的疯癫史》,刘北成、杨远婴译,三联书店 2003 年版,第 253 页。

② (法)米歇尔·福柯:《福柯集》,杜小真编选,上海远东出版社 2003 年版,第 6 页。

政治和社会进程已经非常模糊了,被遗忘了,他(它)们是我们最熟悉景观的一部分,我们一点也不珍惜他(它)们,但是他们大多数人为人类作出牺牲。我的目标之一在于向人们表明,许多事是他们背景的一部分——人们是全面的——是历史精致变化的结果。我所有的分析都反对人类生存的全面需要观点。它们显示了机构的任意性,显示了我们仍能享受哪个自由空间,我们仍能改变多少。[①]

人的现实存在表明:人既是理智的存在,也是情感和意志的存在,人本性的丰富性要求人不仅有理性地生活的一面,也有非理性地生存的一面,事实上,疯狂经验与人类社会共始终,它与理性经验互为基础、互相依存、和平共处,这种依存体现了人的全面性:一半是海水(冷静的理性),一半是火焰(热情的非理性);一面是日神的清醒,一面是酒神的狂欢。从日常生活角度看,常人生活也需要有他者来调节、补充和提升,有了他者,常人生活才能变得更加完整和更加丰富多彩,因此,能够欣赏他者,不仅需要包容,而且需要特殊智慧。从历史角度看,在人类的远古时期,无论是自然流露,还是刻意追求,今天我们称之为精神病或者疯狂的精神状态本身曾经是人的一种普遍的生存方式。古希腊是西方传统理性主义和人文主义之间的互补性和共存性的和谐时代,“其间疯狂的人和理智的人尚在区分,却尚未区分开来,他们用一种原始、粗糙、远比科学语言古老的语言对话,谈论他们之间的分裂”[②]。在那个时候,人们甚至崇尚疯狂的生存样式。在创作层面上看,疯狂与非疯狂之间更是很难划出明确的界限,“疯狂”往往是文学和艺术创作的重要题材和状态,“老夫聊发少年狂”、“漫卷诗书喜若狂”、张旭的“狂草”无不表现了古代文豪的疯狂,福柯的《疯癫与文明》又何尝不是法国版的《狂人日记》呢?

从上面的分析不难看出,历史上的疯狂之所是,人们对疯狂之所思、

---

① Foucault Michel, *Truth, Power, Self: An Interview with Michel Foucault*, In *Technologies of the Self: A Seminar with Michel Foucault*, Martin, L. H. etal., Tavistock, 1988, p. 10.

② (法)米歇尔·福柯:《福柯集》,杜小真编选,上海远东出版社 2003 年版,第 2 页。

所行并不像人们以为的那样充满自信、理由十足、具有合法性,相反,这一切不过是人们的非思,是理性秩序微观运作的结果。

第二节 对他者的权力机制与超越

有人说《疯狂与非理性》和《临床医学的诞生》只是考古学阶段,事实上,从前面的分析不难看到,在这一时期,福柯后来所展开的权力谱系学分析已经蕴涵在《疯狂与非理性》和《临床医学的诞生》中,尤其是《疯狂与非理性》当中所表达出的那种控诉、呐喊的强烈情绪和情感,是现代性态度中最具激情的部分。福柯对他者的权力分析从多个角度批判西方现代性制度与理念的微观秩序的合谋,表达出自身的现代性态度。

一、对他者的权力的机制

福柯的疯狂考古学揭露了现代社会对他者的权力的各种形式,精神病学等实证科学之所是,并非人们认为其所是,也不是它自我宣传之所是,它具有非客观性、非中立性的一面,这一面显现为现代社会的切割机器,它以科学的面目掩盖了另一面,将人分为正常和反常两大部分,并在这种划分中实现自身的制度化与合法化。陀思妥耶夫斯基说:"人们并不是通过监禁邻人才确信自己是正常的。"[①]这句话在法国只适用于中世纪及其之前的社会,17 世纪以后,法国人开始"用一种至高无上的理性所支配的行动把自己的邻人禁闭起来,用一种非疯癫的冷酷语言相互交流和相互确认"[②]。詹姆斯在《医学大词典》中对疯狂进行最简单最一般的定义就是谵妄,"它是指偏离了犁沟,偏离了正确的理性轨道"[③]。因此,人

① 转引自(法)米歇尔·福柯:《疯狂与非理性:古典时代的疯狂史》,(法)米歇尔·福柯:《福柯集》,杜小真编选,上海远东出版社 2003 年版,第 1 页。

② (法)米歇尔·福柯:《疯癫与文明:理性时代的疯癫史》,刘北成、杨远婴译,三联书店 2003 年版,第 1 页。

③ (法)米歇尔·福柯:《疯癫与文明:理性时代的疯癫史》,刘北成、杨远婴译,三联书店 2003 年版,第 91 页。

们之所思、所行是对自身的无意识的体现，是对存在的非思的体现。这种非思把人包夹在理性知识权力的同谋中，有意无意地对他者实施着区隔化、分割化甚至清除化的暴行。

对他者的权力分析，揭示了现代性秩序的种种微观表现，奠定了进一步分析微观权力的基础。对此，福柯在《知识考古学》中作了明确的总结，他写道：

> 医学（作为规定下来的机制，作为组成医学界各个体的整体，作为知识和实践，作为被公众舆论、司法和政府承认的权能）在19世纪已经成为一种重要的审定，它在社会中以精神病为对象，对它进行区分、确认、命名和确立；但医学也不是唯一起这种作用的学科，还有：司法、特别是刑法（通过对免刑、无责任性、可减轻罪行情节的确定和通过使用诸如情杀、遗传、社会危险等概念），宗教权威（在它本身就是作决定一级的情况下，即它可以区分神秘和病理、精神和肉体、超自然和反常，和在对意识的领导更多地为个人知识而不是为行为和境况的决疑论分类的情况下），文学和艺术批评（在19世纪，它们越来越不把作品看作是应该评判的趣味对象，而是越来越把它看作是应该阐释的语言，并从中应该识别作者的表达手法）。①

因此，除了上一节中所分析的，他对将他者命名为“疯狂”、“传染病”、“丑行”、“罪过”、“反常”、“未成年”的微观权力机制进行全方位的揭露，使对主体的权力、空间权力、规训权力、牧师权力等权力机制的研究初露峥嵘：

第一，对主体的权力机制。福柯的疯狂考古学初步表明，人的主体性是相对的，对于个人和具体人群而言，人并不完全是自己想象的理性主体，由于人的具体性，人总是分属这样或那样的群体，总要被视为这样或那样的他者，然而，秩序的自律性总有命名、区隔、构造、规范、奴役他者的

---

① （法）米歇尔·福柯：《知识考古学》，谢强、马月译，三联书店2003年版，第44～45页。

趋势和行动,因此,他者并不是与主体截然分开的范畴,二者具有可对易性和转换性。在日常生活领域内,他者问题与每一个人的生存密切相关。

第二,空间化的权力机制。在1967年福柯《不同空间的正文和上下文》的访谈中,福柯认为,“愚人船”就是这样一个危机差异空间,这种奇异的“醉汉之舟”沿着平静的莱茵河和佛兰芒运河巡游,这是一种“无处”(no where)的空间。[①] 作为疯狂史研究的附录,《临床医学的诞生》对空间问题格外关注,福柯在那里实际提出对“疾病”的三重空间化:第一重是指将疾病进行归类、规范,这种规范是一种“词”的规范,是将疾病置于语词系统;第二重是将个体置于特定的物理空间和话语空间之下,“病人”作为一种可见性被医生凝视,被检查规范凝视,被疾病知识凝视;第三重是对病人的再空间化,是对规范的再空间化,是对疾病话语的再空间化,这次空间化是对疾病干预、封闭、区隔,把它们转移到康复中心。[②]

福柯描述的总医院、监狱、地牢不仅是对他者的权力的运作场所,而且其本身从设计到应用,也不断生成束缚和控制并超越传统主权和法律的权力,是一种新的权力形式。空间权力任由司法起诉和辩护都无济于事。坐落在城外不远的景色宜人的精神病院,与其说使人想到监狱,不如说是农庄。精神病院的负责人头脑清晰、意志坚定,仅用一句话或一个手势就能制伏两个紧逼过来向他咆哮的野兽般的疯人,在此,牧师权力显现出来。

第三,规训权力机制。从词源上说,规训是纪律的总称,而纪律具有二重性,作为名词的纪律是规范,作为动词的纪律即纪律实施与法律之外的处罚权实施相互联系。《疯狂与非理性》已经涉及三个方面:一是以真理的面目出现权威知识的话语起到规训权力作用,它对疯狂的声音不屑一顾、充耳不闻;二是对疯狂的水疗法,“水代表着精神病院的审判机构,

---

① 参见包亚明主编:《后现代性与地理学的政治》,上海教育出版社2001年版,第23页。

② 参见 Foucault Michel, *The Birth of the Clinic: An Archaeology of Medical Perception*, Routledge, 2003, p. 3, 16。

相当于上天之火”[①],18 世纪的医生对付疯狂的办法之一就是使水猛然淋向患者,有时让患者走上活动平台,然后突然沉入水中,通过使人痛苦、受挫、清醒和打断来使其沉默;三是对他者实施特殊审判,疯人院作为一个司法机构是完全独立的,不承认其他权威,它直接判决,不许上诉。在精神病院,疯狂陷入无休止的审判中,法律权力在这里被搁置一边。

第四,牧师权力机制。首先,牧师权力表现为道德导师,督促人的所愿、所思、所言和所行合乎秩序和道德。福柯的考古学研究表明,疯狂被视做“未成年”,通过强调疯狂的未成年特征,集家长和牧师于一身的医生形象在疯狂的视野中被建构起来,“疯人院给自己提出的任务是,实行统一的道德统治,严格对待那些想逃避这种统治的人”[②]。事实上,19 世纪精神病学的认识和实践只有在病人的参与下才能实现,它起始于一种明明白白的道德实践,只不过随着实证主义推行其所谓科学客观化神话,它逐渐被人遗忘,但这种实践活动一直都在进行着。其次,牧师权力表现为权力的对象的“自愿性”。对他者的权力知识不仅制造了疯狂,而且还使疯狂本身承认自身的疯狂,自身的病态,自身的未成年。“这种负罪感使疯人变成永远可能受到自己或他者惩罚的对象。承认自己的客体地位,意识到自己的罪过,疯人就将会恢复对自我的意识,成为一个自由而又负责任的主体,从而恢复理性。”[③]于是,在精神病院,最令人恐惧的不再是监狱大门内的管教,而是医生的目光和自己的“良心”,医生使束缚精神病人的古老恐惧内化到疯癫者的内心深处。

此外,在《疯癫与文明》中,福柯已经有了关于治理术最早的表达,福柯说:“难道你们还没有发现迫使所有富人为所有的穷人安排工作的秘密

---

① (法)米歇尔·福柯:《福柯集》,杜小真编选,上海远东出版社 2003 年版,第 12 页。

② (法)米歇尔·福柯:《疯癫与文明:理性时代的疯癫史》,刘北成、杨远婴译,三联书店 2003 年版,第 239 ~ 240 页。

③ (法)米歇尔·福柯:《疯癫与文明:理性时代的疯癫史》,刘北成、杨远婴译,三联书店 2003 年版,第 229 页。

吗？难道你们还不知道这首要的治安原则吗？”[①]这里的治安是后来福柯所谓治理的三个要素之一，如果说微观权力是权力的微观层面，理性总体权力是权力的宏观层面，那么治理术就是权力的中观层面，微观权力与宏观权力联结的纽带。

二、对“对他者的权力”的超越

福柯在对他者权力批判中，从日常生活、写作行为和文本上下文三个维度体现出现代性态度，勒维纳斯、德里达和哈贝马斯则为此提供了不同方案。

（一）福柯的超越方案

福柯对他者的权力的超越方案主要体现在个人生活实践、强调理性与非理性的不可分性、直接为非理性张目这三个方面：

第一，福柯本人两度自杀及其个人生活中对传统习俗的反判是福柯个人本身对疯狂意义的体验和对唯理性信仰的超越。他曾说：“我写的书，每一本都是（至少部分是）某种直接的个人体验的产物。”[②]在这个意义上，对他者的权力及反抗是福柯这一时期生活实践的现时的本体论的体现。

第二，福柯对他者的权力书写本身，即疯狂的考古学本身就是对精神分析权力的超越。从分析他者在时间中的生成出发，福柯揭示了他者被对象化、贬低化的权力机制，提醒人们他者对于精神的总体性、对于人的全面性的重要意义，从哲学生活角度体现出自己对他者的辩护，体现其当下的生存论。

第三，发展合法的怪异。福柯在1961年版《疯狂与非理性》前言的结尾写道：

---

① （法）米歇尔·福柯：《疯癫与文明：理性时代的疯癫史》，刘北成、杨远婴译，三联书店2003年版，第42页。

② 转引自（美）布莱恩·雷诺：《福柯十讲》，韩泰伦编译，大众文艺出版社2004年版，第24页。

喃喃低语着、在黑暗中摸索的、归还珍宝的悲怆的同伴们。

一种神秘的新奇物在你们的骨髓里唱歌。发展你们合法的怪异吧。①

这是法国诗人勒内·夏尔的诗，夏尔诗的风格与波德莱尔、兰波、马拉美一脉相承，这首诗是夏尔对波德莱尔《镜子》的重写，后者的内容是：

一个奇丑的男人走进来照镜子。

你为什么还要照镜子，既然你看到自己的面貌只能使你不愉快？

那个奇丑的男人回答说道："先生，根据八九年的不朽的宣言人人都有平等的权力；因此，我有权照镜子；至于愉快不愉快，这只关系我的心情。"

从情理上来说，我也许是对的；但从法律的观点看来，他也没有错。②

在此，"怪异"对应"奇丑"，"法"对应"八九宣言"，二者大致表达了相同的意境：他者的无奈与出路的探寻。福柯的这一引用包含了对"对他者的权力"的批判和对自身现代性态度的隐喻，从福柯的观点看，那些世人以为"怪异"的，在黑暗角落中生存的低语的他者，实际上其怀揣文化珠宝的骨髓里透着新奇的边缘群体，他号召他们彰显自己的个性，确证自身的价值。

"合法的怪异"主要是指激进的艺术风格，福柯这里对"合法"的引用是对试图给他贴上虚无主义、个人主义和后现代主义标签做法的驳斥，平等、自由、博爱、理性这些现代性理念的理想分岔并没有被福柯完全拒斥。康德以后，西方世界已经没有救世主，他者的话语权普遍被剥夺，非理性只有在艺术领域才能发展自己合法的怪异，活出自己的意义。正如韦伯所说的"无论从社会的角度还是从个人生活的角度看，都应当把艺术家提

---

① （法）米歇尔·福柯：《福柯集》，杜小真编选，上海远东出版社 2003 年版，第 9 页。

② （法）波德莱尔：《巴黎的忧郁》，钱春绮译，人民文学出版社 1998 年版，第 467 页。

高到医生的地位上”①,在福柯那里,疯狂的艺术家与医生是不分轩轾的,对他者而言,强调自身才是自我命运的拯救者,这无疑是解决他者问题的根本所在。

然而,正如本书第一章所指出的,福柯的现代性态度暗含个体化视角,尽管依靠自己是必要的,真正的主体性是人之为人的内在根据,然而,它并不完全总是充分的,福柯的方案还缺少一个主体间性的视角。在这一点上,我们或许可以从被夏尔遗失的波德莱尔精神中找到方案。波德莱尔《镜子》的最后一句表明了主体间对话的可能性。这里,“从情理上来说,我也许是对的”表达了常人主体对自己的反思,“但从法律的观点看来,他也没有错”表达了对自主的他者的确信,其显现了主体间性的辩证法。现代社会的分化使他者问题日益突出,哲学在反思20世纪两次世界大战、奥斯维辛、古拉格群岛和地区战争中突显和升级的他者问题中,形成了对他者问题的不同视角和解决方案。与福柯、奥威尔等人对现实化的具体他者个体和人群分析不同,勒维纳斯等思想家从总体上以抽象的方式关注对他者的权力问题,德里达从书写的角度强调他者对于人确证自身的重要性,哈贝马斯等人从宏观权力角度研究他者问题,他们三人的共性是从主体间性出发,试图消除“对他者的权力”,虽然他们的问题域不同,他们他者的所指也有差异,但是其在一定程度上弥补了福柯方案的不足。

(二)勒维纳斯的超越方案

勒维纳斯的他者伦理学,事实上从两个方面为超越“对他者的权力”提供了纯粹哲学的思路。

第一,从他者的视角出发,他对他者进行了划界。他提出两类“他者”,一种是“同一的他者”,一种是“超越的他者”,如果说前者在传统哲学中体现为特殊对普遍的从属关系,那么后者是绝对的他者,即“无－对

---

① (德)马克斯·韦伯:《入世修行:马克斯·韦伯脱魔世界理性集》,王容芬、陈维纲译,陕西师范大学出版社2003年版,第26～27页。

(ab - solute)”的他者,没有对应的,无法同一的他者,永远与普遍无涉的他者。人们很少关注的是,这种划分事实上已经从他者自身角度预设了超越“对他者的权力”的解决方案,那就是以“绝对的他者”取代“同一的他者”,每一他者都有一种自我主体性,它使得自身与“我”的他者不同,它与“我”发生关联的同时却并不构成秩序的对象,它“既暗中寻求庇护,又蔑视我同谋般的暗示”,这个抽象的绝对的他者与“骨髓里唱歌”的福柯的“同伴们”大致指称着相同的人。

第二,从主体间性的角度,勒维纳斯强调与他者“面对面”的伦理,一种永无止境的“为他人”的责任。当两个人抛开社会竞争、进入纯粹的伦理层面,人可能为他者受苦、代他者受过,甚至代他者去死,而“为他人”的责任却并不因为死亡本身而终结,这种责任既是被动的、主体间的,更是主动的、主体的,从渊源上说,它就是柏拉图的“善”。这条出路实际上也在一定程度上暗含于福柯的“合法的怪异”中,不过,在福柯那里,它实际上被作了诸多的限定,比如只对具体的他者自身有效,福柯对权力主体并不寄予什么希望,比如“面对面”产生的不是对他人的“责任”,甚至不是对自身的“责任”,后者正是福柯批判萨特思想的所在。在如今的日常生活中,尽管这种“面对面”的善更多的时候不过是一种乌托邦,但它仍然不失为超越“对他者的权力”的一个维度,让人们感动,让人们珍惜。

(三)德里达的超越方案

如果说福柯的他者方案集中于他者自救之上,勒维纳斯的方案集中在他者伦理之上,那么德里达的他者方案就集中在“聆听他者”之上。

从书写的角度,德里达强调“聆听他者”对书写者的意义。他认为,当一个人书写自传给他自身时,对他自身来说他自己并不在场。书写者的在场必须经由与他自身有间距的他者才得以确认。换句话说,当人为自己书写时,他不是他自己,只有当他在与他者拉开距离的位置上,当他写自己给那些无限远离并假定签署回执的他者,他的书写才获得意义。

“如果不以精致的永恒回归形式穿越他者,他与自身不会有关系,毫不延迟。”[①]在深层意义上说,书写自传就是书写哲学、书写思想,哲学家的哲学就是他(她)的自传,思想家的思想就是他(她)的自传。德里达由此强调了哲学的对话性,思想运动的差异和延异的客观性使人自身成为自身的他者,人的他者成为人自身,在这个意义上,人与他者统一,人都有一双“他者的耳朵”(the ear of other)。

“他者的耳朵”实现了对毕达哥拉斯的“神奇的耳朵”和奥古斯丁的“心灵的耳朵”(the ear of heart)的批判和超越。毕达哥拉斯以“神奇的耳朵”倾听自然系统的数学法则,建构“公社”的规章制度[②],以促成希腊社会的和谐。粗略地说,奥古斯丁并不反对毕达哥拉斯关于自然的知识,但是他认为,值得具有的知识是关于上帝和自我的知识[③],如何获得这些值得具有的知识呢?要靠神的启示。“信仰神圣的启示,是关于上帝的知识的源泉”[④],而得到神启要通过“心灵的耳朵”来使圣灵做工。如果说,毕达哥拉斯试图通过培训公民而消除古希腊社会的他者,奥古斯丁主张通过教父哲学而消除基督教社会的他者,那么,德里达则尝试通过对话哲学而确认当代社会的自身向他者的出发和他者向自身的回归。因此,他在《论自传的圆桌会谈》中诗意地写道:

> 我热爱我的生活,
> 我期求向我而来之物。
> 我心怀感激地承认它,
> 我想往它无穷的向我回转。
> 我企盼向我而来的一切,
> 我渴望任何向我永恒的回归。[⑤]

---

① Derrida J. ,*The Ear of the Other*, Schocken books,1985,p. 88.

② 参见(美)梯利:《西方哲学史》,葛力译,商务印书馆 1995 年版,第 16 页。

③ 参见(美)梯利:《西方哲学史》,葛力译,商务印书馆 1995 年版,第 162 页。

④ (美)梯利:《西方哲学史》,葛力译,商务印书馆 1995 年版,第 163 页。

⑤ Derrida J. ,*The Ear of the Other*, Schocken books,1985,p. 88.

如果说勒维纳斯的绝对他者是从他者的角度寻求他者与主体的统一，那么德里达的聆听他者则从主体的角度寻求主体与他者的通达。在这两种思想中，主体间性的向度已经显现出来，不过，解决"对他者问题"的主体间性方案最通俗的表达还是哈贝马斯的包容他者。

（四）哈贝马斯的超越方案

哈贝马斯是一个从主体间性出发解决"对他者的权力"的思想家。对于他与福柯之间的思想交锋，人们已经作了大量的分析，除了导言中对这二人现代性观点的分析和第一章哲学范式转换的分析，本书并不奢望在别的问题上有什么新的贡献，这里只是试图以哈贝马斯20世纪90年代以后围绕"他者"研究的资料为主，分析其超越"对他者的权力"的策略。

哈贝马斯对福柯对他者的权力的研究十分重视，他把它称为"交往权力"，他提出："话语并不具有统治功能，话语产生一种交往权力，并不取代管理权力，只是对其施加影响。影响局限于创造和取缔合法性。交往权力不能取缔公共官僚体系的独特性，而是'以围攻的方式'对其施加影响。"[①]这个分析是精辟的，它可以看做是对福柯话语思想的另类注解。在承认对他者权力的微观作用机制的同时，哈贝马斯认为，在微观权力的使用上可能建立区分合法与非法的规范，表面看来，哈贝马斯与福柯都强调"合法"，然而，与福柯强调的"合现代性理念的理想"不同，哈贝马斯强调的是合乎商谈而定的"法"，前者是打碎"承认"的机制，而后者是为获得承认而斗争，如果说前者的出发点更多的是个体视角，那么后者则明显是综合了共和主义和自由主义的新共同体视角。在《包容他者》的前言中，哈贝马斯总结了以往的研究，他写道：

> 我在《交往行为理论》中深入地阐述了一些基本概念，使它们构成了生活关系的一种视角，并且逾越了在"共同体"和"社

① （德）哈贝马斯：《公共领域的结构转型》，曹卫东等译，学林出版社1999年版，第28页。

会"之间进行的错误选择。这种社会理论的特点表现在道德理论和法律理论中,就是一种对差异性十分敏感的普遍主义。平等地尊重每一个人,并非仅仅针对同类,而且也包括他者的人格或他者的他性。①

与勒维纳斯相似,哈贝马斯倡导一种纯粹的道德,它要求所有人都坚持平等意识,都团结起来,共同承担起对他者的责任来。与勒维纳斯的面对面的纯粹伦理不同的是,在哈贝马斯那里,包容意味着对自由主义和共和主义的修正而成为一个被扩大了的新共同体,在这样的共同体中,"所谓'包容他者'实际上是说:共同体对所有的人都是开放的,包括那些陌生人或想保持陌生的人"②。如果说,福柯超越对他者的权力的视角主要是他者自身的,勒维纳斯的他者伦理学是社会(群体)的,那么哈贝马斯的则是共同体的。

初步地说,针对当前全世界范围内在包容他者的问题,尤其是多元文化社会对于个体或群体如何包容的敏感问题,哈贝马斯给出的基本策略是民主法治国家,"在多元文化社会中,这个问题会更加突出,但是,如果多元文化社会是一个民主法治国家,就会有不同的途径来实现'承认差异'的包容这一艰难目标"③。进一步说,实现"承认差异"不同的途径在于一种不同于"共同体主义"和"自由主义"的第三种民主模式,它关注主体间交往的前提和程序,作为前提,"包容意味着,这样的一种政治秩序对于一切受到歧视的人都敞开了大门,并且容纳一切边缘人,而不把他们纳入一种单调而同质的人民共同体之中"④。至于程序,是一种理想的商谈与融合了利益妥协和道德共识的决策程序,"这种民主程序在协商、自我理解的话语以及公正话语之间建立起有机的联系,并证明了这样一种假

① (德)尤尔根·哈贝马斯:《包容他者》,曹卫东译,上海人民出版社2002年版,第1页。
② (德)尤尔根·哈贝马斯:《包容他者》,曹卫东译,上海人民出版社2002年版,第2页。
③ (德)尤尔根·哈贝马斯:《包容他者》,曹卫东译,上海人民出版社2002年版,第167页。
④ (德)尤尔根·哈贝马斯:《包容他者》,曹卫东译,上海人民出版社2002年版,第161页。

设,即在这些前提下,合理乃至公正的结果是可以取得的”[①]。哈贝马斯《包容他者》一书的标题明确地表达了他的立场和方法,尽管需要动员他者自身、一般主体、社会群体和共同体来共同实施的商谈伦理的“话语政治”是一项系统工程,具有更大的乌托邦色彩,然而,较之于福柯的微观政治,勒维纳斯的纯伦理学、德里达的修辞学、哈贝马斯的包容他者思想无疑提供了更具综合性的、社会学的、宏观与微观相结合的政治哲学方案。

本书所感兴趣的,与其说是对这四者区分,毋宁说是对其融合。从实践角度看,福柯的方案无疑是提供了超越“对他者的权力”的根本力量[②],勒维纳斯的他者伦理学和德里达的聆听他者则提供了社会条件,三者共同构成了超越“对他者的权力”的基础,而哈贝马斯的商谈伦理和话语政治则更多地强调国家和社会共同体,应当成为超越“对他者的权力”的主导力量。

第三节 对他者的权力思想的局限和意义

一、对他者的权力思想的局限

长期以来,人们认为,理性就是真理、正常、安全、自由、正义和博爱的保障,而非理性是妄想、反常、不自由、非正义和自私、罪恶的。那么,这一切到底是怎么发生的?这对此时的福柯来说还是一个不可能完成的任务。因此,福柯把能够说明问题的东西通通纳入研究视野,这种广泛的涉猎导致《疯狂与非理性》中出现大量的文学描绘和经验,结果遭到非议和批评。

---

① (德)尤尔根·哈贝马斯:《包容他者》,曹卫东译,上海人民出版社 2002 年版,第287 页。

② 卡尔·博格斯曾经提出,虽然福柯提出了制度领域外的权力分散,思想和统治之间的紧密关系,马克思主义阐释这些问题的失败等,但福柯的理论最终只是一个反政治的药方,他没有为其对统治的批判,或为那种统治的潜在反抗模式提供社会基础。详见(美)卡尔·博格斯:《政治的终结》,陈家刚译,社会科学文献出版社 2001 年版,第 273 ~ 274 页。博格斯除了对马克思主义的评价过于武断外,其对福柯的反抗策略的评价还是相当中肯的。

福柯对他者的权力思想是建立在个人体验之上的考古学分析,其敏锐的洞察、偏执的个性和犀利的批判虽然振聋发聩,但是《疯癫与文明》中对医生和医学的彻底批判与实践不符,它给人一个印象,似乎医生和医学是人之为人的天敌,以至于人们对之颇有微词,对此,《临床医学的诞生》的中译者专门写了一本阐述医学对人类价值的著作来为福柯辩护①,在本书看来,我们不妨这样来思考这一问题:现代西方社会的确存在着精神病学对人的区隔和控制,同时也激发了"反精神病学"与之斗争,福柯的《疯癫与文明》本身就是反"反精神病学"的一部分,这种理解与福柯后来主张的"哪里有压迫,哪里就是反抗"是一致的。这一切或如赫勒所说:"按合法化的程式,人们改变实践是因为科学如今已发现先前的实践是不正确的,而且它现在生产出了正确的实践。"②从历史角度看,"对他者的权力"是历史的产物,通过实践,它也应当并且能够被历史性地加以超越。

福柯的早期研究对现代社会生活中的微观权力尽可能展开全面的分析,然而微观权力运作的机制仍然模糊,尤其是《疯癫与文明》中福柯对理性的分析还处在初级阶段。尽管他强调了"理性的秩序",其反抗方案的"怪异"本身也给理性批判预留了空间,但他大多数时候给人以理性整体未分的印象。

此外,正如人们所批评的,福柯的考古学所依据的并非客观存在的材料,其中也有很大虚构的成分,这也是我们分析福柯考古学时要注意的问题。③

这些问题无疑是现实存在的,然而,它们并不能抹杀福柯对他者的权力思想的创见和意义。

---

① 于奇智:《凝视之爱》,中央编译出版社 2002 年版。

② (匈)阿格尼丝·赫勒:《现代性理论》,李瑞华译,商务印书馆 2005 年版,第 115 页。

③ 马克思在资本论中曾经批判美国的经济学家巴师夏有时采用假想的形式编写那些在任何时候和任何地方都没有发生过的事件。详见《马克思恩格斯全集》第 46 卷(上),人民出版社 1979 年版,第 15 页。这种书写虽然也具有解释力和解放的力量,但是需要我们谨慎分析。

二、对他者的权力思想的意义

本文前面已经分析了对他者的权力对于福柯思想自身的意义,这里主要从三个方面简要阐述“对他者的权力”思想的启发性意义。

第一,拉开了西方边缘政治分析和反抗的序幕。在福柯看来,人们都是以把一部分人排挤出我们社会的方式来给疾病、疯狂下定义,如果我们的社会被确定为疯狂的,那么它也会被自我排挤出去,“内部改革”就是这种政治行为,这也可能成为民族、种族和其他隔离的文化源头。二战以后,对依靠理性秩序压抑他者的极权主义展开反思成为西方思想家关注的主题。“人们偶尔把《通往奴役之路》的意义与乔治奥威尔《动物庄园》和《1984》的伟大的反极权主义空想相媲美。人们也很容易会拿它同卡尔·波普尔晚于它一年出版的著作《开放社会及其敌人》作对比。”[①]这句话凝聚了这种反思的三部作品,如果说这三部作品打破了西方经典政治分析,那么汉娜·阿伦特在1949年完成的经典之作《极权主义的起源》则延续了西方政治哲学的传统,从宏观政治哲学的角度分析权力的区隔和驯服模式。

阿伦特主要把极权主义诉诸恐怖政治和意识形态的统治,虽然卡尔·波普主张理性权力的多元性,但是他的理论研究还是一种总体性批判,奥威尔倒是描绘了权力具体运作的技术,然而,《1984》探讨的是一种超越这些具体治理模式之上的极权主义政治治理的理想类型。如果我们不了解极权主义政治治理中权力具体运作的技术秘密,就不理解极权主义的理论原则是如何取得胜利的,我们也不可能在现实的政治生活中找到反抗极权主义的手段。福柯的微观权力思想,为我们更好地理解《1984》等作品作出了独特贡献。[②]

福柯对他者的权力分析表明,极权主义式统治不仅仅依赖于阿伦特

---

① (英)弗雷德里希·奥古斯特·冯·哈耶克:《通往奴役之路》,王明毅等译,中国社会科学出版社1997年版,第2~3页。

② 参见强世功:《权力、技术与反抗:重读〈一九八四〉》,《二十一世纪》2001年10月号。

所谓的“暴力”和“恐怖”，更主要的是依赖那些细致入微、精巧柔软的操作，它并不是强迫，而仅仅是取消了他者自身思想的可能。在福柯之前，还没有人如此清晰地解析极权主义的微观机理，这使得福柯的工作向人们开启了政治分析的新方向，它不仅推动了西方社会对他者问题的研究，也拉开了西方边缘政治反抗的序幕。拉克劳对此评价说：“这就是激进民主的领域，他呼唤他异性（otherness）中的他者（other）。”[①]福柯的“对他者的权力”不仅影响了女权主义，而且极大地推动了后殖民主义的多元分析和第三世界文化的认同政治和东方主义。

第二，发展了马克思《1844 年经济学哲学手稿》（以下简称《手稿》）中的“他者”思想。福柯“对他者的权力”不仅在宏观上丰富了马克思的权力思想，探索了当代资本主义新条件下的人的生存问题，而且从微观上发展了马克思《手稿》中对边缘群体的关注。马克思在分析“工资”问题时批判国民经济学写道：“国民经济学不考察不劳动时的工人，不把工人作为人来考察，却把这种考察交给刑事司法、医生、宗教、统计表、政治和乞丐管理人来做。”[②]到“私有财产的关系”分析时，马克思已经将他者的范围扩大到资本主义社会和文化的边缘群体，“小偷、骗子、乞丐、失业的、快饿死的、贫穷的和犯罪的劳动人，都是些在国民经济学看来并不存在，而只在其他人眼中，在医生、法官、掘墓者、乞丐管理人等等的眼中才存在的人物；他们是国民经济学领域以外的幽灵”[③]。客观地说，马克思这里对“对他者的权力”的批判是未主题化的，而且它是在对国民经济学微观分析中附带提出的。福柯在《结构主义与后结构主义》中指出：“使疯子成为绝对的他者，它不光是理论上的代价，而且还是制度上的代价乃至经济上的代价。”深入的分析将表明，福柯对马克思哲学中的某些思想的理解有着不同寻常的深刻性，如同马克思并不是为了研究商品而研究商品，

---

① （英）恩斯特·拉克劳：《我们时代革命的新反思》，孔明安、刘振怡译，黑龙江人民出版社 2006 年版，第 188 页。

② 马克思：《1844 年经济学哲学手稿》，人民出版社 2000 年版，第 14 页。

③ 马克思：《1844 年经济学哲学手稿》，人民出版社 2000 年版，第 66 页。

福柯的《疯狂史》并不是为疯狂而研究疯狂，如果说马克思是通过商品这个麻雀的解剖来揭露资本主义经济中的政治秘密，那么，福柯试图通过疯狂这个麻雀的考古来揭示现代西方社会中对他者的权力及其微观政治运行的机理，如果说马克思揭露了自由资本主义的秘密，那么福柯试图揭露的就是知识经济时代的资本主义权力运作的机理之一。福柯这一研究与鲍曼等人的研究形成一种对理性秩序批判的和声，成为"后现代领导权"思想的理论依据，启发人们对马克思哲学进一步丰富和发展。

第三，为我国建构和谐社会提供了思想资源。在我国，政治、经济、社会和文化生活的全面转型和发展中不仅存在传统的他者，而且生成了新的他者，解决他者问题是构建社会主义和谐社会的主要任务，如何对待他者？是自我放弃、简单地命名、区隔和压抑，还是辩证地看待他们的存在，反思理性体制自身，反思中国传统文化的机理和新生成的对他者的权力，以当下实践来纠偏？辨识"他者"的"他性"，妥善地处理好"他者"问题，使之成为促进社会和谐和进步的助力，而不是冲突、分裂的源头，这一切已经成为日趋多元化的中国社会所面临的现实问题。福柯对他者的权力的研究与勒维纳斯、德里达和哈贝马斯等人的思想一道，为我们更好地解决他者问题提供了思想资源。

我们之所以没有将对他者的权力放到第一章而是放到第三章，是因为我们并不想跟在福柯的后面作单纯的描述。把对他者的权力放到这里，不仅是因为它是福柯学术研究的首选，是福柯微观权力五张脸谱的第一张，是福柯剧场的开场；还因为这张脸谱的丰富内容，按照德勒兹的"块茎"说法，对他者的权力就是最初埋到土里的茎芽，另四种微观权力思想都是在它周围长出的；更是因为对他者的权力在现代性问题中最为突出，也最为敏感。

我们分析了福柯的写作策略。福柯原本是要写一部疯狂的历史，然而，他无法进行下去，因为根本没有这方面的史料可用，哲学产生于危机，福柯质疑这一历史事件本身：非理性的声音为什么在西方哲学的乐坛中没有容身之处，疯狂的自诉为什么在理性喧哗的广场上毫无立锥之地？

既然“历史”中没有说明,那福柯只好到过去的瓦砾堆中去寻找,从而打开了福柯的考古学研究的视域。我们提出它以批判理性秩序对疯狂的话语霸权为逻辑起点,以回应现实的理性困境为实践取向,以精神病学权力及反抗研究为核心,以勾勒理性秩序自身界限及恢复非理性地位为旨趣,从而形成对疯狂的考古学。

在福柯的笔下,现代性秩序显露出自己的分割诡计、二元标准,它给那些触犯者打上记号,命之以“疯狂”、“传染病”、“丑行”、“罪过”、“反常”、“未成年”之名,施之以“放逐”、“区分”、“隔离”、“剥夺说话权”之行,福柯的工作使人们看到了现代性秩序“非人格”的自律性的一面,使人们粗略地看到了西方文化的运作机理。

在反抗和超越策略上,本书分析了福柯引用的勒内·夏尔的诗,对比了其与波德莱尔《镜子》的差异,由此引出个体化策略之外的主体间性维度,进而对福柯的“他者自救”、勒维纳斯的“绝对的他者”、德里达的“聆听他者”和哈贝马斯的“包容他者”方案作了纲要分析,他者问题是一个值得也需要深入研究的重大理论问题和现实敏感问题。

本章的结尾简要地交代了“对他者的权力”思想的局限性和意义。福柯对他者的权力研究不仅开启了他的微观权力研究,而且拉开了西方边缘政治分析和反抗的序幕,发展了马克思《手稿》中萌芽的“他者”思想,为我国构建和谐社会提供了思想资源,所以应当引起我们的足够重视。

第四章　对主体的权力

通过传统和教育承受了这些情感和观点的个人，会以为这些情感和观点就是他的行为的真实动机和出发点。

——马克思《路易·波拿巴的雾月十八日》

在现代社会里知识即是权力。

——费孝通《乡土中国》

在《路易·波拿巴的雾月十八日》中，马克思强调，作为意识形态散布系统的传统和教育将原则化的阶级情感和观点内化到人的心里，使之成为一种非反思性的意识形态和信仰，因此必须从微观角度予以批判，遗憾的是，马克思并没有来得及全面展开这些工作。福柯通过对人文科学的一种考古学分析，展开了对"对主体的权力"的批判，其在一定意义上可以看做对马克思未竟工作的延续。

费孝通先生在其《乡土中国》中提出，在现代社会里知识即是权力。[①] 在福柯看来，人文主义、人文科学知识具有建构"人"和"主体"形象的政治性，福柯所做的工作就是通过对人文科学进行一种考古学分析来揭示

① 费孝通：《乡土中国》，上海人民出版社2007年版，第80页。

对主体的权力，把人们从“人类学的沉睡”的“非思哲学”中唤醒，重建“纯化的本体论”。

第一节 人文主义和人文科学秩序批判

如果说《疯狂与非理性》揭示了他者是如何被命名为反常、被驱逐、分隔、压抑、规范和驯服的，那么，《词与物》揭示的就是常人是如何被同一、被同化为人文科学的权力之下遵守科学知识话语指导的行动者。在《词与物》的前言中，福柯指出：“疯狂史将是异（I'Autre）之历史，‘异’对一个文化来说，同时成了内在和陌生的东西，并因此只通过禁闭（为了减少其异性）就被排斥了（以便驱赶内在的危险）；而物的秩序的历史则将是‘同’（le Même）之历史，‘同’对一个文化来说，既被分散了，又被联系在一起，因而被分门别类，被收集成同一性。”[①]在此，福柯指明了《词与物》的写作目的，即不仅要批判理性秩序对他者的排斥权力与其对常人的同一化权力，而且还解构了对常人“主体化”的微观机制，揭示了人文科学知识的历史建构功能。

《词与物》是福柯的重要著作，福柯在其中以极富哲学味道的话语确定了考古学的任务，那就是运思于“非思”，揭示对主体的权力，超越以往的无意识生存。具体地说，对现代哲学的“非思”之思阐明是发现“对主体的权力”的前提，对人文主义批判是“对主体的权力”的切入点，对人文科学的秩序揭示是“主体的权力”思想的核心。

一、阐明现代哲学本性

福柯在《词与物》指出：“我们的现代性门槛不处于人们想把客观方法应用于人的研究之时，而是处在人们所说的人这个经验——先验对子

① （法）米歇尔·福柯：《词与物：人文科学考古学》，莫伟民译，上海三联书店2002年版，第9页。

被构建之日。"[①]人的经验－先验的并存性使人始终处于生存悖论之中，它体现了"我思"的局限性，福柯称其为"不解"（misunderstanding ，la méconnassance）[②]，这个不解也就是非思、无意识。这样，福柯实现了传统哲学问题向现代哲学问题的转换。

（一）哲学问题的转换

通过对人的生存悖论的分析，福柯提出现代哲学问题：

> 问题不再是：自然的经验如何可能引起种种必然判断？而是：人如何能思考人所不思的，人如何依据一种无声占据的方式而栖居在逃避人的场所中，人如何通过一种固定的运动来激活自身这个形象，这个形象是以一种难以对付的外在性的形式而呈现给人的？人如何能成为一个生命，即这个生命的血管或神经网、脉搏和深埋的力量都无限超越直接地给予人的有关这些的经验？人如何能成为这样一个劳动，即这个劳动的要求和法则是作为一个外来的精确性而强加给人的？人如何能成为一种语言的主体，即这种语言在几千年的形成中是无人的，语言体系逃避人，语言的意义在人暂时通过其话语而使之闪烁的词中几乎不可遏止地昏睡着，并且人一开始就被迫在语言的内部安置自己的言和思，好像人自己的言和思在某个时候只是激起这个无数可能性网络上的片段？[③]

这里，福柯对康德的认识论问题作了现代哲学的四个转换：从真理问题转换为生存问题；从自然问题转换为人的问题；从认识的可能性转换到"不解"的可能性；从哲学理论对科学的被动转换到质疑科学的前设。这

---

① （法）米歇尔·福柯：《词与物：人文科学考古学》，莫伟民译，上海三联书店 2002 年版，第 415 页。

② Foucault Michel, *The Order of Things: An Archaeology of the Human Sciences*, Routledge, 2001, p. 352.

③ Foucault Michel, *The Order of Things: An Archaeology of the Human Sciences*, Routledge, 2001, p. 352.

样，现代哲学根本任务不是关注人的认识问题，而是关注人自身的历史存在和以往对自身存在的非思问题。

从某种意义上说，福柯的考古学、谱系学和伦理学，指向的都是非思，“对人来说，非思就是他者：兄弟般的和孪生的他者，并不诞生于人，也不在人之中诞生，而是与人一起并且是同时诞生的，在一种同一的创新中，在一种不可避免的二元性中诞生的”①。人们并没有意识到当“人”成为现代知识体系的对象，“人”的形象在科学中建立的时候，人同时被奴役。这就好像月球，当其进入人们视线的时候，人们总是只能看到它朝向地球的一面，人们也愿意相信它只有光亮的这一面，然而天文学研究使人们终于认识到月球还有另一面，福柯的哲学话语中的“非思”就是那个“另一面”，如同月球的另一面从一开始就与月亮朝向人们的一面同时并存一样，主体的人与作为“对主体的权力”的作用对象的人是双生子，福柯的工作就是要揭示与人的“主体性”同时发生而又不被人所思的人的“被生产性”和“被规范性”。

（二）理清现代哲学对非思的分析

在福柯看来，现代哲学事实上都在解决人的非思领域的问题，换句话说，福柯把现代哲学对非思之思作为自己的思想资源和理论任务，他指出：

> 整个现代思想都贯穿着去思考非思这个法则——即以自为的形式反思自在的内容，通过使人与自己的本质相和解而使人摆脱异化，说明那个向经验提供其直接与和缓的明证性深度的镜域，揭开无意识之幕，专注于无意识的沉默之中或者侧耳细听其无限的低语。②

---

① Foucault Michel, *The Order of Things*: *An Archaeology of the Human Sciences*, Routledge, 2001, p. 356.

② （法）米歇尔·福柯：《词与物：人文科学考古学》，莫伟民译，上海三联书店 2002 年版，第 426 页。

这种“非思”是什么？它是“我思”不能完全达到之所，也是经验不能完全触及之处，它就是康德的人的先验与经验的统一，是黑格尔现象学中的自在，是叔本华的无意识，是马克思的异化的人，是胡塞尔的生活世界，现代哲学的任务实际上就是要破解非思的难题，对于现代思想家来说，哲学的任务就是解决人存在的合法性。

康德的问题在于人既在我思中给出又不能完全由抽象的我思直接给出，同时，人在经验中确证但同样不能完全由经验确证，先验的我思并不必然通向经验，经验也不必然通向自我意识。这个问题实际上是人理性自身的难题，从方法论上说，经验－先验的本体论矛盾是古希腊以来的两种理性的方法（即归纳法和演绎法）之间的矛盾。归纳法是化零为整的方法，然而这种方法的问题在于由特殊性到普遍性总是不可能的，这就是经验的有限性问题；演绎法是化整为零的方法，然而它的根本问题在于演绎并不必然包含人们所有的经验，这两种方法并不必然相通。

黑格尔在古希腊找到了理性的第三种方法即辩证法，辩证法本来是辩论的智慧和方法，黑格尔的贡献在于复兴了古老的辩证法，并把方法论的辩证法移植到认识论和本体论当中。只要把“我”这个国王掀下宝座，问题就解决了，先验也好，经验也罢，不过是纯粹思想的运动，人之所是就在于有一种绝对思想的永恒运动，这种运动的思想本身从无到有的“正—反—合”的过程既穿越了先验又穿越了经验，这就打通了经验与先验之间的障碍。然而这又出现一个问题，由于取消了我，这个精神主体又是什么呢？只能是上帝，于是，从笛卡儿和培根等人开始，由康德完成，把上帝从人的世界中清除的任务失败了，上帝重新坐上他的宝座。

从马克思的观点看，虽然黑格尔成功地解决了康德提出的理性难题，但是他把康德问题中的作为哲学的根本的“人”抛弃了。在观照工人命运，走入国民经济学进行微观考察的过程中，马克思发现传统实证科学或者说传统理性的最大弊病在于对自身的前提的非思性和无人性，这两个方面促成马克思改造了辩证法，把“无人”的辩证法变成“人”的辩证法，以人的运动取代了思想的运动，以主客观统一的实践活动取代了绝对精神的运动。从这个意义上讲,福柯这里所说的"通过使人与自己的本质相和解而使人摆脱异化"与马克思的实践辩证法是相通的。

"揭开无意识之幕"的是叔本华。在叔本华那里,先验与经验的问题不能在理性的框架之内解决,因为这个问题本身表明了理性的界限,因此要靠非理性、靠意志来解决。

哲学的特点和迷人之处就在于没有最终答案,人们总能在自己的时代使古老的哲学主题重新复活。20 世纪胡塞尔又回到康德,他在自己的生活世界里建构了一个向经验提供其直接明证性深度的空间,使现象与本质直接同一起来。现代哲学关于非思的运思,构成了福柯的非思研究的谱系学资源,在福柯看来:"现代思想是在这样一个方向上前进的,即在这个方向上,人的他者必须成为与他自身相同者。"[①]但是,如何才能实现人的他者向他自身的相同者转变呢?这首先需要对"人的他者"非思的人文主义进行批判。

二、批判人文主义

福柯在《词与物》及其同时期的访谈中,不仅延续了他在《疯狂与非理性》中对西方文化的哲学基础之一——理性主义的微观批判,而且对西方文化的另一个哲学基础——人文主义展开独特的微观批判,而后者首先是从对人文主义的宏观批判开始的。

第一,驳斥西方人文主义传统观。福柯以利特雷的《法语词典》这个法国权威文献没有"人文主义"这个词作为依据,分析道:

> 事实上,由于人们太容易受到回溯前源的错觉的诱惑,所以通常会以为人文主义一直是西方文化的重大的、永恒的内容,以为是人文主义使西方文化区别于其他文化,比如东方文化或伊斯兰文化等。当人们在别处,在一位中国作家或阿拉伯作家的

---

① Foucault Michel, *The Order of Things: Archaeology of the Human Sciences*, Routledge, 2001, p. 358.

> 作品中看出一点人文主义的痕迹时就会激动起来，仿佛觉得那一刻他们在与全人类进行交流。然而，人文主义不仅不存在于别的文化中，而且在我们的文化中也很可能是一种幻影。[1]

在福柯看来，这一认识的错误来源于西方人的理性的思维，这种理性的思维总是倾向在自己文化中找出世界文化的源头，正是这种对自己文化的崇拜和对理性思维的坚信，使西方人产生了认识上的幻觉，这种幻觉中暗含着一种文化上的霸权，由此，福柯通过对西方古代人文主义的分析批判了理性秩序。

第二，批判人文主义的进步观。福柯批判西方人文主义历史观，实际上已经从侧面批判了人文主义的进步观，因为连历史都是幻想，历史的进步自然也是幻想了，但是福柯不满于这种旁敲侧击，他直接对西方人文主义进步观进行了批判，"我们还想象人文主义曾是推动我们历史发展的巨大力量，而且最终是对这一发展的补偿。总之，人文主义是历史发展的动因和目的"[2]。福柯不仅批判了近代人文主义的进步性，而且初步批判了当代人文科学对人的野蛮行径，他写道："当前的文化令我们赞叹的地方在于它对人的关注。而当人们谈论现代社会的野蛮时，也只是因为机器或某些机构显得非人道而已。"[3]

第三，否定西方的人文主义古典观。通过对 16—18 世纪考古学的分析，福柯否定了近代的人文主义，福柯指出：

> 首先，人文主义运动始于 19 世纪末。其次，只要仔细观察一下 16、17、18 世纪的文化，我们就会发现在此期间人根本没有任何位置。这期间的文化为上帝、世界、相似的物、空间法则所占据，当然也少不了肉体、情感和想象所占据，而人本身完全没有出现。在《词与物》一书中，我说明 18 世纪末 19 世纪初人是

---

① (法)米歇尔·福柯:《福柯集》,杜小真编选,上海远东出版社 2003 年版,第 78 页。
② (法)米歇尔·福柯:《福柯集》,杜小真编选,上海远东出版社 2003 年版,第 78 页。
③ (法)米歇尔·福柯:《福柯集》,杜小真编选,上海远东出版社 2003 年版,第 78 页。

由哪些部件和哪些碎片组成的。①

福柯为他在《词与物》中所涉及的人文主义确定了明确的界限与意义。在他看来,《词与物》中涉及的人文主义就是 18 世纪末 19 世纪初关于人的科学,这些关于人的科学即人文科学主要包括政治经济学、生物学和语言学,它们指示着人生活的样式:政治经济学指示的是劳动的人的样式,生物学指示的是生活的人的样式,语言学指示的是说话的人的样式。由此,福柯将人文主义转换为人文科学,又将人文科学转换为政治经济学、生物学和语言学,从而为他的人文科学考古学奠定了基础。

三、揭示人文科学秩序

如果说,通过对现代文化中有关人的知识的一门新宠——精神病治疗学考古,福柯揭露了有关疯狂的知识的"历史性"断裂,批判了对他者的权力。那么,通过对现代文化中有关人的知识的另外三个权贵——语言学、生物学和政治经济学的考古,福柯揭露这三个学科"历史"的断裂,批判了"对主体的权力"。

(一)对西方人文科学历史观的批判

在《词与物》中,福柯通过知识考古学分析发现,在近代西方文化中,政治经济学、语言学、生物学及其基本要素即劳动和租金、词语、特征的命运大致经历了相同的断裂。在现代西方社会,劳动与租金,虽然看起来能够表现为生产的要素和所得,但是这类生产要素和所得已经越来越从属于资本主义经济系统,而成为现代大生产结构中的环节。在语言学中,词对它的古老表现物的表达受结构的剪裁,"从今以后,词只有在首先已经是语言用来确定和保障自身的一致性的语法结构体之一部分时,才会依附在表现之上"②。同样,在生物学中,生物的特征虽然仍然可以"表现",使亲缘关系的建立成为可能,然而,它之所以能够这样,是因为它依赖于

---

① (法)米歇尔·福柯:《福柯集》,杜小真编选,上海远东出版社 2003 年版,第 79 页。
② (法)米歇尔·福柯:《福柯集》,杜小真编选,上海远东出版社 2003 年版,第 89 页。

一个整体性的有机结构,它以某种方式保障着这种结构的机能。

也就是说,劳动和租金、词语、特征这些要素的历史都发生了断裂:之前从属于所表征物,之后从属于结构。然而,这次断裂并不是这三大科学在近代的唯一断裂,在此之前,在生物学领域,自然史与之前的博物学断裂,在博物学中,特征与生物的关联更具多样性;在政治经济学领域,财富分析与国家学相断裂,在国家学中,租金对土地的表征更具灵活性,劳动与财富的关联更具松散性。在语言学领域,也经历了类似的断裂,语法学之前的前语法阶段,词与句子之间的约束更小,词语有更大的表达空间。

通过考古学分析,福柯指出,有关人文科学知识的论述经历了两次大的断裂。第一次断裂发生在 16 世纪末和 17 世纪初,这次断裂的结果使普通语法、财富分析和自然史成为主要的人学科学。第二次断裂发生在 19 世纪,这次断裂的结果使语言学、政治经济学和生物学成为结构性学科。人文科学知识的这种断裂不是孤立发生的,而是与知识论述的总体断裂相关的,而且,在断裂前后的每一个历史阶段,总会出现不可或缺的条件,只有符合这些条件的讨论才能以科学的名义被接受。这些条件就是“知识型”,在文艺复兴时期,知识的建构是以“类似”作为基本原则,在古典时代是以“表象”作为基本原则,而在现代时期则是以“历史”作为基本原则。福柯的“知识型”理论,在认识论上同托马斯·库恩的“范式”理论有异曲同工之妙,二者都强调知识史的断裂,强调不同时代知识建构依据不同的范式,这些范式之间具有不可通约性,因而这一理论打破了传统认识论连续性、历史性及其所强调的真理性。然而,福柯的目的并不在此,福柯在 1976 年的一次访谈中更正了人们对《词与物》的误读。他说:

> 我的任务绝不是说,就是这样,间断性万岁!我们处在间断性之中,就让我们留在那里吧!我的任务是提出问题:在某些时候和某些知识中,怎么会出现这些突然中断的现象、这类急速的变化,这类与人们通常想象中的平衡连续的演变不相符合的变化?所以这不是内容的改变(驳斥过去的理论,提出新的真理),也不是理论形式的变化(纵聚合关系语言项的更换,整个

> 系统的改变);这里涉及的,是支配语言的东西,是言语为了构成科学上可接受的、从而能够通过科学程序加以验证或否定的一组句子而相互支配的方式。总之,这是科学言语的制度问题,政治问题。①

这段话至少清楚地表明两点:“人文主义”和“人文科学”考古学不只是针对其历史间断性,它也强调历史的长时段的稳定性;做了如此复杂的分析工作,不是要建立某种新的历史,而是为揭露“人文主义”和“人文科学”的制度性、政治性、秩序性和权力性奠定基础。

(二)对人文科学秩序的批判

对福柯来说,之所以考察生物学、政治经济学和语言学,是因为生物特征的意义和劳动的意义及其同语言学的关系与人的生存内在相关联。关注近代人文科学,就是对作为生活的人、劳动的人和说话的人的关切,就是对人自身生存的关切。西美尔认为,“一旦生命产生出它用以表现和认识自己的某种形式时,这便是文化——这些形式蕴涵生命之流并供给它以内容和形式、自由和秩序”②。一面是生命的内容和自由,另一面是生命的形式和秩序,形式必须既表现生命的存在,同时又因其是形式而为自由的生命确定秩序。这就是说,生物学、政治经济学和语言学作为近代人存在的形式,表现了人的存在的样式,同时,又因其知识形式而为人自身的存在制定秩序。因此,生物学、政治经济学和语言学考古学所揭示的不仅是知识的秩序、事物的秩序、人的秩序,也是社会的秩序。如果按照西美尔的逻辑,福柯的考古学必然产生这样一个理论结论:人的死亡。

自苏格拉底和柏拉图以来,语言一直被视做主体意识活动的表现,所以,考察语言学结构,就是考察主体意识活动的基本结构。语言学在近代不是一成不变的,而是经历了两次断裂,这两次断裂造就了主体的意识活动新特征。在文艺复兴时期,表达主体意识活动的细胞——词语从圣经

---

① (法)米歇尔·福柯:《福柯集》,杜小真编选,上海远东出版社 2003 年版,第 431 页。

② (德)西美尔:《现代人与宗教》,曹卫东等译,中国人民大学出版社 2003 年版,第 23 页。

的语言教条中摆脱,以多元的、自由的、灵活的形式自由地表达了主体意识的呐喊。因而在那个时代从神学解放出来的大写的主体在西方文化史上呈现出来,《神曲》、《哈姆雷特》、《蒙娜利莎》、拉斐尔《雅典学园》等一大批以自然的、世界的主人翁姿态的伟大作品产生并流传于世。到了古典时期即理性启蒙时期,词的表达使主体向认识的主体迈进了一大步,这时,词的表征与它的表征物严格对应起来,这是知识型对前一个时期词表达出来的多元主体的反思与改造,"表象"已经成为知识建构的原则,主体的思与自然的理性相适应,主体的意识活动必须以符合"自然"的机械为尺度。19 世纪以后,词表达的灵活性、松散性、自由性实际上更少了,因为"历史"原则已经成为知识建构的原则,词的表征已经越来越无法凭借自己的意志,而是在语言结构的制约下讲话。主体的意识活动更多地要依靠它所创造的历史性的、理性的知识体系。福柯认为,"通常,大家总是愿意把注意力集中在政治经济学的最初时期,集中在李嘉图对地租及生产成本的分析上:在这里他们承认,这一事件产生过十分重要的意义,因为渐渐地,它不仅使某种科学得到了发展,而且还导致了某些经济上的、政治上的跃变"①。福柯对语言学进行了细致的考古。在他看来,起初,标志着主体自身存在的词语,词的主体,能够非理性地或理性地说话,能指与所指之间有了一种或然关系,标志着理性与非理性未分的人的意识生存。而后,词与外部指称物的表象关系决定,词必须依据对外部的真理认识说话,主体只能够依据理性说话,能指有了确定的所指,因为普遍语法的差别,主体因为语言的等级而等级化。这个时代人的生存是理性的人的生存。最后,词离开了人自身,进入语言系统内部,按着语言系统的逻辑言说,它既不必一定指称事物,也不必一定与人有关。或者说即使指称事物,即使与人有关,也首先依赖于它所内在于其中的系统,能指已经很少依赖所指而进入一种能指的狂欢状态。言说的人的失落、意识主体的失落引起人们的恐慌,于是,人们试图建构起透明的工具系统来弥补

---

① (法)米歇尔·福柯:《福柯集》,杜小真编选,上海远东出版社 2003 年版,第 90 页。

由于语言的堕落而留下的空白。然而,人们的努力表明,符号系统、科学语言与语言有相似的构成,尤其是符号系统与语言相类似的自律性使讲话的主体、运用符号的主体按着语言系统、符号系统的结构要求言说。同样,以主体语言为表达基础,近代人的另外两个维度:生活的主体、劳动的主体在近代人文知识结构变化中也经历了相同的遭遇。不仅其各自细胞——特征和劳动所能表征的范围越来越从属于它们所在的生命系统和社会经济系统的自律结构,而且因它们表达所凭借的语言工具的堕落,生活的主体、劳动的主体同时也使说话的主体更多地陷入现代知识的结构历史之中。

在西方近代社会,人对自身的关切几乎不是在日常生活中靠人自己的亲历经验展开的,而是靠知识实践所塑造的有关"人"的观念运作的。近代西方社会有关"人"的观念已经不同于以往有一个指涉的观念,近代"人"的观念就是人自身。对此,西美尔在更早时候作过颇为精辟的分析,在他看来,西方历史不同时代的人都有自己的核心观念,这些核心观念就是当时构成人生命的存在形式。在古希腊,这个核心观念就是存在的观念;中世纪取而代之,直接把上帝作为核心观念,把上帝作为我们顺从和献身的不受怀疑的君主;17 世纪的核心观念是"自然"。只是到 17 世纪的末期,标志主体性的人的观念才真正出现。"'自我'、灵魂的个性才作为一切新的核心观念而出现,有些思想家把全部存在描绘为自我的创造;另一些思想家则把个人的特性理解为'使命',理解为人的根本使命。这种自我、人类的个性,既是一种绝对的道德要求,也是一种形而上学的世界目的。"①

福柯与西美尔持有相近的观点,但在他看来,这种"人"的观念或人文主义实际上是近代人文科学知识建构的。"上帝"也不过是一种知识建构。如同中世纪知识实践建构了"上帝"的观念,近代知识实践建构了"人的"观念。这一切不过是知识为人自身的生命存在提供一种形式说

---

① (德)西美尔:《现代人与宗教》,曹卫东等译,中国人民大学出版社 2003 年版,第 27 页。

明而已，而这正是知识实践体现的权力和功能。在这个意义上说，在西方文化中的人和上帝确实有亲缘关系，但是这种亲缘关系并不仅仅是一种父子关系，而且是一种兄弟关系。之所以说它们是父子关系，不是因为基督教的意义，而是因为上帝的观念规范着那个时代的人，人要像上帝的儿子那样说话、工作、生活；之所以说它们是兄弟关系，是因为它们同属知识实践的创造产物，有着一种家族相似性。按照这一逻辑，如果要说到父子关系，那么知识实践与上帝的观念，知识实践与人的观念反倒都是一种父子关系，只是这个创造了“上帝”和“人”的观念的并非善类，这个父亲亲手杀死了自己创造的两兄弟。只有从这个角度，我们才能更好地理解1966 年福柯在一次访谈中所说的话，他说：“尼采指出，上帝之死不意味着人的出现而意味着人的消亡；人和上帝有着奇特的亲缘关系，他是双生兄弟同时彼此为父子；上帝死了，人不可能不同时消亡，而只有丑陋的侏儒留在世上。”[①]在这个意义上，当尼采宣布“上帝已死”的时候，同时宣告了 19 世纪人们不停地幻想过的那种被神化的人的消亡。

受尼采这一思想的鼓舞，福柯通过对文艺复兴以来近代知识结构的变迁过程的分析，确定了人文科学的特殊历史地位。由于语言最后进入一种结构主义，语言脱离开人而自己说话。“在‘语言说话’的地方，人就不再存在。”[②]因此，在《词与物》一书的最后，福柯终于得出了一个足以震撼整个人文社会科学界的重要结论：“人的死亡”。人们经常因此把福柯理解为反人文主义者、反对主体、反人文科学的人，这简直是天大的误解。1968 年，福柯在《福柯答复萨特》一文中提出：

> 人的这个消失，即使在人们从其根源处对人加以寻求时，也不意味着人文科学将消失，我从未这样说，而是意味着人文科学现在将在一个不再封闭或由这个人本主义限定的境域中展开。人在哲学中消失了，不是作为知识对象的人，而是作为自由和存

---

① (法)米歇尔·福柯：《福柯集》，杜小真编选，上海远东出版社 2003 年版，第 78 页。

② (法)米歇尔·福柯：《福柯集》，杜小真编选，上海远东出版社 2003 年版，第 82 页。

在主体的人,消失了。然而,人类主体,拥有其意识和自由的人类主体,根本上是一种与神相关的形象,一种人的神学化,神重新降临到世上,它意味着19世纪的人本身在某种程度上被神学化了。①

不难看出,福柯对于人文科学考古学研究的真正目的,不是反对人文科学、人、主动性主体,而是试图揭露近现代人文科学建构现代人主体性意识的策略,揭露近代人文科学强调主体的权力的本性:

16世纪的阐释是从世界(它既包括事物又包括各种本文)到这个世界中被破译的圣言;而我们时代的阐释,即那种无论如何也是在19世纪形成的阐释,则是从人,从上帝,从知识或幻觉到那些使它们成为可能的词;它所发现的并非某一至高无上的最初话语,而是这样一个事实:早在我们讲出任何言语之前,我们就已经被语言所控制、被它定住了身子。②

无论主体性还是人的观念,都是知识权力的建构,知识型原则的同一化的过程和结果。20世纪人类学哲学的盛行,表明福柯的微观批判所控诉的不是旧社会,而是当下对人自身规范和约束的现代社会,这一点他于1976年在法兰西学院的演讲中有了明确的表达,那就是“必须保卫社会”。

第二节 对主体的权力的空间与超越

一、对主体的权力的空间

自从康德在哲学上彻底将上帝逐出人类生活后,人们一直沉醉于人类学的迷梦中,以为自身是一切的主体,岂不知人的这种观点本身乃是人

① (法)米歇尔·福柯:《福柯答复萨特》,载《世界哲学》2002年第5期。

② (法)米歇尔·福柯:《福柯集》,杜小真编选,上海远东出版社2003年版,第110页。

文主义和人文科学所构造的。这就好像美国电影《第五元素》的结尾一样,当人类为战胜邪恶欢呼时,镜头拉到极远处,在那里,整个银河系不过是一个被神灵正弹着玩的圆球。现实的人又何尝不是电影中的人类?只不过现实中是多个神灵在玩,这些神灵就是各种控制人的社会力量,人文科学知识就是其中的力量。哈贝马斯认为,福柯《词与物》的基本思想是"现代性的特征在于主体具有一个自相矛盾和人类中心论的知识型,而主体是一个异常复杂的结构,虽然有限,却向着无限超越"[①]。他的评价是准确的,现代知识型以"人类学的沉睡"为基础,福柯的考古学就是要对现代知识的催眠剂进行系统分析。

在《词与物》中,福柯指出:"我们发现哲学再次沉睡于这一褶层中;这不是独断论(les dogmatisme)的沉睡,而是人类学的沉睡。"[②]在此,福柯是对康德的回应。康德曾经批判独断论的沉睡,"形而上学的独断论,即认为无须纯粹理性的预先批判就可能在形而上学中达成一切的前设。它是所有与道德性相冲突的无信念的真正来源,无信念在任何时候都是完全独断的"[③]。在福柯看来,比康德所批判的独断论的沉睡更加危险的是人类学的沉睡,即对那个大写主体的人类学本身的无意识。为了把思想从这样一个沉睡中唤醒,必须对"人"的形成机制进行考古学分析:

> 无论如何,我们都知道新思考的所有努力都正好针对这个人类学的:也许重要的是跨越人类学领域,从它所表达的一切出发摆脱它,重新发现一个纯化的本体论或关于存在的根本思想;也许我们通过不仅排除心理主义和历史主义,而且排除人类学偏见的所有具体形式,我们设法重新质疑思想的界限并这样与

---

① (德)于尔根·哈贝马斯:《现代性的哲学话语》,曹卫东等译,译林出版社2004年版,第308页。

② Foucault Michel, *The Order of Things: Archaeology of the Human Sciences*, Routledge, 2001, p. 372.

③ Immanuel Kant, *Critique of Pure Reason, Supplement II*, Macmillan & Co, 1922, p. 700.

一般理性批判的设想恢复联系。[①]

对非思的哲学研究，是对人既成的所是、所思、所行的研究，人文科学考古学以一种新史学形式向人们过去认为理所当然的人类学投去哲学的目光，使其具有了可见性。那么，福柯试图建立的“纯化的本体论或关于存在的根本思想”是什么呢？这里，福柯只是给出了“与一般理性批判的设想恢复联系”的考古学，直到1984年，福柯才在《什么是启蒙》中给出了回答，那就是“现时的本体论”，即人自身“对于现时性的一种关系方式”，也就是现代性态度。

康德在《什么是启蒙》中批评那些不能独立使用自己理性的人，他们依靠能替自己理解的书、拥有良心的牧师、规定饮食的医生，等等，而无意自己操心，人们习惯于对人文主义、人文科学和理性秩序的信仰，但缺失了批判维度，结果陷入一种“不成熟”的状态。福柯接过康德的话题，探讨人文主义、人文科学和理性秩序作用的区域：

> 人就不能在我思的直接的和至高无上的透明性中被给出；但是，人也同样不能存在于按理并不通向并且也并不将通向自我意识的那些东西的客观惰性之中。人是这样一种存在方式，即总是开放的、从未一劳永逸地被界定的、但被无限浏览这样一个维度能在人身上建立起来，这个维度是从人在我思中并不加以反思的自身的一部分伸展到人据以重新领悟这个部分的思想活动；反过来，这个维度又从这个纯粹的领悟进到经验充塞，进到这些内容的混乱的高升，进到那些避开自身的经验的突悬，进到在非思的沙质疆域中被给出的东西的整个沉默镜域。[②]

也就是说，单纯的我思不能使人确证为人，单纯的经验也不能使人确

---

① (法)米歇尔·福柯:《词与物:人文科学考古学》，莫伟民译，上海三联书店2002年版，第445～446页。

② (法)米歇尔·福柯:《词与物:人文科学考古学》，莫伟民译，上海三联书店2002年版，第420页。

证为人，人要摆脱不成熟，必须意识到人自身的开放性、未定性，这种开放性、未定性地带正是能统一经验和先验使人得到确证的空间之所在，这种空间是对主体的权力作用的空间，人们以往之非思的空间，因而也是唤醒人类学沉睡的空间，事实上，这呼应了《词与物》“前言”所提出的第三空间：

> 它较为模糊、暗淡，并且可能不易分析。正是在这里，因不知不觉地偏离了其基本代码为其规定的经验秩序，并开始与经验秩序相脱离，文化才使这些秩序丧失它们初始的透明性，文化才放弃了自己即时的但不可见的力量，充分放纵自己以确认，这些秩序也许不是唯一可能的或最好的秩序，于是这种文化发现自身面临一个原始事实：在其自发秩序下面，存在着其本身可以变得有序并且属于某种沉默的秩序的物，简言之，这个事实是秩序存在。①

这里，福柯显然强调了非思在文化中的层次，即这是一个“中间地带”，甚至先于作为基本理念的文化的基本代码，先于明确的科学解释和规定。“它比那些设法赋予这些表述以明确形式、详尽应用或哲学基础的理论更加坚固、更加古老、更不可疑并且总是更加‘真实’。”②这个中间地带正是传统哲学的非思地带，因而也正是要打破人类学沉睡的考古学施展的地带。

> 这一中间地带可以被设定为最基本的区域：它先于词、知觉和姿态，于是这三者被视为或多或少精确地，或多或少幸运地表达了它。（这就是为什么这一秩序经验从一开始就其初始了厚

① Foucault Michel, *The Order of Things: An Archaeology of the Human Sciences*, Routledge, 2001, p. xxii.

② Foucault Michel, *The Order of Things: An Archaeology of the Human Sciences*, Routledge, 2001, p. xxiii.

实的存在而言,总是起着批判作用。)①

这个区间既制定着偶然性的新秩序,又包含指出具体秩序偶然性的可能,这个空间也正是人自身现代性态度的生成空间。

二、对"对主体的权力"的超越

在《词与物》中有关"人及其复本"的分析中,福柯对人文科学权力的计谋作了集中阐述:

> 人处于一种权力内部,这个权力使人散开,使人远离他自己的起源,但又在也许总是被躲避的一种逼近中向人允诺他的起源;然而这个权力并不是被人所陌生的;这个权力并不在人之外而处于永恒的、不停的和重新开始的起源和平静之中,因为那时起源被实际地给出;这个权力是人自身的存在的权力。②

哲学思想总与起源相关联,从黑格尔到马克思和斯宾格勒都有一种起源的情结,或者说伊甸园情节,这是一种总体性的思考,而事实上这个总体性是完美却又"极度匮乏"的,富于总体性的乌托邦色彩。与他们不同,荷尔德林、尼采和海德格尔却不致力于返回,而是致力于返回的断裂。前者是注重辩证法,主张循环和连接,而后者主张非辩证,主张断裂和涌现,福柯综合了二者,他认为,对主体的权力在人生成时已经同时生成,既打破了人们回归精神伊甸园的美梦,又唆使人们去回归,正是在这样的诡计中,对主体的权力实现了自己规范化和隐蔽化策略。

具体地说,19 世纪后的西方语言学、生物学和政治经济学并非人们通常理解的具有自然科学和实证科学的人文科学,而是一种通过符号与语言对人进行类型化、系统化和秩序化的话语知识。

---

① Foucault Michel, *The Order of Things: An Archaeology of the Human Sciences*, Routledge, 2001, p. xxiii.

② (法)米歇尔·福柯:《词与物:人文科学考古学》,莫伟民译,上海三联书店 2002 年版,第436 页。

> 人文科学并不是对人本性所是的一切所作的分析；而确切地说，人文科学是这样一种分析，即它在人的实证性所是（活着的、劳动着的和讲着话的存在）与使得这同一个存在能知道（或设法知道）生命的所是、劳动本质及其法则所在和他能以何种方式讲话这一切之间延伸。因此，人文科学占据了这个把生物学、经济学和语文学与那在人这同一个存在中赋予它们可能性的一切分隔开来（尽管不是不把它们统一起来）的间距。①

人文科学不像人们认为的那样为人之为人提供可靠性的明证，而是使人固定化，使人的某一存在样式的偶然性成为永恒，成为某种看来好像是在起源处确定了的东西。人文科学试图让人们相信，实际上人们也愿意相信：人们的劳动是经济体系自我运转的一部分，人要遵从经济体系的规则；人们的语言有着共同的规则和要求，人要像正常人那样在秩序内自由说话；人在社会中的生活也有着内在规律，物竞天择是真理，人与人竞争是完全正当的，人是社会选择的结果。人只有在规律内才能获得自由，人文知识的这种建构，其实质与疯狂知识的建构一样，不是单纯的认识问题，而是一个时期各种社会要素交织、纠缠而形成的历史事件，这正是福柯后来的知识权力谱系学。如果从权力谱系学回头考察近代知识论述模式变化的社会历史因素，我们不难看到，17 世纪初和 19 世纪两个时间对于今天的西方资本主义社会发展具有决定性的意义。通过这两大阶段，资本主义从原来的初步形成时期变成自由主义的民主法制社会。从这个角度看，近代知识的建构之所以集中环绕着关于语言、财富和生命的三大主题，是因为近代人文科学的权力效能。近代社会关切的主要问题，是生产合乎近代社会发展要求的主体。而人文科学知识正好有这样的属性和功能，知识与社会权力在这一点上产生共鸣，在各自争取发展空间的过程中，以一种相互利用的机制建立起近代“人”的形象。

---

① （法）米歇尔·福柯：《词与物：人文科学考古学》，莫伟民译，上海三联书店 2002 年版，第461 页。

在疯狂的考古学基础上，福柯的人文知识考古学再一次表明：任何知识话语实践都是社会力量关系交叉成的历史事件的产物。透过福柯的分析，人们吃惊地发现对正常人自身的权力秘密。在这一点上，必须消除对福柯的误解，人们通常以为福柯的人文科学的考古学中对主体的权力研究否认了人的主体性，比如克利福德认为，尽管萨义德以自身作为人文主义知识分子的强烈愿望援引了福柯，却无法接受后者对于人类主体性和主动性的否定。[①] 这表明，人们并没有明白福柯知识考古学的意义，事实上，福柯并没有否认主体的主动性，他在《知识考古学》的结尾写道：

> 我试图建立的实证性不应该被理解为一个从外部强加于个体思维或者预先存在于内部的全部规定性，其实，这些实证性构成了全部的条件，实践依据这些条件展开，依据这些条件还可以得到修改。而不是指为主体的主动性划定的界限。问题是要在话语实践的复杂性的深度中显出话语实践……我不曾否认，也不可能否认改变话语的可能性，因为我从主体的主宰权中取消了话语独有的和瞬间即逝的权利。[②]

也就是说，他所否认的只是人们以为理所当然的那种“主体性”，那种“非思”的主体性，那种被话语实践所建构并用以蒙蔽人自身的主体性。萨义德在其最后的著作中提出：“以我对于它在今天的适用性的理解，人文主义不是一种用来巩固和确认‘我们’一直知道和感受到的东西的方式，而毋宁是一种质问、颠覆和重新塑形的途径。”[③]这里我们看到，萨义德与福柯对人文主义的观点貌离而神合，相通性大于相异性。阿尔蒂尔·兰波曾在《言语炼金术》中写道：“一个存在着的人，我认为应该给

---

① 参见(美)爱德华·W. 萨义德：《人文主义与民主批评》，朱生坚译，新星出版社 2006 年版，第 5 页。

② (法)米歇尔·福柯：《知识考古学》，谢强、马月译，三联书店 2003 年版，第 232 页。

③ (美)爱德华·W. 萨义德：《人文主义与民主批评》，朱生坚译，新星出版社 2006 年版，第 33 页。

予他多种其他的生活。”[①]马尔库塞也强调：“为反对一种生活方式而斗争，这种生活方式将瓦解统治的基础。”[②]从福柯的观点看，人文科学实践蕴藏的对主体的权力恰恰是要消除人别样生活的可能性，人文科学考古学所要恢复和发展的正是那些被遮蔽的可能性，而不是反人文主义。只有在这个意义上理解福柯，我们才能理解他后来所说的“人们比他们感觉的更自由”。

第三节　对主体的权力思想的局限和意义

福柯的对主体的权力思想，揭示了人文主义和人文科学在指导人如何生活、教导人如何生产和告诉人如何说话过程中塑造和控制人的微观文化权力，深化了对理性秩序的批判，向人们呈现了与人的主体性孪生的被控制的一面，并通过对非思哲学之思，呼吁人从人类学沉睡中醒来，然而，在这庞大的工程中，人文主义和人文科学考古学暴露了自身的局限性问题。

一、人文主义批判的局限

尽管《词与物》的副标题是“一种人文科学的考古学”，但是其行文给人们以全面否定人文主义的印象，对人文科学的分析也局限于知识结构分析本身，体现出其结构主义色彩。

第一，人文主义批判的绝对性。福柯的人文主义批判十分彻底，在《词与物》中，福柯通过解构人的观念，解构了近代哲学语言学、生物学和政治经济学等近代人文科学及其人文主义。这就产生了一个问题，福柯所解构的只是近代科学中的人文主义，而人文主义“源远流长”，从文德尔班的观点看，人文主义早在古希腊就开始了，“希腊科学从本质上说，走

---

① (法)阿尔蒂尔·兰波:《地狱一季》,王道乾译,花城出版社2004年版,第38页。

② (美)赫伯特·马尔库塞:《单向度的人:发达工业社会意识形态研究》,刘继译,上海译文出版社2006年版,第51页。

上了人类学的道路，或者说走上了主体性的道路”[①]。福柯何以认为，在西方文化中人文主义也是一种幻影？单凭“利特雷的《法语词典》里没有‘人文主义’这个词”，显然是无法证伪历史上的人文主义，而且，福柯于1966年在《词与物》刚刚发表时的一次访谈中也提出近代的人文主义，这显然是前后矛盾的。

对此，1984年福柯在《何为启蒙》这篇文章中作了回应。他说：“人文主义是一种主题，或者说是各个主题构成的整体，这个整体横越时空，多次在欧洲社会中再现；这些主题总是同价值判断相关联，在它的内容及其所保持的价值上，显然一直在发生重大变化。”[②]人文主义的确是一个歧义性范畴，历史上有宗教批判的人文主义、基督教的人文主义、怀疑论的人文主义、存在主义的人文主义、马克思主义的人文主义、人格主义的人文主义，等等，这种复杂性决定其不适合作为反思的题目。

近代哲学的主流方向之一就是哲学科学化，费尔巴哈认为，“新哲学就是人本学，包含着生理学，并将成为全面的科学”[③]，法国人文主义思想家拉·美特利在1747年发表的一部有关人的哲学著作的名字就是《人是机器》。说到底，福柯是作为一个哲学家在思索现代人自身在近代哲学中的历史存在困境，因此，我们不妨对《词与物》中福柯的立场作如下的理解：福柯首先按照近代哲学的逻辑将哲学科学化，作为这一思路的具体体现，福柯将人文主义还原为人文科学，再通过人文科学考古反过来揭示近代哲学的危机，正是在这样的分析中，近代哲学科学化理想之下的人文科学和人文主义被解构了。

第二，人文科学考古学的弱权力分析。对于《词与物》被人们归入结构主义分析行列，福柯本人予以坚决否认。他对法国科学史的断裂观、海德格尔的存在论和尼采的权力意志说的吸取使《词与物》的确不同于一

---

① （德）文德尔班：《哲学史教程》，罗达仁译，商务印书馆1987年版，第97页。

② （法）米歇尔·福柯：《何为启蒙》，载（法）米歇尔·福柯：《福柯集》，杜小真编选，上海远东出版社2003年版，第538页。

③ 马克思：《1844年经济学哲学手稿》，人民出版社2000年版，第195页。

般意义的结构主义著作。然而,“知识型”无论如何也脱离不开结构主义分析的痕迹,因此,在后来的研究中,福柯抛弃了只具有描述性质而缺乏社会历史分析的“知识型”。对此,福柯在一次访谈中作了说明:“我也说得很明白,我暂时并不试图对这些制度做出解释,而是将这项工作放到以后的研究中去做。而我的研究缺少的正是这个话语制度,即言语活动所固有的权力效能问题。”①

二、人文科学批判的意义

福柯的人文科学考古学不仅揭示了对主体的权力,而且阐明了现代哲学的主题,深化了哲学对理性秩序的批判,强调了马克思人文主义的伦理特征,发展了马克思主义知识权力观。

第一,指明现代哲学的新路向。在福柯那里,现代哲学就是运思于非思的哲学,对人们认为理所当然进行反思,走出我们的历史存在,反观历史存在,将历史存在置于批判的中心,这是现代哲学的一条新路向。在福柯看来,对非思的运思必然指向知识分析:

> 今天,我们正处于知识的年代。人们经常谈起哲学思想的贫瘠化,这是由过时的概念带来的判断。当前,在以往并不属于哲学的领域中,哲学思考极端丰富。人种学家、语言学家、社会学家、心理学家都搞哲学。知识的方法增多了。当代哲学的问题是要划定知识的界限,界定它自己的区域。②

划定知识的界限,不是要像康德那样确定认识的真理性,而是要确立不同领域的知识;不是要建立新的百科全书,而是试图将知识之间的同构关联起来;不是要驱除非知识,而是要揭示知识与非知识之间的复杂关系。

第二,深化对理性秩序的批判。对于理性同一化、规范化的秩序进行

---

① (法)米歇尔·福柯:《福柯集》,杜小真编选,上海远东出版社 2003 年版,第 431 页。
② (法)米歇尔·福柯:《福柯集》,杜小真编选,上海远东出版社 2003 年版,第 87 页。

批判一直是近代哲学的主题。从黑格尔对特殊性与普遍性的关系分析开始一直到20世纪哲学对同一性的反叛,对规范的反抗此起彼伏。然而,只有在福柯这里,特殊性以一门具体科学语言内部的微观语词的形式突显,普遍性以具体科学知识转换的范式表现,同一化、规范化也是以具体知识内部具体的形式与具体内容表征关系表达出来的。因此,福柯的《词与物》能对人文科学知识的理性秩序性达到空前深刻地揭示,从福柯开始,对理性秩序的解构全面展开,福柯因此被视为"后现代"文化思潮的开路人之一。

第三,强调人文主义的伦理本性。福柯所谓的"主体的沦落",意味着在近代人文科学中自由生存的人自身消失了,然而,这并不意味着作为对象的人蒸发了,有关人的科学没有了,人文主义从此消失了。我们应该相信,只要重新认识哲学及认识人文主义,人文科学就仍然会在一个新的视域中发展。例如,"在辩证法之中,人类有可能变成了名副其实的人。在这个范围内,它与一种人文主义的伦理是不可分的。在此意义上,现代人文主义大师显然是黑格尔和马克思"[①]。这里,福柯把马克思的辩证法视为伦理的人文主义,是真正的人文主义。在福柯看来,马克思之所以成为与费尔巴哈等人不同的现代人文主义大师,是因为马克思的人文主义是伦理的人文主义、辩证的人文主义。对比福柯与同一时期东欧新马克思主义者对马克思的人文主义的认识,我们将发现二者的相似性和差异性,而这种差异体现了福柯对人文主义批判的微观性和深刻性。

马尔科维奇在《人道主义和辩证法》中,认为马克思主义哲学最贴切的名称是"辩证人道主义"[②]。马克思主义在本体论、认识论和价值论上都是人道主义,"特别是马克思本人的倾向更是如此"[③]。马尔科维奇认为,对资本主义虚假的人文主义批判不能停留在马克思的水平上。在当代历史条件下,作为虚假的人文主义的集中代表官僚制"不但存在于管理

① (法)米歇尔·福柯:《福柯集》,杜小真编选,上海远东出版社2003年版,第79~80页。
② 衣俊卿等:《20世纪的新马克思主义》,中央编译出版社2001年版,第548页。
③ 衣俊卿等:《20世纪的新马克思主义》,中央编译出版社2001年版,第550页。

一般性社会事务的领域内，而且也在社会微观层次上出现”[1]。因此，对官僚制的批判不仅要在宏观层面上展开，也要深入微观政治生活之中。如果说马尔科维奇对微观权力研究的贡献在于提出马克思人文主义关注社会微观现实的政治问题，那么波兰的科拉科夫斯基的贡献在于通过分析马克思主义的命运而触及生物学和经验科学的知识权力问题，他认为，与马克思的哲学人本学不同，恩格斯自然辩证法所反映的是自然主义进化论和经验主义立场，被普列汉诺夫和列宁视为真正的“马克思主义哲学”。同为波兰哲学家的沙夫则在《马克思主义和人类个体》中论述“总体的人”观念，强调人的自我创造、自由选择和实践本质。他指出马克思主义应该是“一种彻底的人道主义”。这种彻底的人道主义遵从马克思所宣扬的绝对命令：“必须推翻一切那些使人成为被侮辱、被奴役、被遗弃和被蔑视的东西的一切关系。”[2]

在福柯看来，与马克思的人文主义不同，近代哲学的、哲学科学化的人文主义存在的问题在于并非是伦理的人文主义，而是认识论的人文主义、道德化的人文主义、规范化的人文主义、权力化的人文主义，这种人文主义完全可能成为极权主义的。“曾经有过这样一个时期，人们为国家社会主义所体现的人文主义价值辩解；还有斯大林主义者也自称人文主义者。”[3]而福柯的人文科学考古学所要做的，正是要从微观层面批判这些以真理面目出现的人文主义，“我觉得该书(《词与物》)重在指出，人们想到要科学地认识人类并不是出于对人的伦理关注，恰恰相反，是因为人们首先把人建构成一门可能的学问的对象，才使得现代人文主义的所有伦理主题得以发展”[4]。由于科学知识实践本身的权力特征，“科学地认识”的操作往往使科学成为唯科学主义，使人文主义远离了对人的关切，反而成为约束、规范人自身的力量。如果从这样的视角来看，我们就不难理解

---

① 衣俊卿等:《20 世纪的新马克思主义》,中央编译出版社 2001 年版,第 552 页。

② 《马克思恩格斯选集》第 1 卷,人民出版社 1995 年版,第 10 页。

③ (法)米歇尔·福柯:《福柯集》,杜小真编选,上海远东出版社 2003 年版,第 538 页

④ (法)米歇尔·福柯:《福柯集》,杜小真编选,上海远东出版社 2003 年版,第 80 页。

福柯在《词与物》中对人文主义作出那样的划界和还原的原因。

历史上，人文主义确如福柯所看到的那样具有多义性的特征，这一点单从与人文主义相关的英文表达就可见端倪：大写的人文主义(Humanism)指欧洲近代文艺复兴中产生的提倡人性的哲学观，在尼采等人看来，这种哲学观是完全用人的观念取代上帝的观点，其本身就将人文主义凝固化，是尼采哲学批判的对象；福柯所说的多样化的人文主义(humanism)，既包括马克思的人文主义，也包括詹姆斯、席勒、新托马斯主义、人格主义、法兰克福学派、基督教的人文主义，人文科学则用 the humanities 来表达。上述三个词均来源于拉丁文 humanitas 人文学，最初是人性修养的意思，到古希腊时期指称基督教教育。在福柯看来，任何人文主义，都容易因其凝固化而变成人自身的樊篱，福柯对人文科学考古学批判所要达到的目标，除了揭露近代科学化哲学及其各种话语的真理和权力运作之外，还期望使人本身真正成为他自己命运的主人，因此，他拒绝将自己的哲学归入纷乱不清的同时又极易凝固化的人文主义。在这个意义上说，福柯的反人文主义要反对的不是那种主张人的自由的人文主义，而是那种规范人自身的对主体的权力。

第四，发展了马克思主义知识权力观。马克思主义向来关注知识与权力的关系，恩格斯指出："社会一旦有技术上的需要，这种需要就会比十所大学更能把科学推向前进。"[①]这句话强调了社会需要对科学知识的推动力量，强调了影响科学知识发展的外部权力，恩格斯的自然辩证法强调了科学发展的内在逻辑动力。列宁则重申了一句格言："几何公理要是触犯了人们的利益，那也一定会遭到反驳的。"[②]福柯所做的是通过揭示科学知识实践的政治性将二者统一起来：

> 重要的并不是要知道从外部影响科学的权力是什么，而是要了解流通于科学言语之间的是什么权力作用；科学言语的内

---

① 《马克思恩格斯选集》第4卷，人民出版社1995年版，第732页。

② 《列宁选集》第2卷，人民出版社1995年版，第1页。

> 在权力制度是什么；该制度在某些时候为何和如何发生总体变化。我在《词与物》一书中力图确定并描述的正是这些不同的制度。①

这样看来，福柯的知识考古学既不是“内史论”，也不是“外史论”，福柯反对的正是这样一种源于笛卡儿的二分法对科学知识实践研究的划分，他所做的工作是将二者交织起来，表现为一种“内史的外史化”和“外史的内史化”的微观知识权力论。

《词与物》中延续了《疯狂史》中的微观权力批判，对主体的权力批判揭露了现代生活中常人“主体性”历史存在的另一面，推动了由马克思开启的现代哲学的对非思之思。这种对理性知识深入的微观批判虽然深刻，但是知识与权力的关联机制还没有得到充分的揭示。这种批判的不充分性，预示着福柯微观政治哲学的开放性，它向未来敞开着进一步发展的可能。

福柯的《词与物》在英译本的命名上译为《事物的秩序》，这种调整是富于建设性和合理性的，从根本上说，《词与物》既不分析词，也不探讨物，而是分析对主体的权力秩序。如果说《疯狂与非理性》通过他者的历史间接意义探讨常人的生存，那么《词与物》就在直接意义上探讨主体是如何被具体科学权力所塑造的。《福柯答复萨特》的话语和《词与物》的副标题“人文科学考古学”表明，福柯并不是要否定人文科学对人的积极意义，而是要揭示其对主体的权力，提醒人们关注这种权力可能产生的后果，以免无意识地自我割除别样生活的可能。

研究对主体的权力不是要否认“自为”的主体性，而是要为绝对的认识主体划界，福柯提醒人们，话语实践不仅使科学成为可能，而且使绝对的“认识主体”的“历史”成为可能，“主体化”同时是作为现代性秩序的话语规则建立的过程，人们只有意识到人文科学话语的权力性，才可能将可能的主体转换为自为主体。

传统人文主义向人们宣布和保证：人是知识的主人，人是科学的主人，人是世界的主人，人是绝对的主体。然而，这种哲学所宣传的“人”不过是人自身的一面，如果只看到这一面就会丧失人自身存在的完整性。

---

① （法）米歇尔·福柯：《福柯集》，杜小真编选，上海远东出版社2003年版，第431页。

人类学迷梦只能让人盲目乐观，对危机毫无准备，在困境中丧失斗志和勇气。这里，我们不妨把这本极具哲学味道的著作视为对法国社会的一个反思，法兰西民族是一个感性的民族，如果说萨特使法国走出二战的阴影而不再悲观，那么福柯的工作是不是以一种极其隐晦的方式提醒人们不要盲目乐观呢？这个问题值得进一步研究。

《词与物》划分了文化的层次：第一个层次是在文化的基本代码区，第二个层次是科学描述区，第三个层次是前两者的“中间地带”。福柯集中阐述了这个中间地带，正是在这里，“人”和“主体”的观念得以发生，也正是在这个层面上，对主体的权力与“主体”同时出现并隐藏起自身，形成非思哲学的盲点。只有对这个中间地带开展微观分析，才能唤醒人类学沉睡，打破人的绝对主体的美梦。这个层面的提出，预示着空间权力的出场，为“现代性态度”的出场奠定了谱系学基础。

第五章　空间权力

有一种空间政治学存在，因为空间是政治的。

——列菲伏尔《空间政治学的反思》

权力的空间化。

——拉比诺《权力的空间化》

列菲伏尔曾指出，现代社会已经从“空间中事物的生产转为空间本身的生产”①，这一思想蕴涵了空间权力思想，如果说传统意义上的空间更多的是自在的，是一种生存场所、生产的背景、文化的容器，那么，在现代意义上，空间更多的是自为的，是一个权力的机器，生产的源地。从这个意义上看，传统战争争夺的是空间的舞台，现代战争争夺的是空间的戏剧，20 世纪的两次世界大战、地区之间的军事冲突、21 世纪之初的伊拉克战争，不只是为了争夺生存的空间，更多地为了争夺空间的生存；环境污染、生态危机、生存压力，从根本上说，不只是因为人的生理生存面临问题，更重要的是人之为人的文化危机。从启蒙中获得主体性的现代人自以为是空间的主宰，然而，人造的空间向人们显现自己强大的自律，人们

① 包亚明主编：《现代性与空间的生产》，上海教育出版社 2002 年版，第 47 页。

陷入一种空间权力困境,而对其集体无意识、对空间的非思,成为人们走出空间困境、化解空间危机的障碍。福柯的差异空间思想正是对空间这一现代哲学"非思"的哲学运思,通过"非思"之思,福柯揭示了空间权力及其超越对于现代性的重要意义。

20 世纪是空间化的时代的到来。对福柯来说,空间是权力的空间,权力是空间的权力。空间对于福柯来说具有双重意义:第一,福柯的差异空间学以一种谱系的方式,预示着他的"现代性态度"思想,因此,不理解福柯的空间理论,就无法深入地理解福柯的"现代性态度"。第二,差异空间学是福柯的微观权力思想的不可或缺的部分和支点,正是凭借空间权力思想的展开和应用,福柯才走出知识考古学的囚笼,把知识与权力更有机地联系起来,把微观权力分析从考古学阶段推进到谱系学阶段。现有的福柯空间研究既在一定程度上显现了福柯的空间权力思想,也显现了研究者自身在福柯空间思想及其与微观权力和现代性态度的关联研究上的不足与空白,由此出发,本章将展开如下研究:差异空间学即空间思想的意蕴,空间权力及其超越,福柯空间思想的局限和意义。

第一节 差异空间学

福柯的差异空间学,以批判传统时间哲学为逻辑起点,以回应空间困境和危机为实践指向,以法国空间研究为理论资源,以"差异空间"范畴为核心。这一哲学思想在 1967 年的《不同空间的正文和上下文》中提出,在福柯其后的著作中应用,在 1980 年《地理学问题》的访谈和 1982 年《知识、权力和空间》的访谈中发展。从谱系学的意义上说,差异空间学不仅蕴涵着福柯把知识与权力、身体与权力、自我与权力联结起来的可能,而且如同《手稿》对于马克思全面的微观哲学计划,如同《疯癫与文明》对于福柯微观权力谱系块茎的萌芽,《不同空间的正文和上下文》预示着现代性态度,如同《疯癫与文明》、《词与物》,福柯的差异空间学再一次向我们显现了福柯思想本身的巴赫式复调音乐,也再一次显现了马克思主义哲学关于发展本身的非线性、复杂性的论断。

一、批判传统时间哲学

在前现代社会，时间与空间联系于具体的地点上，如果不参照面对面的地点，没有人能够分清时间、空间。中国的日晷、沙漏都表明了时间与空间的关联和时间对空间的依赖。历史是时间的发展，而且是时间向古老空间的不断回归，事实上，旧中国历史的几千年就是在这样同一个平面上展开的，在这个意义上，我们或许能更深刻地理解马克思为什么把资本主义以前的历史称为史前史，认为只有无产阶级才能建立真正的历史。马克思、尼采、克尔恺郭尔从哲学上对主体的强调，强化了时间的重要性，强化了历史意识，从此，历史不再是“死人统治活人”，而是活人告慰死人。阿基米德说：“给我一个支点，我能撬动整个地球。”笛卡儿说：“给我物质和运动，我将为你们构造出世界。”如果说这些是历史意识的西方化宣言，那么毛泽东同志的“神女应无恙，当惊世界殊”的伟大诗句无疑是历史意识的中国式表达。历史意识的突显、时间哲学的流行，也成为19世纪末法国哲学的主要特征。柏格森在其《时间和自由意志》、《试论意识的直接材料》和《物质和记忆》中，建立起了以“绵延”(durée)为主题的时间哲学，在柏格森那里，时间是存在的载体，一种生命之流在绵延中不断地涌现。尽管柏格森的生命创造和涌现与福柯的反抗思想相通，但是，绵延割裂空间、虚构实在图景的做法无疑是福柯所反对的。柏格森时间哲学使空间成为时间的附庸，被时间边缘化和透明化，从而被压抑。在福柯看来，历史哲学和时间哲学对空间的压抑带来了现实的负面影响，在《什么是启蒙》中，福柯说：“莱辛和门德尔松在柏林月刊上发表的文章宣告了德国的启蒙与犹太的启蒙也许是一种宣告接受共同命运的方式，我们现在知道这种共同命运导致了何种悲剧。”①单从这篇文章看，这个结论看起来似乎让人匪夷所思，历史压抑空间与法西斯对犹太人的大屠杀

① (法)米歇尔·福柯：《福柯集》，杜小真编选，上海远东出版社2003年版，第529页。

有什么关联？如果充分理解福柯的差异空间学就会理解，历史哲学对不同民族空间内在差异的忽视，在一不定期意义上使德意志民族与犹太民族在内含进化、发展的同一个“历史”产生一种可比性，历史哲学在反犹思潮中的确扮演了某种角色。在福柯看来，两次世界大战和奥斯威辛有着历史哲学和时间哲学长期膨胀的原因，是西方历史同一性思维原则的恶果，在他看来，哲学再不能沿着固有的历史论轨迹前进，哲学必须重新思考空间问题，20 世纪哲学的根本任务之一就是对传统时间哲学和历史哲学论的批判，因此他在《不同空间的正文和上下文》一文的开篇就说：“19 世纪最重要的迷恋，一如我们所知，乃是历史。”[①]在《地理学问题》的访谈中，福柯延续了对时间哲学的批判。“这是起始于柏格森还是更早的时候？空间在以往被当做是僵死的、刻板的、非辩证的和静止的东西。相反，时间却是丰富的、多产的、有生命力的、辩证的。”[②]在批判时间哲学对空间的遮蔽基础上，福柯预言，“今天的时代或许是空间的时代”[③]。福柯在这里清晰地显现了一种“时空” - “时间” - “差异时空”的辩证法。福柯的差异空间学，是对 19 世纪末 20 世纪初法国影响最大的哲学的批判，更重要的是对现实空间困境的回应。

二、回应现实空间困境

空间问题历来是哲学的一个重要问题，而它之所以重要，就在于空间从来都是与人的生存联系在一起的，如何才能摆脱空间困境，克服空间的殖民化，是一直贯穿于人类历史的难题。哲学自觉地承担起这个克服人类空间困境的工作。可以说，人的全部活动都在为解决生存空间这个问题而努力，一部凝聚人类最高智慧的哲学史，就是不断寻求解决人类空间

---

① Foucault Michel，The Great Obsession of the Nineteenth Century was，As We Know，History，Texts/Contexts of Other Spaces，In *Diacritics*，1986，16(1)，(spring). 详见法文 Des Espace Autres，Architecture /Mouvement/ Continuité，In *October*，1984. http://www. foucault. info/.

② Foucault Michel，*Question on Geography*，In *Power/Knowledge*：*Selected Interviews and Other Writings*1972 – 1977，C. Gordon ed.，Harvester，1980，p. 70. http://www. Foucault. info.

③ (法)米歇尔·福柯：《福柯集》，杜小真编选，上海远东出版社 2003 年版，第 529 页。

焦虑的历史。福柯指出:“从各方面看,我确信,我们时代的焦虑与空间有着根本的关系,比之与时间的关系更甚。”①这样一种福柯的空间思想作为对人生存空间的自觉反思,是福柯对现代人生存空间困境的回应。

(一)空间焦虑的谱系

对空间焦虑感受古已有之,不过没有现代人这么强烈,这么悲观,早在古代,人们就产生空间畏惧,也开始了对空间的哲学运思。由于生产力水平的低下,人对自然界有极强的依赖性,人们的衣食住行直接来源于自然界,人们时时面临来自于自然界的威胁:气候的变化、传染病的流行、洪水或其他自然灾害。人的自我发展与适宜的生存空间的相对匮乏,使战争频发,古代社会军队掠夺成性,人们时时面对军阀、土匪或强盗等暴力的威胁,另外人们还面对巫术的影响。因此,哲学开始通过关注空间来关怀自身,在古代中国强调空间、忽视时间、追求永恒、争夺现实空间的同时,强大的精神空间无限性克服了自然空间局限;在古希腊,对空间的关注比较复杂,呈现三个方向:一是关注与克服,克服是以心灵的空间来组织现实时间和超越现实的空间,犬儒主义的典型写照是那句“别挡了我的阳光”,这是最早的人文主义;二是以认识空间来利用空间,是最早的自然哲学研究,古希腊德谟克利特自然哲学开始专门研究空间概念,他的原子 - 虚空说把空间理解为虚空的,理解为原子运动的场所,这是理性主义的主要来源,最后形成了现代科学和意识哲学;三是以创造空间来克服空间,比如城邦制以一种人为的空间来克服自然空间的限制,结果是形成政治哲学。以上这三种方式都是古代人对空间困境的不同回答。哲学不断地探求“始基”和“本质”的目的绝不仅仅是解释与说明空间,从根本上说,它是人之生存空间的理论自觉,因此,哲学的最终目的是解释人自身的生存困境。哲学对人类生存困境的关注命中注定成为人以及哲学都无法割舍的情结。

近代,对空间的哲学思考主要在两个方向上展开:一个是空间的抽象

---

① 包亚明主编:《后现代性与地理学的政治》,上海教育出版社 2001 年版,第 20 页。

化，另一个是空间的对象化。历史上一切唯心主义哲学家的共同特点是否认空间的客观性，把时空看成是主观感觉或意识的产物。比如，贝克莱把他的“存在就是被感知”的命题运用于时空，认为空间仅仅是人们心中的观念。在他看来，“广袤所在之外……即是在他心中的”。康德的空间观比较复杂。一方面，他认为时空不过是人类先验固有的“感性直观的纯粹形式”，在他看来，离开感性，空间就不存在；另一方面，“头上的星空”和“心中的道德律”是先验的空间。黑格尔不仅认为时空是绝对观念的外化，还提出了时空分离论，认为自然界先有空间，绝对观念外化为人类社会以后才出现时间。黑格尔把发展是在空间以内、但在时间（这是一切发展的基本条件）以外发生的这种谬论强加于自然界，自然界只是观念的“外化”，它不能在时间上发展，只能在空间扩展自己的多样性。① 传统意识哲学在克服人类空间困境的尝试中也暴露出它的致命弱点，在对空间的“本质”的追求中导致了过分关注人之生存的理想空间或本质空间，因此也就忽视了对现实空间乃至现实地点的关注，在西方哲学的发展中这种倾向尤其明显，到德国古典哲学阶段这一倾向发展到了极致。

其实，对于近代哲学遗忘人的现实空间的倾向，很早就有哲学家开始了批判的尝试，随着近代理性主义哲学体系尤其是以黑格尔为代表的思辨哲学体系的解体，现代的哲学思想家在更广泛的意义上提供了种种批判空间抽象化的方案，马克思对工厂、车间、军队等的分析都是空间现实化分析，在这种分析中，马克思试图借助于“实践”活动，在现实的社会空间中克服人的生存困境。叔本华、尼采等人的唯意志论哲学以“强力意志”的新的现实的精神空间取代意识哲学的抽象化的精神空间。

空间的对象化主要表现为自然哲学的近代发展形成的物理空间观。自然哲学中的唯物主义，认同了牛顿－康德的绝对的时空观念，在实践上，各种人造空间使人们乐观地以为从现实上超越了空间的束缚，人们正在书写人类进步的历史。19 世纪末 20 世纪初，历史哲学在大行其道的

---

① 《马克思恩格斯选集》第 4 卷，人民出版社 1995 年版，第 229 页。

同时,人们把空间虚化,从柏格森到海德格尔,时间成为哲学的主题。如果说古代哲学更多地思考以认识、改造空间来摆脱精神困境,并进而在实践上通过创造人造的空间来摆脱现实身体的生存困境的话,那么,这种任务在一定意义上已经完成。经过人的精神活动和生产实践活动的努力,人们的确获得了胜利,取得了进步。然而,在现代人还没有来得及沾沾自喜之时,更大的问题出现了。20 世纪西方文化历史主义借助科学进步、崛起而引发了人的意义的危机。空间在两个方面出现的反思性形成了对人的威胁,一方面,我们克服的自然空间的反思性,如环境问题对人持续生存造成的威胁;另一方面,人造的空间产生新的畏惧。在新的意义上,在更复杂的关联中,第二自然成为约束人、威胁人的生存的空间。

20 世纪,人类爆发了空前的空间危机,这种危机在物质空间和精神空间两个层面上展开,二者是人生存的一体两面。物质空间的丰富和拓展在一定程度上支持精神空间,精神空间的丰富使人不会迷失于物质空间之中。对物质空间的研究推动了科学的发展,而对精神空间的研究增强了人的自我关怀。然而,现代人的外在空间与内在空间出现了双重恶化。物质空间急剧恶化,军事上的两次世界大战和地区性冲突使人的精神空间出现了问题,对人的"主体性"渐觉悲观,对"人之为人"的超越性备感怀疑。

吉登斯的现代性的后果向人们显现了物质空间的困境①:现代人在具体生存上风险重重,核战争对人类生存的威胁隐含着全球化的高强度风险,全球化劳动分工隐含着突发性的生产风险,信息化实践隐含着人化环境风险,投资实践影响着千百万人生活机会的制度化风险,专家的专业有限性与专家的权威无限性隐含着宗教化、迷信化或神话化风险。现代世界的前景令人生畏,核战争的发生不是不可能,生态灾难狰狞面目呈现,人口爆炸难以遏止,金融危机预示全球经济崩溃的可能,这些都是在

① (英)安东尼·吉登斯:《现代性的后果》,田禾译,译林出版社 2000 年版,第 109 ~ 110 页。

宏观上的空间问题，它涉及空间的再构造，空间与宏观权力之间的关系。

（二）空间焦虑的维度

物质空间恶化，加剧强化人的精神空间危机。现代日常生活是人们激烈争夺物质空间的生活，这种生活不断实施对精神空间的殖民，物质性空间成为衡量人的价值的唯一准则，从空间角度上看，人已经丧失了立体的存在，而成为“单面人”，而全球化推动了西方的生存空间问题向全球扩展。

第一，现代人的空间焦虑表现为人的信仰空间的萎缩。文艺复兴和启蒙运动兴起的主体性对空间的改造，现代科技和大工业对空间的扩展，使人类对空间的畏惧和信仰消失了。人们认识到，凭借科学技术手段，人们对自然空间的控制可以与日俱增，人们可以凭借自己的力量去扩大和建造“巴别塔”。人的所思、存在只被理解成历史的进步，空间已经成为历史的附庸。人们由拜神到拜人，由拜人到拜物，人的生命以人所占有的物质空间为表征。马克思曾经批判国民经济学的新教伦理，“你积攒的就越[多]，你的既不会被虫蛀也不会被贼偷的财宝，即你的资本，也就会越大。你的存在越微不足道，你表现自己的生命越少，你拥有的就越多，你的外化的生命就越大，你的异化本质也积累得越多。国民经济学家从你的生命和人性中夺走的一切，全用货币和财富补偿给你”①。诚如马克思所说，现代人的心已经被硬通货所占据，时间表已经排满人日常生活的每一天，拜物教盛行，使得以占有和争夺更大的物质空间为目标的理性秩序成功“祛魅”，并获得了话语霸权，人的精神空间极度空虚，韦伯说：“我们的时代是一个世界的理性化、智化、特别是脱魔化的时代。这个时代的命运，恰恰是最高级最精微的价值退出了社会生活。或者遁入神秘的来世，或者流进了个人之间直接交往的手足之情中。”②尼采用“上帝死了”来概括人的信仰空间的萎缩，福柯则用人死了来表达人现代性态度的失落。

① 马克思：《1844 年经济学哲学手稿》，人民出版社 2000 年版，第 123 页。

② （德）马克斯·韦伯：《入世修行：马克斯·韦伯脱魔世界理性集》，王容芬、陈维纲译，陕西师范大学出版社 2003 年版，第 53 页。

于是,认为我们关于信仰的许多品质不断丧失成为当代流行的看法,历史学家会指出,这样一种感觉并非我们今天所独有。然而在当代这种忧虑看来却更普遍,更强烈,也更持久。[①]

第二,现代人的空间焦虑表现为道德空间被殖民的危机。当人的信仰空间被非批判的理性主义侵占,信仰空间就陷入被殖民的危机。韦伯很早就看出了这一点,在《以学术为业》中韦伯认为,日益的智化和理性化表明,"原则上说,可以借助计算把握万物。这却意味着世界的脱魔——从魔幻中解脱出来"[②]。而信仰的空间危机直接导致了人道德空间的危机,"一种可以把人置于逻辑的老虎钳上的方法第一次大放异彩,要么承认自己的无知,要么承认这便是唯一的真理"[③]。理性制度的现代性的全面展开,使国家已经成为韦伯的官僚制的极权制国家,使人成为理想科层制之下的人,人与人之间的空间结构关系已经发生极大的变化,人与人之间不再是传统的血缘地缘空间关系,而是多等级、多角色、多责任的拓扑空间关系。在这种多重空间之下,人与人原有的道德空间被挤占、被殖民,就连传统道德的空间基础和底线,即"面对面"的空间关系,也毫无例外地被权力关系所充满,"面对面"已经从传统的三维空间关系进入了多维拓扑的空间关系,这个新的空间系统中,理性秩序、组织纪律、奖惩制度由于自身的自律性和当权者的选择,而大行其道。个体道德原有的空间已经成为众多的异化的道德空间中的一个,它的被殖民成为可能。这种空间的图式和格局使鲍曼的"自由漂浮的责任"成为可能。二战中,德军集中营中的施虐和受害正是在传统道德空间被殖民的形势之下展开的,施虐者规避自己的个体道德,受害者在理论计算中走向死亡。

第三,现代人的空间焦虑表现为人类曾经建构起来并使自身精神栖

---

① (美)大卫·雷·格里芬:《后现代宗教》,孙慕天译,中国城市出版社 2003 年版,第 22 页。

② (德)马克斯·韦伯:《入世修行:马克斯·韦伯脱魔世界理性集》,王容芬、陈维纲译,陕西师范大学出版社 2003 年版,第 23 页。

③ (德)马克斯·韦伯:《入世修行:马克斯·韦伯脱魔世界理性集》,王容芬、陈维纲译,陕西师范大学出版社 2003 年版,第 23 页。

身于其中的理性主义"巴别塔"濒临倒塌。西方在进入 20 世纪之后,理性确证了人作为自在存在的意义和价值,却无法确证人作为自为存在的意义和价值。理性对人生存空间的调整和建构,使人"脱域"和"再嵌入",从而割断了人与自身、人与人、人与自然之间在空间上的原有联系,而形成了新的空间下的新关系。在这种新关系下,人们越来越不能靠自己经验生活(经验封存),人被抛到一个专家知识系统和象征标志之中,一种人造的知识空间、符号空间之中,脱离了这些知识符号,个体将无法生存。在按照技术原则组织起来的庞大的自律运转的机器化空间之中,个体只是存在于这庞大机器上的一个零件或齿轮的空间,一旦甩出这个空间,人将很难生存。因此,在人表面的自由背后,暗藏着无所不在的异己的力量摆布和控制。在控制自然方面现代人达到了以往任何时代都无法比拟的出色成就,但是,当人学会了控制自然技术时却不知如何控制技术本身,人类不但无法控制技术,技术本身反而成为控制人的恶魔。这样,创造了人工自然的主体,变成了新空间所束缚的客体。属人的空间异化为有着自律性的、机械的、符号码的、庞大的、冰冷的空间,这个新的空间把人变成物化的、无法批判的、超越性和创造性的人。超人的强大的客观性空间力量,促使整个社会空间全方位异化。理性的光明成了理性的铁笼,人成了卡夫卡的"老鼠"、"讲故事的人",本雅明所描绘的城市陌生人和边缘人,人们对空间产生了新的畏惧。

严峻的生存空间问题,使人们恢复了对空间的全面反思。在具体科学上,从《寂静的春天》的出版到罗马俱乐部的报告,人们先一步在具体科学层面上展开声势浩大的反思。然而,在哲学和社会学上对空间进行反思经过百转千回,千呼万唤之后才在 20 世纪 80 年代之后形成热潮。西方哲学和社会科学,终于将自己的目光由对历史和时间的关注明确地转回到人之生存的空间本身上来,哲学开始回归人的生活空间,开始直面人的生存空间的困境,开始关注自身文化空间的构建。福柯的差异空间学研究的意义,存在于其 20 世纪 60 年代研究微观权力过程中,开启了对于生存空间的研究,他所强调的权力的空间图式强烈地唤起了西方人对自身生存空间的思索。因此，福柯成为西方现代空间哲学研究的中心人物，20世纪80年代以后，西方哲学界开始了有关空间问题的持续讨论，20世纪下半叶著名的思想家如吉登斯、利奥塔、鲍曼、德里达、詹姆斯、哈维等人都加入了这场意义深远的反思。

（三）空间焦虑的本性

第一，属人性。空间焦虑的属人性，是由人的意识特性所决定的，在这个世界上，不是只有人类能够体验到自己的生存空间的存在，但是，只有人类能够对自身生存困境加以反思和焦虑，人也是唯一能够试图超越和消除自身生存焦虑的存在物。空间焦虑与其他焦虑一样是属人的焦虑，所谓“杞人忧天”、“居安思危”不过是这种焦虑的属人性的表现，海德格尔的“大地”、“无家可归”都是人空间焦虑的某种表达。人的自在性决定了人无法摆脱动物式的“空间依赖”，而人的反思，即自我意识的觉醒又提供了对具体空间的精神超越，自在与自为的生命矛盾决定了人永远不满足于现有的现实空间。因此，从根本上说，人生存空间的困扰是由人的本性决定的，人类的最大困境是自我精神空间与现实空间的矛盾，这就决定了人将始终处于生存空间的焦虑之中。

第二，人为性。空间焦虑的人为性，是由人的实践特性所决定的，人的实践不断生成新空间，新的空间成为了人的新的生存境遇，构成了人类社会运行的机理。文化与人的生存密切相关，文化作为生命精神的外在容器，时时刻刻影响着人本身，同时，人的生存活动本身不断地创造新的空间，形成新的容器。生活内容本身与外在文化空间之间既存在着亲和力又存在着张力，生活内容发生变化，文化必然随之发生变化，生命活动在创造文化环境的同时又要始终冲破传统文化空间的束缚而希望获得新的生存方式，这必然使人处于新的焦虑之中。

第三，反思性。空间焦虑的反思性是由现代空间权力性和人的反思性所决定的。空间权力性一方面表现为空间的自律性，另一方面表现为与权力的交互性。空间具有的稳固性和惰性，它与空间组成各要素形成的系统具有某种自组织性，这种自组织性使空间自身具有生产性，在人的参与下,空间不仅自我生产,而且还生产某种主体和秩序,这些主体和秩序规范和制约着人生活的生成和展开,这种因文化而产生的人类生存的内在张力就是人的“生平”,就是人与生俱来的生存境遇。人“活着”就意味着被生产、被组织。人的反思性决定人要做真正的主体,人要主动地生产,而不是被动地生产,人要主动地组织属于自己的空间,而不是被空间所组织,这两种反思性本性上是空间与空间的矛盾与斗争,是人与人自身的矛盾与斗争。

第四,哲学性。空间焦虑的哲学性,是由哲学的形式与内容的矛盾决定的。哲学作为一种人对生存的自觉反思,总是要有一定的形式,总是要建构某种空间来表达思想。然而,哲学所建构的空间体系往往会形成容器,这种容器往往具有自足性、封闭性和排他性,结果形成思想与容器的矛盾:一方面,容器束缚、整编思想;另一方面,思想试图打破容器,穿越容器,在这个意义上说,空间焦虑是一种属哲学焦虑。黑格尔曾经小声嘟囔:“凡是合乎理性的东西都是现实的;凡是现实的东西都是合乎理性的。”[①]存在的就是合理的,凡是合理的就是存在的。然而,这句话是那么令人震撼,“凡是存在的就是合理的”,包括某一具体哲学在内的现存,都曾为生命的自由而来,然而如今却束缚了生命的历史存在;“凡合理的就是存在的”,新的为生命自由而来的具体,必然以铁的意志批判和超越历史存在。哲学一如凡·高的一生,总是在不断走近,又不断远离的过程,哲学又如西美尔所说,是人的生命活动不断地建构形式而又不断摆脱形式的活动。从空间角度看,哲学总是在一个不断走入－走出空间焦虑的过程。

三、吸取空间研究资源

如同任何哲学都离不开学术思想上的传承和文化的时代特色,福柯的差异空间思想既得益于福柯本人的独具匠心,也得益于他对重视空间

① (德)黑格尔:《法哲学原理》,范扬、张企泰译,商务印书馆1961年版,第11页。

的法国哲学资源的吸取。

从福柯的观点看,空间化曾经是知识建构的重要方法。在 1982 年的一次访谈中,他说道:“我在《事物的秩序》中使用了许多空间隐喻,但是这些隐喻却不是我提出来的,而是来自于我们所研究的对象。17 世纪认识论的变化与转变,令人惊讶地看到,知识的空间化是当时的知识建构成科学的因素之一。”[①]在自然历史和林奈的分类法中,空间化首先表现为对象的空间化,他们不使用显微镜而是以可见性为基础,其次,对象结构的空间化,再次,他们著作上使用大量图片的空间化。在这个意义上说,空间化支撑了自然历史和林奈的分类学。德里克·格雷戈里则继续表达了空间在政治经济学知识建构中的作用,在《意识形态、科学和人文地理学》中,格雷戈里曾提出:“自从 17 世纪末开始,空间因素在法国一直是政治经济学的一个从未中断过的研究主题,这一状况一直延续至 18 世纪。但是,到了 19 世纪初,空间性理论开始畏缩不前。”[②]事实正如格雷戈里所说,18 世纪是热烈奔放的时代,也是一个空间备受关注的时代。法国大革命的目标就是要消除社会等级化的空间,革命的标志之一就是法国人民攻打差异化的空间——巴士底狱。巴黎公社失败以后,西方这种明显的空间评论隐退,一种欧洲中心论色彩的历史哲学出场。尽管威廉·惠威尔强调空间原则[③],斯宾塞的“变形的实在”[④]关注了空间,涂尔干、马克思、稍后的韦伯那里都不乏对空间的分析,然而,时间的“去空间化”的思想还是悄然升起。比之于德国哲学的抽象逻辑运思和历史,法国哲学传统的突出特点是重感性经验和现实,这种哲学空间的异质性决定了在法国空间哲学尽管不发育,但其受反空间哲学的影响相对较小,因此,尽管空间思想在德、英等国家无立锥之地,在法国思想中仍能占据一席之地。

---

① 包亚明主编:《后现代性与地理学的政治》,上海教育出版社 2001 年版,第 15 页。

② Gregory D. , *Ideology, Science and Human Geography*, Hutchinson, 1978, p. 38.

③ (美)梯利:《西方哲学史》,葛力译,商务印书馆 1995 年版,第 561 页。

④ (美)梯利:《西方哲学史》,葛力译,商务印书馆 1995 年版,第 593 页。

20世纪的欧陆哲学将空间置于时间和历史的阴影之中,欧洲中心主义把自己的历史普遍化为世界主义,而社会主义国家在寻求现代化的过程中,不但没有突出空间差异反而通过历史的进步性的强调加剧了对空间的遮蔽。这种思想在今天仍然有很大的影响。只是在法国,一支空间话语的“孤波”向前曲折运动。空间哲学的这种存在得益于一些勇于坚持的哲学家。列菲伏尔就是这些人中的一位。他在《空间的生产》中认为,现代性的生存就是建立在一种越来越显示出包容性、工具性和神秘化的空间的基础之上,这种空间由资本家、政客或其他人建立并隐藏于幻想和意识形态厚厚的幕后,借以逃避批判视线。在这本著作中,列菲伏尔纠正了传统理论对于空间的简单和错误的看法,他认为空间不仅仅是社会关系演变的静止的“容器”或“平台”,相反,当代的众多社会空间往往矛盾性地互相重叠、彼此渗透。在《空间政治学的反思》一文中,他认为,空间是资本主义条件下社会关系的重要一环,空间是在历史发展中产生的,并随历史的演变而重新结构和转化,“有一种空间政治学存在,因为空间是政治的”①。在苏贾看来,列菲伏尔引发了包括萨特、阿尔都塞、福柯、普兰扎斯、吉登斯、哈维和杰姆逊等人对空间的研究。② 从时间上看,列菲伏尔1974年发表《空间的生产》,1977发表《空间的政治学反思》,1979年发表《空间:社会产物和使用价值》,而福柯的《不同空间的正文和上下文》是1967年的一次访谈稿,这在一定程度上似乎表明了福柯空间思想研究的独立性,然而,既然列菲伏尔的空间思想很早就影响到了萨特和阿尔都塞,那么应当会对福柯的空间思想产生影响,至于这种影响本身,还有待于进一步研究。

从空间思想后来发展的角度看,美国的都市社会学对福柯空间思想也产生了影响。都市社会学从齐美尔的经典性论文《都市与精神生活》出发,着重分析了失业、贫困、社会动荡、拥挤、无根漂泊等都市问题,福柯

① 包亚明主编:《现代性与空间的生产》,上海教育出版社2002年版,第67页。

② (美)爱德华·W.苏贾:《后现代地理学:重申批判社会理论中的空间》,王文斌译,商务印书馆2004年版,第65页。

多次赴美考察和生活，他的《知识、权力和空间》的访谈可以看做《不同空间的正文和上下文》、《地理学问题》与都市社会学思想产生的混响、和声和共鸣。

四、提出空间权力

福柯的空间权力思想是在其差异空间学中提出的，而后者的核心范畴是“差异空间”，“差异空间”或许是福柯思想中最抽象的概念，是福柯哲学中最有哲学味的概念，是福柯难得的表述得最清楚的概念，也是人们关注最少的概念。通过批判和超越传统的空间观念，福柯建立起以差异观念为核心的差异空间学。

（一）传统空间观念批判

什么是现代的空间？福柯认为，现代空间既不是中世纪及其以前的等级空间，不是伽利略及其以后的延伸空间，不是巴什拉的内在空间，也不是自由主义和极权主义所建构的虚假空间、乌托邦，而是一种差异空间、异托邦。差异空间的意义，就在于它的真实性、异质性、生成性和可能性。它是对等级空间观念的否定，是对延伸的空间观念超越，是对外部空间观念的强调，是对虚构空间的批判。

第一，否定等级权力的空间观念。与人们认为现代空间是一种等级权力的空间的认识不同，福柯认为，现代空间不是一种等级空间，等级空间已经被伽利略的延伸空间所超越。传统意义上的空间是标志明确等级差别的空间，这种等级空间主要存在于中世纪时期，等级空间的特点是有明确的层级性，人们生活的空间被划分为神圣空间与凡俗空间；围护空间与开放、暴露空间；城市空间与乡村空间。空间的划分确定了地位等级。在当时宇宙论的理论中，有一个超天国空间相对于天国，天国空间又相对于现世空间。在某些空间里，事物被暴力移换安置，而在其相对的空间里，事物有它的自然基础和稳定性。就是这个完整的层级、对立与空间的交错，构成了可泛称为中世纪空间的定位空间。中国古代的等级空间也非常突出，鲁国大夫季孙氏八佾舞于庭，孔子的反应是“是可忍，孰不可忍也!”这个定位空间被伽利略打破,福柯认为,伽利略引起公愤的原因是新的空间政治分析。在福柯看来,人们不满伽利略的主要原因并不在于地球公转的发现,而是在于他以一个无限开放的空间瓦解了当时的等级空间,因为某物的空间,除了只是它移动中的一点外,再也没有任何意义;就如事物之稳定性,只是它移动的无限减慢罢了。换句话说,从伽利略以及17 世纪起,延伸(extension)就取代了地点(localization)。

第二,超越延伸的空间。与主张全球化学者强调当代空间的“延伸空间”的性质不同,福柯强调微观的差异的地方化。这种地方化不是中世纪的等级空间,而是工业社会的专业知识空间、权力关系空间,福柯用地址来表示这个格点式的空间。从形式上,我们可将这种关系区分成序列的、树状的与格子的关系。总之,在当代的技术工作中,地址的重要性是众所周知的,例如:机器记忆在磁碟上储存的位置,信息在电话线中传送的地址,生产人员的空间配置,人类在城市中的分布与安置,我们的世代传承正是空间的不同关系形成的世代相袭。

第三,强调外部空间权力。与自己的老师巴什拉的空间诗学描绘的知觉空间、梦想空间和激情空间这些内部空间或者说精神空间不同,福柯的地址指涉的是外部空间。这些外部空间与巴什拉的空间的相通性在于它们都是异质的。在巴什拉那里,人们所生活于其中的空间并不是一个均质的和空洞的,相反,却充满奇思妙想。“那或是一个亮丽的、清轻的、明晰的空间;或再度地,是一个暗晦的、粗糙的、烦扰的空间;或是一个高高在上的巅峰空间,或相反的是一个塌陷的泥浊空间;或再度地,是一个像涌泉般流动的空间,或是一个像石头或水晶般固定的、凝结的空间。”①与此相似,空间是人所居住的场地,是把人同自身中抽离出来形成人的历史存在,生产着时代与历史,生产着主体性,束缚生命的空间,空间有着如此多的维度,而在每个维度上,对不同的群体或个体而言,它的结构又有不同。如果说人们所生活的物理空间并不像人们传统理解为的真空,而

---

① 包亚明主编:《后现代性与地理学的政治》,上海教育出版社 2001 年版,第 20 页。

是由各种电磁波形成的场,那么,在福柯那里,人们生产的空间和被生产的空间,同样不是一个纯粹均质和相同的真空,而是各种力量关系相互作用的场,这些关系的不同组合作用,形成了不同的地址空间,这些差异的地址空间不能彼此还原,更绝对不能相互叠加。在福柯看来,现代人的焦虑集中体现为差异空间焦虑。“从各方面看,我确信我们时代的焦虑与空间有着根本的关系,比之与时间的关系更甚。时间对我们而言,可能只是许多个元素散布在空间中的不同分配运作之一。”[①]这一阐述清楚地表达了差异空间对于时间的组织和空间的差异运作。

第四,批判虚假空间权力。福柯把现代空间分为两类:一类是乌托邦的空间(utopias),另一类是真实的空间(real places),乌托邦的空间即虚假的空间,是没有真实空间的空间。虚假的空间有两种形式:一种是“由社会的真实空间直接类推而成的普遍关系空间”,另一种是“由社会真实的反转类推而成的普遍关系空间”。[②] 前者的虚构旨在呈现社会本身的完美,后者的虚构旨在颠覆这个社会,但无论如何,这些乌托邦的空间从根本上说都是“非真实空间”。联系到福柯对自由主义和极权主义的态度,我们不难看出,福柯在这里以极其抽象的方式暗示:非真实空间要么是传统自由主义所建构的资本主义完美社会的空间,要么是“庸俗马克思主义”批判的试图推翻的“资本主义空间”。这些普遍性的总体空间是伽达默尔的“效果历史”、利奥塔的“宏大叙事”、科西克的“伪总体”(false totality),具体地说,乌托邦的空间是“贬低个体活动、缺乏反思的空洞总体”、“以形式化整体来反对部分以描绘‘更高级的现实’去假定‘趋势’的抽象总体”和“以神话的主体替代真正主体的恶的总体”。[③] 通过对传统空间的批判的超越,福柯提出现代的真实空间即差异空间。

---

① 包亚明主编:《后现代性与地理学的政治》,上海教育出版社 2001 年版,第 20 页。

② Foucault Michel, Texts/contexts of Other Spaces, In *Diacritics*, 1986, 16 (1), (spring). http://www. Foucault. info.

③ Karel Kosik, *Dialectics of the Concrete*, D. Reidel Publishing Company, 1976, p. 31. 福柯提出现代的真实空间和虚假空间与科西克的具体辩证法中提出的虚假总体、伪具体的关联有诸多的“相似性”,这种相似性本身及其文化意义是值得深入研究的哲学问题。

（二）建立差异空间学

福柯提出的差异空间与乌托邦的空间不同，因为那些差异空间真实地存在于日常生活，可以在“田野作业”中显现。差异空间是存在于每种文化和每个文明中的真实空间，它们是形成社会的真正基础。在福柯看来，这些真实的空间是相互斗争的空间（counter - sites），它们同时再现、斗争与倒转，有效地形成了虚构的空间，权力的空间化。由于这些空间绝对地不同于它们所反思与指涉的所有空间，更由于它们与虚构空间的差别，被福柯称之为“差异空间”，对既定社会的“差异空间”的分析和描述，对于我们生活于其中的同时性的神秘而真实斗争着的空间权力的系统描述，就是福柯所谓的“差异空间学”或者“异托邦论”（heterotopology）。

福柯提出的“差异空间学”有六项原则，这也是差异空间的六个特点：第一，文化建构性，从发生上说，差异空间不是纯自然界的空间，而是文化建构的空间，任何一种文化都成功建构差异空间；第二，社会相关性，从运作上看，差异空间是时间的函数，每一个社会，如同它的间断和异质的历史所展现的，可使一个既存的差异空间以完全不同的方式运作；第三，结构差异性，从结构上看，一个差异空间不仅与其他的差异空间不同，而且意味着在一个单独差异空间中并存许多个彼此不相容的空间，比如花园的结构；第四，时空同步性，从空间与时间的关系看，差异空间与差异时间，即与差异空间对称的时间片段性相关，空间被以不同标准分隔，同时时间被以不同时间表组织；第五，内部的排他性，从差异空间的相容性看，空间的开放的差异空间中隐藏了奇怪的排他性；第六，内在超越性，从差异空间的功能看，差异空间不仅具有对秩序的生产性，而且具有对既存的秩序空间的超越性，它能创造某种幻想的或新的真实空间使既有的差异空间显现出偶然性、病态性、非思性。

如同福柯论述差异空间的题名所显现的，1967 年的那次访谈是关于不同空间的“正文”和“上下文”的，在那里，福柯关于空间的思考有其特殊的对象即差异空间，有其特殊的规律即文化建构规律、历史运作规律、构成差异规律、时空同步规律、开放排他规律和可能超越规律，有其特殊的方法即田野作业式的考古学考察，有其特殊的体系即从时间哲学批判到建立空间哲学，从对传统空间批判到提出差异空间，从核心概念提出到对概念的结构进行系统描述，在这样一篇精致浓缩的小文章中，福柯向我们展现了他绘制差异空间学图景的大手笔。

（三）差异空间学的中介作用

差异空间学指的是乌托邦的空间和真实的空间，这既是对《词与物》的空间的再书写，又是对《规训与惩罚》权力的宏观物理学和微观物理学的空间化表达。福柯在《词与物》的前言中写道：

> 乌托邦提供了安慰，尽管它们没有真正的所在地，但是，还是存在着一个它们可以在其中展现自身梦幻的、没有烦扰的区域；它们开辟了拥有宽阔大道和优美花园的城市与生活轻松自如的国家，尽管通向这些城市和国家的道路是虚幻的。[①]

这是福柯对乌托邦（即宏观权力所建构的虚假历史）展开的批判，到了《不同空间的正文和上下文》一文，宏观权力话语被转换成空间话语（虚假空间），而浴室、花园、电影院、墓地等差异空间也是对《词与物》的前言中“语法“和“命名”作了回应，“差异空间是干扰的，可能因为它们秘密地损害语言，因为它们使命名这和那成为不可能，因为粉碎和混淆了共同的名称，因为它们事先摧毁了‘句法’，不仅有我们用以构建句子的句法，而且还有促使词与物（一个接另一个，一个反对另一个）‘结为一体’的不太明显的句法”[②]。

在《规训与惩罚》中，虚假空间以具体化为“明确的、法典化的、形式上平等的法律结构的确立为标志的，是由于组织起一种议会代表制才成为现实的”。差异空间则表现为被规训机制分割化了的空间，一种纯哲学

---

① Foucault Michel, *The Order of Things: An Archaeology of the Human Sciences*, Routledge, 2001, p. xix.

② Foucault Michel, *The Order of Things: An Archaeology of the Human Sciences*, Routledge, 2001, p. xix.

的空间分析转换为通俗易懂的社会学通俗读物。在此过程中,福柯已经清楚地表明了微观权力与宏观权力的关系,虚构的空间显然是宏观权力及其表现,即主权法权模式所表现出来的社会进步、自由平等宏观效果历史,是由真实空间"七十二变"而来,宏观权力的微观基础比如规训、监督、纪律、惩戒、监禁微观权力才是真实的西方社会空间制造。福柯以"差异空间"为核心,其目的是揭示空间权力,这既表现出其与众不同的理论视角、理论方法、理论构架,又表现出福柯建立新价值的追求。

第二节　空间权力机制与超越

在福柯的"空间权力"的众多研究中,爱德华·苏贾是不能被忽略的一位,他在《后现代地理学》中突出了福柯空间思想的哲学性,而且此书的副标题就是"重申批判社会理论中的空间"。苏贾关于空间的研究已经触及了作为现代性态度的本性,即批判问题,可以说,他距离作为福柯的空间症候的现代性态度只有一步之遥。然而,苏贾并没有将福柯的"差异空间学"、微观权力谱系以及《什么是启蒙》纳入自己的研究视野,使得他对福柯的现代性态度缺少关注,导致他得出了"米歇尔·福柯含糊不定的空间性"①的结论,结果削减了福柯空间哲学与现代性之间紧致的关联,也削弱了自己批判理论的力量。不过,苏贾对福柯空间思想的梳理为我们提供了理解福柯空间思想的资源,他关于现代性态度空间症候的未主题化为我们的研究留下了广阔的空间。

苏贾曾说:"没有多少人能清楚地了解福柯的地理学。"②套用苏贾的话说,没有多少人能清楚地了解福柯的空间思想,没有多少人能清楚地了解现代性态度思想,没有多少人能清楚地了解差异空间学对现代性态度

① (美)爱德华·W.苏贾:《后现代地理学:重申批判社会理论中的空间》,王文斌译,商务印书馆2004年版,第24页。

② (美)爱德华·W.苏贾:《后现代地理学:重申批判社会理论中的空间》,王文斌译,商务印书馆2004年版,第30页。

的意义。在《后现代地理学》中，苏贾对“地理学问题”的访谈过程作了生动的描述和饶有兴味的分析。当福柯被问及何以对“空间”范畴用而不宜时，苏贾说福柯“先是惊讶，后是恼怒”，然后是又把球踢回采访者那里，而后“却在追问之下，他又承认，空间已被哲学家和社会评论家贬值了好几代人的时间”，他重申了权力－知识的内在空间性，“最后态度来了一个180度的大转弯”[①]诸如此类。苏贾的分析是十分有趣的。从福柯的这次访谈中我们确实看到了某种苏贾所说的迹象。学术交流能够形成一种头脑风暴，有助于新思想的迸发，爱因斯坦的狭义相对论思想就是在奥林匹亚咖啡馆的争论中产生的。就如福柯在《什么是启蒙》一文中指出的那样，“我将把我们自身的批判的本体论所特有的哲学气质视作一种对我们能超越的界限的历史—实践的检验，因此，也就是视作我们自身对自身(这被视作自由的存在)的工作”[②]。然而，这种分析可能会弱化福柯在1967年访谈中所表达的思想的意义，如果苏贾认同我们第一节所作的分析，他或许会对福柯的差异空间学作重新评价。

保罗·雷比诺与戈温德林·莱特非常重视福柯的空间权力思想，他们提出：“对于福柯来说，它却是对准任何社会中特殊权力运作的一条道路。”[③]他们合作的《权力的空间化》一文分析了圆形监狱的形式、有关纪律的技术与空间、工作场所的空间、空间与疾病、空间与阶级的关系，强调了空间与规训和生物权力的关联，突出了福柯所说的中介作用。然而，不难看出，该文除了对空间与阶级的关系分析外，其对空间的研究基本局限于与福柯的访谈《知识、权力和空间》所涉及的内容之内，即使对空间与阶级的分析，他们的研究也局限在规训权力形式之内，这就使他们的研究没有触及福柯差异空间学的深层。

上述研究已经部分地表明，《不同空间的正文和上下文》已经建立了

---

① (美)爱德华·W.苏贾：《后现代地理学：重申批判社会理论中的空间》，王文斌译，商务印书馆2004年版，第31~32页。

② (法)米歇尔·福柯：《福柯集》，杜小真编选，上海远东出版社2003年版，第540页。

③ 包亚明主编：《后现代性与地理学的政治》，上海教育出版社2001年版，第39页。

差异空间学和它对于福柯的空间权力所具有的意义，下面的研究将显现使空间权力及其中依稀的“现代性态度”的身影清晰起来。

一、外部空间权力

福柯高度评价巴什拉对现代所作的空间分析，称其为伟大的作品，并暗示自己的任务是要作同样伟大的分析。“这些分析虽然根本地反映了我们的时代，但主要却涉及内部空间。现在，我希望讨论一些外部空间。”[①]那么，福柯这里所说的“外部空间”是什么样的空间呢？从随后一段话中，我们可以解读出现代空间的三种维度：

第一，作为权力容器的空间。这是“我们所居住的空间”，是人的空间。这个空间悬搁一切与人无涉的空间。“我们生命、时代与历史的融蚀均在其中发生”[②]，人的具体历史都在这个空间出生、成长、死亡。这个空间相当于一部电影的背景空间。

第二，作为权力生产者的空间。这是形成人自身历史存在的空间，它“把我们从自身中抽出”，塑造了人之所是，并使人们对于自己的所是处于集体无意识状态，使空间自身成为非思。“这个紧抓着我们，啃食着我们的空间”[③]，是限制自由的人和全面的人出现的空间。这个空间就像电影主角的个体空间。

第三，作为权力关系网络的空间。作为生产者的空间自然不会是空的空间，而是各种力量关系既相互竞争，又在竞争中相互配合的权力的空间。“我们并非生活在一个我们得以安置个体与事物的虚空(void)中，我们并非生活在一个被光线变幻之阴影渲染的虚空中，而是生活在一组关系中，这些关系描绘了不同的基地，而它们不能彼此化约，更绝对不能相互叠合。”[④]这些空间是将现代生活分割为若干异质的不能还原为某一种

① 包亚明主编:《后现代性与地理学的政治》,上海教育出版社 2001 年版,第 20 ~ 21 页。
② 包亚明主编:《后现代性与地理学的政治》,上海教育出版社 2001 年版,第 20 ~ 21 页。
③ 包亚明主编:《后现代性与地理学的政治》,上海教育出版社 2001 年版,第 21 页。
④ 包亚明主编:《后现代性与地理学的政治》,上海教育出版社 2001 年版,第 21 页。

总体空间的空间群落。这个空间群落中各种空间的关系是谱系学,而不是连续的;是块茎的,而不是树状的。这个空间相当于电影中人物关系的空间,电影就是这些差异关系的组合。

福柯的外部空间分析是对我们自己所是、所想、所做的主体的各种事件作一种空间的调查。福柯以一种抽象的方式对人之所是、所思和所行的某种空间哲学进行描绘。差异空间与微观权力有着广泛而内在的关联。“人们常指责我迷恋于这些空间概念,我确实对他们很迷恋。但是,我认为通过这些概念我确实找到了我所追寻的东西:权力与知识之间的关系。”①对于空间与权力的关系,拉比诺在《权力的空间化》中有明确的阐述,“空间是公共生活形式的基础。空间是任何权力运作中的基础”②。除了前面外部空间与权力关联一般说明,还有大量的对前期著作及其中微观权力思想的回响和后来微观权力分析的生长点,这个问题值得进一步挖掘,这里只集中分析福柯的镜像隐喻。

二、空间权力与超越的镜像隐喻

如果说,《疯癫与文明》中愚人船、监狱和疯人院的空间绘图是对空间权力的局部描写,那么《词与物》首页“宫中侍女”则是对空间权力作用的机理的全图展现,“宫中侍女”是一幅从镜子里展现出的画面,其中每个人都是主体,又都处在被观察的角度,当我们观察这幅画的时候,也会感觉我们自身正在被画中人观察,敏感的人会提出疑问,到底什么存在?答案必然是:观察机制。这种观察机制从《疯癫与文明》中医生和医学对疯狂的凝视,到肉体对解剖学的可见性,从“宫中侍女”观察到后来《规训与惩罚》当中的监视和全景监狱,从在镜子中对我的观察到牧师权力中自我技术对自身的观察,形成了一个微观权力作用的谱系,观察者、被观察者、绘画者、被画者,一切人都被整合到无所不在的空间权力之中。

---

① 包亚明主编:《权力的眼睛:福柯访谈录》,上海人民出版社 1997 年版,第 205 页。

② 包亚明主编:《后现代性与地理学的政治》,上海教育出版社 2001 年版,第 14 页。

在《不同空间的正文和上下文》中，福柯有一段关于“镜子”的精彩的论述，它不仅极其抽象地表现了空间权力的无所不在，也非常深刻地揭示出人们超越空间权力的可能的哲学之路。下面，我们把它分为两部分来分析。

第一部分是把“镜子”同时作为“虚假”和“真实”的空间存在来分析。在福柯看来，这些差异空间混合交汇的经验，可以看做一面镜子：

> 在这个镜面中，我看到了不存在于其中的自身，处在那在表层之后打开的、不真实的虚像空间中；我就在那儿，那儿却又非我之所在，一种幽灵(shadow)让我看见自身，使我能在自身缺席之处，看见自身。①

这里，福柯首先向我们显现的镜子是作为差异空间的效果历史的宏观镜像，这是西方社会所建构的一种控制人们的乌托邦，福柯在宏观之镜中看到两个我。第一，我是历史存在我，我也就是常人，“我就在那”表明常人就在那，常人在镜子之中，在权力效果之下；第二，“那儿却又非我之所在”，“使我能在自身缺席之处，看见自身”的幽灵让我看见自身，我是作为一个批判宏观效果的考古学者，因此我是不被空间限制的一个幽灵，我看到自身在空间之中，然而我并没有被限定在空间的某处，而是以一处缺省的姿态不断对西方社会所建构的乌托邦空间进行穿越，这时生成了我的一种对新的异质化的超越权力的可能和希望，因此这是一种异托邦，一种由人自身的努力而产生的具有解放力量的新空间。

第二部分是把“镜子”作为真实的空间来分析。

> 但就此镜子确实存在于现实中而言，又是一个差异空间，它发起了某种对我所处位置的反作用。从镜子的立足角度，我发现了我对于“我曾经在那儿看到了自己”的所在之处的缺席，从这个凝视起，就如它朝我而来，从一个虚像空间的状态，亦即从

---

① Foucault Michel, Texts/Contexts of Other Spaces, In *Diacritics*, 1986, 16(1), (spring). www. Foucault. info.

> 镜面之彼端，我因之回到自身；我再度地开始凝视我自己，并且在我所在之处重构自身。这个镜子，在下述的角度有一差异空间的作用：当我凝视镜中的我时，那瞬间，它使我所在之处成为绝对真实，并且和周遭所有的空间相连，同时又绝对不真实，因为，为了感知它，就必须穿透存在于那里面的这种虚像空间。①

第一部分的分析表明镜子是差异空间建构的一个乌托邦的空间，然而，建构这个乌托邦的差异空间有着现实的功能，我自身凭借一种考古学和谱系学的策略虽然不在宏观乌托邦的空间之下，超越了宏观权力试图形成的人的沉睡，但是“镜子确实存在于现实中”表明镜子本身又是一种微观的空间权力，即我必然处在微观的权力之中，这是任何人都无法逃避的。这里发生两次凝视：第一次凝视实际是我对镜子本身的凝视，这种凝视使权力结构具有了可见性。但这一凝视也使穿越于权力之中我的幽灵具有了可见性，“它朝我奔来”，幽灵不再透明，福柯把自己视为抹香鲸的梦醒了，无所不在的“空间权力”使那个“客观”的观察者消失了，这个世界上根本没有那样一种桃花源可以躲避现实的微观权力。第二次凝视是我再度凝视镜中的自身，是自身的重构性凝视，是自身当下对我的超越。这里又表现了差异空间的异托邦性在人自身的批判实践过程中向人们的显现，新的可能世界向人们的敞开，新的希望向人们的召唤。这里，福柯清楚地表明人自身、宏观权力、微观权力与人的历史存在之间的复杂关系，一种多元要素之间在人实践中呈现出来的辩证法。

如果回到第三章我们引用的波德莱尔《镜子》中把波德莱尔的工作与福柯的分析关联起来，我们就会发现：福柯的镜像分析不仅存在有待于进一步研究的拉康等人镜像分析的渊源、罗蒂等人对镜像哲学批判的文化背景，而且波德莱尔的《镜子》一诗或许是福柯的镜子隐喻的谱系学来源之一，因为我们不能忽视福柯微观权力思想的广阔思想来源，不能给胸

---

① Foucault Michel, Texts/Contexts of Other Spaces, In *Diacritics*, 1986, 16(1), (spring). www. Foucault. info.

藏锦绣、腹纳乾坤的福柯戴上单一学科的枷锁，打入单一领域的囚车。从这个角度看，波德莱尔《镜子》中内蕴的深沉的哲学思想就闪现出来。那个奇丑的男人照镜子，常人觉得“看到自己的面貌只能使你不愉快”，这时镜子本身已经既是一个真实具体的物理空间，又是一个宏观权力的空间化表征，之所以说它是宏观权力的表征，是因为这个空间被知识建构成一个能否令人愉快的美丑标准，在这个意义上，这个空间既是一个普遍的“虚假空间”的在场，又是一种具体的真实的空间权力。当那个奇丑的男人说“至于愉快不愉快，这只关系我的心情”时，这里表明这个镜子又是一个异托邦，由于人的批判态度，由于人的实践超越，这个异托邦不但绝非虚幻，反而更加真实，因为他在这里，人自身自觉生存建立了与常人不同的视角和标准。比如作为教师，“奇丑的男人”想看的不是自己的长相是否符合普世性的客观标准，也不是自己的长相是否符合主体间的共通评价，而是想看一看自己的妆容是否整洁，自己的精神是否焕发，是否可以走上讲台开讲。这时他先天的长相已经不再重要，于是，关于“美”的通俗权力的虚假空间被打碎了，同时，命名他奇丑的真实的物理空间也被打碎了，他看到的自己，是自称“牛虻”的苏格拉底，是弘扬“大乘佛法”的三藏，是彰显“真、善、美”的康德，是高扬“共产主义”的马克思，是宣讲“以学术为业”的韦伯，是主张“关怀自身”的福柯，他是马克思哲学的继承人，是新世纪的深层文化启蒙者，他是将人的自由、对他人的关怀充盈于己胸的仁者，是将社会的进步、人类的发展承担于己肩的有良知的知识分子，是将真理运行于己思的哲人，是将超越付诸己行的实践的唯物主义者……这种真正“真实”的差异空间爆发出无与伦比的解放力量！

在《不同空间的正文和上下文》一文的最后，福柯终于提出“差异空间”（或“差异地点”）对于其他既存空间所具有的一个功能，事实上完成了自己对“镜像”分析的哲学概括。他认为，这个功能包括两方面：“一方面，它们的功能是创造一个幻想空间，以揭露所有的真实空间（即人类生活被区隔的所有空间——引者注）更具幻觉性；另一方面，相反地，它们的功能是创造一个不同的空间，另一个完美的、小心翼翼的、仔细安排的真实空间，以显现我们的空间是污秽的、病态的和混乱的。后一类型并非幻象，而是补偿性差异空间。”[1]这里，差异空间向我们显现了自身的反思性和溢出性，对这一观点，卡尔·博格斯在其《政治的终结》中作了响应，他指出：“在日常生活的重要领域，想象实现一个替代性社会空间是可能的，这个空间是推翻霸权形式和实践的空间。”[2]差异空间的权力性与其异托邦性体现了“否定的辩证法”。

差异空间是造成我们今日之所是、所思和所行的空间权力，也提供了对空间权力超越的可能。人自身能够通过一种批判促使差异空间创造“异托邦”，通过这个新的差异空间，揭示所有真实的现代区隔空间权力本性：这种空间是疯癫的世界、边缘人的世界、被殖民的世界、非理性的世界，通过这些空间来显现现代的理性组织的世界的疯狂，同时，人自身还能够通过当下的精心来建构一种异质的空间，以这种空间来揭示我们生活于其中的“问题空间”。福柯自身的考古学、福柯的关于差异空间的分析本身就是这种对历史存在的无情揭露和反叛。“哪里有权力，哪里就有抵制。”差异空间的可能空间和补偿空间的生成构成了这一句话的空间意义的再生产，上述差异空间的两种功能使历史存在由“永恒”转为偶然，由历史进步转为“完美暴行”，其本身已经预示着历史偶然性超越的、对暴行的克服的“现代性态度”的空间症候。

第三节　空间权力思想的局限和意义

一、空间权力思想的局限

第一，对传统空间消散的独断。福柯以差异空间对“延伸空间”和

---

① Foucault Michel, Texts/Contexts of Other Spaces, In *Diacritics*, 1986, 16 (1), (spring). http://www. Foucault. info.

② (美)卡尔·博格斯：《政治的终结》，陈家刚译，社会科学文献出版社 2001 年版，第 285 页。

"等级空间"的取代是有意义的,他向我们显现了空间的政治意义,然而,我们看到福柯还是过于绝对化和理想化了。无论是西方还是东方,等级空间并没有像他所说的那样瓦解,只不过以一种更加隐蔽的形式存在下来。正如他自己后面所说:"当代的空间仍未全然地被世俗化(空间看来与时间不同,可当成是从 19 世纪的神圣中抽离出来的)。"[①]而且延伸的空间不但没有消失,反而更加强大。不过福柯在这个问题上的独断为后来者研究留下了广阔空间。

第二,对内部空间的未思。在对巴什拉的内部空间分析高度评价后,福柯就转入外部空间分析。事实上,如果我们把福柯的理论用于福柯自身,不难发现"差异空间"思想是福柯独具特色的生活空间、心理空间和精神空间的产物。福柯本人生活的空间,不是别人的空间,而是他亲身经验、触摸、倾听、感受,从小不善于与人交流、被关闭于暗室的疯女人的空间,外科手术室的空间,严格校规的天主教学校空间,精神病研究所的空间等差异空间的再现,福柯自己证明了空间对人的生产,这本身无疑是深刻的,但其中也是偏颇的。他没有看到,自己对差异空间的所思正是巴什拉所说的"精神空间",他对差异空间的书写则将其本人的内部空间外部化。看来,忽视内部空间与外部空间的通达是西方学者的弱点。

此外,其差异空间权力机制还很不具体,具有过于抽象的特征,或许这也是人们少有触及的原因之一,这种模糊向后来的《规训与惩罚》中敞开了空间,职业培训、日常纪律和全景敞视主义的使空间关系"自动"地生成约束和征服"主体"的规训权力,这是空间权力的具体社会学表现,是差异空间思想的发展。

二、空间权力思想的意义

第一,纠正了现代哲学对空间的忽视和压抑。福柯的研究突显了被模糊化、透明化、遮蔽化的空间性,突出了多样的空间的政治性、微观性和

---

① 包亚明主编:《后现代性与地理学的政治》,上海教育出版社 2001 年版,第 20 页。

权力的隐蔽性和诡计，标志着福柯对法国空间哲学的恢复和发展。福柯与列菲伏尔等人一道，以一种坚定不移而又简单明了的姿态扭转了在他们之前法国也是西方的时间哲学轴向，把当代哲学首先引入空间化方向。他改变了整个非空间哲学和社会科学思想的文化景观，他以一种特别的方式，从多个角度艰难地实施着这一改变，空间权力思想如此有力，以至于它最终使空间分析打破了时间哲学的意识形态，使空间的峥嵘从单纯的容器面纱后展露出来。

第二，开启了现代性研究的空间维度。差异空间学为研究微观权力寻找到一条新路，它是知识与权力，身体与权力的纽带和桥梁。福柯对“空间”的独到理解和精彩论述是他现代性态度观点的理论奠基之一，是福柯“新自然哲学”的组成部分。[①] 福柯不仅突破了以往时间哲学的传统，而且开启了现代性研究的空间维度。对此，苏贾曾总结道：“福柯关于考古学和谱系学的知识，为空间的后现代文化批评和权力的制图学提供了一条重要的途径。”[②]的确如此，利奥塔的空间思想、哈维的“马克思主义后现代地理学”、苏贾的“后现代地理学”、伯杰的“空间政治学”、詹姆逊的“后现代地图”和鲍曼的“流动的现代性”都有着对福柯空间思想的明确引用，是在福柯差异空间思想基础之上的阐发。德勒兹干脆在其分析《规训与惩罚》的文章中把福柯和自己称为“新一代的地图绘制者”，他说：“书写的三种定义是：书写就是斗争、反抗；书写就是流变；书写就是绘制地图，‘我是一个绘制地图学者……’”[③]按照苏贾的说法，詹姆逊将福柯有关等级空间和封闭的监狱城市思想移植到后现代城市研究中，福柯对空间斗争的分析，“离杰姆逊的后现代主义抵抗只有一步之遥”[④]。需

① 人总是实践的人，在改造自然的实践活动中，人类不仅把自然分为“与人无关的自然”和“与人有关的自然”，而且还创造了新的“与我有关的”物理空间，形成了“第一人工自然”，还创造了知识空间和文化空间，形成了“第二人工自然”。

② （美）爱德华·W. 苏贾：《后现代地理学：重申批判社会理论中的空间》，王文斌译，商务印书馆 2004 年版，第 97 页。

③ （法）吉尔·德勒兹：《德勒兹论福柯》，杨凯麟译，江苏教育出版社 2006 年版，第 45 页。

④ （美）爱德华·W. 苏贾：《后现代地理学：重申批判社会理论中的空间》，王文斌译，商务印书馆 2004 年版，第 97 页。

要强调指出的是，詹姆逊在自己的后现代地图理论阐述中，批判福柯等人"后现代主义"以空间观念取代了历史观念，这种判断对于福柯来说是不公正的。事实上，福柯在高举空间的同时，并没有放弃时间，这一点，随后的《知识考古学》就是明证。[①]

除了詹姆逊，在当代空间思想研究者中，还要突出两个人：一个是英国的格雷戈里，此人组织他在剑桥大学的学生以极大的热忱全面研究了福柯的空间思想；另一个是建构主义现代性研究者吉登斯，他不仅吸取了福柯有关权力、监视、现代性态度的观点，也积极吸取了福柯的空间思想，把空间作为现代性研究的重要支点。吉登斯采用了一种综合的观点，他把福柯的空间理论与延伸空间联系起来，并建构为"脱域"和"再嵌入"观点，他提出，"场所完全被远离它们的社会影响所穿透并据其建构而成。建构场所的不单是在场发生的东西，场所的'可见形式'掩藏着那些远距关系，而正是这些关系决定着场所的性质"[②]。他还强调了空间对于规训的必要性，"没有对场所——互动的物质环境——在某种程度上的控制，监视也是不可能的。要使一个组织行之有效，某一场所内的监视并不一定要包括所有隶属于组织管理中的人们的行动。最重要的是组织的上层处于共同在场的环境中"[③]。与福柯对待马克思的态度一样，吉登斯几乎没有专门论述却较早也较多地直接吸取和利用了包括空间思想和现代性态度思想在内的福柯的思想。在展开自己的建构主义社会学过程中，在现代性研究的视域内，吉登斯把"脱域"、"再嵌入"思想与福柯的"虚假空

---

① 《不同空间的正文和上下文》是福柯1967年的演讲，《知识考古学》发表于1969年。然而，正如本文所指出的，由于1967年的这一演讲当时并未刊发以及其过于抽象等原因，人们并未对这一文献展开分析，反倒涌向《规训与惩罚》这一通俗小说式的文献而大谈特谈空间权力，如果说这种分析发生在1984年之前并不稀奇，但在《不同空间的正文和上下文》发表以后仍然执著于此，这难免体现这些空间哲学分析的局限性，当然，这种局限恰恰为本章提供了研究的空间，不难预测本文的盲点和局限性，也为进一步研究空间哲学提供可能，这恐怕就是哲学生态、学术生态，哲学甚至学术本身就是在这种局限性的绝对性和补充的相对性中向前发展的，有趣的是，这种状况与差异空间学的要求是相和的，由此倒是体现了空间差异学的辩证法本性。

② （英）安东尼·吉登斯：《现代性的后果》，田禾泽，译林出版社2000年版，第16页。

③ （英）安东尼·吉登斯：《社会理论与现代社会学》，文军、赵勇译，社会科学文献出版社2003年版，第169页。

间”、“差异空间”联系起来，把“自我认同”的现代性的态度与福柯的“现代性态度”联系起来。与福柯既强调“差异空间”的空间权力又强调可能的超越不同，吉登斯更多强调空间权力的现实空间，阐明了现代空间权力的必然性以及人们“可选择”的态度；而福柯对现代性态度作了严格的划界，更强调现代空间秩序的束缚性、偶然性以及人之为人的当下批判和超越的生存态度。从这个意义上看，福柯的分析似乎更具哲学味道，而吉登斯的分析似乎更具社会学气息。

第三，为我国城市化发展提供思想资源。福柯空间思想显现出来的政治意义也应为我们的城市化建设提供一些启示。城市景观不仅是建筑物及其背景、广场、绿化、配景这类物理学、几何学和美学问题，其本身也是人的精神栖居之所，蕴涵着社会对人的干预和塑造。在这个意义上说，城市也具有海德格尔所说的“大地”的寓意，这也是我们在城市化建设中要关注的。福柯指出：“一部完全的历史仍有待书写成空间的历史。”[①]这句话同样适用于我们。

本章在评价雷比诺、苏贾、吉登斯等人对福柯关于空间的研究基础上，从他们所普遍忽略的《不同空间的正文和上下文》这一核心文本出发，分析福柯建立在空间差异学之上的空间权力及其对福柯现代性研究的意义。

福柯的差异空间学作为对人生存空间的自觉反思，是福柯对现代人生存空间困境的回应。它以批判传统时间哲学为逻辑起点，以法国空间研究为理论资源，以“差异空间”范畴为核心，以揭示和超越空间权力为目标。空间对于福柯来说具有双重意义：没有空间范畴，福柯就无法确定权力与知识联结的方式，没有差异学空间概念，现代性态度必然缺少重要的空间维度。

在阐述福柯的空间权力过程中，我们提出空间的八个双重性：空间的第一自然性和第二自然性、空间的内部性与外在性、空间危机的外部化和

---

① 包亚明编：《后现代性与地理学的政治》，上海教育出版社 2001 年版，第 39 页。

内部化、空间的物质性和精神性、空间的自律性和自我反思性、空间的虚假性和真实性、空间的总体性与具体性问题、空间的控制性和解放性。我们概括出“差异空间学”的六项原则:文化建构性、社会相关性、结构差异性、时空同步性、内部的排他性、超越性。从此出发,福柯“差异空间学”或许可以通俗地表述为:

“延伸空间”削平了“等级空间”——这是启蒙的现代性总体,突出表现为进步、自由、平等的现代性理念和制度对传统空间权力的打破。

“差异空间”割据了“延伸空间”——这是微观权力的秩序,表现为人在“脱域”的同时被再嵌入具体生成的空间中,现代性的制度层面与理念层面冲突。

“虚构空间”遮蔽并颠倒了“差异空间”——这是宏观权力的效果,也是微观权力的诡计,微观权力通过自我遮蔽把人置入一种虚构的意识形态之中。

“差异空间”创造“幻想空间”和“补偿空间”——这是对人类生活被区隔的微观权力空间的突破和超越,是对制度与理念重新整合,是差异空间的辩证法,体现人的现代性态度。

从差异空间的功能看,福柯的空间思想重点分析的“外部空间”以容器、生产者、权力关系等形式塑造人之所是、所思和所行;差异空间提供了超越既存的人之所是、所思和所行的可能;差异空间不仅具有对秩序的生产性,而且具有对既存的秩序空间的超越性,它能创造某种幻想的或新的真实空间使既有的差异空间显现出偶然性、病态性、非思性,这一思想体现了福柯空间思想的辩证法。因此,空间理论是福柯的微观权力思想的不可或缺的支点:正是凭借空间理论的展开和应用,福柯才走出知识考古学的囚笼,把知识与权力更有机地联系起来,把微观权力分析从考古学阶段推进到谱系学阶段,从而对现代性的秩序维度研究更加深入。正是差异空间对既存的秩序空间的超越性,使它能创造“真实空间”和“补偿空间”,显现空间上的现代性态度。

虽然福柯对传统空间的分析具有独断论色彩,对于与现代性密切相关的"内部空间"未加分析。然而,这种未思为后来者的空间研究预留了空间,吉登斯等人正是在这个空间上展开和发展的,福柯的空间思想纠正了现代哲学对空间的忽视和压抑,开启了现代性研究的空间维度,为我国城市化发展提供了思想资源。

第六章　规训权力

如果文明中没有船，则梦想干涸，监视将取代探险，而警政将取代海盗。

——福柯《不同空间的正文和上下文》

规训既不等同于一种体制，也不会等同于一种机构。它是一种权力类型。

——福柯《规训与惩罚》

一旦受到资本控制的劳动成为协作劳动，管理、监督和调节的工作就变成资本的一个职能，一旦成为资本的职能，它就获得了特殊的性质。

——马克思《资本论》

福柯在《不同空间的正文和上下文》(1967)的结尾写道:“船是差异空间的极端范例，如果文明中没有船，则梦想干涸，监视将取代探险，而警政将取代海盗。”[①]现代西方社会又何尝不是陷入理想消散，变为只有秩

① Foucault Michel, Texts/Contexts of Other Spaces, In *Diacritics*, 1986, 16(1), (spring). http://www. Foucault. info.

序、监视、警察行政系统的社会？福柯的这句话提纲挈领，意味深长，它既是对《疯狂与非理性》中对“他者的权力”的回应，又是《规训与惩罚》(1975)中规训权力和《安全、领土与居民》(1978)中的“治理术”的生长点。在《规训与惩罚》中，福柯提出：“这里需要的是能够解析空间分配、间隔、差距、序列、组合的机制。这些机制使用的是能够揭示、记录、区分和比较的手段。这是一种关于复杂的关系权力的物理学。”①这清楚地表明，经空间范畴中介，福柯在社会分析中把知识与权力连接起来，建立了权力的微观物理学。19 世纪末 20 世纪初微观物理学的建立引发了认识论的革命，它从科学角度揭示了“实验者是实验系统的组成部分”这一规律，福柯深谙于此，因此他借“权力的微观物理学”来阐明：微观权力的控制并不外在于“人”和“主体”，而是在“人”的生存过程中，在“主体”的参与之下，在现代西方社会的每一个细节中。因此，他写道：“规训既不等同于一种体制，也不会等同于一种机构。它是一种权力类型，一种行使权力的轨道。它包括一系列手段、技术、程序、应用层次、目标。它是权力的‘物理学’或权力‘解剖学’，一种技术学。”②由此，福柯明确提出了规训权力思想。

第一节　规训权力思想的提出

《监视与惩罚》(*surveiller et Punir*)的英译本为《规训与惩罚》(*Discipline and Punish*)，德文版译作《监督与惩罚》(*Uberwachen und Strafen*)，“监视”突出了其技术性；而“规训”即纪律的总称，突出了其知识性；“监督”则将前两者综合起来，这种在书名上的微观调整透露出福柯这本书的写作意图：与其说是要书写惩罚的历史，毋宁说是要书写规训

① (法)米歇尔·福柯：《规训与惩罚：监狱的诞生》，刘北成、杨远婴译，三联书店 2003 年版，第 234 页。

② (法)米歇尔·福柯：《规训与惩罚：监狱的诞生》，刘北成、杨远婴译，三联书店 2003 年版，第 242 页。

权力的机制。在这本书中,福柯批判了社会理论的宏观范式,吸取了马克思上层建筑分析思想,展开微观社会分析,建立了权力的物理学。

一、批判社会理论的宏观范式

在《规训与惩罚》的开篇,福柯便以文学化的笔墨生动地描写了古代暴力司法的血腥惩罚场面,紧接着他列出了现代监狱的休息时间表,表面看来,福柯似乎要通过对比二者来证明人们所熟悉的国家司法权力进步思想——18 世纪以后,刑罚的严酷性不断减弱,权力实施有了更少的残暴性、更多的人性化,更少的痛苦、更多的关怀,更少的歧视、更多的尊重,然而,福柯的目的恰恰相反,他要描述的是新型权力的运作机制和目标:"居心叵测的怜悯、不可公开的残酷伎俩、鸡零狗碎的小花招、精心计算的方法以及技术与'科学'等等的形成。所有这一切都是为了制造出受规训的个人。"[①]因此,《规训与惩罚》的真正目的在于阐述现代新型权力与现代"人"相互关系的历史,如果说"对主体的权力"的考古学是揭示现代"生活的人"、"说话的人"和"劳动的人"的生成机制,那么,规训权力揭示的就是现代"社会人"的生成机制。

视角的转变,要求研究方法随之转变,而要对微观权力的转型、新权力的作用对象、作用方式和与之相关的知识、技术和科学话语进行分析,就必须改变研究权力的传统方法,为此,福柯批判了传统社会理论研究的宏观范式,"如果像涂尔干那样,只研究一般现象,我们就可能错误地认为,在惩罚个人化方式中日益宽松似乎成为一种原则"[②]。福柯的批判是有针对性的,作为现代社会学的奠基人,涂尔干认为,社会是一种社会事实,是由社会中的共同意识和集体表象形成的。因此,国家权力和法律的作用是进步的、积极的,"我们可以确认,这种进步将远离以往的反常状

---

① (法)米歇尔·福柯:《规训与惩罚:监狱的诞生》,刘北成、杨远婴译,三联书店 2003 年版,第 353 ~ 354 页。

② (法)米歇尔·福柯:《规训与惩罚:监狱的诞生》,刘北成、杨远婴译,三联书店 2003 年版,第 24 页。

态，将来也会无限地进行下去”[①]，“在这种所谓的政治环境中发生的一切，每个人都能够观察得到，也能够进行控制，而这种观察和控制的结果，以及他们激发出来的反思的结果，又可以反作用于政府环境。由此，我们便看到了人们通常所说的民主政体的一个特征”[②]。

福柯反对将现代国家和社会看做一种现实运作的进步实体，在他看来，它们本身是一种集合，人们无法观察和控制社会，反而被社会所观察和控制，因此其进步性值得怀疑，他在《治理术》一文中写道：

> 国家或许不过是一个不同事物混合起来的现实，一种神秘的抽象，其重要性比我们许多人想象的要有限得多。或许对我们的现代性——也就是对我们的现在(present)来说，国家对社会的控制(the étatisation of society)还不如国家的“治理化”(governmentalization)那么重要。[③]

与涂尔干肯定职业群体的做法相反[④]，福柯深入分析了职业群体形成和活动中所受的规训，并把它作为规训权力三种运作机制之一。

涂尔干提出这样的观点，基于其社会学科学化的方法论。自培根以来，在自然知识科学化的同时，从法国实证主义哲学家孔德到英国的斯宾塞、法国的涂尔干、德国的韦伯，一直朝着包括哲学在内的社会知识科学化的方向努力。孔德认为，社会学是实证科学金字塔的塔尖，“是整个实证哲学的唯一基本目标”[⑤]，“它最终能够令每个有识之士以几乎是不知

---

① (法)爱弥尔·涂尔干：《职业伦理与公民道德》，渠东、付德根译，上海人民出版社2006年版，第56页。

② (法)爱弥尔·涂尔干：《职业伦理与公民道德》，渠东、付德根译，上海人民出版社2006年版，第66页。

③ 转引自汪民安、陈永国、张云鹏主编：《现代性基本读本》(下)，河南大学出版社2005年版，第397页。

④ 涂尔干提出：“对那些个人为其奉献一生的永久群体来说，个人总是最紧密地依附着它，这种群体就是职业群体，事实上，我们似乎应该期盼这样的群体成为我们未来的政治代表制度和社会结构的基础。”详见(法)爱弥尔·涂尔干：《职业伦理与公民道德》，渠东、付德根译，上海人民出版社2006年版，第78页。

⑤ (法)奥古斯特·孔德：《论实证精神》，黄建华译，商务印书馆1996年版，第70页。

不觉的方式从微末的数学观念过渡到最高的社会思想,从而按自己的意愿重新提出实证精神的普通历史"①。涂尔干的名言,"像物一样看待社会事实"成为社会知识科学化和实在化的纲领②,人们试图以和自然科学家观察其思维客体"行为"同样的方式来观察人的行为,人们理所当然地认为,已经取得了如此辉煌成就的自然科学(其中最重要的是数学物理学)方法是唯一科学的方法,为了建立各种构想而采用自然科学的方法可以产生关于社会实在的确切知识。然而,把社会事实当做物来分析的结果是对社会领域形成宏观认识,单靠这种宏观认识是不足以解释日常生活中的具体事件和关系的。因此,福柯首先对传统宏观社会分析方法作出批判,在吸取马克思《资本论》中微观分析方法的基础上,展开了他在1971年发表的《尼采、谱系学、历史》中的发展了的尼采的谱系学,进行了深入的社会微观分析。

二、吸取马克思社会历史分析的思想资源

如果说《知识考古学》是福柯著作中最突出的、为马克思历史观正名的一本书,那么《规训与惩罚》就是福柯著作中最明确引用马克思社会历史思想的文献。福柯除了隐名引用马克思的思想③,在《规训与惩罚》中,福柯在四个地方明引了马克思《资本论》中的思想,在《规训与惩罚》第三部分第一章论述力量构成时,福柯引用马克思《资本论》第一卷第四篇第十一章的内容,此为其一;关于层级监视,福柯也引用《资本论》,这是其二;在"全景敞视主义"一章,福柯论述了西方社会的现代性的两个起飞及其关系,此为其三;第三部分第二章阐述规训的手段部分又一次对马克思思想明确地引用,此为其四。在福柯著述中,如此明确而正面回应马克思及其著作并不多见。为什么福柯如此明确地引用马克思的这些思想

---

① (法)奥古斯特·孔德:《论实证精神》,黄建华译,商务印书馆1996年版,第71页。

② 转引自(美)詹姆斯·博曼:《社会科学的新哲学》,李霞、肖瑛等译,上海人民出版社2006年版,第208页。

③ 比如他的犯罪的被生产性和生产性观点与他所欣赏的马克思资本论中关于罪犯分析相合。详见《马克思恩格斯全集》第46卷(上),人民出版社1979年版,第415~416页。

呢？因为后者提供了社会微观分析的思想和方法论依据。

福柯传记的作者，艾莉森·利·布朗提出：“以我们正在论及的方式看，由于每个系统都是偶然的，经济系统的优先性可能是错误的。对福柯来说，监狱和司法权力系统与经济分配处于同样一种权力格局中。”[①]这一观点在西方很有代表性，布朗还认为，很多福柯的概念在马克思的“政治由社会决定”理论中找到源头。[②] 这里似乎出现了一个潜在的逻辑悖论：监狱和司法权力系统是“政治”的主要内容，“经济系统”是“社会”的主要内容，既然福柯认为“政治由社会决定”，那么相对于监狱和司法权力系统来说，“经济系统的优先性是错误的”又何以可能？

福柯在《规训与惩罚》中指出：“资本主义经济的增长造成了规训权力的特殊方式。”[③]接下来，福柯写道：“规训机制的发展和普遍化构成了这些进程的另一黑暗方面。保障原则上平等的权利体系的一般法律形式，是由这些细小的、日常的物理机制来维持的，是由我们称之为纪律的那些实质上不平等和不对称的微观权力系统维持的。”[④]把福柯的上述两句话关联起来就不难发现，从经济增长到微观权力系统，从微观权力系统到宏观权力系统，可以建立一种有序的逻辑关联。这种关联表明，对福柯而言，布朗“经济优先性可能是错误的”的判断可能是错误的。

法国学者2004年的发现直接说明了问题，斯戴法·勒格朗指出：未付梓的“1973年福柯法兰西学院的讲座”的讲稿清楚地表明，福柯把马克思的经济优先性作为“规训与惩罚”理论的基础。[⑤] 事实上，即使没有斯戴法·勒格朗的发现[⑥]，通过福柯的文本结构和关联，我们也能解读福柯对“经济系统的优先性”的坚持及其这种坚持对福柯来说意味着什么。

---

① （美）艾莉森·利·布朗：《福柯》，聂保平译，中华书局2002年版，第15页。

② （美）艾莉森·利·布朗：《福柯》，聂保平译，中华书局2002年版，第70页。

③ （法）米歇尔·福柯：《规训与惩罚：监狱的诞生》，刘北成、杨远婴译，三联书店2003年版，第248页。

④ （法）米歇尔·福柯：《规训与惩罚：监狱的诞生》，刘北成、杨远婴译，三联书店2003年版，第248页。

⑤ （法）斯戴法·勒格朗：《被福柯忽略的马克思主义》，载《现代哲学》2007年第4期。

⑥ 福柯临终遗嘱要求，不再发表那些未发的文献。

在福柯看来，西方社会的现代性表现为两个起飞，如果说资本积累的技术导致西方经济的起飞，那么，取代了暴力形式的规训、监督等技术构成了西方政治的起飞，两个起飞相互依存、相互促进。“那些陈旧的权力形式很快就被废弃了，被一种巧妙的、精致的征服技巧所取代。实际上，这两个进程——人员积聚和资本积累——是密不可分的。如果没有一种能够维持和使用大规模人力的生产机构的发展，就不可能解决人员积聚的问题。反之，使日渐增大的人群变得有用的技术也促进了资本积累。”[①]在阐述“规训的手段”时，福柯引用马克思的话：“一旦受到资本控制的劳动成为协作劳动，管理、监督和调节的工作就变成资本的一个职能。一旦成为资本的职能，它就获得了特殊的性质。”[②]这表明：马克思不仅强调了监督、管理和调节工作对生产的意义，而且暗示：一旦成为生产要素，具有掩盖阶级对立优点的管理、监督、调节等活动就把向社会日常生活全面进军的可能转变成现实，就使全社会置于规训权力之下。福柯吸取并扩展了马克思在劳动分工、协作、乐队及军队等组织之间的相似性方面的研究，建立起规训权力的谱系学。

规训权力的谱系学以多种彼此相似又有差异的形式显现，构成与经济疏离、多峰并立、多水分流的系谱。然而，自从马克思以来，任何涉及经济社会的政治分析都不可避免地要面对经济与政治的关系问题，福柯无法避免与马克思视域交叉和融合。在这种融合中，福柯坚持了经济的优先性，并把它作为微观权力景观的支点，微观权力多样形式包裹了这个支点，使之失去可见性。然而，如果抽去福柯对马克思的引用，福柯的社会分析就会失去重要支点，规训权力景观就会陷入混乱。因此，不了解马克思对经济基础与意识形态的微观分析，就可能陷入布朗式的矛盾。

---

① (法)米歇尔·福柯:《规训与惩罚:监狱的诞生》,刘北成、杨远婴译,三联书店 2003 年版,第 247 页。

② (法)米歇尔·福柯:《规训与惩罚:监狱的诞生》,刘北成、杨远婴译,三联书店 2003 年版,第 199 页。

三、建立权力的物理学

在福柯看来，规训"是一种权力的'物理学'"[1]。众所周知，物理学相信：一切现象都能从力学角度得到说明，在福柯那里，一切社会现象都能从权力角度来说明。

福柯在《规训与惩罚》中强调，"人是机器"思想为18世纪社会规训提供了理论支持，他写道：

> "人是机器"这部大书是在两个领域同时撰写的。一个是解剖学—形而上学领域。笛卡尔写了有关的最初篇章，医师和哲学家续写了以后的篇章。（拉·美特利则从社会学这第二个领域书写了规训的篇章——引者注）[2]

笛卡儿在《谈谈方法》中的确涉及解剖学，不过笛卡儿为了表达他的身体与灵魂相联系观点，同样涉及了机械，但他是为了强调灵魂的重要性。他说："我们不能光说它（灵魂——引者注）住在人的身体里面，就像舵手住在船上似的，否则就不能使身体上的肢体运动，那是不够的，它必须更加紧密地与身体联成一气，才能在运动之外还有同我们一样的感情和欲望，这才构成一个真正的人。"[3]"机械的"一词原意是"力学的"，在我国学者吴国胜看来，笛卡儿还赋予它另一层意思，即"可以用机械模型加以模仿的"[4]，在给自己的女弟子波希米亚王室伊丽莎白公主所写的《哲学要义》中，笛卡儿描述了一个机械的宇宙模型，他写道："我们分明知道，机械学的一切规则都是属于物理学的，它们只是物理学的一部分或一种，因此，一切人工事物也同时是自然的。"[5]从这个意义上说，笛卡儿

---

① （法）米歇尔·福柯：《规训与惩罚：监狱的诞生》，刘北成、杨远婴译，三联书店2003年版，第242页。

② （法）米歇尔·福柯：《规训与惩罚：监狱的诞生》，刘北成、杨远婴译，三联书店2003年版，第154页。

③ （法）笛卡尔：《谈谈方法》，王太庆译，商务印书馆2000年版，第46～47页。

④ 吴国胜：《科学的历程》（上），湖南科技出版社1997年版，第400页。

⑤ （法）笛卡尔：《笛卡尔思辨哲学》，尚新建等译，九州出版社2004年版，第128页。

确实间接地为社会微观控制提供了支持。笛卡儿对西方的影响是全方位的:在自然科学领域,宏观物理学研究的任务就是建立“以太”背景下物理现象的力学模型;在人文社会科学领域,宏观权力学的研究构式就是建立绝对社会时空下权力运作模型;马基雅维利在封建绝对时空下建构专制权力模型,霍布斯在心理时空中建构契约权力模型,韦伯在管理绝对时空建构科学化权力模型,西方社会就是在机械论理论基础上,在建构宏观主权和法权的同时,采用各种新兴的技术,运用各种科学的成果,加强对个体的规训,这一现象直到20世纪下半叶才在福柯的微观权力思想当中得到揭示,所以福柯才说“直到今天,我们还没有完全了解权力的性质”。

福柯对于拉·美特利的《人是机器》分析得十分详细,他认为,拉·美特利构想的社会是由一整套规定和与军队、学校和医院相关的、控制或矫正人体运作的、经验的和计算的方法构成的,其中心观念是“驯顺性”。[①] 拉·梅特里(即拉·美特利)对身体的分析的确如同福柯所说,“身体不是别的,就是一架钟表,而它的新的养料就是钟表匠”[②]。20世纪,弗洛伊德的精神分析认为,权力新形式已经集中体现在对性的压抑上,因此主张“性解放”。赖希深受弗洛伊德的影响,他认为治疗精神病不能仅仅“就病治病”,更重要的是要改造社会,消除导致精神病的社会根源。他把弗洛伊德与马克思的革命思想结合起来,提出从“性解放”出发的“微观革命”观点,与马尔库塞等人提出“弗洛伊德的马克思主义”。从福柯《性经验史》的角度看,这或许是微观权力思想的最早表述。然而,在福柯看来,“性解放”的微观权力观点是很成问题的,因为“性解放”这类话语恰恰是资本主义知识权力制造出来的话语,表面的反压抑斗争及其结果只能成为资本主义知识权力机制的一个组成部分,这正中资本主义微观权力的下怀,进一步加重了权力对身体的控制。

福柯借用尼采权力观和“物理学”,强调权力的自身及对行为的动力

① (法)米歇尔·福柯:《规训与惩罚:监狱的诞生》,刘北成、杨远婴译,三联书店2003年版,第154页。

② (法)拉·梅特里:《人是机器》,顾寿观译,商务印书馆1959年版,第60页。

作用。权力意志在物理学上可以被理解为亚里士多德的“力是人运动的原因”,而福柯的微观权力可以改为伽利略的“力是使物体运动改变的原因”,一种“权力力学”正在诞生,它大致可以体现为五个方面:

第一,社会科学实践“相对论”。19世末20世纪初,微观物理学的革命,打破了笛卡儿式的物理世界图景。狭义相对论和量子力学解释了光的波粒二相性,传统物理学的光现象,被证实是无数的光量子运动(波动)的效果。狭义相对论以公式 $E = MC^2$ 在表现质量与能量相互转换时,有一个常数C,一方面,只有物质以光速运行时,质量与能量才相互转化;另一方面,无论质量与能量如何变化,常数C始终在场。非常有趣的是,按福柯的分析,知识与权力转化的新权力形式并不是从来就有的,而是与现代性相生的事物。现代西方社会,在知识/权力二相暧昧关系表达中,在知识/权力相互转换中,话语始终在场,知识与权力经由话语关联起来。在法文中,“权力”是pouvoir,“知识”是savoir,它们既有差异又有一个共同的词根voir(看、观察、可见性),这里就体现出微观权力所具有的知识/权力的二相性。由此,福柯向我们显现了现代西方社会知识与权力的不可分性:没有与知识无关的权力,也没有与权力无关的知识。

第二,权力“量子力学”。20世纪量子力学对哲学最大的启示在于它表明:在量子力学的层次,绝对的客观性观察是不存在的,主体的活动必然引起客体的量态改变,主客体总是一个不可分的对子。规训权力与“人”和“主体”的关系也是这样,权力与主体形成的景观并不是一种二元对立的图景,一面是权力之铁网、铁笼,另一面是被动的、受动的、消极的主体;而是在“主体”的生存活动的每一个细节中建立起来,也正因此,福柯才强调权力的生产性。萨特曾在探讨“马克思主义与存在主义”结尾处的注释中提出:“在今天唯一有价值的认识理论,是以微观物理学的下列真理为基础的理论;实验者是实验系统的组成部分。这是唯一能使人们排除任何唯心主义幻想的理论,是唯一能在真实的世界中指明真实的人的理论。"[①]在"方法问题"的结论中,萨特写道:"经验在微观物理学中必然会改变自己的客体。"[②]这里,萨特强调了人的实践与自身"成问题的存在"的关联。福柯曾经阅读了萨特的《辩证理性批判》并大加批判,萨特的"微观物理学"阐述是否促发了福柯将规训权力命名为"权力的微观物理学"呢?这是一个需要进一步研究和确证的问题。无论如何,权力的"微观物理学"显现了自然科学的社会科学化、社会化和政治化,然而,权力的"微观物理学"并没有取代传统的光学、热学和声学在社会科学实践中的地位,它们交织在一起,使权力网络更加复杂。

第三,权力"光学"。从《疯癫与文明》中描述"观察"开始,一种社会科学的光学建立起来了,《临床医学的诞生》一书所强调的核心仍是"可见性",在医生知识对身体的凝视之下,在解剖学对解剖的身体凝视之下,在精神分析学对非理性身体的凝视之下,微观权力具有了光学性质。在《规训与惩罚》中,规训权力是通过自己的不可见性来施展的。同时,它却把一种被迫可见原则强加给它的对象。在规训中,这些对象必须是可见的,他们的可见性确保了权力对他们的统治。正是被规训的人经常被看见和能够被随时看见这一事实,使他们总是处于受支配地位。此外,检查是这样一种技术,权力借助于它不是发出表示自己权势的符号,不是把自己的标志强加于对象,而是在一种使对象客体化的机制中控制他们。在这种支配空间中,规训权力主要是通过整理编排对象来显示自己的权势。社会科学的光学由对个体身体的凝视发展到对社会所有个体的全方位全天候的监视,层级监视尤其是全景敞视监狱使权力的光学性质得到了全面的展开。"由于有了这种监督技术,权力'物理学'对肉体的控制遵循着光学和力学法则而运作,即玩弄一整套空间、线条、格网、波段、程度的游戏,绝不或在原则上不诉诸滥施淫威和暴力。这是一种更微妙的

---

① (法)让－保罗·萨特:《辩证理性批判》(上),林骧华等译,安徽文艺出版社 1998 年版,第 30 页。

② (法)让－保罗·萨特:《辩证理性批判》(上),林骧华等译,安徽文艺出版社 1998 年版,第 133 页。

‘物理’权力,因此似乎是不那么‘肉体性’的权力。”[①]由于使用了征服技术和剥削方法,一种关于光线和可见物的模糊艺术便悄悄地酝酿了一种关于人的新知识。[②]

第四,权力“热力学”。规范化标准使权力系统具有了热力学性质。规范的目的在于身体系统的有序性,就是要把身体管制起来,将身体中狂野的热能控制起来,因此,规范以定量的负熵流输入来控制系统的熵值和状态。当身体系统处于临界状态时,规范化体系就会自动报警,并对身体系统产生干预。

第五,权力“声学”。检查则建立了一种社会科学实践的声学。现代检查与个人档案是连在一起的。个人档案是对个人自身及他人对自身的声音的一种记载,现代信息技术使每一个人的每一个声音都有可能被记录、被编制、被存档。“这种对权力关系的侧面或日常生活方面的关注,福柯称之为‘权力的微观物理学’(microphysics of power),以对应于‘权力的宏观物理学’(macrophysics of power)。”[③]

这样,我们就初步分析了福柯微观权力的物理学,事实上,正如福柯自己所说,它的微观权力学也就是“权力的经济学”、“权力的技术学”、“权力的解剖学”等,不难看出,福柯的权力分析在微观化和多元相似性中始终围绕着一个主题,那就是社会需要与知识权力之间的合谋,这是对主体的权力思想的延伸和超越。

权力的物理学呈现了现代技术和科学成果在现代性秩序中的作用,那么它们又是如何被组织起来的呢?这就需要我们研究规训的程序,揭示其运作的机制。

---

① (法)米歇尔·福柯:《规训与惩罚:监狱的诞生》,刘北成、杨远婴译,三联书店2003年版,第200页。

② (法)米歇尔·福柯:《规训与惩罚:监狱的诞生》,刘北成、杨远婴译,三联书店2003年版,第194页。

③ (英)路易丝·麦克尼:《福柯》,贾湜译,黑龙江人民出版社1999年版,第4页。

第二节　规训权力机制与超越

一、规训权力的机制

从福柯的观点看，规训权力的机制是非常复杂的网络，这种现实决定无论是福柯，还是我们都无法完全对其作准确的分析，我们的研究注定是不完备的，好在我们已经抛弃了做一个“原主体”的梦想，只在下面作一点简单的维向描述，按照这个标准，我们以人体的职业训练、日常生活纪律与全景敞视监督三个相互交叉的视域来分析福柯所揭示规训权力的运作机制。

（一）职业训练机制

规训权力的职业训练机制与传统宏观权力的运作机制不同，从控制范围角度看，社会不再把人体当做不可分割的整体来看待，而是将其视做可以零敲碎打，可以从动作、姿势、强度、速度、态度来精致控制的机器；从规训对象角度看，社会不再把人体视为一种抽象的语言符号，而是将其视为活生生的能量组织；从控制模式角度看，社会不再是以间断的、爆发的暴力控制结果，而是一种无间断的、全天候的、无所不在的规训过程。

第一，单元划分。空间单元分配机制首先是对空间进行封闭，而且进行分割，在分割中行政和政治空间生成，空间有了层次性和等级性，权力被空间化。对于我们这个有着强烈“单位”和“圈子”意识的文明类型，福柯的这一思想不难理解。

第二，活动控制。这是现代城市生活的典型特征，其根本方法就是制定时间表，由此规定人生活的节奏、安排各种活动的时间，形成每日工作的节律，从工作角度看，这个时间表对每个动作都有准确的时间规定，在这个时间内人们实施个体化操练，每一个肉体的动力都被彻底计算和使用。

第三，时间累积。这个机制尾随活动控制之后，是计划、考核之后对时间的再分段、再计划和再提高。

第四,群体组合。这是一个整体视角,通过前面的档案分析,从整体出发,把每个人视为机器整体的一个部件,进行复合时间分配,建立起命令系统。在职业训练中,普遍使用了制定图表、规定活动、实施操练、为了达到力量的组合而安排战术这四种技术。

(二)日常生活纪律

福柯指出:"规训权力的成功无因于使用了简单的手段:层级监视、规范化裁决以及它们在该权力特有的程序——检查——中的组合。"[①]这三者在职业培训对身体的各种控制之上又增加了新的束缚,使西方现代日常生活中的人们处于更细致的权力网络中。

第一,层级监视。层级监视主要表现为纪律系统,它形成了监视的"金字塔","纪律使一种关系权力(relation power)得以运作,这种关系权力是自我维系的"[②]。因此,它是无所不在,无时不在的沉默而有效的权力。

第二,规范化。规范化为人的历史存在确定了能做和不能做的标准,并以奖惩的手段来推行这种规范化,通过对符合标准的行为给予奖赏,对违反标准的行为施以惩罚,使行为受到规范。在我看来,这种影响有三种方式,第一种方式是历史存在规范化,在规范的外部作用下,自我习惯于遵循历史存在规范的要求,产生向规范鼓励的行为,回避规范惩罚的行为。第二种方式是替代规范化,自我观察他者行为受到奖励或惩罚,使自己在以后类似情况下也做出这种行为或抑制这种行为,他者这里起到范例或范式作用。第三种方式是亲在规范化,这是一种反思的规范化,是指个人被教育、指导时,主动以标准进行自我检查、自我评价。同监视一样,规范的在场性生产了规范化的主体,这种主体群体有着统一的行为样式,

---

① (法)米歇尔·福柯:《规训与惩罚:监狱的诞生》,刘北成、杨远婴译,三联书店 2003 年版,第 193 ~ 194 页。

② (法)米歇尔·福柯:《规训与惩罚:监狱的诞生》,刘北成、杨远婴译,三联书店 2003 年版,第 200 页。

比如军人、车间工人、学生,如同物理学的发展加强了规训主体一样,规范与人文科学的互动强化了规范主体的生产。

第三,检查。检查集成了层级监视和规范化,每个人都置于一个差异的档案空间之中,现代检查建立具有保密级别的档案,在这个差异空间中,人的每一个信息都可能被记录、被编制、被存档。个体被档案和文件所包裹起来,每一个人都是个案,权力已经细致到社会的细胞深度,当代信息技术的大发展加剧了这一倾向。

通过经典物理学与现代权力结合,一种自我对自身的纪律、约束、检查、道德知识体系建立起来了,一方面,这个体系拥有现代社会科学"进步"的特征;另一方面,这个体系从外部雕刻和内部锤炼自我规训的主体,以致这个主体比起通过人文科学命名而塑造的主体更为精致,更为深入。这种双重的塑造使人从精神到身体,从精神空间到物质空间,从内在自然到外在自然陷入更深的现代权力殖民之中。从理性秩序对疯狂的区隔到人文科学对劳动、说话和生活的人的规范化再到对个体正常状态的培训、监视与裁决,微观权力已经无所不在。

(三)全景敞视主义

福柯对规训机制阐释的重头戏,也是权力物理学的最精致部分,是全景敞视主义。与恩格斯在其《英国状况》中批判耶利米·边沁以社会政治取代了国家政治的利己主义原则的做法不同[①],福柯揭示了边沁以社会政治取代国家政治的策略,这种策略就是全景敞视主义。在边沁的笔下,全景敞视主义是一座以洞察一切的高塔为轴心的透明环形铁笼式设计,高塔与环形铁笼的每一个房间之间形成观察与被观察的关系,这种空

---

① 边沁(Jeremy Bentham,1748—1832 年),英国政治思想家,他坚持以利己主义的社会政治来取代暴力主义的国家政治,因此他主张以监狱改革来取代血腥暴力,全景敞视主义对理想状态的权力机制的诉求,不仅有利于保障社会秩序,而且其运作基点就是利己主义,这一点在纳粹统治时期得到了最好的体现。恩格斯在《英国状况》中从无产阶级革命的普遍利益出发对边沁的功利主义进行了原则性批判。详见《马克思恩格斯选集》第 1 卷,人民出版社 1995 年版,第 36 页。在明确福柯与恩格斯各自不同的问题意识和问题域的前提下,我们不妨把二者放到一起,从一个点来观察 19 世纪与 20 世纪政治哲学研究范式的差异。

间使得权力可见却又无法确知，置身于铁笼房间中，人马上感受到权力的监视，同时也把这种外部的监视转化为自我监视，这种空间以一种技术设计和内含的科学理论实现了社会权力的普及化。边沁的《全景敞视监狱》开篇就讲："道德得到改善，健康受到保护，工业有了活力，教育得到传播，公共负担减轻，经济有了坚实基础，济贫法的死结不是被剪断而是被解开，所有这一切都是靠建筑学的一个简单想法实现的！"[①]这里他清楚地表明了全景敞视主义的技术政治功能。福柯将其与现实的监狱群岛如古拉格群岛相联系[②]；与18世纪的传染病院、19世纪初的精神病院、妓女收容所、教养所、少年犯教养学校等机构相联系；与自己在《不同空间的正文和上下文》中提出的空间权力相联系，提出"全景敞视主义"已经在现代西方社会中全面展开的观点，断言西方社会已经成为全景敞视之下的规训社会。对于这种规训权力运作的机制，福柯写道：

> 为了行使这种权力，必须使它具备一种持久的、洞察一切、无所不在的监视手段。这种手段能使一切隐而不现的事物昭然若揭。它必须像一种无面孔的目光，把整体社会机体变成一个感知领域。[③]

全景敞视主义监视是对金字塔式监视的超越，如果说后者是自上而下的，那么前者是由内而外的，如果说后者是一个三角形的逐级监视，那么，前者是环形的扁平化监视和无界监视，如果说后者是间断的监视，那么前者则是无缝监视。在福柯的笔下，全景敞视主义监视之下，处在环形边缘被监视的个体不确知自己是否被环形的中心监视，在越轨行为被严厉惩罚后，人们渐渐不敢越雷池一步，放弃对规训权力的对抗，逐渐地，一

---

① 转引自（法）米歇尔·福柯：《规训与惩罚：监狱的诞生》，刘北成、杨远婴译，三联书店2003年版，第232页。

② 福柯借用索尔仁尼琴（Solzhenitsyn）的《古拉格群岛》（*The Carceral Archipelago*）来分析现代西方监狱群岛社会。

③ （法）米歇尔·福柯：《规训与惩罚：监狱的诞生》，刘北成、杨远婴译，三联书店2003年版，第240页。

种“刺激-反应”被建立起来，他们开始审查他们自己，从而使违纪的惩罚变得不再必要。这情形就如康德所说的“即使没有那些拴系他们的马具，也不会胆敢向前走一步”①，如果我们认同福柯的描述，那么它不仅确证了一个我们前面提过的恩格斯的论断，“社会一旦有技术上的需要，这种需要就会比十所大学更能把科学推向前进”②，而且重申了西美尔的论断，“每一种形式一经创造出来，便在各种不同程度上成为生命力量的磨难”③，如果说前者表现科技哲学的“社会需要—技术—科学”的知识演进图示，那么后者则表现了有关科学技术的政治哲学的“社会需要—技术—科学—权力操控”的权力系谱图示。

通过福柯对全景敞视主义的分析，现代西方社会无所不在的注视、无所不在的可见性、无所不在的检查、无所不在的规训在谱系学的目光之下自我显现出来，福柯对全景敞视监狱的描写不仅远胜于韦伯引用巴克斯特所说的“铁笼”，而且表明了人在规训权力之下的陷入“刺激-反应”的低能。在这相互交织的三大规训机制之下，西方“卡索式社会”形成了④，这是一个将封闭的规训、某种社会隔离和一种无限普遍化的“全景敞视主义”机制结合的社会，如果它完全是现实的，那么它将是一个令自由无法喘息的社会。

二、对规训权力的超越

《规训与惩罚》除了对监狱暴动的只言片语，福柯文本中并没有给出超越规训权力的出路，这给我们的印象似乎是，规训权力无所不在，令人无法遁逃。马克思曾指出：“‘大社会工厂监督人’——这纯粹是法国的

---

① (德)伊曼努尔·康德：《道德形而上学基础》，孙少伟译，九州出版社 2007 年版，第 171 页。

② 《马克思恩格斯选集》第 4 卷，人民出版社 1995 年版，第 732 页。

③ (德)西美尔：《现代人与宗教》，曹卫东等译，中国人民大学出版社 2003 年版，第 23～24 页。

④ 尼克·史蒂文森在其《认识媒介文化：社会理论与大众传播》中以法国发明光度单位的 B. G. Carcel 来指称这个一切都处于可见性之中的规训社会。

创造。”[1]身处在这样的社会，福柯的描述会不会太悲观了呢？后来福柯的回应是，“无所不在”不等于“无所不能”，“哪里有压制，哪里就有反抗”，这种回答难免语焉不详。福柯在1982年的一次访谈中指出：“我的作用——一言以蔽之，是表明人们比他们感觉的更自由，表明他们当做真理来接受的，以为显而易见的，历史中建立的主题，都可以被批评和解构。改变人们心中的东西，这是知识分子的功能。”[2]从这个视角看，福柯的微观权力谱系学本身向人们展现了对规训权力的超越。

谱系学的现时存在论意蕴可以从它突出的两个词来集中体现：“Herkunft”和“Entschung”。“Herkunft”意思是根源、来源，它寻求杂多事件的聚集，它不再寻求崇高，它展现打着权力印记的身体；“Entschung”是出现、突现、生成。如同考古学一样，谱系学打破了传统历史哲学的统治，实际的历史打乱了通过在事件的突现与连续的必然性之间建立起来的联系。[3] 福柯把达米安的行刑图景与监狱管理的作息表的时间对折，把二者置入谱系学的视域空间内一同来考察，将过去空间与现在空间同时化，消除了时间的绝对意义，打开了试图掩盖规训权力进步历史的身体，向人们揭露了规训权力这个充满诡诈算计的心灵。

福柯指出：“尽管它们是一组物理—政治技术，人们却执意视之为低级而具体的道德形式。”[4]福柯的规训权力思想从知识-权力角度深刻揭示了鲍曼所批判的大屠杀的“责任漂移”的机制，深化了我们对技术、科学和社会的微观认识，“关于人的科学在过去一个多世纪里曾使我们‘人类’感到欢欣鼓舞，但它们的技术母体乃是这些卑微、恶毒、烦琐的规训及

---

① 《马克思恩格斯全集》第46卷（上），人民出版社1972年版，第179页。马克思在《资本论》第一卷中多次涉及“社会”与“工厂”之间的视域融合和贯通，这种分析对福柯来说是极富启发的。

② Foucault Michel, *Truth, Power, Self: An Interview with Michel Foucault*, In *Technologies of the Self: A Seminar with Michel Foucault*, Martin, L. H. etal., Tavistock, 1988, pp. 9–10.

③ 参见（法）米歇尔·福柯：《福柯集》，杜小真编选，上海远东出版社2003年版，第157页。

④ （法）米歇尔·福柯：《规训与惩罚：监狱的诞生》，刘北成、杨远婴译，三联书店2003年版，第250页。

其调查”①。无情的揭露,彻底的批判!谱系学内蕴的现代性态度使其成为杀害“同一”、“进步”和“进化”的毒鸠,唤醒人自身无意识的清醒剂。

第三节　规训权力思想的局限和意义

福柯在《规训与惩罚》中提出的规训权力思想的优缺点都非常突出,而且它的优点本身往往就是它的缺陷所在。

一、规训权力思想的局限

规训权力思想的局限性除了全面否认西方社会进步的极端立场之外,主要体现为四方面:

第一,权力的生产性。最大的问题,也是人们已经谈滥了的权力问题。福柯认为,权力不是压迫的、消极的,而是生产的、积极的。这种关于权力的说法的确有其优点,例如,它蕴涵了现代知识技术的生产力性质,它表明了规训纪律的创造性,等等,然而,权力的“生产性”也正是它的缺点,从根本上说,生产之物对于人仍是压迫性、消极性的。对尼采的偏爱使福柯只是走入而没有走出尼采的“权力意志”,以致他提出“权力无所不在”的说法,尽管“无所不在”不等于“无所不能”,但是这种权力的空气让人无法捉摸,也无法忍受。福柯的这一处理,尽管回避开了其他权力研究者的深入批评,使它们停留于思想的外部,它也造成了对可能对话的取消,然而,这就是福柯,他以自己的实践表明了他本人对“商谈伦理”的拒斥态度。

第二,主体的真空。在《知识考古学》中,福柯承认主体的主动性,那么在规训体系中,这个主动性的主体的位置在哪?如果主动性的主体存在,哪怕是监视者,那么权力无所不在的逻辑就出了问题。在福柯的安排

① (法)米歇尔·福柯:《规训与惩罚:监狱的诞生》,刘北成、杨远婴译,三联书店 2003 年版,第 253 页。

中，监视者也可以是被监视的，这并不难，只要改造一下监视的结构就能办到。如果主动性的主体不在，那么他们又是如何消失的呢？这个问题推动着福柯进行下一步思考，那就是对性经验的研究。

第三，历史的偶然性。谱系学强调变化的意外性和偶然性来打破连续性和必然性，这是非常有力的。然而，这也产生了一个问题，纯粹的意外和偶然与考古学中所讲的规则的总体、差异的规则之间是有冲突的，这一点被人们所忽略，因此，在挪用福柯材料或者介绍福柯时就会陷入矛盾，比如布朗在其《福柯》中就处于这样的境地。福柯十分清楚这一点，因此，他在《规训与惩罚》中大量引用了马克思的思想作为自己微观政治哲学的支点。

第四，对现代规训秩序妖魔化。在福柯的笔下，规训是现代性秩序的恶魔，这种把问题极端化的做法，暴露了个体化视角的弊端，事实上，人类的共同生活总是需要秩序的，人自身应当对秩序时刻保持警惕以免成为完全被其操纵的主体，但是这种警惕并不妨碍我们建立和依赖秩序，相对于以经验和潜规则行事的社会行为，理性化的外部约束和自我审视无疑具有进步性，这是实践所证明了的道理。

二、规训权力思想的意义

《规训与惩罚》是福柯自称的“我的第一本书”①，作为福柯影响最大的著作，这本书的核心观点规训权力的意义是难以估量的，结合我们的实际情况，这里我们只从四个方面对其意义稍作分析：

第一，发展了马克思主义政治哲学。马克思和恩格斯作为马克思主义的创始人，其哲学的重要历史功能之一在于为无产阶级争取解放的革命斗争提供理论支持和精神动力，从这个角度上看，研究资本主义政治、经济和社会权力运作秘密的马克思主义哲学本身就是一种政治哲学。与

---

① 其实在福柯那里，“一本书的写作也就是要废止前一本书”。详见(法)米歇尔·福柯：《权力的眼睛》，严峰译，上海人民出版社 1997 年版，第 145 页。

规训权力思想直接相关的是恩格斯对边沁政治组织社会化的批判和马克思在《资本论》中对管理的具体分析,如果说恩格斯关注更多的是权力组织的社会原则,那么,福柯关注更多的是权力运作的社会技术;如果说恩格斯的哲学是宏观政治哲学,那么,福柯哲学就是微观政治哲学;如果说恩格斯对边沁的批判与福柯的全景敞视主义的批判是有间距的,那么,马克思对监督、协调、纪律等管理技术的微观分析则直接构成了福柯思想的谱系学渊源和基础。反过来看,福柯规训权力的研究在客观上弥补了恩格斯在《英国状况》中政治分析过于宏观的不足,凸显了马克思政治分析的微观视角,拓展了马克思社会历史分析的视域,在这个意义上说,福柯的规训权力思想发展了马克思主义的政治哲学。

第二,提醒我们把规训权力思想与文化哲学视域融合起来,开展微观分析。福柯的规训权力突出了微观权力的规训特征,提醒人们重新看待权力问题,这一点极大地启发了拉克劳,拉克劳在1988年《建立新左派》的专访中提出:"领导权并不是那种在狭隘意义上局限于政治学领域的链接,而是包括了新文化的建设。这影响到了人们在所有层次上的认同及其与世界(性、隐私的建构、娱乐的形式、审美的快乐等)的形成。以此方式来看,领导权自然并不是党派或主体的领导权,而是不同运作和中介的广大集体领导权,它具体体现在一个确定的结构中,如在福柯所说的社会机制(disprositif)中。"[①]这一点也是南希·弗雷泽的观点,弗雷泽认为:"福柯使我们能从相当广阔的视角出发理解权力;当研究他所谓的'微观实践'(现代社会中由日常生活构成的社会实践)的多样性时,他又使我们能够相当细致地理解权力。这种积极的权力概念笼统但却无误地蕴含着对'日常生活政治学'的倡导。"[②]这对我们同样有效,衣俊卿教授指出:"在日常生活世界的微观层面上,我们既可以揭示不发达国家的日常生活的文化机理是如何阻滞宏观的现代政治、法治、经济体制的确立的,也可

① (英)恩斯特·拉克劳:《我们的时代革命的新反思》,孔明安、刘振怡译,黑龙江人民出版社2006年版,第227页。

② 汪民安、陈永国、马海良编:《福柯的面孔》,文化艺术出版社2001年版,第123页。

以在发达国家的日常生活世界中找到抵御宏观政治权力和经济体系对生活世界的殖民化,以及对社会自由空间的理性控制的反抗力量,同时,正义、平等、自由、民主、法治、权利等宏观政治理念只有在日常生活的微观层面上转化为内在的文化机理,才不会变成一种抽象的口号和普遍化的宏大叙事。”①不容置疑,尽管形式不同,我国日常生活中也存在微观的控制力量,除了具有隐蔽性、匿名性、文化性、精细性和日常性特征之外,其在与宏观权力的关联上还呈现出复杂的关系。消除阻碍我国社会主义民主政治进程的微观权力,挖掘和强化推进我们社会进步的微观权力,是需要我们长期坚持的工作。

第三,提醒我们重视微观权力对“以法治国”的影响。福柯在《规训与惩罚》中提出微观权力的“反法律”机制,为我们“以法治国”战略、建立现代新型法治国家的规划提供了有益的启示。福柯指出:“与君权的威严仪式或国家的重大机构相比,它(规训)的模式、程序都微不足道。然而,它们正在逐渐侵蚀那些重大形式,改变后者的机制,实施自己的程序。法律机构也不能避免这种几乎毫不掩饰的侵蚀。”②不只是规训权力,前面分析过的“对他者的权力”、“对主体的权力”也经常在各自的空间内行使特殊的“立法权”、“司法权”,它们是构成宏观法律权力的微观基础,是法律权力的盲点,容易造成微观权力对法律权力的暂时的、局部的悬搁。费孝通先生在《乡土中国》中分析传统中国社会“无讼”时指出:“法治秩序的建立不能单靠制定若干法律条文和设立若干法庭,重要的还得看人们怎样应用这些设备。更进一步,在社会结构和思想观念上还得先有一番改革。如不在这些方面不加以改革,单把法律和法庭推行下乡,结果法治秩序的好处未得,而破坏礼治秩序的弊病却已先发生了。”③我国传统文化中的家庭、家族、宗族、血缘关系、地缘关系以及与此相适应的家规家

---

① 衣俊卿:《论微观政治哲学的研究范式》,载《中国社会科学》2006 年第 6 期。

② (法)米歇尔·福柯:《规训与惩罚:监狱的诞生》,刘北成、杨远婴译,三联书店 2003 年版,第 193 页。

③ 费孝通:《乡土中国》,上海人民出版社 2007 年版,第 55 页。

法、习俗习惯、礼俗乡约、道德纲常等自发的规范体系也以一种微观权力的形式形成了对法律的搁置，或许正是在这个意义上，费孝通先生把传统中国社会称为“乡土中国”、“长老政治”，新中国建立以后，尤其是改革开放以来，我国的法制建设大踏步地前进，在宏观上已经建立起日益完善的理性的现代法律制度，形成了依法治国的理念，然而，当前法律实践的现实表明，微观权力仍然在我国日常社会中发挥着不容忽视的作用，甚至是基础作用，它们对法律的实施和执行影响很大。与西式社会的宏观权力和微观权力的同构性不同，我国的日常生活中原有的微观文化权力更多的是阻碍法律权力的实施，如何消解这些微观权力的负面性，挖掘其内部的积极意义，引入、扶植和培养与宏观法律权力相适应的新型微观权力，是进一步实施依法治国战略必须面对的现实课题。

第四，提醒我们辩证地看待权力监督问题。权力监督问题是人们今天最为关心的现实问题之一，因此尽管其已经内含于上一个问题分析之中，我们这里还是要将其突显出来，作进一步分析。权力的微观物理学显现了日常生活的文化模式、时间组织、空间划分、起居言行、行为规范、身体动作、检查监督中的微观操作，表现了监督本身的文化处境的复杂性。这种复杂性表明：首先，监督制度的确立受微观权力的限制，微观权力网络具有社会基础意义，它决定着制度的运行，甚至影响到制度的建立，只有在这个意义上，我们才能理解为什么有些利国利民的政策根本无法出台，因为它根本出不了政策制定者的空间，更不要说试点的推广和实施。其次，单纯的监督制度本身无论如何严格、科学，也无法胜任人们所期待它完成的任务，正如福柯所说，微观权力本身总是“反法律”的。再次，监督制度的自律性表明它本身是一把双刃剑。人们往往认为，监督的问题在于力度不够，所以老人们常常怀念“过去时光”的“清明”。抛开“清明”所蕴涵的值得批判的“清官意识”不谈，“过去时光”的有效监督机制也是极其复杂的，这值得进一步研究。需要我们注意的是，微观权力的格局和状态是不可忽略的因素，忽略了这一点，只是一味地单纯加大监督和惩罚力度，也可能会带来更大的问题，我国明代的“东厂”制、武则天时期的

“内尉”制就是例证。实践表明,监督力量与效果之间并不是简单的正比关系,因为监督从来都是两面的,很多时候监视非但不能成为约束特权的手段,反而可能成为奴役个体自由的新桎梏。

福柯的《规训与惩罚》被他称为“我的第一本书”,是福柯著作中文学性最强,最通俗的一本。在他的笔下,现代西方社会是一个连空气之中都散发着监视味道的规训社会,其中的个体在职业训练中唯命是从,在日常生活中谨小慎微,在全景敞视之下无所遁形,与其说是“薛丁格猫”,毋宁是“巴甫洛夫狗”,人自身陷入无所不在的规训权力束缚之中。鉴于人们对《规训与惩罚》研究的深入性,这里我们选几个点稍作分析,以期形成对福柯规训思想的一些新认识。

首先,我们分析了福柯规训权力思想的提出策略:福柯批判了以涂尔干为代表的社会理论的宏观范式,吸取了马克思《资本论》中的微观分析思想,揭示了笛卡儿和拉·美特利的“人是机器”观点对微观权力运作的“理论基础性”,转换了尼采的权力意志,建立了包括权力的相对论、量子力学、光学、热力学和声学在内的权力物理学。

其次,我们总结了规训权力的机制,并从福柯的书写行为本身提出可能的超越策略,福柯的工作可以视为从职业训练、日常纪律和监狱监督三个视角来揭示西方社会知识与权力的合谋及其向日常生活所有领域和细节中扩散和渗透的规训权力机制,我们的研究注定是不完备的,只是在这三个维度上作一点典型描述。福柯在《规训与惩罚》的文本中没有给出超越规训权力的出路,然而,其规训权力思想从另一角度揭示了鲍曼“责任漂移”的机制,其谱系学内蕴的现代性态度使其成为治疗人自身无意识的解毒剂。

最后,本章分析了规训权力思想在权力的生产性、主体的真空性和历史的偶然性问题上的限度,指出了其对马克思和恩格斯政治哲学的发展所作的贡献,并就本土热点问题挖掘了其对我国民主政治建设的启发意义。

第七章　牧师权力

我发现牧师比我更有权力，因为他统治思想，而我只统治肉体。

——托马斯《政治哲学导论》

在构成近代资本主义精神乃至整个近代文化精神的诸基本要素之中，以职业概念为基础的理性行为这一要素，正是从基督教禁欲主义中产生出来的。

——韦伯《新教伦理与资本主义精神》

"关心自己"就是一种态度：关于自身，关于他人，关于世界的态度。

——福柯《主体解释学》

拿破仑曾说："我发现牧师比我更有权力，因为他统治思想，而我只统治肉体。"①在某种意义上说，韦伯的《新教伦理与资本主义精神》实现了对拿破仑这句话的反动，他认为新教改革导致牧师权力的丧失和新教伦

① 转引自（英）杰弗里·托马斯：《政治哲学导论》，顾肃、刘雪梅译，中国人民大学出版社2006年版，第77页。

理的世俗化。在韦伯那里,基督教禁欲主义经过新教改革转变为一种新的"入世"伦理,这种伦理作为社会道德的符码为资本主义制度的确立打下基础,从福柯的观点看,韦伯的这一分析过于简单,表达了某种起源情结,停留于传统二元论。在福柯那里,基督教禁欲主义在近代的确发生了转变,但是这种转变不是一个宗教改革事件,而是现代微观权力的诞生;不是资本主义精神的生成,而是社会控制技术的泛滥;不是形成以职业理念为基础的理性行为模式,而是展开了以职业训练和纪律体系为基础的规训机制;人们没有逃脱性忏悔,而是陷入更深的性坦白的黑洞;没有挣脱牧师权力,而是被抛入现代牧师权力的深渊。

基督教禁欲主义发生了怎样的改变?现代牧师权力如何发生?它是如何作用,又如何超越?这种新的分析有什么意义?这些问题构成了本章研究的主要内容。

第一节　牧师权力的提出

福柯在《性经验史》的第一卷《求知之志》中提出牧师权力,他从批判"性压抑"出发,通过对性观念进行考古,揭示了牧师权力的赋魅、祛魅及其中的断裂和转换,并在此基础上对微观权力作了系统阐述。

一、性压抑观点批判

20世纪,弗洛伊德的精神分析认为,权力新形式已经集中体现在对性的压抑上,因此主张"性解放"。这一思想产生了很大的社会影响,尤其是西方青年人掀起了性解放的运动。

然而,在福柯看来,所谓"性压抑"的观点的理论前设是成问题的,它只看到了社会对性的管制,而没有看到这种管制的实质及其引起的效应。性管制并不压抑性,只是将性话语学科化、政治化,学科化表现为性话语转入学术机构、医疗场所和指导空间,这种转移一方面使性话语在特殊空间内大加生产,另一方面使在日常生活中因激起人们的好奇和打破禁忌的心理而大肆泛滥，在这个意义上说，“性解放”叙事不仅将“革命”之箭射向了根本不存在的标靶，而且将自己交托于被资本主义话语权力玩弄的股掌。因此，福柯的《性经验史》一开始就对近代“性压抑”观点和由之而来的“性解放”对策提出批判，这一批判无疑是凌厉的。

然而，如果福柯停留于此，那么他的思想没什么太大的新意，因为20世纪的心理分析学家早就提出过“性没有被压抑”的见解。福柯要干什么呢？在《性经验史》中，他对自己的写作目的作出了明确的说明，他说：“我为什么要进行这些研究呢？我们置身于性的影响下，但不是在‘物理学’的影响之下，而是在‘性逻辑’的影响之下。”[①]福柯研究“性”的旨趣不在于批判“性压抑”观点，甚至也不在“性”这种行为本身，而在于对性观念进行考古，考察人们在日常生活中如何看待性，如何谈论性，如何管理性的经验史，通过这种考古学分析，福柯发现性经验与人自身生存的紧密关联，揭示“性经验”背后的微观权力，即牧师权力。

二、牧师权力考古

福柯对“性经验”考古时发现，有关性的话语结构在公元5世纪与18世纪发生了两次断裂，这两次断裂造成了人与人自身的关系方式发生了改变，在改变的背后，是权力类型的变化。从公元5世纪开始，为了满足西方基督教社会的需要，基督教牧师权力在教会之中产生，从18世纪开始，由于西方现代社会的需要，基督教牧师权力的优点被世俗化，在各种控制技术、科学知识实践、社会机构等要素的综合作用下，一种新型微观权力诞生了，这种新型权力是基督教牧师权力的世俗化，因此，福柯称其为“牧师权力”。

基督教牧师的权力不是与生俱来的，而是在古希腊开始形成的，它是此前古希腊人关心自己的生活方式的异化。在古希腊的日常生活中，希腊人就是坦白的动物，然而这种坦白与后来基督教中的坦白截然不同，在

① （法）米歇尔·福柯：《性经验史》，佘碧平译，上海人民出版社2002年版，第58页。

当时,说真话是一种美德,坦白是通向真理之路,是关怀自身的根本要求,同时,性节制也是自我关怀的一种表现形式,但是,当时二者之间并无必然关联,尽管日常生活中性乱问题也被人们唾弃,但它不会吸引哲学家和伦理学家的兴趣,他们把性控制作为关怀自身的哲学训练,那时也没有性"反常"这一观念。然而,公元5世纪以后,情况发生了变化,"基督教的忏悔出现以后,性是忏悔的首要内容"①。按照基督教的解释,性坦白的意义来源于伊甸园的偷尝禁果后对上帝的忏悔,性是从亚当夏娃而来的原罪,因此,性可以解释关于人本质的一切,坦白自己在性上的所行、所思和所愿,是向上帝赎罪的明证,性与坦白被空前紧密地结合起来,"告诉我你的性,我就可以讲出你的本质",这句话成为基督教牧师的权力的明证。在这个意义上,我们说西方基督教文化是罪感文化,基督教徒是忏悔的动物。基督教对性的管理在《圣经》中有许多体现,最突出的就是"十条诫命"之一"不可奸淫"。什么是"奸淫"呢?按照旧约的解释,看到妻子之外的女人心动,或者想象其他女人的肉体,就是犯了"奸淫罪","心里思想,便为犯罪"。洗脱"奸淫罪"的唯一做法就是性忏悔,人需要通过它来认识自己的本质,"性坦白——认识你自己",成为基督教社会中人之为人的标准。基督教对性有着如此严格的约束,基督教徒要想亲近上帝,就必须克服自己的私欲,也就难怪人们称之为禁欲主义。在社会演进中,基督教国家为了统治的需要,认同并鼓励了牧师要求他人忏悔的权力,对性的忏悔逐渐被发展为向神坦白的主要内容,牧师的权力被成功赋魅,在教堂的特定空间,人们虔诚地向牧师坦白自己的全部秘密,尤其是自己的性秘密,以此来接近上帝,获得上帝的悦纳。

从18世纪起,性坦白的空间发生了巨大的变化,说出自己的性秘密已经从教堂的小房间扩散到教堂外的特定空间中,儿童在家中向家长坦白,学生在学校向教师坦白,成人在卧室中互相坦白,"病人"在医院向医生坦白,性错乱者在精神分析诊所向专家坦白,性坦白的空间被分割了、

① (法)米歇尔·福柯:《性经验史》,佘碧平译,上海人民出版社2002年版,第45页。

扩散了,坦白的“主体”和对象多元了。性的性质发生了变化。在公元5世纪至18世纪的基督教社会中,同性恋、性乱伦不再是希腊化时期的“无德”,而是一种犯罪,不过,这种犯罪违反的不是人间的法律,而是“天上”的律法。近代以后,“性反常”概念出现了,“性反常”曾经成了一种危及资产阶级“种族”的致命“病态”,性不再只隶属于伦理道德范畴,而是更多地隶属于性科学范畴。在这种社会需要的形式下,公务员、教师、家长接替了牧师的工作,教育学、生物学、性科学、道德学、政治学参与到性坦白过程之中,经济统计机构、学校、家庭、研究机构、政府、社会组织开始涉足性话语。表面上,有关性的言说被限制,然而,事实上,有关性的言说在暗中膨胀着,有关性的话语在特殊的空间内发展着。性坦白对象关系变得多样化:儿童与父母、学生与教师、病人与心理医师、犯人与专家、病患与科学之间,在学校、医院、家庭、办公室和研究机构中悄悄地展开着盘问与坦白,性话语不是被压抑,而是被加速度生产、扩散和应用。

19世纪以后,临床医学、心理学、精神病学这些新生的学科,临床医生、心理学家、精神病学家及其相应的研究机构在性话语的扩散和深入上发挥更大的作用,它们使现代西方人变成了新的坦白动物,人们在对自我的考问中探寻与真理的基本关系,牧师权力把人们塑造成具有臣民意识和容易患病的人。它们直接与人口学、生理学、心理学、性分析、伦理学结合起来,使性话语越来越专业化,性成了部门科学问题;使性越来越经济化,性话语成为经济生产要考虑的要素;使性越来越政治化,性成为了一种新的心灵控制方式。由此,基督教牧师倾听忏悔的权力成功祛魅和退场,更加复杂化和科学化的现代牧师权力出场。

福柯对牧师的权力的考察让人不禁想起韦伯的工作。在牧师权力的问题上,韦伯处于一种矛盾之中,一方面,他宣称理性权力对“神授”权力的取代是社会的进步,是“合理性”的集中体现;另一方面,他又对社会尤其是牧师们宗教伦理的丧失痛心疾首,他批评基督教的牧师们“尽管部分地保留了对古老理论的信念,却也转化为服务于功能性目的官僚”[①]。这里我们看到福柯与韦伯的殊异:同样面对 18 世纪的权力断裂,韦伯看到的是宏观权力的进步,福柯看到的却是微观权力的泛滥;韦伯看到的是牧师权力的消失,福柯看到的却是新型牧师权力的再生;韦伯看到的是工具理性的铁笼,福柯看到的却是理性秩序的磁力场;韦伯看到的是职业伦理的出路,福柯看到的却是职业伦理的诡计。

然而,二人如此多的不同丝毫没有遮蔽他们的共同点:第一,痛斥现代性秩序对自由的伤害[②];第二,悲天悯人的情怀[③];第三,现代性研究中“幽灵”在场[④]。让他们不同的是,韦伯为他未竟的事业含恨九泉,而我敢说,福柯为他未竟的事业含笑九泉,这一点,突显了 20 世纪两种不同的知识分子观。

第二节　牧师权力机制与超越

现代社会通过对性的讨论使得关于性的话语具有了微观权力的特征,并动用社会力量进行大肆讨论使得性成为现代社会自我技术的核心内容。如此反抗和超越这种内化了的微观权力的控制,在性经验考古学过程中福柯把其与古希腊的实践方式结合起来,提出“关怀自身”的生存美学蓝图。

---

① 汪民安、陈永国、张云鹏主编:《现代性基本读本》(下),河南大学出版社 2005 年版,第 401 页。

② 韦伯批判道:“这一秩序(现代性的理性秩序——引者注)和机器生产的技术、经济条件相结合,现在又以不可抗拒的强制力量,不仅是控制着孳孳为利之徒的生活,而是控制着所有人的生活,因为他们就出生在这一机构之中。恐怕要直到最后一吨化石完全燃烧成灰烬为止,这一秩序还要控制着他们的生活。”这里,我们看到福柯的微观权力思想从“如何”控制的角度深化和发展了韦伯的思想。详见(德)马克斯·韦伯:《新教伦理与资本主义精神》,李修建、张云江译,九州出版社 2006 年版,第 283 页。

③ 福柯提出:“人们比他们感觉的更自由”,而韦伯则是“他举起时代的全部重任,掷入自己的胸渊,他的先辈有苦有甜,他却感到生命的负担——包容万物,万物一如在他心间”。

④ “每当时代想终结自己的价值时,这个人总会生还。”

一、牧师权力机制

从福柯的观点看,牧师权力运作机制包括四个方面:对性进行科学化裁决、"种性纯洁"话语、强调"认识你自己"、监督自身。这一机制用福柯的话说,就是"科学化"、"哲学"、"阶级斗争"、"自我的技术"。

牧师权力对个体的性进行科学化裁决主要在于使性科学化、可见化、求真化、解释化、神化五个方面。性科学化集中表现为"性的病理学",它采用进化论,借用生物学,利用公共卫生制度,重提对性病的恐惧,催生并推广开畸形或正常的性欲观念,使科学的性生活成为分类和规范人类主体的主要手段。它声称确保人类的健康和德性,许诺淘汰性缺陷或性退化人群,以达到"健康积极的性生活"的目标,"西方不断地通过宗教、医学和社会学的方法围绕性组织各种知识"①。性可见化不仅将性置于医生、医学的目光之中,而且将其列于人口计划、公共卫生、安全防范等档案之中。求真化是指性科学坚信笛卡儿哲学,在他看来,真理不在他处,而在于"我思"之中,因此,性科学的任务就是要通过一整套机制让"病人"把他(她)不愿意说出的"我思"坦白出来。这种话语权力谱系将基督教的坦白进一步推进,"询问在临床诊断中系统化"②,它不停地询问,不仅要求坦白者毫不隐瞒,而且依规范将坦白引向深入,使坦白者最后说出自己都一无所知的秘密:坦白自己的疾病、坦白自己的不幸、坦白自己的罪行、坦白自己的欲望、坦白自己的习惯、坦白自己的思想、坦白自己的过去、坦白自己的梦想,一切皆须坦白。在此过程中,弗洛伊德的精神分析把坦白深入到人的无意识深处,把询问的科学发挥到了极致。因此,福柯不无讥讽地说:"人们没有看到弗洛伊德的杰出天才把他置于18世纪以来由知识和权力策略划定的一个关键时刻,他卓有成效地重振了认识性和把性纳入话语之中的古老命令。"③医学话语解释学的最大特点是"无

① (法)米歇尔·福柯:《福柯集》,杜小真编选,上海远东出版社2003年版,第393页。
② (法)米歇尔·福柯:《性经验史》,佘碧平译,上海人民出版社2002年版,第119页。
③ (法)米歇尔·福柯:《性经验史》,佘碧平译,上海人民出版社2002年版,第119页。

尽的解释”,解释任何一个可能涉及性的事件,久而久之,科学的神化生产了“性”与人自身关系的神话。

福柯的研究表明,牧师权力曾督促资产阶级确保“种性纯洁”,这一做法把牧师权力与阶级斗争结合起来。在阶级斗争中,资产阶级为了保全自身的“健康”,积极推动性话语的生产和现代性观念的创造。不同阶级之间的通婚曾经一度成为日常生活的禁忌,它到现在仍然在印度等国家和地区存在。有人以为,福柯对资产阶级“性特权”的分析与马克思强调资产阶级关注工人的性这一观点相对立,这个认识是表面化的,福柯在《规训与惩罚》中提出对整体社会人口的生命权力问题,按照表面化的逻辑,福柯也是以资产阶级的“性特权”观点来反对“生命权力”观点,这是成问题的。事实上,二者非但不矛盾,而且是相通的:资产阶级对自己性的关注与对工人的性的关注的目的是为了确保资本主义延续下去,前者是为了维护资产阶级健康的种性,后者是保障服务于资产阶级的健康劳动力。福柯的贡献在于他突出了资产阶级自身对性经验的建构性,填补了以往对这一问题研究的空白。

牧师权力强调的“认识你自己”,与哲学的认识论联系起来,在牧师权力转换的过程中,哲学,尤其是笛卡儿式哲学起到了很大的作用。从福柯的观点看,哲学扮演了不光彩的角色,哲学主张的“认识你自己”,通过认识自己而直达真理的观点为对身体和性的双重考问提供了合理性依据。无论人们是否认同福柯的这一分析,它都无疑使人们更加清楚地意识到,哲学的本性不应是概念化的权力、限制人们自由的工具,而应当是时代精神的精华、使人更加自由的力量,其或如陈寅恪先生所说的“自由之思想,独立之精神”。

自我的技术是牧师权力机制的核心。什么是自我的技术?福柯在1976年《世纪报》发表的文章中写道:“我想提一个完全不同的问题,为什么西方长期地查考性的真相和要求每人为自己表达的真相,为什么要这么固执地要求我们自己的关系具有这个真相?”①在福柯那里,从18世纪到现在,话语技术被所谓的人文科学重新嵌入到一个不同的语境之中,不是为了绝弃自身,而是为了积极地构造一个新的自我。自我的技术不再是中世纪通过忏悔而告别那个有着世俗欲望的自我,而是通过把自己的性嵌入性科学的话语之中进行自我建构和塑造,这既是社会的需要,也在满足社会需要的过程中生产了更大的社会需要。这里,我们看到福柯对《规训与惩罚》中提出的权力生产性的重申——权力不是消极压抑,而是生产社会需要的身体,我们也看到了他对前者的发展——这也是牧师权力的目标——不只生产社会需要的身体,而且生产社会需要的人性和人格。

1982年在福柯与卢克斯·马丁(Rux Martin)的访谈中,在回答“什么是自我的技术”时,福柯说道:

> 我研究的是三个传统问题:1.我们与通过科学知识的真理的关系,与那些文明中如此重要的真理游戏的关系,在其中我们既是主体又是客体的关系;2.通过那些奇怪的战略和权力关系,我们和他者是什么关系;3.真理、权力和自我之间是什么关系。②

这里我们看出,自我的技术是福柯在长期研究微观权力过程中始终思索的问题,自我的技术在微观权力的不同视域中有不同的表现:在《疯癫与文明》中,表现为精神病学医生让疯人意识到自己的“未成年”、自己的“病态”,在《词与物:人文科学考古学》中表现为对主体的权力“帮助”人们树立了“正常”的劳动的人、生活的人和说话的人的行为规则,在《不同空间的正文和上下文》中表现为虚假空间的镜子政治,在《规训与惩罚》中表现为职业培训标准的内化、全景敞视主义给个体造成的自我监视

① (法)米歇尔·福柯:《福柯集》,杜小真编选,上海远东出版社2003年版,第393页。

② Foucault Michel, *Truth, Power, Self: An Interview with Michel Foucaul*, In *Technologies of the Self: A Seminar with Michel Foucault*, Marth, L. H. etal., Tavistock, 1988, p. 15.

和内化机制,在《求知之志》中表现为向性科学实践的权力的无休止的告白成为“认识你自己”、“成为你自己”和“确证你自己”的根据,在这种话语权力之下,人如若不时刻对“性”进行内心检视,就会成为社会的他者,成为未成年的病态。由此可见,福柯微观权力研究始终思索着真理、权力和自我这三者的关系,这种思索蕴涵着福柯深切的人文关怀,体现着其微观权力研究的哲学性。

二、对牧师权力的超越

从福柯的观点看,不论是现代社会凭借性坦白方式实现的“自我确证”,还是中世纪基督教苦行的自我培养,都不过是权力制造的要求及其结果,它们都是古希腊时代人自我关怀的精神和方式的倒退,因此,对牧师权力的超越方案至少达到古希腊时期的自我培养的水平和境界。因此,在《性经验史》的第二、三卷福柯用了大量篇幅以史学方式展开这一问题,这一思考的集中体现就是福柯 1981—1982 年在法兰西学院演讲的“主体解释学”,后者通篇都在讲一个词:关怀自身。

“关怀自身”是福柯对牧师权力的超越方案,对一切权力的超越方案,然而,它常常被现代人理解为“自省”或者“利己主义”,事实上,早在苏格拉底那里,关怀自身就没有丝毫负面意义,福柯的方案不是回到古希腊,而是超越古希腊,因此不能将其理解为利己主义或一般的自省。由于福柯的英年早逝,我们无从知晓这一方案的具体内容。这里,我们尝试从三个方面来描述关怀自身的意蕴:

第一,关怀自身的实质。福柯指出:“‘关心自己’就是一种态度:关于自身,关于他人,关于世界的态度。”[①]公元前 5 世纪的希腊,随着关心自己论题的出现,先有了一种不成熟的哲学论述,而后有了希腊文“epimeleia heautou”,再后来有了拉丁文“curasu”,即关心自己、照料自己、呵护自己、关怀自己。但是这个“自己”是什么呢?是“主体”吗?希腊文

---

① (法)米歇尔·福柯:《主体解释学》,佘碧平译,上海人民出版社 2005 年版,第 12 页。

本那个时候还没有“主体”一词。福柯认为,《申辩篇》或许可以告诉我们答案,这篇文献表明了苏格拉底的观点,他对审问他的陪审团说:“你们专注于尽量积攒钱财、猎取荣誉,而不在意、不想得到智慧、真理和性灵的最高修养,你们不觉得惭愧吗?”[①]在福柯看来,苏格拉底的“关怀自身”就是关注自己的品德和灵魂。这里已经初步显现了福柯与尼采的殊异,尼采曾经指出,“苏格拉底实际上是利用智慧来遏制平民的健康、邪恶、批判精神、洞察力与卑劣行径,这就是‘丑陋的’苏格拉底”[②],“古希腊哲学家与苏格拉底一样皆以相同的内心体验为基础。他们毫无节制,放浪形骸,处于无政府状态,统统属于颓废派。他们视苏格拉底为良医”[③]。尼采的这些论断,表明了他对苏格拉底的蔑视,福柯的观点显然与之不同。

第二,关怀自身的功能。按照福柯的分析,关心自己具有批判、斗争、治疗功能。批判功能是指关怀自我可以使人改正一切坏习惯,改正从父母、坏朋友和周围的其他人那里所接受的错误观点,“改正”是自我培养的重要任务之一。斗争功能是指自我关怀的永远的战斗性,它不仅仅要为将来培养一个有价值的人,而且应当给个人以武器和勇气,使其能够终生战斗。关怀自我还有治疗和治愈功能,既治疗灵魂的疾病,也治疗身体的痛患。

第三,关怀自身的方法。从福柯的观点看,关怀自身主要有两种方法:哲学苦行与老师协助。

希腊化和罗马时代哲学家们的苦行,不同于基督教的禁欲。在1981—1982年法兰西学院的演讲中,福柯指出:

> 在哲学苦行中,在我向你们说的那个时代的修身实践的苦行中,旨在找向自身,作为生活技术和生活艺术的目的和对象。找回自身,不是把自身体现在真话之中,而是在自身对自身的实

---

① (古希腊)柏拉图:《游叙弗伦·苏格拉底的申辩·克力同》,严群译,商务印书馆1983年版,第66页。

② (德)尼采:《权力意志》,贺骥译,漓江出版社2000年版,第297页。

③ (德)尼采:《权力意志》,贺骥译,漓江出版社2000年版,第298页。

践与训练中把真话主体化。这就是我从这门课一开始就力图揭示的一种根本的差异。[①]

这表明:第一,在这种哲学苦行中,终极目标显然不是否定自己。相反,它是以最明确、最有力、最连续、最坚定的方式把自身确立为自己生存的目的;第二,在这种哲学苦行中,问题不是安排我们必须牺牲自身存在的某一部分或某一方面的顺序,而是让自己得到不曾有过的某种东西,得到本身所没有的东西,这就是培养自己具有一种抵御生活中可能发生的事件的能力;第三,这种哲学苦行,不是以个体屈从法律为原则,而是把个体与真理联系起来,"把真理变成他自己的,成为说真话的主体,我以为这是这种哲学修行的核心所在"[②];第四,哲学修行并不反对理性,相反,它始终要求理性的批判在场,这一点再次显现了福柯与尼采的不同,尼采认为,苏格拉底的精神接生术即逻辑学和清醒的理性同样也是颓废的征兆,苏格拉底的逻辑学与理性融为一体,同属病态。[③]

老师协助也是关怀自身的方法。"老师就是关心主体对他自身的关心,而且在他对学生的爱中,发现关心学生对他自身关心的可能性。"[④]这里,福柯作了两个区分:第一,福柯区分了老师对学生的爱与医生对病人的爱、一家之主的爱、情人之间的爱,在他看来,医生"关怀自身"的是身体而不是灵魂,一家之主关心的是财产这种"属于"他的东西而不是他本身,情人关心的是身体和美貌而不是品格,而老师是真正的"关怀自身",它关怀的是学生的灵魂;第二,福柯区分了"老师"与"教师",在他看来,"老师"不像"教师"那样热衷于向他指导的人传授各种态度或能力,他不努力教他说话,不去教他如何压倒其他人,而是用他的身体、态度、能力关心学生本人的灵魂、作为行为主体的灵魂,"老师"关心的只是学生将来关心自己的方式,这一点也界定了老师在"关心自身"中的地位:

---

① (法)米歇尔·福柯:《主体解释学》,佘碧平译,上海人民出版社 2005 年版,第 346 页。
② (法)米歇尔·福柯:《主体解释学》,佘碧平译,上海人民出版社 2005 年版,第 346 页。
③ (德)尼采:《权力意志》,贺骥译,漓江出版社 2000 年版,第 299 页。
④ (法)米歇尔·福柯:《主体解释学》,佘碧平译,上海人民出版社 2005 年版,第 63 页。

不通过老师,人是无法关心自己的,如果没有老师在场,那么是不会有什么关心自己的。但是,界定老师地位的,在于他所关心的就是他指导的人能够对他自己的关心。①

关怀自身是哲学修行和“老师”之为老师的根本所在,是自我关怀的主体性与主体间性的统一。我们在这里看到,福柯终于走出了个体化视角而走入主体间性,尽管这种主体间性是有着严格限制条件的。

福柯在《主体解释学》的结尾写道:

如果世界通过“bios”(生活)成了这种我们得以认识自己的体验,成了这种我们得以改变或拯救自己的训练,那么我认为,这是对于古典希腊思想十分重要的一种改变、一种变换。②

福柯要表明的是,日常生活作为世界向人呈现的方式,是一种生存处境的权力策略,是对人自身的一种考验。汤因比说得好:“罪恶、痛苦和悲伤的根源在于,有感觉的生命在现象世界的短暂旅途中脱离了现象背后超时间的真实;回归这种真实,是治疗我们这个病态世界的各种弊病的唯一有效的方法。”③世界被认为是我们得以体验自身的东西,是我们得以认识我们自己的东西,是我们得以发现我们自己的东西,是我们得以揭示我们自己的东西,这个世界、这个生活也是一种训练,即根据它、通过它、由于它,我们在当下培养自己、改变自己、关怀自己,使自己真实,这种真实的生存,就是 1984 年福柯提出的“现代性态度”。

第三节　牧师权力思想的局限和意义

福柯的牧师权力思想展现了其微观权力谱系的新维度,推进了对自

① (法)米歇尔・福柯:《主体解释学》,佘碧平译,上海人民出版社 2005 年版,第 62 页。
② (法)米歇尔・福柯:《主体解释学》,佘碧平译,上海人民出版社 2005 年版,第 506 页。
③ (英)阿诺德・汤因比:《历史研究》,刘北成、郭小凌译,上海人民出版社 2000 年版,第 437 页。

身的技术的分析并使之主题化，从更深的层面揭示了现代理性秩序对人的控制，然而，这一思想也表现出自身的局限性。

一、牧师权力思想的局限

从根本上说，福柯的牧师权力要粉碎的不仅是笛卡儿式的主体，而且是弗洛伊德式的主体，从而建立起苏格拉底式的主体、尼采式的主体，这个主体在超越现代制度与现代性理念的现代秩序上，或许是有效的，然而，这种从个体化出发的主体性本身隐含着新的危机，在那里，毫无规范可言，主体行为如何确证其自身不会形成对他者的暴力呢？

此外，福柯的同性恋和个人生活上的高峰体验，虽然表明福柯实现关怀自身的尝试和勇气，但是它很难为人接受，而且过于狭隘，事实上，自我关怀所关涉的爱是内涵极其丰富的范畴，这一点已经蕴涵于福柯对“老师”的界定中了，但是他没有把它阐发出来。吉登斯接过这个问题，研究现代性与性、爱和爱欲的关系，他认为，日常生活中爱的问题也是现代性的问题，因为它以直接的方式与自我认同问题连接起来。[①] 不过，福柯的个体化方案倒是从侧面表明了“现代性态度”的个体性本性，福柯本人的现代性态度只是福柯自己的，每个人都可以寻求自己的风格。

二、牧师权力思想的意义

在牧师权力思想阐述中，福柯对微观权力作出了系统阐述，它是对以往微观权力研究的总结，这种总结以比以往更加清晰的方式体现了微观权力思想对传统权力观的超越，其对性经验的研究开启了性文化哲学研究，其对牧师权力的超越方案给伦理学研究注入了新的思想。

第一，推动了政治哲学研究。在政治思想史上，对于“权力”这样一个核心性概念，一直存在着激烈的争论。卢克斯(Steven Lukes)在概括了

---

① 参见(英)安东尼·吉登斯:《亲密关系的变革:现代社会中的性、爱和爱欲》，陈永国、汪民安等译，社会科学文献出版社2001年版，第46页。

以往研究的基础上提出三种权力观:单向度的权力观、双向度的权力观、三向度的权力观。单向度的权力观采用了自由主义的利益观念,把注意力集中到主体能促使对象去做原本不做的事情,它强调了权力的效果。双向度的权力观采用了改革主义的利益观念,除分析了外部冲突外,还把注意力集中到主体与对象之间的压制面上。三向度的权力观考虑到权力行使的文化环境,更加注重实际冲突的消解,三向度的权力观虽然超越了前两种权力观的简单化和宏观化,这种权力离文化权力只有一步之遥,但是它没有迈出这一步,它并没有将福柯的微观权力纳入自己的研究视域。福柯认为,微观权力的分析使人们不仅看到了宏观权力的微观基础,而且还注意到了二者之间的治理活动。他说:“我们生活在一个‘治理术’的时代”[①],“牧领、新的外交—军事技术,以及治安:我认为,正是这三个因素,使得国家的治理化这个西方历史上的基本现象得以产生”[②]。福柯的“主权—治理—纪律”三角形,表明了现代社会权力的基本结构,从大的尺度看,对他者的权力、对主体的权力、空间权力、规训权力和牧师权力是微观权力,治理权力是中观权力,国家主权、法律权力是宏观权力,这种关于权力的三位一体思想,当然是三向度的,不过并没有被所谓“三向度权力观”所理解和吸收。虽然弗洛伊德的马克思主义从性文化角度分析权力,主张微观革命论,但是,无论是问题诊断还是解救药方都有其局限性。吉登斯或许是真正理解福柯的《性经验史》的一个,他提出,福柯提醒我们,“应当追求的是从性当中解放出来,而不是经由性来获得解放”[③]。福柯的贡献在于将活生生的现实社会生活拉入他精制的显微镜下,使西方政治和社会的具体运作显现出来,形成他的独具特色并影响广泛深远的权力思想,这一思想将权力研究视野从传统政治经济领域推进到社会历

---

① 转引自汪民安、陈永国、张云鹏主编:《现代性基本读本》(下),河南大学出版社 2005 年版,第 397 页。

② 转引自汪民安、陈永国、张云鹏主编:《现代性基本读本》(下),河南大学出版社 2005 年版,第 398 页。

③ (英)安东尼·吉登斯:《批判的社会学导论》,郭忠华译,上海译文出版社 2007 年版,第 101 页。

史领域,扩展到社会生活的实际网络,提升到日常生活哲学。

第二,开启了性文化哲学研究。牧师权力研究表明:从来没有一个社会比现代西方社会更关注性,从来没有一个社会比现代西方社会建立更多的话语,从来没有一个社会设立过比现代西方社会更多的有关性的权力网络。福柯写作《性经验史》一书的任务是:“让这只使他人泄露内情的魔戒转过来说出它自身的机理。”[①]换句话说,福柯从性切入西方社会文化运作之中,揭示其微观运作的文化机理。戴特·沃尔夫冈在他的《权力、伦理学与知识》中指出:“本书的主要目的是区分由经典无性论的先驱者提出的性经验和性活动之间的道德。米歇尔福柯当然是第一个从事这一划界的思想家。”[②]在这个意义上说,福柯的有关性经验史的研究,推动了有关性文化的哲学研究,这一研究为后身体哲学和女权主义提供了参照。

第三,福柯关于老师的界定,为知识分子研究提供了资源。福柯对“老师”的严格划界与他的知识分子观是密不可分的。福柯坚决拒斥那种试图做民众立言人和代言人的知识分子。这也是萨特的观点,萨特提出:“知识分子作为代替别人思考的人是必定要消失的:代替别人去思想是荒谬的,它使知识分子概念本身站不住脚。”[③]他们的知识分子观点,成为其后知识分子研究的支点和资源,比如萨义德的知识分子思想就是在对其批判和吸收的基础上发展起来的。在这一问题上,如同福柯对萨特不够厚道一样,萨义德也将福柯的知识分子观批判得体无完肤,在本文看来,他们的相通性远远多于他们的差异。看来,学术维新有时会使人对他人思想的批判过于极端,这是我们作哲学研究时需要提醒自己的一点。

第四,福柯“关怀自身”的现代性态度,呈现了新的伦理学计划。福

---

① 转引自(美)布莱恩·雷诺:《福柯十讲》,韩泰伦主编,大众文艺出版社 2004 年版,第 179 页。

② Wolfgang Detel, *Foucault and Classical Antiquity*: *Power*, *Ethics and Knowledge*, Cambridge University Press, 2005, p. 1.

③ (法)萨特:《生活·境遇:萨特言谈随笔集》,泰裕、潘旭镭译,上海三联书店 1990 年版,第 92 页。

柯从自身出发，却关照他者，体现了他的伦理学的辩证法，在这个意义上说，“关怀自身”不能被理解为“利己主义”。从前面的分析不难看出，在苏格拉底那里，“关怀自身”在“老师”那里实现了自身关怀与关怀他者的有机统一。这种伦理学以一种追求“完美”的“关怀自身”，直接挑战了勒维纳斯寻求“至善”的“他者伦理学”，为道德哲学和伦理学研究提供了新的视角，应当为我们所关注。

本章从福柯《性经验史》出发，分析了牧师权力的生成和运作机制，评价了福柯对牧师权力的超越方案，并分析了这一思想的局限性和意义。

为了更突出“性经验”考古学的意义，我们把它与韦伯的《经济与社会》、《新教伦理与资本主义精神》中的思想作了简要的对比，突出二者差别和二人一致的人文关怀。

为了更加清楚地分析牧师权力的机制，我们把福柯关于自我的技术的有关文献作了简要梳理，突出了福柯微观政治哲学中一条潜伏的线索，辨析了福柯与马克思关于“性”与阶级斗争的观点。

在福柯那里，哲学修行不同于基督教苦行之处在于，真正的哲学修行不是否定自己，而是确证自身；关怀自身的哲学不同于认识论哲学之处在于，认识自己不是最终的目标，它不过是关怀自身的路径；真理不在求真的认识之内，而在于成为一个说真话的主体的实践本身，这对于提升我们哲学生活的境界具有积极的意义。

本章最后分析了福柯牧师权力思想的局限和意义。

第八章　微观政治哲学与马克思社会历史思想

即使人们承认马克思现在会消失，它也肯定会在某天重现。

——福柯《结构主义与后结构主义》

谁用政治经济学的范畴构筑某种思想体系的大厦，谁就是把社会体系的各个环节割裂开来，就是把社会的各个环节变成同等数量的依次出现的单个社会。

——马克思《哲学的贫困》

我认为有一种与市民化相联系的历史话语的内部辩证法化和自我辩证法化。

——福柯《必须保卫社会》

福柯的微观政治哲学集中在社会历史领域，在其所有社会历史分析的著作中，都能看到马克思思想的闪光，有的还有对马克思思想的明确引用。西方学者对此的反应不尽相同，大体可分为三种：一是认为福柯批判了马克思的唯物史观，比如马克·波斯特认为："《规训与惩罚》提供了福柯扭转马克思历史唯物主义的最佳范例，在方法论、概念发展与内容上，福柯提供了一个不以生产为历史中心的批判性理论。"[①]二是认为福柯重申了马克思的观点,比如托德·梅认为,鲍德里亚把福柯的社会理论视为马克思社会生产力模式的重说。[②] 三是认为福柯丰富和发展了马克思的观点,比如艾蒂安·巴立巴尔认为,福柯以唯名论弥补了马克思唯物论的不足,在他看来,福柯吸取马克思在《资本论》中关于生产中劳动力的划分方法,来说明惩戒手段是如何增加工人身体的效用的。[③] 应当说,相对而言,艾蒂安·巴立巴尔这类评价还是中肯的。为什么这么说呢?微观政治哲学与马克思社会历史思想之间到底是什么关系?

如前所述,福柯哲学研究形成了独特的微观视域。从存在论上说,福柯的微观政治哲学是关于人自身的历史存在论,人自身的历史存在由不同于中心化、同质化的国家主权和法律权力的微观权力建构,微观权力以对他者的权力、对主体的权力、空间权力、规训权力和牧师权力在每一个主体的参与下弥散地、异质地、多态化地塑造和控制着现代西方社会的每一个细节。它强调而不是抹平了多元性和差异性的存在,比如疯狂、非理性、罪犯、劳动的主体、生活的主体、说话的主体、性倒错者等。从认识论上说,福柯坚持在长时段的基础上致力寻找深层的复杂的断裂,从而反对那种隐藏在话语背后的真理解释学,摒弃全面、整体、还原论历史观。从方法论上看,福柯的理论抽象自始至终向思想、文化、宗教本身的历史掘进,而不是从现成的思想学说史、文化学说史、宗教学说史出发,这就形成了以考古学和谱系学为主要方法的"微观分析"。

既然我们是通过福柯研究关联到马克思,感觉到马克思思想在其中的作用,那么,从福柯的微观权力视角,以福柯的逻辑,用福柯的方法回头考察马克思思想时,是不是能对马克思思想有些新的认识呢?在前面对微观政治哲学及其与马克思思想关联的具体研究基础上,做这项工作的

---

① Mark Poster, *Foucault, Marxism and History*, Polity Press & Blackwell, 1984, p. 95.

② 参见 Todd May, *The Philosophy of Foucault*, Acumen Publishing Limited, 2006, p. 138。

③ 参见汪民安、陈永国、马海良编:《福柯的面孔》,文化艺术出版社 2001 年版,第 456 ~ 457 页。

条件已经成熟。

第一节 马克思对国民经济学、史学和监控的微观哲学分析

马克思哲学长期以来被人们理解为“经济决定论”、“整体主义”和“宏大叙事”,这三者实际是对所谓“资本的逻辑”的误解:“经济决定论”极化了资本的决定性、整体主义极化了逻辑的排他性、宏大叙事极化了资本的逻辑所导致的从始至终的必然性,其实这种极化本身就已经偏离了马克思的思想本身。因为马克思本人从来没有把“资本的逻辑”极端化,他在强调“资本的逻辑”的同时总是充分注意文化的差异性,因此马克思所理解的“资本的逻辑”绝不是“经济决定论”、“整体主义”和“宏大叙事”所强调的那么简单和极端。马克思、恩格斯和许多20世纪的西方马克思主义者还从自己的时代出发对这三种观点思想或其精神作出过批判,起到了很大的纠偏作用,然而,由于这些批判未能将马克思哲学的微观资源主题化,因此对马克思哲学的研究还存留很大的空间。通过对福柯微观政治哲学的研究,我们发现:《知识考古学》点明了马克思微观史学萌芽对史学转向的意义,《规训与惩罚》显现了马克思社会历史分析的微观权力视域,借助福柯的知识考古学方法,我们发现《手稿》的“工资”等部分不是传统理解的经济学分析,而是一种对国民经济学进行哲学分析的考古学,一种事关具体人群生存的哲学批判,如果循着这样的方向,以福柯的方式走入马克思的文本,那么我们就会发现,在马克思那里,已经开始了对国民经济学、史学和监控的微观哲学分析。

一、对国民经济学的微观哲学批判

西方学术界将马克思“异化劳动”解读为马克思的“黑格尔阶段”。美国社会学家詹姆斯·博曼提出,马克思以微观分析来支持他的宏观结构,而不是以一个宏观结构来说明另一个宏观结构。然而,在他看来,这

个微观分析就是“经济分析”①。这其实是对马克思的误解，这种观点没有看到马克思的异化劳动思想形成的微观哲学基础。

马克思哲学是从现实的微观的人的生存开始的，然而，重要的不只在于此，而且在于其宏大理论中始终承载的对微观的具体人文关怀和宏观的人类关怀的统一。这种微观叙事体现在两个方面：首先，它叙述的人，不是一个大写的抽象存在，而是一个小写的具体存在。马克思哲学所关注的人不是笛卡儿的“我思”的主体、黑格尔的精神，也不是费尔巴哈的抽象的类，而是生活于近代资本主义社会中的具体人群。其次，它叙事的方式，既不是传统意识哲学的抽象方式，也不是具体科学的实证方式，而是一种新的方式，这种新的叙事方式就是对实证科学的对象进行历史的和社会功能的哲学考察。

在《手稿》中有关“工资”部分，马克思就曾将自己的哲学关怀指向日常生活中的微观的人群，这个人群是工业社会的弱势群体，即工人群体。他要考察的是，作为这个工业社会推动力量的工人是如何落到边缘地位的，这种考察把马克思的目光引向实证科学的典范——国民经济学。国民经济学“命名”了工人，以“科学”的形式确定了工人在经济体系中的位置，因此，马克思要对国民经济学进行批判性的考察，马克思通过考察发现，亚当·斯密的国民经济学蕴涵着一种抽象化的哲学，这种抽象化具体表现为“拟动物化”策略，即把人转变为牲畜。在国民经济学中，工人被抽象化为“机器零件”，这种抽象化体现了三个方面的特征：第一，生活中的工人被抽象为劳动过程中的工人。斯密的国民经济学不考察“不劳动时的工人”，它只考察劳动时的孤立的工人个体。第二，工人是完全被动的个体，他受制于经济需要，他从属于经济系统，他的存在仅仅相当于经济机器上的一个零部件。按照斯密的观点，工人通常的工资是与牲畜般的存在状态相适应的最低工资。因此，马克思批判说：“国民经济学把工

---

① (美)詹姆斯·博曼：《社会科学的新哲学》，李霞、肖瑛等译，上海人民出版社2006年版，第226页。

人只当作劳动的动物，当作仅仅有最必要的肉体需要的牲畜。”[1]在国民经济学那里，工人完全像一头牛或一匹马一样，只应得到维持劳动所必需的东西。第三，工人是理性的，他的非理性方面完全被国民经济学割除了。国民经济学“不把工人作为人来考察，却把这种考察交给刑事司法、医生、宗教、统计表、政治和乞丐管理人来做”[2]。不难看到，马克思的工作与以往进行经济要素的结构分析和投入产出合算的纯粹经济学分析不同，它是一种强调人的生存，主张人自由地对国民经济学及其实践的生存论批判。

国民经济学的问题在于：以科学的面目，以理论的形式，把人转变为非人，把主客体统一的存在转变为纯粹客体性存在，而国民经济学之所以能够做到这一点，是因为它悬置了自身的前提，“国民经济学从私有财产的事实出发，它没有给我们说明这个事实”[3]。如果把国民经济学的前提视为理所当然，那么工资理论看起来就具有合理性：工人的贫穷不在于别的原因，而在于他没有私有财产，因此，要想改变工人的生存境遇，恢复工人的主体性地位，就必须冲破国民经济学的迷雾，批判国民经济学的前提。要批判国民经济的前提，就必须从工人的现实劳动事实出发，来探寻私有财产的根源。从事实出发的批判的结果促使马克思“异化劳动”思想诞生，马克思指出：“我用不着向熟悉国民经济学的读者保证，我的结论是通过完全经验的、以对国民经济学进行认真的批判研究为基础的分析得出的。”[4]

异化劳动思想是马克思在对国民经济学关于工资、地租等理论批判的基础上得出的结论，在异化劳动阐述中，劳动者已经由工人扩展到包括工人和农民在内的劳动者，这些劳动者不再是国民经济学视域内的个体的、被动的、被安排的、动物的存在，而是异化劳动视域内的群体的、互动

① 马克思：《1844 年经济学哲学手稿》，人民出版社 2000 年版，第 15 页。
② 马克思：《1844 年经济学哲学手稿》，人民出版社 2000 年版，第 14 页。
③ 马克思：《1844 年经济学哲学手稿》，人民出版社 2000 年版，第 50 页。
④ 马克思：《1844 年经济学哲学手稿》，人民出版社 2000 年版，第 3 页。

的、创造着的、劳动着的、感性的、异化的存在。分工和物化使私有财产产生,私有财产的产生使劳动者的产品与劳动者本身相异化。马克思的异化理论成功地解释了工人何以成为现代社会的边缘存在,如果忽视马克思对国民经济的分析与异化劳动的关联,不了解“异化劳动”思想形成的微观基础,就可能会陷入“异化劳动”是“抽象历史观”、“不成熟阶段”等独断论中。

马克思的异化劳动思想,一方面源于他对国民经济学的走入,另一方面源于他的哲学背景和立足点。马克思对国民经济学的批判承载了一种新哲学,马克思的新哲学从具体出发又不割除这种具体,这种新哲学超越了国民经济学中蕴涵的认识论的“形而上学”和方法论的意识哲学,这种新哲学就是建立在费尔巴哈哲学基础上的实践哲学,因此,马克思在《手稿》中对费尔巴哈哲学给出了很高的评价。费尔巴哈哲学使人成为自身唯一的和最高的对象,费尔巴哈“人”的发现,为从微观上颠覆国民经济学的“拟动物化”策略提供了哲学前提,为把活生生的人从其他劳动要素中突显出来提供了可能。马克思把对国民经济学的哲学批判与费尔巴哈哲学结合起来,提出了自己关于“实践”的最初思想,马克思在《手稿》中阐述人赖以生存的无机界时指出:“从实践领域来说,这些东西(植物、动物、阳光、空气等——引者注)也是人的生活和人的活动的一部分。”①这里,既表明了人是现实的、生活的,也表明实践在马克思那里的最初含义即实践是人的生活和活动,这种关于实践的理解在《关于费尔巴哈的提纲》中表述为“人的感性活动,人的实践活动,人的主体的方面”。马克思将微观经济批判中形成的实践观点推广到对社会生活的分析之中,他强调:“全部社会生活在本质上是实践的,凡是把理论引向神秘主义的神秘东西,都能在人的实践中以及对这个实践的理解中得到合理的解决。”②以实践为基础,马克思展开了对市民社会的深入分析,形成了有关资本主

---

① 马克思:《1844 年经济学哲学手稿》,人民出版社 2000 年版,第 56 页。

② 《马克思恩格斯选集》第 1 卷,人民出版社 1995 年版,第 56 页。

义社会的新认识，这其中，马克思不仅把实践观点运用于对当下社会生活的分析之中，而且也扩展到对人类历史的分析之中。

二、微观史学的萌芽

马克思把实践的观点应用到历史分析之中，形成了以实践为基础的唯物史观，马克思建立唯物史观的过程，也是他批判传统宏观史学的过程。

首先，马克思关于历史对象的阐述，批判了传统宏观史学的存在论。在《德意志意识形态》中，马克思恩格斯指出："迄今为止的一切历史观不是完全忽视了历史的这一现实基础，就是把它仅仅看成与历史过程没有任何联系的附带因素。因此，历史总是遵照在它之外的某种尺度来编写的；现实的生活生产被看成是某种非历史的东西，而历史的东西则被看成是某种脱离日常生活的东西，某种处于世界之外和超乎世界之上的东西。"①换句话说，传统宏观史学所指称的存在不是相应历史时期的现实存在，现实存在的日常生活往往被宏观史学家置之度外，传统史学家的视域要么停留在日常生活之外，要么停留于日常生活的表层。在他们的视域中，要么是把现实之外的精神作为历史的存在，要么把古代帝王的思想作为历史的基础，这是将外在于世界之物作为历史发展的基础的做法，是一种历史观上的基础主义。

其次，马克思关于历史内容的阐述，批判了传统宏观史学的认识论。传统史学认识论存在很大的问题，"他们根本不提一切真正历史的事件，甚至不提政治对历史进程的真正历史干预，为此他们的叙述不是以研究而是以虚构和文学闲篇为根据"②。宏观史学不去认识丰富的历史事件及其意义，而只倾向于以虚构和文学闲篇来书写历史的本质，这是一种历史观上的本质主义。

---

① 《马克思恩格斯选集》第1卷，人民出版社1995年版，第93页。

② 《马克思恩格斯选集》第1卷，人民出版社1995年版，第96页。

再次,马克思关于历史发展因素的阐述,批判了传统宏观史学的方法论。从方法论上看,马克思反对传统宏观史学的整体主义或还原论的方法论。整体主义把历史发展因素理解为机械的部件,这种方法论的问题在于:第一,它假定它所指涉时空范围内的全部事件之间具有同质性,这些事件遵循同样的因果关系;第二,它假定历史发展是经济结构、社会结构、心理习性、技术习惯、政治行为这些社会要素同步整体地发展;第三,它假设历史发展路径是线性的和连续的。对马克思来说,这种历史观是机械的历史观,从本质上看,属于唯心史观。还原论的问题在于:一个社会的全部差异都可以被还原于某一种要素、某种世界观的结构、某一价值系统的建立或与某种文明相一致的类型,这种还原论将历史的“杂多”绝对地抽象为“唯一”,它的本质是唯心史观。

马克思以实践观点来分析历史,他认为,历史是现实的生产实践的历史,是日常生活的历史,是人民群众创造的历史。在历史进程中,生产力、生产关系、经济基础、上层建筑等各种历史因素往往不同步、不均衡地发展,然而,传统的历史观不懂得实践的辩证法,要么把一切还原为机械,要么把一切还原为精神。这种历史观实质上都是以一种主体之思来统一历史,因而遮蔽了市民社会、日常生活、政治活动和道德伦理实践的丰富性和现实性。

马克思对传统史学的批判,显现了“微观史学”的萌芽,使史学开始由传统向现代转向,这种转向改变了史学的语法和结构。传统史学的语法是动词“是”(be),历史 =“历史是某物”,因此历史是封闭的、必然的;现代史学的语法是连词“和”(and),历史 =“某物和某物……”,因此历史是开放的,是可能的。传统史学的结构是旧的“三位一体”:基础主义、整体主义、本质主义和还原论。而现代史学结构则是新的“三位一体”:内在基础、多样事实、微观活动和实践论。马克思的实践的历史学意义深远,在马克思之后,受实践历史观影响,法国年鉴学派和意大利“微观史学派”采取了一种“微观史学”的历史叙事,可以这样说,历史研究由抽象向现实的转向导致了“日常史”和“社会历史学派”的诞生,由“一”向“多”

的转向导致了“长时段理论”的诞生，由宏观向微观的转向推动了“微观史”学派的发展。法国思想家福柯对此给予正确的评价，他说：“然而这种变化并不是从昨天才开始，因为我们肯定会把它的最初阶段上溯到马克思。”①

马克思在批判传统史学，建立实践的历史观的过程中，并没有明确地使用“微观史学”字眼，没有将微观史学主题化，然而，实践的历史观已经蕴涵着微观史学视域，而且在批判“国民经济学”的过程中，马克思展开了一种对经济史的微观分析，比如，国民经济学把现代工业社会中的主体等同于农业社会中的牲畜，把资本主义社会的“地租”等同于封建社会的地租，这种经济史无疑是线性的历史观或者静止的历史观，于是私有财产的历史成为永恒的历史。在马克思看来，工人在工业生产中的作用不同于农业社会中的牲畜，资本主义社会的“地租”不同于封建社会的地租，工人也不同于农业社会中的农民，历史的发展是一种连续与间断的辩证法。

马克思还在《手稿》序言中提出：“我打算用不同的、独立的小册子来相继批判法、道德、政治，等等，最后再以一本专门的著作来说明整体的联系、各部分的关系以及对这一切材料的思辨加工进行批判。”②然而，马克思终生没有实现这个计划。如果我们把马克思的这一计划与恩格斯晚年关于历史唯物主义的通信联系起来，那么就会发现恩格斯对此作出了回应。在 1893 年 7 月 14 日致梅林的信中，恩格斯提出：“这一点在马克思和我的著作中通常也强调得不够，在这方面我们大家都有同样的过错。这就是说，我们大家首先是把重点放在从基本经济事实中引出政治的、法的和其他意识形态的观念以及以这些观念为中介的行动，而且必须这样做。但是我们这样做的时候为了内容方面而忽略了形式方面，即这些观念等等是由什么样的方式和方法产生的。”③在这封信中，恩格斯承认，马

① （法）米歇尔·福柯：《知识考古学》，谢强、马月译，三联书店 2003 年版，第 12 页。
② 马克思：《1844 年经济学哲学手稿》，人民出版社 2000 年版，第 3 页。
③ 《马克思恩格斯选集》第 4 卷，人民出版社 1995 年版，第 726 页。

克思只是在基本经济事实的阐述中,在基本经济事实的问题域内论及政治的、法的和其他意识形态的观念及其实践的内容,马克思并没有对政治的、法的和其他意识形态产生的方式和方法展开微观研究。至于为什么“必须这样做”,恐怕与马克思哲学的使命相关联,马克思哲学是革命的哲学,这个哲学为无产阶级和全人类提供解放的思想武器,从这个意义上说,革命形势和任务可能使马克思没能来得及对上层建筑作更多更微观的分析。在恩格斯看来,这种微观研究的缺乏是“不足”,甚至是“过错”,因为这样“就给了敌人以称心的理由来进行曲解或歪曲”。事实的确如此,19 世纪 70 年代末,自称是“马克思主义者”的法国“马克思派”就曾曲解了唯物史观,但马克思坚决反对这种做法,“我只知道我自己不是马克思主义者”就是对马克思派的回应。不过,大约 100 年后,“马克思派”的后人福柯批判了他们割裂马克思的做法,在《知识考古学》中,福柯认为,19 世纪末,“在文化整体性的主题中——在这个主题上,人们先是批判了马克思,然后又为他乔装改扮”①。西方兴起的文化整体性的主题,旨在恢复主体性和人类学。为此,他们对马克思哲学作了如下分解:首先,这种研究把马克思历史观还原为“经济决定论”,认为马克思对经济规律的强调忽略了主体性,而将历史发展归结为与人无关的“物”。其次,这个研究又把马克思学说人本化,“把马克思变成一个整体性的历史学家,并在他的论述中重新找出人文主义的言论”②。西方学术界先将马克思提出的辩证的历史还原成“全面历史”,再把它转变成“整体性”的历史,然后,以“马克思”的“整体性”的历史,来攻击“马克思”的“全面历史”。岂不知,“全面历史”正是马克思所批判的还原论的历史观,“整体性”的历史恰恰是马克思所批判的机械的历史观,所以,他们批判的那个“马克思”不是本真的马克思,而是被他们自己构造和扭曲了的马克思。

上面我们给出对马克思微观史学萌芽的一个考古学挖掘或谱系学描

---

① (法)米歇尔·福柯:《知识考古学》,谢强、马月,三联书店 2003 年版,第 15 页。
② (法)米歇尔·福柯:《知识考古学》,谢强、马月,三联书店 2003 年版,第 14 页。

述,但这并不意味着,研究对事件的分析都是微观史学。事实上,在西方,微观史学绝不简单等同于对历史上的具体人物和事件的微观研究,它有着严格的规定。按照"微观史学"的明确提出者——法国年鉴学派的观点,微观史的特征之一是它的长时段,即在以世纪为单位的长时段中考察具体事物、个体的历史行为、思想及其对整个历史的一种意义,换句话说,只有真正"长时段"的现象才可能是微观史学的,在这个意义上说,传统国家史、政权史无疑都是宏观史,传统的人物史无疑是宏观史。我们在这里强调马克思的微观史的萌芽,不是说马克思谈到了具体的工人阶级,谈到了赤贫,就是微观哲学分析,而是说马克思自觉地把劳动者、事物和现象放到长时段中去考察,从他们的长期的延续和短暂的断裂的节奏中把握事物的本性和历史的规律。对此,布罗代尔说得好,他说:"马克思的天才,马克思的影响经久不衰的秘密,正是他首先从历史长时段出发,制造了真正的社会模式。如果把马克思主义的模式拉回到时间的可变长河中进行观察,它们的网络将显得一清二楚,因为这是编织得十分精细、十分牢固的一张网络,它不断重新出现,但每次都在其他结构的作用下,发生细微的增删变化,而其他结构本身也可能接受其他的规律、其他的模式所规定。"①也只有在这个意义上,我们才能理解布罗代尔所说的"马克思主义是上个世纪中最强有力的社会分析;它只能在长时段中恢复活力和焕发青春"②。

虽然马克思没有单独分析法、道德、政治的历史,但是,马克思在《手稿》中对国民经济学展开了哲学的批判,而不单纯是提出一种新经济学,这种哲学批判在《资本论》中得到更为精致的展开,其中很多思想后来成为福柯、哈耶克等人微观社会历史分析的理论资源。

---

① (法)费尔南·布罗代尔:《资本主义论丛》,顾良、张慧君译,中央编译出版社 1997 年版,第 202 页。

② (法)费尔南·布罗代尔:《资本主义论丛》,顾良、张慧君译,中央编译出版社 1997 年版,第 203 页。

三、对监督控制的哲学批判

马克思哲学长期被人解读为“经济决定论”，拉法格（P. Lafargue）直接把“卡尔·马克思的经济决定论”作为自己《思想起源论》一书的副标题，这是耐人寻味的。毋庸置疑，马克思强调经济的基础作用，但是，他也非常强调意识形态等上层建筑对经济系统的反作用，关于这种反作用，马克思事实上主要涉及了三个主题：一是国家权力对经济发展的反作用，二是意识形态对经济发展的反作用，三是协作、监督等政治技术活动对经济的反作用。

首先，马克思和恩格斯的《共产党宣言》所分析的国家机器与经济的关系，在一定程度上可以理解为对资产阶级国家反作用于经济的揭示。恩格斯在1890年10月27日致康·施米特的信中阐明了国家权力对于经济发展反作用的三种具体方式，他指出：

> 总的说来，经济运动会为自己开辟道路，但是它也必定要经受它自己所确立的并且具有相对独立性的政治运动的反作用——国家权力对于经济发展的反作用可以有三种：它可以沿着同一方向起作用，在这种情况下就会发展得比较快；它可以沿着相反方向起作用，在这种情况下，像现在每个大民族的情况那样，它经过一定的时期都要崩溃；或者是它可以阻止经济发展沿着既定的方向走，而给它规定另外的方向——这种情况归根到底还是归结为前两种情况中的一种。但是很明显，在第二和第三种情况下，政治权力会给经济发展带来巨大的损害，并造成人力和物力的大量浪费。①

其次，马克思从不同角度强调意识形态对经济发展的反作用。早在《手稿》中，马克思就批判国民经济学的“道德姨妈”是新教伦理的发言

---

① 《马克思恩格斯选集》第4卷，人民出版社1995年版，第701页。

人。在《德意志意识形态》中,马克思恩格斯分析了人们以为自己的手艺为真的原因。在《路易·波拿巴的雾月十八日》中,马克思指出:“通过传统和教育承受了这些情感和观点的个人,会以为这些情感和观点就是他的行为的真实动机和出发点。”①作为意识形态散布系统,传统和教育将原则化的阶级情感和观点内化到人的心里,这些情感和观点对于这些个人来说,容易成为一种“非思”,一种集体无意识,当人们以为这些情感和观点为真时,这些情感和观点会以强大的力量推动包括人的经济行为在内的全部行为。马克思认为,必须批判资本主义意识形态的虚假性,他计划“从市民社会出发阐明意识的所有各种不同理论的产物和形式,如宗教、哲学、道德,等等,而且追溯它们产生的过程”②,然而,如前所述,马克思并没有来得及做这些工作。在一定意义上说,福柯在自己的知识考古学中所做的工作,实际上追溯了宗教、哲学、道德产生的过程,把人们以为理所当然的宗教、哲学、道德“问题化”,不仅如此,福柯还把“问题化”策略拓展到精神病学、人文科学、知识、监狱、性和主体之上,形成知识考古学思想。

再次,马克思的《资本论》分析了生产空间的被分割和生产时间的被组织,在大工业的新时空中,展开着协作、纪律、监视等活动。这里的分析已经触及上层建筑具体形式的微观运作机制。因此,被福柯明确地引用。在 1975 年出版的《规训与惩罚》一书中,福柯在阐述“规训的手段”时引用马克思的话:“一旦受到资本控制的劳动成为协作劳动,管理、监督和调节的工作就变成资本的一个职能。一旦成为资本的职能,它就获得了特殊的性质。”③这表明:首先,马克思强调了监督、管理和调节工作对生产的意义;其次,马克思强调,一旦成为生产要素,监督等活动就获得了特殊的性质。那么这个“特殊的性质”是什么呢?在引用马克思的话之前,福

---

① 《马克思恩格斯选集》第 1 卷,人民出版社 1995 年版,第 611 页。

② 《马克思恩格斯选集》第 1 卷,人民出版社 1995 年版,第 92 页。

③ (法)米歇尔·福柯:《规训与惩罚:监狱的诞生》,刘北成、杨远婴译,三联书店 2003 年版,第 199 页。

柯写道:“监视就变成一个决定性的经济活动因素,既是生产机构中的一个组成部分,又是规训权力的一个特殊机制。”原来,“特殊的性质”在福柯这里即规训权力。这里就出现一个问题:福柯何以认为,监督获得的特殊性质就是规训权力呢?这是不是一种独断论呢?深入到马克思文本中,就会发现福柯对规训权力这一理解的马克思文本来源。在《资本论》第一卷第十一章关于协作的阐述中,马克思认为,资本家把监督的职能交给了“特种的雇佣工人”,监督工作被固定为这些人的专职,而监督工作所花费的费用不算做生产费用。在这里,传统军队中的监督职能进入经济生产,并且从资本权力中分化出一种社会性的权力,这种权力掩盖了工人与资本家之间的直接对立。监督的这种特点和优点使之迅速地扩散。在《资本论》第三卷中,马克思指出:“政府的监督劳动和全面干涉包括两方面:既包括执行由一切社会的性质产生的各种公共事务,又包括由政府同人民大众相对立而产生的各种特殊职能。监督和指挥的劳动,只要由对立的性质,由资本对劳动的统治产生,因而为一切以阶级对立为基础的生产方式和资本主义生产方式所共有。”①

早在《德意志意识形态》中,马克思恩格斯就提到了中世纪的行会师傅对学徒的监视。那时,监督还只是一种有限的、服务于师傅的、经济利益的技术措施。随着社会的发展,凡是存在着分工与协作的有组织生产,都必然会产生监督行为和监督职能,监督已经获得了更广泛的意义。一方面,监督、调节等的手段的实施,促进了经济增长。同时,由于监督已经由专门的工作人员来进行,就成了资产阶级掩盖阶级对立的障眼法,这种障眼法的有效性和隐蔽性,使得本来就从属于政治生活的一个微小职能具有了向社会日常生活全面进军的可能,而资本主义使得这种可能成为现实。除了监督外,马克思还多次强调了劳动分工、协作、乐队和军队等组织之间的相似性。在马克思的这类论述中,已经蕴涵着监视的二重性:一方面,监视具有生产力性质,具有经济性,它以管理的形式优化了其他

① 《马克思恩格斯选集》第2卷,人民出版社1995年版,第510页。

生产要素的结构,推动生产力的发展;另一方面,监视具有广泛的微观政治意义,不仅存在于劳资之间,而且存在于一切组织与个人之间。现代工业社会,使二者空前地结合起来,使这种监视越来越隐蔽,越来越温和,却越来越有效,在这个意义上,资本主义所宣扬的18世纪以来与社会权利、法律公正、人人平等相联系的宏观权力的进步历史不过是一种服务于资本主义的"效果历史"。事实上,宏观权力是由监视、纪律等细小的、日常的微观权力来支撑和维持的,统治并没有被取消,而是变得越来越隐蔽,越来越"科学",越来越"合理化"。马克思在《手稿》中指出:"在本著作中谈到的国民经济学同国家、法、道德、市民生活等等的联系,只限于国民经济学本身专门涉及的这些题目的范围。"①换句话说,马克思的上述分析不过是在马克思阐述资本生产规律范围内的"副产品",然而,这个副产品对于我们理解马克思的社会历史思想具有重要意义。

马克思关于监督的阐述中蕴涵着监督的二重性。这种二重性使经济基础与上层建筑空前地联系在一起。站在这个高度看,把马克思哲学归结为经济决定论的做法,就不仅仅是恩格斯在1890年9月21—22日致约·布洛赫的信中所说的"把这个命题变成毫无内容的、抽象的、荒诞无稽的空话",而且是不了解马克思对上层建筑所作的微观分析,无视马克思哲学的微观资源,把一个完整的马克思割裂开来。

从政治分析角度看,马克思在批判国民经济学、传统史学和资本主义上层建筑的过程中,虽然没有主题化,但是已经在事实上从三个维度开始了微观政治哲学的萌芽。马克思哲学运思蕴涵着一个不断"走入－走出"的过程:他走入实证科学,又走出实证科学;他走入微观分析,又走向宏观分析;他走入具体人群,又走向全人类;他走入微观史学,又走向总体史学;他走入异化社会,又走向共产主义。不是"马克思没有哲学",而是马克思旨趣不在于构造完整的知识体系,所以马克思才在《关于费尔巴哈的提纲》中说出那样振聋发聩的话:"哲学家们只是用不同的方式解释世

① 马克思:《1844年经济学哲学手稿》,人民出版社2000年版,第3页。

界,问题在于改变世界。”[①]解释世界依靠的是一套完整的知识体系,而改变世界依靠的是实践。马克思的哲学是实践的哲学,而不是“宏观知识体系”,我们不能把马克思哲学编织成知识体系,关注马克思在微观经济分析、微观史学开启和微观权力探索上所作的尝试和努力,还马克思一个本真的哲学,还哲学一个本真的马克思,恐怕是不容我们回避的历史和现实课题。

第二节　马克思的微观哲学资源

以福柯的方式,通过关于马克思对国民经济学、传统史学和资本主义上层建筑的微观批判的考古和谱系分析,我们已经初步论述了马克思哲学中的微观批判。这种批判与20世纪马克思哲学的发展有什么关联呢?

20世纪以来,马克思哲学研究取得了很大的进展,无论是西方马克思主义、中国马克思主义,还是东欧马克思主义、后马克思主义都通过对马克思哲学的解读,实现了对马克思哲学意义的再发现;无论是“走近马克思”、“回到马克思”,还是“马克思的幽灵”、“马克思向我们走来”、“马克思与我们同行”都通过重读马克思的文本,实现了对马克思哲学意义的再生产。反观马克思哲学自身,对这些各有侧重的多样研究能不能给出解释学的描述呢?答案是肯定的,而且这种描述可以有许多方式。从本书前面的研究来看,对马克思哲学的这些研究不妨称之为“马克思的微观哲学资源”。

一、微观哲学资源的含义

20世纪,马克思哲学的学术研究在全球范围内全面展开,20世纪80年代以来,它在中国全面复兴,这是不争的事实。马克思哲学自身发展、哲学社会科学的发展、当代的社会实践的发展、人类对自身生存困境的回

① 《马克思恩格斯选集》第1卷,人民出版社1995年版,第57页。

应，促使人们超越马克思哲学理解的“教科书”阶段。通过学术回归，马克思哲学之树生发包括实践哲学、交往理论、发展哲学、价值哲学、生存哲学、人学、文化哲学、科技哲学、政治哲学等新枝杈，这些枝杈上结出的丰硕的理论果实，加深了我们对于马克思哲学以及由此所指涉的社会现象和社会生活的理解。然而，问题不仅仅在于如何判定马克思哲学在当代复兴这一事实，更在于如何把握这一复兴的深层意蕴。理解马克思哲学的当代研究在马克思哲学本身中的定位，对于进一步推进马克思哲学中国化是至关重要的，因此，国内学者从不同的角度进行了研究，例如，孙正聿教授提出，现代哲学的革命是由黑格尔发起的、由马克思真正实现的“从两极到中介”①；金民卿教授提出，国内马克思哲学研究可以概括为“五种理论范式”②；叶汝贤、孙麾教授汇集国内众多马克思哲学博士生导师的文章而提出“马克思与我们同行”③，等等，这些研究形成了对马克思哲学本身的新认识，极具启发意义。然而，上述概括并没有，也不可能囊括当代马克思哲学研究与马克思哲学本身关联的概括，马克思哲学在许多方面呈现出的多样化的特征，我们不能强制地把各种马克思哲学研究纳入一个统一的模式之中。换一个角度看，我们又必须承认，无论这些马克思哲学流派有多大差异，它们当中的确存在着某些有别于传统马克思哲学研究的特征并且显现出重要的发展趋势，而这些特征和趋势在深层次上以特有的方式折射出我们时代理论和实践的一些重大变化。因此，捕捉这些特征和趋势应当是当代马克思哲学研究的一个重要的任务。依本文之见，在当代中国马克思哲学的许多研究中正在自觉不自觉地发生着研究视域的转变：即从关注马克思的宏观哲学结论向关注宏大理论与关注微观资源相融合的方向转变。我们不能断言这是马克思哲学的唯一发展趋势和基本特征，但可以断定，这肯定是不容忽视的重要特征和发

---

① 孙正聿：《从两极到中介——现代哲学的革命》，载《哲学研究》1988 年第 8 期。

② 金民卿：《国内马克思哲学研究的几种理论范式》，载《理论前沿》2000 年第 1 期。

③ 叶汝贤、孙麾主编：《马克思与我们同行：新世纪马克思哲学研究》，中国社会科学出版社 2006 年版，第 2 页。

展趋势。对于这一趋势作认真的分析,可以为我们的马克思哲学研究开启新的地平线。

为了把握当代马克思哲学研究的这一视域转换,我们首先有必要对"微观哲学资源"加以简单的界说。

哲学在我们的认识中是两种词性的统一:首先为名词,是指哲学理论或者确切地说是哲学思想。其次为动词,是指理性运思,对人生存的自觉反思过程。作为名词,从解释学角度看,哲学从根本上说是对人自身存在的解释,既是对人历史存在的理解,也是对人当下和未来生存的召唤,前者体现了马克思所说的"解释世界",后者体现了马克思所说的"改变世界"。在我们看来,相对而言,真正的哲学解释具有相互融合的两种内容:宏大理论和微观资源,只有这两者的结合,才能实现使哲学所讲的"同一性"由抽象的同一性达到"具体的同一性"。从对象上看,宏大理论与微观资源是"同一性"中"抽象"与"具体"的关系;从解释策略上看,宏大理论与微观资源是逻辑与历史的关系;从形上关怀上看,宏大理论与微观资源承载着类关怀与群体、个体关怀,宏大理论与微观资源呈现为主导与基础的关系。

作为动词,"哲学行进在通向存在者之存在途中,也即着眼于存在而通达存在者"①。哲学运思使微观资源与宏大理论统一起来,在研究对象上,哲学通过实践而贯通具体与抽象;在解释策略上,哲学通过辩证法打通历史与逻辑的通道;在形上关怀上,哲学通过解放而通达个体、群体关怀与类关怀。由此,马克思哲学在"微观—宏观—微观"的螺旋上升运动中展现自己的思想和历史。

哲学的宏大理论体系构成抽象的视域,它往往以"超历史"逻辑来表达"类关怀",它承担着认识世界真理、指导人类方向的重任,在真理的认识路线上,在西方,它更坚持彻底的古希腊路线。

哲学的微观资源构成具体的视域,它往往着眼于"具体历史"以表达

① 孙周兴选编:《海德格尔选集》(上),上海三联书店 1996 年版,第 596 页。

对"个体"或"群体"的形上关怀,它承担着揭示历史处境,关怀具体生存的职能,在西方,相对而言,它多少有着希伯来式的风格,这些哲学微观资源试图确立长时段历史时间中的一个地域、一个事物,以揭示人群具体生存对于整体人类历史的意义。它们在日常实践中发挥着各自不可替代的作用,担负着所指涉区域具体历史的对人的观照,它们是每一位哲学家哲学运思的自觉不自觉的基石,层层叠加、环环相扣,形成了使哲学运思趋向宏观的过程。哲学的微观资源与宏大理论的关系就如黑格尔所说的哲学的"特殊"与"普遍"的关系、"部分"与"全体"的关系。黑格尔在《历史哲学》中指出:"热情的特殊利益,和一个普遍原则的活泼发展,所以是不可分离的:因为'普遍的东西'是从那特殊的、决定的东西和它的否定所生的结果。"[①]在《小逻辑》中,黑格尔写道:

> 哲学的每一个部分都是一个哲学全体,一个自身完整的圆圈。但哲学的理念在每一个部分里只表达一个特殊的规定性或因素,每个单一的圆圈,因它自身也是整体,就要打破它的特殊因素所给它的限制,从而建立起一个较大的圆圈,因此,全体便如许多圆圈的圆圈所构成的大圆圈。这里面每一个圆圈都是一个必然的环节,这些特殊因素的体系构成了整个理念,理念也同样表现在每一个别环节之中。[②]

无可否认,黑格尔的这段话表明了他对哲学微观资源与宏大理论关系的自觉。换句话说,哲学的每一个微观资源将生成一个微缩的宏大理论,哲学微观资源更像宏大理论的生长点,虽然看起来没有那么宏大,但却一应俱全,这些异质多元的微观资源是构成宏大理论的必然环节,宏大理论并不是一大堆偶然事件的简单拼凑,其真理、规律是以不同的方式在微观资源之中显现。这样,黑格尔就把"我思故我在"的"我"、"认识你自己"的"你"以及"感受自然之光"的"经验"掀下它的

---

① (德)黑格尔:《历史哲学》,王造时译,上海书店出版社2001年版,第33页。

② (德)黑格尔:《小逻辑》,贺麟译,商务印书馆1980年版,第56页。

宝座，宏大理论也好，微观资源也罢，不过是思想的国界，纯思运动的轨迹，人之所是就在于有一种绝对思想的永恒运动，这种运动的思想本身从无到有的正—反—合的过程既穿越了先验又穿越了经验，打通了宏观与微观。

从马克思的观点看，虽然黑格尔以"概念"为中介成功解决了两个视域的融合问题，但是他把作为哲学根本的"人"和"人的实践"的中介抛弃了，实际上还是使哲学陷入"抽象的同一性"。在观照工人命运，走入国民经济学进行微观的哲学考察过程中，马克思发现传统实证科学或者说传统理性的最大弊病在于对自身的前提的非思性和无人性，这两个方面促成马克思改造了辩证法，把"无人"的辩证法变成"人"的辩证法，以人的运动取代了思想的运动，以主观与客观统一的实践活动取代了绝对精神的运动，从而实现了哲学微观资源与宏大理论的融合，这种范式转换使哲学回归现实，回归人间，并使马克思哲学的优点显现出来，在马克思哲学中，虽然宏大理论依旧是研究的主要视域，但是，我们不难看到微观资源的基础作用，这一点集中表现于马克思《〈政治经济学批判〉导言》中的那句名言："具体之所以具体，因为它是许多规定的综合，因而是多样性的统一。"①

通过这样的理解，我们不难发现：哲学是人类反思生存困境才有的一种特殊现象，不能脱离人的社会实践而存在，只有微观资源的哲学不能称其为真正的哲学，同样，只有宏大理论的哲学也不能称其为完整的哲学，只有二者融合，达到微观资源与宏观规律统一、逻辑与历史统一、具体关怀与人类关怀统一，哲学才能展现自己的活力和历史。

按上述区分，我们可以在某种意义上断言，传统的意识哲学、思辨哲学以及教科书式的马克思哲学等，都过多地强调了宏大理论的主导地位，而割除了微观资源的基础地位，这就使哲学研究中的同一性成为"抽象的同一性"，"而不是具体的同一性"。它们主要以自然、社会、思

---

① 《马克思恩格斯选集》第2卷，人民出版社1995年版，第18页。

维的一般规律等基本范畴为哲学对象，而忽略社会生活其他层面的微观生存境遇，或者将这些微观事物、个体、人群视为被宏大理论所决定的，微不足道的附属物，或者将微观资源干净彻底地排除于哲学视野之外，这种做法的局限性在于削弱了哲学自身存在的基础，因此将哲学置于“云里雾中”。在马克思看来，离开了人的感性活动，离开了人的历史和人的自由历程来谈哲学，只能是天方夜谭，痴人说梦，“打破它的特殊因素所给它的限制”并不是要将特殊因素消解为虚无，而是在对其否定中看出肯定反讽，在其消极中找寻积极的意义，而由它产生的“全体”也不是最终结论，而是有待进一步否定的积极成果。相对而言，微观现实本身潜藏着多样生存的可能性，宏观是从每个微观自身中通过否定的辩证法而发展出来的。

马克思的这一优点在当代哲学中得到了重申和发展，在哲学回应20世纪人类生存困境的过程中，我们看到了一种强有力的发展趋势，那就是存在主义、西方马克思主义、社会历史学派、结构主义和后哲学文化对哲学微观资源自觉不自觉的关注。

海德格尔指出：“随着这一已经由卡尔·马克思完成了的对形而上学的颠倒，哲学达到了最极端的可能性。哲学进入其终结阶段了。”[①]这句话表达了海德格尔对马克思终结单纯宏大理论的哲学的认识。

在萨特看来，当人们把马克思的文本作为思想，而不单纯是信仰的时候，人们的感受同萨特是一样的。马克思，这位旅居于英国的德国哲学家的确令人震惊。萨特说：“使我们感到震惊的不是这种思想（马克思思想——引者注），也不是工人的状况，对工人的状况我们有抽象的认识，但没有亲身的体验。使我们震惊的是这两者联系在一起。”[②]从此出发，萨

---

① （德）海德格尔：《面向思的事情》，孙小文、孙周兴译，商务印书馆1996年版，第59～60页。

② （法）让-保罗·萨特：《辩证理性批判》（上），林骧华等译，安徽文艺出版社1998年版，第18页。

特发掘出黑格尔的"中介"方法[①]和列菲伏尔提出的"渐进—逆退"的方法,前者强调哲学关于存在主义、精神分析与社会学之间的关联,强调传统宏观哲学经引入微观哲学社会学分析的中介转换为新的哲学范式才能焕发出生机,他说:"辩证唯物主义不能再长期失去可以从中获益的中介,因为中介能使它从一般的和抽象的规定性转入某些特殊的和个别的特点。"[②]后者强调:"我们把存在主义的研究方法确定为一种逆退—渐进的和综合—分析的方法;同时,这又是一种在客体(它包含作为被等级化的意指的整个时代)和时代(它包含在其整体化中的客体)之间起充实作用的双向往复运动。"[③]

萨特的这一思想与我们第一章第二节分析的吉登斯和哈贝马斯关于哲学的社会学化、政治学化的判断是相通的,也与后马克思主义者詹姆逊的判断是内在一致的。詹姆逊提出:"'一般'是一种观念的构成,它永远不会知道任何经验的体现或认识:所有它的'特殊'也都是具体的、独特的,在分析中'一般'的作用不是把它们归纳为同一性,而是让每一个在其历史差异中都被看到。"[④]

在对马克思哲学宏大理论和微观资源作了基本的区分之后,必须明确指出,这种区分只是相对的,实际上并不存在着截然不同、彼此分离的微观资源和宏大理论,如同前面各章分析所显现的,即使福柯、德勒兹和

---

① 黑格尔在《小逻辑》中探讨"本质"时提出"不应当让事物停留在它的直接性里,而须指出它是以别的事物为中介的或根据的"。见(德)黑格尔:《小逻辑》,贺麟译,商务印书馆1980年版,第242页。萨特强调,人们在忠于马克思主义理论的情况下,找到能够从生产力和生产关系的一般矛盾出发来产生生活、注明日期的现实斗争和人的特殊的具体事物的中介。见(法)让-保罗·萨特:《辩证理性批判》(上),林骧华等译,安徽文艺出版社1998年版,第51页。这已经把实践视为自然与精神、主观与客观、宏观与微观统一的中介,福柯的工作则更加突出体现了宏观与微观视域的统一。

② (法)让-保罗·萨特:《辩证理性批判》(上),林骧华等译,安徽文艺出版社1998年版,第53页。

③ (法)让-保罗·萨特:《辩证理性批判》(上),林骧华等译,安徽文艺出版社1998年版,第119页。

④ (美)弗雷德里克·詹姆逊:《时间的种子》,王逢振译,江苏教育出版社2006年版,第227页。

加塔利等微观哲学分析的后现代思想家，也强调微观资源与宏大理论的融合，不存在固定不变的区分。同时，我们提出哲学的微观资源、马克思哲学的微观资源这样的问题，并非要彻底否定或完全取代哲学的宏观研究主题，而是要思考哲学视域的转换和融合问题。在反思启蒙和现代性的意义上，我们必须重视马克思哲学微观资源的基础性。

二、马克思哲学微观资源的基础性

长期以来，马克思哲学被人们普遍理解为宏观分析，以下观点逐渐成为人们的"常识"：哲学研究的对象不是微观细节，而是整个世界，哲学不研究"微观"问题，否则容易与科学相混淆；尽管马克思将哲学从宏大的本体论和认识论推进到实践哲学和唯物史观，但实践和唯物史观本身还是宏观的；哲学的宏大叙事不可避免也无须避免，因为哲学始终保持自己高贵的形上性。这些表述以一种高度概括的形式表明了马克思哲学与科学之间的关系，表现了哲学尤其是马克思哲学超越科学的形上本性，体现了马克思哲学不同于科学化哲学的优越性和超越性。在这个意义上说，马克思哲学在表现上看确实主要是宏观的，这种表述是积极的、必要的。马克思哲学作为马克思主义理论研究和实践活动的基础，为人们提供了基本立场、观点和方法，是社会历史研究的基础和依据，它曾经对人们的社会实践发挥过重要的指导作用。今天，这一理解对于我们建设有中国特色社会主义的伟大事业来说仍然具有重要的意义。然而，这并不能表明这种对马克思哲学的理解是完全无误的，事实上，马克思哲学还有其微观资源，其哲学批判的出发点是微观的，即国民经济学背后哲学的非人性，其哲学关怀的出发点是微观的，即资本主义社会的边缘群体，其哲学批判的方式也是内含着微观，他并不像其他"社会主义者"把资本家和工人进行简单的二元对立（一边是资本家，另一边则是完全被动的、受动的工人），而是通过深入具体经济理论中和微观生产活动中来告诉人们，所有这些对工人的剥削、对无产阶级的压迫，其实就在社会科学的理论中，就在资本主义社会生产生活的每一个环节中。因此，很难说用一个单纯的宏大理论就能框定马克思哲学,马克思哲学内含着微观维度,与一般“科学”研究不同,它不是进行一般的要素分析,而是直接探讨现实的人的生存,包含着具体的人文关怀,这是一种向生活世界回归、关注日常生活和人生的哲学,是研究人的存在境遇的哲学。马克思曾提出“具体就是包含着多样性和个体性的总体”的论断,他在《资本论》手稿中批判那种割除“具体材料的内在精神”、“剥夺这些材料特有的生存权利”、“把它们作为死的例子”的做法。[①] 马克思哲学的最大特点,是在关注宏观规律的同时,非常重视微观具体的多样性和差异性,马克思哲学的宏观总体构造并没有抽掉微观具体的历史内涵,相反,它以这些微观具体支撑他的宏大理论,从而显现着和保持着其宏观概括的生命力。因此,从外在形态上把马克思哲学视域理解为宏大理论并没有错,但是,当我们把这种概括理解为马克思哲学的全部内容时,就割裂了马克思哲学的完整性,这种“常识”理解所固有的局限性就充分显现出来了。

总体说来,将马克思哲学理解为只有宏大理论的哲学,就容易抽掉马克思哲学的微观基础,这种做法不仅以马克思哲学的宏大理论遮蔽掉了其微观资源,使马克思哲学的规律性认识抽象化,而且容易使马克思哲学丧失其应有的活力,损失其应有的批判力量,而成为纯粹的意识形态工具。具体说来,这种局限性表现在三个方面:

第一,使马克思哲学脱离日常生活世界。从发生学上说,马克思哲学的生命力在于它深入社会生活的微观层面,它从不远离日常生活世界,它是在社会深层问题精致反思的基础上形成的规律性认识。恩格斯在评论卡莱尔时指出:

> 任何一种社会哲学,只要它还把某几个论点奉为最后结论,还在开莫里逊氏丸的药方(万能药——引者注),它就远不是完备的;我们最需要的不是干巴巴的几条结论,而是研究。[②]

---

① 参见《马克思恩格斯选集》第46卷(上),人民出版社1979年版,第5页。

② 《马克思恩格斯全集》第1卷,人民出版社1956年版,第642页。

在马克思那里,以往的哲学有两种历史形态:一种是以解释世界为目的的哲学,另一种是以改变世界为旨趣的哲学。前者在于达到对实在的总体领会,后者在于怀有改变世界的抱负,领会实在就要建立关于世界的本体论和认识论,改变世界则要建立实践论和生存论,前者更注重的是意识和逻辑,后者更关注的是社会和历史。粗略地说,传统哲学,无论是柏拉图的理想国、黑格尔的辩证法,还是特尔斐神庙上的"认识你自己"、笛卡儿的"我思故我在",它们共同指向的都是抽象,其中的"你"是你的机械集合,"我"是我的纯粹抽象,都是没有微观差别的宏观范畴,因而这种哲学是一种向内的哲学、冥思的哲学、解释的哲学和封闭的哲学,每一个思想家都试图将自己的哲学沉思确定下来,结果就是书写了一部封闭的包罗万象的、言之有理、持之有据的宏观体系,形成了"哲学就是哲学史"的景观。马克思开创了哲学的新样式,他将哲学从天国带到人间,把哲学从抽象之思带到现实的人中来,在马克思那里,哲学首先是现实和具体的哲学,是一种向外的哲学、外向之思,虽然哲学仍然需要形上关怀,但是哲学家本人的价值取向和他的哲学状态已经与传统哲学有着天壤之别。传统哲学那座通天的理论巴别塔坍塌了,现代哲学已经不再仰望头上的点点星光和自己心中的道德律令,而是深入自己所身处的火热的现实生活,主张穿越于社会的微观分析与历史的宏观把握之间从而形成对人生存的规律性观照。以马克思哲学的宏观概括来遮蔽其微观分析,不仅造成了宏大理论对微观资源的消除,而且忽略甚至取消了马克思哲学内部要素之间的丰富联系,局限于这种宏大的理论说明,不仅将哲学研究诸要素的特殊性和个别性抽象掉,而且,将复杂多样的政治生活同一化。人们如此习惯于以马克思哲学的宏大理论来解释问题,以至于害怕一旦进行微观分析,就会丧失对事物的"哲学"把握,然而,马克思曾清楚明确地告诉人们:"最一般的抽象总只是产生在最丰富的具体发展的场合,在那里,一种东西为许多东西所共有,为一切所共有。这样一来,它就不再只是在特殊形式上才能加以思考了。”[①]“具体总体作为思想总体、作为思想具体，事实上是思维的、理解的产物；但是，决不是处于直观和表象之外或驾于其上而思维着的、自我产生着的概念的产物，而是把直观和表象加工成概念这一过程的产物。”[②]既然宏观哲学概念和规律是对具体的有着内在差异的直观和表象加以加工的产物，那么，对于这些规律的理解，就离不开这些微观具体，萨特说得好：

> 在马克思的著作中，这种展望都不想阻止对作为特殊整体的过程进行评价，或抱这种评价变成无用的东西。例如，他在研究1848年的共和国短暂而悲惨的历史时，并不只是——就像有人在今天会做的那样——宣布共和派的小资产阶级背叛了它的同盟者无产阶级。相反，他试图在细节中和整体中来描绘这个悲剧。他使轶事性的事实从属于（一个运动、一种态度的）整体，因为他想通过这些事实发现这个整体。换句话说，他对每个事件所赋予的，除了它的特殊意义之外，还有一种启示作用：既然指导调查的原则是寻找综合的整体，那么，每个事实一旦被确定，就要作为一个整体的部分被观察和解码；人们在它的基础上，通过对它的缺陷和它的“超意义”的研究来确定作为假设的整体，而它又在整体中重新看到自己的实在。[③]

在这个意义上说，真理总是具体的。忽视马克思哲学的微观基础容易使其故步自封，苏联的教科书式的马克思哲学就将马克思哲学蒸发为抽象的规定，降格为从空洞的概念中攫取事物的本质，理解为“解释世界”的真理骨架，制作成裁切现实的硬性模具，结果把马克思哲学变成了

---

① 《马克思恩格斯选集》第2卷，人民出版社1995年版，第22页。

② 《马克思恩格斯选集》第2卷，人民出版社1995年版，第19页。

③ （法）让-保罗·萨特：《辩证理性批判》（上），林骧华等译，安徽文艺出版社1998年版，第24页。

政治的注解、纯粹"意识形态"工具。"具体是历史的和辩证的运动"[①]遮蔽了具体,也就遮蔽了历史的多样性。

第二,使马克思唯物史观还原为"历史决定论"。马克思本人有一个特点:他对历史有着极为浓厚的兴趣和研究功力,因此,他的历史著作有着极强的生命力,具有独特的思想价值。而且马克思本人有一个优点:在其历史研究的著作中,尤其是在经济历史的研究中,所有与宏观规律相关的微观资料他都要充分理解,广泛引用,这表现出马克思既有非常宏大的视野,又有高度关注细节的精神,他把二者有机地结合起来,以大量非常细致的微观分析来支撑其宏观统一的观点。马克思在关注具体历史细节和研究微观历史具体方面有着足够深的造诣。这一点或许如布罗代尔所说:"历史同时对过去和对现时的认识,是对'已经发生'和'正在进行'的演变的认识,因而在每段历史'时间'内——无论是昨天或是今天——都要区别持续存在的因素和转瞬即逝的因素。为了认识现时,必须研究迄今以来的全部历史。"[②]在马克思那里,历史是实践的历史,而不是惰性的历史,正像马克思分析"战争"、"人口"时所做的那样,他不只关注人口、家庭、居住条件、宗教等结构要素,而且关注其在长时段上纵向的演变细节,甚至逆向地反推到微观历史事件的确切日期和时刻,来说明事件的社会历史性。因此,马克思和恩格斯在《德意志意识形态》中批判那种纯粹宏观说明。他们指出:

> 历史向世界历史的转变,不是"自我意识"、宇宙精神或者某个形而上学怪影的某种纯粹的抽象行动,而是完全物质的、可以通过经验证明的行动,每一个过着实际生活的、需要吃、喝、穿的个人都可以证明这种行动。[③]

---

① (法)让-保罗·萨特:《辩证理性批判》(上),林骧华等译,安徽文艺出版社1998年版,第21页。

② (法)费尔南·布罗代尔:《资本主义论丛》,顾良、张慧君译,中央编译出版社1997年版,第121页。

③ 《马克思恩格斯选集》第1卷,人民出版社1995年版,第89页。

这种状况用恩格斯的话说就是,“现在无论在哪一个领域,都不再要从头脑中想出联系,而要从事实中发现联系了”①,“研究单个事实之间的重大联系方面的决定性进步,即把这些联系概括为规律”②。不言而喻,单纯的微观历史分析是不够的,它还需要进一步的汇集为宏观,但是,这种分析对宏观历史的重建是不可或缺的。马克思并不先验地使任何事物处于次要地位,他强调具体的人在社会历史中的地位和作用,因此,任何人都不能指责马克思的唯物史观是纯粹的“历史决定论”。在布罗代尔看来,忽视微观哲学资源,不仅使唯物史观有变成宿命论的危险,而且使整个社会科学研究面临同样的危机。他说:“在我看来,当今的马克思主义却喜欢停留于既有的公式,为公式而公式;这难道不正好典型地反映着整个社会科学面临的危险吗?”③

第三,使形上关怀成为“形而上学”。毫无疑问,哲学具有高贵的形上性,然而,其“高贵”所在却值得考察,传统哲学的高贵性体现在其“端坐在庙堂之上君临天下”,而马克思哲学的高贵性则体现在其“微服私访”、“审理卷宗”。传统哲学是“科学之科学”,马克思哲学则是具有科学性的实践哲学,马克思哲学与以往哲学形上关怀的最大区别在于它是对“人”而不是对“神”的关怀,换句话说,以往哲学所倾注的是对一种宏观的、完全的、理想的、同一的人的关怀,马克思哲学所观照的是微观的、有历史局限性的、现实的、异质的人,这种根本差别导致了马克思主义哲学的非体系化特征,因为既然人是不完全的、异质的、异化的,那么,研究人的哲学也只能是批判的、发展的、开放的。因此马克思哲学的形上关怀始终与其批判精神内在相关,互为支撑,离开了形上性,批判就成了扼杀思想的绞架,离开了批判性,形上性就必然陷入虚无。作为人自由发展的远景,马克思的共产主义不是给定的理想状态,而是一个逐步生成的实践过

---

① 《马克思恩格斯选集》第4卷,人民出版社1995年版,第257页。

② 《马克思恩格斯选集》第4卷,人民出版社1995年版,第258页。

③ (法)费尔南·布罗代尔:《资本主义论丛》,顾良、张慧君译,中央编译出版社1997年版,第203页。

程，马克思哲学的形上性正是这种在生成的途中开展出来，在终结哲学的过程中创立出来，在使现存世界革命化中显现出来。离开了现实的批判，马克思哲学的形上性被转变为抽象僵化的现实指令，引起主观盲动，成为神圣的偶像；离开了微观解剖，马克思哲学的形上性就被转为乌托邦，导致信仰迷失，丧失其应有的指导力量。简单地说，形上性本身不是空洞的总体，没有具体关怀的总体关怀是不可信的，是不会令人民期待的，这是一个朴素的真理，这恐怕不只是一个理论问题，而且是一个实践问题。忽视微观资源的基础性，马克思哲学的形上性就可能成为无灵魂的机械论、“形而上学”。

上述三个弊病表明，把马克思的宏大理论作为其哲学运思的全部，是对马克思哲学的体系化、简单化、意识形态化，是使马克思的哲学解读本身与现实割裂开来，从而沦为与社会现实渐行渐远的玩弄抽象的空疏形式；把知道的一般原则套用于一切微观事物和事件运动，对微观的“无需知”态度造成了哲学对现实的无知；将自身局限于理论教条的“紫禁城”，人为地使哲学关闭了通往现实生活的三重门①，因为固持其高贵而成为孤家寡人，从而阻隔了微观与宏观的通达。马克思哲学提醒我们，观念的转变不仅仅只有其思想自身的原因，也有着外部条件的原因。从这个角度看，忽视马克思哲学微观资源的微观基础性，不只是因为宏观分析是马克思哲学的主导，不只是因为马克思本人出于对革命和历史变革迫切的渴望而突出地强调哲学的宏大理论，也不只是因为马克思主义的发展过程受实证主义思维方式影响而完全用自然科学的普遍化方法来剪裁马克思的思想以致其微观资源完全失落，而且是因为当时的现实社会历史因素的强化。因此，我们有必要对忽视马克思哲学的微观资源的社会历史因素作一个考古学分析。

三、马克思哲学微观资源被忽视的社会历史原因

从考古学的角度看，对马克思哲学的理解经历了三次断裂，每一次断

---

① 即向哲学敞开的日常生活、具体历史和现实关怀这三道门。

裂都加剧了其对微观资源的忽视。

第一,正统马克思主义者对马克思哲学的“决定论”化。在马克思哲学研究的后期,第二国际理论家们开始把马克思哲学归结为决定论,无论是经济决定论还是历史决定论,这种归结使马克思哲学内蕴的微观资源与宏大理论发生第一次断裂,马克思的宏大理论得到第一次强化。首先,这种强化体现了马克思哲学的典型特征;其次,这种强化显现了传统哲学思维方式的潜在影响,人们倾向于把马克思哲学理解为对宇宙总规律的揭示,把马克思理解为历史发展的先知;再次,这种强化体现了第二国际理论家们的政治目的,既然马克思哲学已经成为决定论,那么人们无须怀疑,只须鼓起勇气,只要照章办事就行了。从福柯的观点看,这后两点体现了西方文化中理性秩序对主体的权力的作用机制。然而,这样处理是一种愚民哲学,违背了马克思哲学的本意,因此,恩格斯和列宁都在不同的意义上对这一做法提出了批判,尤其是列宁,在苏联经济发展的哲学思考上,他坚持了马克思微观资源与宏大理论融合的做法,在这种哲学指导下,苏联的新经济政策初见成效。

第二,斯大林主义对马克思哲学的“意识形态”化。斯大林主义封闭了由列宁发展了的马克思哲学,把它体系化、形式化,命名为辩证唯物主义和历史唯物主义,并在全国乃至整个社会主义世界强制推行。对此,萨特的评价是:“马克思主义的形式主义似乎是一项歼灭性的事业。方法通过执意拒绝分化而和恐怖同一,它的目的是花最少的力量来进行完全的同化。”①这里,我们必须注意斯大林把马克思主义形态化的历史处境和政治选择。② 为了确保苏联的安全统一,为了确保无产阶级革命和苏联社会主义建设的成果,斯大林主义将马克思主义哲学变为意识形态,当

---

① (法)让-保罗·萨特:《辩证理性批判》(上),林骧华等译,安徽文艺出版社 1998 年版,第 44 页。

② 同样重要的还有俄罗斯的文化沙文主义传统,恩格斯曾经说过:“在一切意识形态领域内,传统都是一种强大的保守力量。”见《马克思恩格斯选集》第 4 卷,人民出版社 1995 年版,第 257 页。我们应当摆脱历史人物评价雨果范式,而着眼于深入的社会历史分析,这本身就是一种微观和宏观视域融合的要求。

时苏联共产党的领导人对人民的整合达到极限，由于害怕微观哲学关怀和微观哲学分析可能引起的分裂和冲突会打破思想的统一，因此他们连丝毫的微观差异都不放过。宏观和微观分离的结果，是把微观研究变成一种无原则的经验论，把理论变成一种固定不变的纯真理，当这种思想的禁锢被突破时，当局不惜将不同意见者以反革命名义关进监狱、集中营、精神病院。这种历史境遇不仅触发了索尔仁尼琴、帕斯捷尔纳克的文学创作，也触发了福柯等人对哲学的研究。从福柯的观点看，对他者命名“不正常”、加以区隔、“治疗”、剥夺话语权不仅是宏观权力对人的压迫，更是“对他者的权力”对人的历史生存的塑造和生产，这里体现了宏观权力与微观权力的共谋。马克思哲学被转变成思想打手。对此，萨特尖锐地批评道：“黑格尔至少让作为被超越的特殊性的个体存在下去；而一个这种马克思主义者却认为，试图理解一种资产阶级思想的特殊性，就将是浪费时间。”[①]最后，对微观境况忽视的结果正如詹姆逊所说：“以前属于苏联的各种各样的居民，由于他们发现自己处于一系列的灾难境况之中，很可能会在日常情境下产生一种对集体的恐惧，产生一种对个人隐私和‘资产阶级’个人生活的渴望。”[②]居民这些渴望的积聚最终成为他们推翻苏联宏观权力的动力之一。除了本国人民的反抗，斯大林式的对马克思哲学的这种教条化和极端化还招致世界各国“实践的唯物主义者”的反对，其中比较有代表性的，就有中国的马克思主义者。

第三，马克思哲学的“革命化”。在中国革命初期，陈独秀如同第二国际的正统马克思主义者一样，坚持中国革命的历史也遵循一种宏观决定论，这种对微观、具体和差异的忽视倾向被毛泽东等马克思主义者及时扭转过来。新中国成立后，中国的马克思主义者坚持以马克思哲学的批

---

① (法)让－保罗·萨特：《辩证理性批判》(上)，林骧华等译，安徽文艺出版社1998年版，第22页。

② (美)弗雷德里克·詹姆逊：《时间的种子》，王逢振译，江苏教育出版社2006年版，第90页。

判精神和具体关怀相结合的思想作为指导，取得了很大成绩，然而，一旦离开了对微观差异的尊重，离开了历史的长时段，割裂了马克思哲学形上关怀与批判精神的关联，试图依靠计划，依靠单纯的动员体制在短时期内彻底改变中国社会日常生活的微观政治结构[①]，在经济向共产主义迈进的同时，在社会政治和思想文化上向共产主义急进，导致了马克思哲学微观资源与宏大理论的第三次断裂，其结果必然是徒劳的悲壮，必然挫伤中国马克思主义在微观多样性方面已经培育出来的积极性和萌芽，从文化结构上说，这种损失可能比经济更为根本。在此，我们或许可以引用萨特的话："马克思主义者上了机械唯物论的当，这是不可原谅的，因为他们了解并同意庞大的社会主义计划化。对一个中国人来说，未来比现在更加真实。只要还未完成对一个确定的社会内未来结构的研究，人们就必然会对社会性一无所知。"[②]中国的马克思主义在总结文化大革命的教训中实现了马克思哲学微观资源与宏大理论的融合和发展，从国际宏观形势出发，从中国的具体现实出发，选择改革开放的正确道路。改革不是要改变宏观权力的性质，而是要改变微观权力的结构，这是改革的重点和难点。开放不是要发展同一，而是要恢复发展的多样性。因此，邓小平理论与马克思哲学视域是相通的、融合的。然而，面对所谓"后现代"思潮和生活方式的冲击，一些哲学研究主张退回到天人合一的宏观化立场，文化的守成性使这种本来具有针对性和启发性的研究泛化为一种传统文化的回流，哲学界出现了对多样、差异等微观关注的后退和退场，这再一次体现了传统文化的微观权力控制特征。哲学尤其是马克思哲学面临着可能再度忽视微观具体的局面。当然，我们在何种程度上错误地忽视一种哲

---

① 吉尔伯特·罗兹曼从"知识与教育"角度，认为文化大革命是毛泽东以大众教育取代英才教育的"实验"。详见（美）吉尔伯特·罗兹曼主编：《中国的现代化》，国家社会科学基金"比较现代化"课题组译，江苏人民出版社 2003 年版，第 374 页。从知识权力角度，我们何妨把文化大革命看做一场旨在消除传统微观文化权力影响，建立现代理性日常政治生活的实验呢？这样思考的意义或许在于它不仅可能开辟重新审视中国共产党历史事件的新视角，凸显改革开放的深层社会历史意义，而且有助于我们剖析当下中国社会问题，推进本土日常生活的现代性。

② （法）让－保罗·萨特：《辩证理性批判》，林骧华等译，安徽文艺出版社 1998 年版，第 86 页。

学的特殊内容,并把它直接归结为一种普遍性,哲学就会在何种程度上遭受损失,这不仅适合于马克思哲学,也适合于我们对中国传统哲学的判断,因此对中国传统哲学而言,也需要采用宏观和微观分析相结合的哲学运思。

四、马克思哲学完整视域的恢复

以中国哲学来拯救现代性的目标有可能使马克思哲学的微观资源第四次被忽视,当然它也受到马克思哲学宏大理论与微观资源相结合的研究的抵抗而形成一种发展的张力。事实上,上面所述的每一次断裂都遭到相应的批判,从马克思本人开始到列宁到西方马克思主义,从毛泽东思想到邓小平理论再到新兴的马克思主义哲学新研究,都在回应现实生存困境的过程中回溯马克思宏观关怀与微观观照,宏观概括与微观分析,历史规律与长时段。从实践角度看,中国马克思主义一直面临救亡、维护政权、解决贫困等宏大历史任务,因此,更关注宏观结论是一种必然的选择,然而,即使这样,马克思哲学的微观资源仍然是不可忽视的,这是历史证明了的道理。

同样,今天关注微观资源,也不单是理论本身发展不致僵化的问题,不只是理论发展的逻辑要求,马克思哲学的品质的内在要求,更为重要的是当代的社会历史实践要求使然,中国的改革开放社会主义建设要求使然。在当今全球化的宏观背景下,具体差异的独特性价值越来越体现出来,在西方,萨特、阿尔都塞、福柯、德里达等一大批思想家回到了马克思的著作,他们都关注马克思哲学的微观资源,各自以自己的理论从不同层面推动了人们对马克思哲学的理解。我国哲学界对西方新马克思主义已经不再陌生,实践哲学、发展哲学、交往理论、文化哲学、人学、价值哲学等就是在回应中国现实问题的过程中吸取西方哲学思想的产物,人们都自觉不自觉地恢复了马克思哲学的微观资源。但是,从发展范式上看,西方哲学的微观视域与我国马克思哲学发展的哲学意义还远远没有开展出来。

需要指明的是，挖掘马克思哲学的微观资源，不能把马克思膨胀化，不能抱着表明马克思先知先觉的目的，而应当实事求是。这一切正如詹姆逊所说：

> 今天，不能把马克思主义作为对这些其他方法的替代来加以辩护，那样会得意洋洋地把那些方法送进历史的垃圾箱；这些方法的权威性产生于它们忠实的与一种破碎社会生活的这种或那种局部法则的和谐、与一种复杂而迅速蔓延的文化上层建筑的这个或那个亚系统的和谐。实际上，从一种比较可靠的辩证传统的精神出发，马克思主义在这里被视为那条"不可逾越的地平线"，它容纳这些显然敌对或互不相容的批评操作，在它自身内部为它们规定了部分令人可信的区域合法性，因此既消解它们同时又保存它们。①

作为不可逾越的地平线，马克思主义，更具体地说，马克思哲学使哲学从对宏观的追求到微观与宏观的交融，它所改变的是以宏观的先验性而确认标准的永恒性、终极性，而不是取消宏观的规律性标准，马克思哲学作为社会的自我意识（或人的，而非抽象无人身的理性意识），它所承担的使命，总是批判单纯以逻辑的超历史性作为反思的行为，而把它建立在以往哲学所忽略的微观现实基础之上，将"微观"提升到重要的位置，从而实现两种尺度的统一。马克思哲学视域是宏大理论与微观资源的融合，抽象概括与具体分析的结合，逻辑与历史的统一，具体关切与总体关怀的统一。面对全球化消除差异的同一化趋势、压抑微观地方化的宏观化倾向，面对拯救西方现代性的哲学运思而泛起和伴生的新一轮哲学宏

---

① （美）弗雷德里克·詹姆逊：《政治无意识：作为社会象征行为的叙事》，王逢振、陈永国译，中国社会科学出版社 1999 年版，第 4 页。

观化逆流①,面对中国社会日常生活微观文化控制的复杂机制,是该把人们恢复马克思哲学完整视域的工作进行总结的时候了,是该把马克思哲学的微观资源突出出来的时候了。

第三节　微观政治哲学与马克思社会历史思想的关联

福柯的微观政治哲学与马克思社会历史思想具有内在的关联性,这种关联性的背后,不只是二人具体思想的内在一致性、相互补充性,而且在于社会历史理论研究本身应当具有的微观视角与宏观视角之间的互补性和统一性。

一、社会历史思想微观视角与宏观视角的统一性

社会历史研究既需要从宏观视角来把握,也需要从微观视角来切入,只有把二者结合起来,才能形成对社会历史的有效研究。马克思的社会历史研究开始于他对现实的人的生存境遇的思考,在其博士论文中,他通过偏斜的原子,突出了同一世界中差异和特殊的力量,表达了他对微观具体事件和微观分析方法的关注,为了支配自己的命运,人们必须打破旧秩序的束缚,以实现自我拯救,实现那“化日中天”。如上一节所述,在《手稿》中,马克思哲学的微观资源体现在他对微观人群的关怀和对具体现实的分析,这种微观分析与黑格尔辩证法和费尔巴哈“人”的哲学结合,促成了“实践”这一马克思哲学的核心范畴的生成,奠定了马克思哲学和社会历史理论的基点。然而,在马克思那里,不但有微观分析,而且有宏观

① 马克思在《路易·波拿巴的雾月十八日》中说过:一切已死的先辈们的传统,像梦魔一样纠缠着活人的头脑。当人们好像刚好在忙于改造自己和周围的事物并创造前所未闻的事物时,恰好在这种革命危机时代,他们战战兢兢地请出亡灵来为他们效劳,借用它们的名字、战斗口号和衣服,以便穿着这种久受崇敬的服装,用这种借来的语言,演出世界历史的新的一幕。详见《马克思恩格斯选集》第1卷,人民出版社1995年版,第585页。我们要特别关注以中国传统哲学拯救西方现代性可能带来的拙劣地模仿旧的斗争、回避现实的倾向。

概括,事实上,深入哲学家的文本和生活,人们将发现,即使是所谓的后现代哲学,也有其宏观叙事的成分,即使是饱受人们批判的笛卡儿、黑格尔哲学,也有其微观维度。在真正的哲学中,微观资源与宏大理论从来就是不曾分割也无法分割的,它们互为基础、互为依存和互为补充,哲学家进入微观分析的目的,不只在于自我观照,而且在于表达自我观照基础上的人类关怀,从纷繁复杂和不断流变的现实世界中寻求和建立某种宏观的统一性,以确证人自身的存在,指导人们的生活。

然而,由于不同历史时代的哲学主题、哲学家的气质和风格不同,使得具体哲学的微观资源与宏大理论所占的比例、所处的明暗和显隐程度也有差异,从而形成不同的哲学图示。当人们对历史上的哲学进行研究时,只有兼顾研究对象的宏观视角和微观视角两个方面,分析其在哲学家那里的不同显现,才可能理解自己研究的哲学;当人们对现实的问题进行研究时,只有既走入微观的具体事件,又走出现实的约束和狭隘,既深入日常生活世界,又超越日常生活的局限,把现实与历史结合,把局域与全球结合,把微观视角与宏观视角结合,才能形成对事物的深切理解和对规律的准确把握,从而为解决人类生存困境寻求有效出路,彰显哲人关怀。

一部哲学史向我们表明,哲学运思,就像德里达所说的幽灵一样,其本性就在于不断"走入-走出",对哲学来说,走入是为了使哲学问题得以明确,走出是为了超越体系的封闭,对哲学家来说,走入是使生命更加现实,走出则使生命超越形式的束缚。在宏观上说,传统意识哲学和所谓的后现代哲学共同的弊病就在于只有走入,传统意识哲学走入宏观分析,而没有走出宏大理论,所以陷入抽象化、体系化;所谓的后现代哲学,走入微观资源,却没有走出微观视域,所以陷入断裂化、破碎化。我们说马克思哲学是一个真正的哲学,就在于马克思的不断地走入-走出,就在于微观哲学资源与宏观哲学视域的结合,"多"与"一"的结合,客观与主观的结合,就在于马克思深谙并突显了哲学的辩证本性和实践使命。因此,马克思哲学能冲破学科形式的束缚,穿越所有社会文化领域,穿越人类历史。正是在这个意义上,对整个后马克思时代来说,马克思是不可绕过的。

按照这一思路来理解福柯微观政治哲学与马克思的社会历史思想的关联,我们不难发现,二者的内在相通之处在于,它们都是宏观视角与微观视角的结合,具体关怀和总体关怀的统一;二者的不同之处在于,两个视角和两种关怀被强调和体现有所不同,在马克思那里,宏观视线是两条视线中的明线,微观视线是两条线索中的暗线,总体关怀显性出现,而具体关怀隐性在场,在福柯那里,微观视线是两条视线中的明线,宏观视线是两条线索中的暗线,具体关怀显性出现,而总体关怀隐性在场。在明确二人具体的问题域和所作哲学研究的不同前提下,发掘二人社会历史思想深处的内在相似性,明确福柯研究在客观上所造成的对马克思思想的丰富和发展之所在,对于我们深入理解马克思的社会历史思想,观照中国社会的具体现实问题无疑是有所补益的。

当前,对于马克思、福柯及其关系的研究已经是哲学界的显学,然而,其中存在一定的误区:与马克思的社会历史思想通常只被解读为经济决定论、整体主义、宏大叙事的“典型化”相似,福柯微观政治哲学也常常被人们“典型化”,往往只是被人们理解为间断性新史学、差异性新史学、反整体叙事,因此二者被视为截然对立的,但深入的研究表明,二者的微观资源是内在一致的,宏观与微观的辩证法是相通的。福柯曾经指出:“即使人们承认马克思现在会消失,它也肯定会在某天重现。”①马克思不会消失,他正在福柯微观政治哲学中重现,在 21 世纪的马克思思想研究中重现。

二、微观资源的相通性

福柯不止一次地感叹马克思在《资本论》中精彩的微观叙事。事实上,马克思早在《手稿》中就已经开始了这种微观叙事,哲学的本性是对

① (法)米歇尔·福柯:《福柯集》,杜小真编选,上海远东出版社 2003 年版,第 512 ~ 513 页。

人自觉的关怀，然而，马克思与以往的哲学家不同，他的关怀，不是从抽象的“我”、“个体”，也不是从抽象的“人类”出发，而是从现实的具体的人，从日常生活中的人群——而且是弱势人群——工人出发，展开自己的哲学实践。19 世纪实证科学典范，国民经济学命名“工人”这个历史存在物，规定了工人的命运，在马克思看来，国民经济学的问题在于，把人变为非人，把工业社会实践的人等同于农业生产劳动中的畜力要素，并且以科学的面目使现实生活中最具创造力的工人沦为他们所创造的繁华的工业社会的边缘群体。他指出：

> 把占统治地位的思想同进行统治的个人分割开来，主要是同生产方式的一定阶段所产生的各种关系分割开来，并由此作为结论说，历史上始终是思想占统治地位，这样一来，就很能容易从这些不同的思想中抽象出一般思想、观念来，并把它们当作历史上占统治地位的东西，从而把所有这些个别的思想和概念说成是历史上发展着的一般概念的自我规定。在这种情况下，从人的概念，想象中的人、人的本质、一般人中能引申出人们的一切关系，也就自然了。思辨哲学就是这样做的。①

在走入国民经济学的过程中，马克思越来越发现，不只是唯心主义哲学忽略物质生产的事实，费尔巴哈哲学也有这样的弊病。虽然费尔巴哈强调人与动物的分别并将人突显出来，但由于不懂生产活动是现实的人的活动，所以费尔巴哈意义上的人只是宏观的人和抽象的人，而不是具体的人，更不可能是总体的人。所以在《关于费尔巴哈的提纲》中，马克思指出：

> 从前的一切唯物主义——包括费尔巴哈的唯物主义——的主要缺点是，对对象、现实、感性，只是从客体的或者直观的形式去理解，而不是把它们当作人的感性活动，当作实践去理解，不

① 《马克思恩格斯选集》第 1 卷，人民出版社 1995 年版，第 101 页。

是从主体的方面去理解。[①]

后来,马克思将微观批判的哲学扩展到整个社会生活领域认识之中,强调“社会生活本质是实践的,凡是把理论导致神秘主义的东西,都能在人的实践中以及对这个实践的理解中得到合理的解决”[②]。

马克思在《手稿》中也曾经关注过那些“小偷、骗子、乞丐、失业的、快饿死的、贫穷的和犯罪的劳动人”[③],在《疯癫与文明》中,福柯则集中分析了“违反习惯法者、家庭浪子、无业游民和精神病人”、“一群没有生活来源、没有社会归宿的人”、“一个被新经济发展所排斥而漂泊不定的阶层”,这些他者是如何被社会驱逐、隔离、关押和规范,这里不仅显现了福柯与马克思对现实的人的一致的关怀,尤其是对社会受压迫的边缘人群、阶层的关怀,而且显现出熟读马克思文本而深谙马克思哲学的福柯与马克思之间可能存在的潜在的关联。福柯曾说过,他比读他著作的人要熟悉马克思,他经常故意使用马克思的话语而不说明,至于为什么这么做,他说过三句话:第一,马克思已经确立了现代哲学的话语,20 世纪哲学所做的不过是话语的功能;第二,今天的社会历史问题之于马克思,犹如现今的物理学家之于牛顿,当然无须注明就加以使用;第三,他不想和法国共产党人一样,言必称马克思,有识之士自会在文本中判明。从马克思的空白处入手来展开社会历史研究会不会是福柯的策略之一呢?既然福柯本人已经不在了,那么,这一问题的解答恐怕需要更多地依托福柯的手稿,这是值得进一步研究的问题。

在《知识考古学》中,福柯替马克思作了辩护,而且肯定了马克思在历史学范式转换中的贡献。马克思曾提醒人们,不要把宗教、哲学、道德等作为理所当然的,而应当对它们质疑,追溯它们产生的过程,福柯微观权力所作的分析,正是对“非思”之思,从而将人从“人类学沉睡”中唤醒。他不仅揭示宗教牧师权力的世俗化、笛卡儿哲学在微观权力形成和运作

---

① 《马克思恩格斯选集》第 1 卷,人民出版社 1995 年版,第 54 页。

② 《马克思恩格斯选集》第 1 卷,人民出版社 1995 年版,第 56 页。

③ 马克思:《1844 年经济学哲学手稿》,人民出版社 2000 年版,第 66 页。

中所扮演的“不光彩”角色、道德的知识权力化,而且将研究视野拓展到精神病学、临床医学、经济学、语言学、生物学、刑罚学、性医学、精神分析学等过去人们以为理所当然的科学之上。福柯在阐述自己的微观史学思想过程中,明确地批判了西方学者对马克思哲学理解的有限性,恢复了马克思哲学的整体视野的微观向度,并以此为基础,以一种考古学的微观分析新样式,敞开了社会历史微观分析的新地平。

在《规训与惩罚》中,马克思关于监督的微观分析被福柯从三个方面丰富和发展:一是视野的扩大,空间的被分割和时间的被安排已经从工厂、军队扩展到全社会,在监狱、学校、家庭等几乎日常生活的所有领域,监督、纪律全面展开;二是理论的主题化,马克思的法律政治权力、资本社会权力和监督技术权力被划归为“宏观权力学”和“微观权力学”的研究对象;三是领域的转换,马克思对监督、管理等技术考察集中在经济分析层面,福柯的研究则明确地将它们拓展到科学、话语、道德、教育等社会文化分析层面。福柯微观权力思想不仅向人们敞开,而且大大地丰富和发展了马克思社会历史学分析的微观资源。

总之,每到福柯微观分析的重要时刻,马克思的社会历史思想就会出场,这种现象不仅体现在《规训与惩罚》、《知识考古学》中,也不同程度地体现在《疯癫与文明》、《词与物》和《求知之志》等著作中,马克思微观哲学思想的出场既支撑了福柯的微观政治哲学,又以一种不引人注意的方式显现自身的存在。

三、宏观视角的关联性

马克思社会历史思想既是对社会历史问题的微观哲学分析,又是对社会历史问题的宏观概括和综合,是二者统一的整体,然而,许多人一度把这种整体理解为同一的整体,只有宏大理论的整体,因而遭到西方马克思主义的强烈批判。人们也把福柯的微观政治哲学理解为只有微观视域,而没有宏观视域,认为福柯那里不讲整体性,这也是对福柯思想的误解。

(一)马克思的整体观

总体说来,马克思的社会历史整体观是马克思批判资本主义异化生存的结果,超越传统哲学抽象的、集合的、无人的整体观的产物。马克思的整体观是从对黑格尔抽象整体观的批判开始的,马克思在批判黑格尔法哲学时指出:

> 它(黑格尔法哲学——引者注)的思维抽象和自大总是同它的片面和低下保持同步。因此,如果德国国家制度的现状表现了旧制度的完成,即表现了现代国家机体中这个肉中刺的完成,那么德国的国家学说的现状就表现了现代国家的未完成,表现了现代国家的机体本身的缺陷。①

在马克思看来,黑格尔虽然提出国家的机体整体观,然而,这个机体并不是现实的整体,而是一个虚假的整体,因为它是建立在黑格尔法哲学的精神基础之上。

马克思对传统集合论的整体观批判,主要是针对国民经济学,在《哲学的贫困》中,马克思指出:"谁用政治经济学的范畴构筑某种思想体系的大厦,谁就是把社会体系的各个环节割裂开来,就是把社会的各个环节变成同等数量的依次出现的单个社会。"②这表明了在马克思那里,社会是一个关系整体,马克思以关系整体取代了集合整体。

马克思对传统无人的整体观的批判是建立在费尔巴哈哲学基础上的。费尔巴哈哲学批判了传统哲学的自然整体观和黑格尔的无人的整体观,从而建立了世界与人的整体关联,所以马克思在《手稿》中给予费尔巴哈那么高的评价,在《手稿》对国民经济学及其所涉及的具体经济要素(尤其是工人)的哲学分析中,马克思发现了国民经济学把经济活动的整体视为集合性的整体,取消了人与经济整体的关联,这种整体与黑格尔辩证法的整体本质是一样的,都是消除整体中的个体性,简化甚至消除整体

---

① 《马克思恩格斯选集》第1卷,人民出版社1995年版,第9页。

② 《马克思恩格斯选集》第1卷,人民出版社1995年版,第143页。

与人的丰富关联。他们对个人和人群进行了双重遮蔽:一是作为具体存在被抽象的整体遮蔽,二是作为主体的人被物或绝对精神遮蔽。因此,马克思通过突显实践主体在整体中的位置,强调整体内的丰富联系来打破传统哲学的无人的整体观、集合的整体观、机械的整体观、抽象的整体观。

然而,马克思哲学从不以构建体系为旨归,因此,马克思没有构建一个整体的理论体系。马克思的整体观以两种方式呈现:一种是马克思对"整体"一词的明确强调,另一种是马克思对整体观的应用。马克思经常使用"整体"、总体、一般和普遍这样的概念来表达自己的宏观社会历史思想,比如在《哲学的贫困》中,马克思指出:"每一个社会中的生产关系都形成一个统一的整体"①,"社会作为一个整体和工厂的内部结构有共同的特点,这就是社会也有它的分工"②。在《〈政治经济学批判〉导言》中,马克思指出:

> 具体总体作为思想总体、作为思想具体——整体,当它在头脑中作为思想整体而出现时,是思维着的头脑的产物,这个头脑用它所专有的方式掌握世界,而这种方式是不同于对于世界的艺术精神的,宗教精神的,实践精神的掌握的。③

马克思对整体思想的运用表现在三个方面:首先,马克思总是把他所考察的具体对象的特殊性突出出来,比如马克思把工人与一般经济要素区别开来,把经济等具体的历史因素从传统的抽象历史中突出出来,把监督从传统经济活动中突出出来,这种突出本身表现了马克思哲学的微观资源;其次,马克思总是把他所考察的对象与人和其他对象联系起来,在马克思那里,自然是与人相关的人工自然,经济是人参与的为了人的多因素作用的物质活动,社会是人的丰富的社会,精神是人认识世界和改造世界的具有主观能动性的精神;再次,马克思总是将他所考察的对象放到与

---

① 《马克思恩格斯选集》第1卷,人民出版社1995年版,第142页。
② 《马克思恩格斯选集》第1卷,人民出版社1995年版,第162页。
③ 《马克思恩格斯选集》第2卷,人民出版社1995年版,第19页。

它关联的整体中来考察。

尊重具体的差异性、彰显人的主体性、关注联系的丰富性，把握多样对象的整体关联，构成马克思实践的整体观的“三位一体”，这既是马克思的认识论、方法论，也是马克思的存在论和价值论。这个新整体观成为马克思哲学区别于其他哲学，尤其是区别于黑格尔哲学的关键所在，因此，西方马克思主义把整体作为关注的焦点，人们从不同角度丰富了马克思的整体观和总体概念。

（二）西方马克思主义的整体观

阿尔都塞指出：

> “总体”这个概念今天应用得十分广泛，人们用这个词，几乎可以毫无阻拦地从黑格尔谈到马克思，又从形态心理学谈到萨特尔。词还是同一个，但概念却因不同的作家而变了，有时甚至彻底地变了。只要一为总体的概念下定义，就会引起无休止的争论。①

阿尔都塞的这句话明确而有限地描述了整体范畴在马克思主义哲学中发生的演变，这种演变丰富和发展了马克思的整体观，这种丰富和发展大体可以概括为三种范式：方法的整体观、历史的整体观、结构的整体观，它们是从马克思哲学中生发出来的强整体观。

方法的整体观是以“总体”范畴被卢卡奇首先主题化的，这种整体观的提出是卢卡奇对庸俗的马克思主义者的回应，针对伯恩斯坦等人把马克思的哲学还原为“经济决定论”的严峻现实，卢卡奇试图以马克思哲学的宏大理论统摄马克思哲学的微观资源，他指出，“总体范畴即整体对各部分的全面的决定性的统治地位，是马克思取自黑格尔并独创性地发行成为一门全新科学的基础的方法的本质”②。在他看来，他写作《历史和

---

① （法）路易·阿尔都塞：《保卫马克思》，顾良译，商务印书馆2006年版，第198页。

② （匈）卢卡奇：《历史与阶级意识：关于马克思主义辩证法的研究》，杜章智等译，商务印书馆1992年版，第76页。

阶级意识》的目的之一,或者说这本书的重大成就之一,就在于它使那曾被社会民主党机会主义的“科学性”打入冷宫的总体范畴,重新恢复了它在马克思全部著作中一向占有的方法论的核心地位。卢卡奇建立的方法的整体观,旨在维护马克思的微观分析。他强调,任何科学分析,都无法避免要对一些因素进行抽象化的研究,但是不能据此就否认马克思微观分析与宏观整体之间的关联性。在马克思那里,对微观对象展开的分析总是哲学性的,总是与对象所处的整体相关联的,总是服务于对整体的认识的,忽略了这一点,就不能理解马克思的辩证法,就会割裂马克思哲学的整体性。“辩证方法不管讨论什么主题,始终围绕着同一个问题转,即认识历史过程的总体。”①为了充分说明马克思的方法的整体性,他上溯到黑格尔那里,以黑格尔的辩证法已经解决了的整体对部分的关系来批判庸俗马克思主义者歪曲马克思整体观的可笑和无知。

卢卡奇的“方法整体”与“历史整体”是相关联的,在卢卡奇看来,庸俗马克思主义者的问题不只是不理解马克思的黑格尔辩证法来源,而且更不了解马克思对黑格尔辩证法的超越所在。在这里,他提出了“总体性原则”,开启了解释马克思辩证法的历史的整体范式。也就是说,卢卡奇一方面强调了总体性方法的重要性,另一方面强调了总体性方法的核心在于主客体的相互作用,即主客体统一、理论与实践的统一的辩证法。恩格斯在《反杜林论》中的辩证法强调了矛盾双方的相互作用的客观或自然辩证法,而没有谈到主客体的相互作用,这使卢卡奇很不满意。他指出,“恩格斯甚至根本没有提历史过程中的主体和客体之间的辩证的关系这种最重要的相互作用,更不必说给予它本应值得重视的地位了”②。卢卡奇这句话经常遭到人们的误解,人们误以为卢卡奇反对恩格斯的自然辩证法,事实上,卢卡奇对恩格斯的责备非常具体,卢卡奇这里想要说明

① (匈)卢卡奇:《历史与阶级意识:关于马克思主义辩证法的研究》,杜章智等译,商务印书馆1992年版,第85页。

② (匈)卢卡奇:《历史与阶级意识:关于马克思主义辩证法的研究》,杜章智等译,商务印书馆1992年版,第50页。

的无非是:恩格斯辩证法突出的是方法论的辩证法、自然的辩证法,在客观上可能会造成遮蔽马克思的社会辩证法、历史的整体性的效果。在这个责备后,卢卡奇马上引用了恩格斯的话:“恩格斯说‘这样,辩证法就归结为关于外部世界和人类思维运动的一般规律的科学,这两个序列的规则在本质上是同一的’。”[①]在恩格斯那里,自然辩证法与社会辩证法本质上是同一的,恩格斯并不否认,自然界的自在运动是在人的认识中成为规律的。然而,人们误解了卢卡奇进而误解了恩格斯。由此开始的关于恩格斯与马克思背离的误解在20世纪西方哲学中回响,这显然是卢卡奇也不愿意看到的。在《什么是正统马克思主义》一文的另一处,卢卡奇还引用了恩格斯对马克思《政治经济学批判》所作的评价,“经济学所研究的不是物,而是人和人之间的关系,归根结底是阶级和阶级之间的关系,可是这些关系总是同物结合着,并且作为物出现”。卢卡奇接着说:“用这种认识才能看到辩证方法的总体观能使人真正认识社会中所发生的事情。”[②]

毋庸置疑,卢卡奇与恩格斯对整体认识确有不同,究其原因,主要是因为二人所处的现实形势和历史任务不同。一战后,匈牙利和巴伐利亚苏维埃共和国的垮台、德国三月行动的流产、日益强化的拜物教和庸俗马克思主义的片面化使主体意识和总体革命问题日益突显,卢卡奇的历史的整体观和方法的整体观正是马克思主义哲学对现实所作出的回应。在这个意义上说,卢卡奇对马克思的整体观的整体和主体方面所作的强调和新阐述具有十分重要的价值,它使人类的批判目光不仅聚焦于经济剥削和政治压迫,而且更深入现代人在文化层面上的物化困境。因此,卢卡奇的思想得到了同期的布洛赫、科尔施等人的响应,并在法兰克福学派得到传承。

---

① (匈)卢卡奇:《历史与阶级意识:关于马克思主义辩证法的研究》,杜章智等译,商务印书馆1992年版,第51页。

② (匈)卢卡奇:《历史与阶级意识:关于马克思主义辩证法的研究》,杜章智等译,商务印书馆1992年版,第64页。

如果说卢卡奇是以主体意识和总体性方法来突显马克思的整体观的历史性和科学性,那么萨特就是以主体意志和整体结构来突显马克思的整体观的历史性和科学性。萨特认为,主体有自由的意志,从此出发,他把历史的"整体"区分为集合体和群体。他指出:"群体是作为集合体的规定性和否定而形成的。换句话说,群体超越并保存了集合体。相反,集合体即使产生于那些活动中的群体的裂变,作为集合体却并不保存这些群体的任何东西,除非是一些不能很好掩盖系列性流失的已经陈旧做古的结构。"[①]集合体是众多个人的惰性集合,在集合的情况下,自由只是个人的实践事情,群体的形成从一个共同的需要或危险开始,并且由决定它共同实践的共同目标来确定。群体是一个非集合,是对集合的否定。他反对把马克思哲学普遍化和抽象化,认为其违背了马克思的思想,"他(马克思——引者注)使轶事的事实从属于(一个运动、一种态度的)整体,因为他想通过这些事实发现这个整体。换句话说,他对每件事情所赋予的,除了它的特殊意义之外,还有一种启示作用:既然指导调查的原则是寻找综合的整体,那么,每个事实一旦被确定,就要作为一个整体的部分被观察和解码"[②]。萨特对整体的这一划分,建立于他在《辩证理性批判》开篇所提出的新的方法论基础之上。他认为,卢卡奇等人的总体化方法是先验的,因为这种方法不是在保持多样化经验的相对独立的同时来实现它的一体化,而是要消除经验的多样化,"它已经确信它们的实在性,它将把构成性模式的角色分配给了它们:它唯一的目的是把被研究的事件、人或行为放入预先制造好的模子"[③]。从恩格斯致马克思书信中提出的"人们自己创造着自己的历史,但他们是在制约着他们的一定环境中"

---

① (法)让-保罗·萨特:《辩证理性批判》(上),林骧华等译,安徽文艺出版社1998年版,第509页。

② (法)让-保罗·萨特:《辩证理性批判》(上),林骧华等译,安徽文艺出版社1998年版,第24~25页。

③ (法)让-保罗·萨特:《辩证理性批判》(上),林骧华等译,安徽文艺出版社1998年版,第35页。

的论点出发[1],萨特主张用中介方法和渐进－逆退方法展示人的生存境遇,这一方法是启发式的,它教会我们学会新东西,因为它既是逆退的,又是渐进的。它在深入了解时代的同时逐渐确定个体境遇,这种对渐进入历史时代和逆退回个体境遇的双向运动实际上是对历史的走入和走出,相应地是对个体境遇的走出和走入。在这种新方法下,"群体一直没有、也不会有人们竭力赋予它的那种形而上的存在"[2],"整体化总是没有完成,整体至多只是作为被非整合化的整体而存在"[3]。萨特既从积极群体主体的自由的角度突出了由卢卡奇阐发的马克思的整体观的历史性,又用存在主义、结构主义和精神分析的话语突出了被卢卡奇所忽视的马克思的微观方法论特性,这种对多样化经验的强调和恢复与福柯的考古学和谱系学无疑具有相通性。

从现实角度看,萨特的整体观是哲学对二战造成的精神创伤所作的回应,二战的理性化秩序和所谓的人本主义打碎了人们的精神家园,在法国和欧洲信仰迷失和文化动荡的关键时刻,萨特从马克思的整体观出发,强调了主体的自由选择意志,强调了积极的整体的意义,为法国和欧洲找到了精神生活和思想解放的出口。萨特的集合的整体也表明了现代西方社会的主体依附于结构的消极性,这种消极性在(后)结构主义的整体中得到了更加充分的扩张。福柯的话语权力和规训权力思想极大地发展了主体对结构的依附性、受动性,并彻底摧毁了包括萨特的主体在内的"原主体",即一般的主体。在他看来,这种主体不过是权力的建构。

---

① 这一思想在恩格斯1894年致瓦博尔吉乌斯的信中得到更系统的表达:并不像人们有时不加思考地想象的那样是经济状况自动发生作用,而是人们自己创造自己的历史,但他们是在既定的、制约着他们的环境中,在现有的现实关系的基础上进行创造的,在这些现实关系中,经济关系不管受到其他关系——政治的和意识形态的——多大影响,归根到底还是具有决定意义的,它构成一条贯穿始终的、唯一有助于理解的红线。详见《马克思恩格斯选集》第4卷,人民出版社1995年版,第732页。

② (法)让－保罗·萨特:《辩证理性批判》(上),林骧华等译,安徽文艺出版社1998年版,第66页。

③ (法)让－保罗·萨特:《辩证理性批判》(上),林骧华等译,安徽文艺出版社1998年版,第67页。

（三）福柯的异质整体观

目前，对福柯微观权力思想解读存在两个误区：第一，认为福柯不过是化零为整，这就只看到福柯的思想微观化，而忽视了福柯思想的整体性，割断了福柯具体的微观权力思想之间的联系；第二，认为福柯不过是化整为零，这就只注意到福柯思想的方法论意义，而将福柯微观权力思想视为一种工具论，这就忽视了福柯思想对西方文化机理的批判，看不到福柯"历史存在论"和"现时存在论"的深意。在这个意义上，我们不能不高呼费耶阿本德的那句名言："反对方法！"福柯的宏观视域表现为一种异质整体观，从方法上说，它直接来源于阿尔都塞的结构整体观，受萨特的影响，这种异质整体观又体现在微观权力的谱系学总体是一个生存处境总体，考古学、谱系学和伦理学形成了微观权力研究环绕的三螺旋结构整体的主轴。

福柯对整体的批判从属于一个异质的整体观范式，而异质的整体观又是直接从结构的整体观演变而来。吉登斯对结构主义的关系的整体观作了详尽的阐述，在《结构主义、后结构主义与文化生产》一文中，吉登斯指出："整体的关系性特征，符号的任意性本质，以及差异的概念都是作为一个整体贯穿于结构主义和后结构主义观念中的。"[①]而这种关系的整体既不是卢卡奇和萨特意义的历史的整体，也不是恩格斯意义的自然整体和方法整体，而是指语言学中言语与语言、能指与所指，词与句、声音与书写、话语与结构中的关系整体。在谈到结构主义著作中相同的语言学主题时，吉登斯提出："语言学，或者更准确地说是语言学的某些独特方面，对哲学和社会理论至关重要；强调总体的关系性本质。"[②]他认为，在他们那里，整体与部分的关系并不像人们通常认为的那样，人们通常认为索绪尔关于语言和言语的区分首先是在前者要优先于后者这一意义上来说

---

① （英）安东尼·吉登斯：《社会理论和现代社会学》，文军、赵勇译，社会科学文献出版社2003年版，第86页。

② （英）安东尼·吉登斯：《社会理论和现代社会学》，文军、赵勇译，社会科学文献出版社2003年版，第77页。

的，并认为它来源于涂尔干关于社会整体的性质要比其各部分之和更为丰富。在吉登斯看来，这是错误的认识，因为这种认识低估了索绪尔所指出的作为一种系统形式的语言的微妙之处。在说明作为一个区分系统的语言时，索绪尔再次阐明了“整体”与“部分”的本质，指出任意一方都只有依据另一方才能得到界定。语言是一个没有确定术语的系统，即语言是通过声音和符号之间公认的差异形成的，这表明“部分”仅仅是由于自我同一的特征才组成语言的。这一基本见解表明，结构主义不应被视为是机械的聚合体，而是结构的整体。

这种结构的整体思想被阿尔都塞运用于对马克思文本的分析，阿尔都塞在谈到对马克思上层建筑思想研究的空白时提出：

> 这一理论（上层建筑具体理论——引者注）如同在重大的探险尚未进行前的非洲地图一样，除了个别地区画得好些以外，只能看到大致的轮廓，大的山脉和河流，而在细节方面则还不清楚。[①]

针对恩格斯在1890年9月21日致约·布洛赫的信中提出的人们忽视了的上层建筑内部诸要素“疏远”的、“难于确定的联系”观点[②]，阿尔都塞回应道：

> （人们可以把微观联系“当做”非存在；这并不是说它不存在：而是它对认识说来不存在。）但无论如何，宏观的必然性“归根到底”正是在这种无限的微观多样性中“向前发展”，即取得胜利。[③]

这里，阿尔都塞进一步强调了对上层建筑微观分析的必要性，福柯的微观权力思想正是对上层建筑细节的微观研究，而无论在对象的相似性，还是研究本身的谱系性上，福柯的微观权力都向我们呈现了人之生存处

---

① （法）路易·阿尔都塞：《保卫马克思》，顾良译，商务印书馆2006年版，第103～104页。
② 《马克思恩格斯选集》第4卷，人民出版社1995年版，第696页。
③ （法）路易·阿尔都塞：《保卫马克思》，顾良译，商务印书馆2006年版，第108～109页。

境的总体,“权力不是一种制度,不是一个结构,也不是某些人天生就有的某种力量,它是大家在既定社会中给予一个复杂策略性处境的名称”①。福柯的微观权力分析既是其老师阿尔都塞思想的延续,又与萨特的“处境”有很大的关联,在萨特的哲学思想尤其是“文学”思想中,“处境”是重要的主题,正是在不同的生存处境中,萨特刻画了被抛入可怕境遇之中的主体性的不同状态,他总是把人的各种生存境遇展示出来,让人物认识到自身的处境,从而萌发自我选择的强烈愿望。这一观点也是克尔恺郭尔的观点,用赫勒借用克尔恺郭尔的话说,如果一个人不选择他自己,别人就会替他选择,那些不选择他们自己的人是被推着走的,他们是被规定的。② 雷诺认为:“萨特式的哲学家气质使福柯区别于他主要的后结构主义对手德里达,因为在后者的思想中既没有权力的话语,也没有反抗的措辞。”③阿尔都塞和萨特思想在多大程度上启发了福柯?这是值得人们进一步研究的问题。

关于福柯思想的总体性,人们意见不同。在斯科特·拉什看来,布沙尔、德雷福斯和拉比诺把《尼采、谱系学、历史》视为福柯与考古学断绝关系后关键性的方法论论文。④ 阿诺德·戴维森则认为,如果人们以为福柯从此抛弃了考古学方法,那么就理解偏了,“在福柯的研究中,分析的三个主要领域被结合成了一个整体:一种对知识的各种体系、对权力的各种形式和对自我与其自身关系的分析”⑤。这两种对立观点引出两个问题:第一,伦理学、谱系学与考古学三者之间是“断绝”的,还是整体的?第二,考古学、谱系学、伦理学仅仅是方法论意义的,还是蕴涵更多的内容?

毫无疑问,考古学、谱系学和伦理学作为福柯微观权力分析的不同方法,三者之间存在的具体差异使得三者不能等同,然而,这三者之间的差

---

① (法)米歇尔·福柯:《性经验史》,佘碧平译,上海人民出版社 2002 年版,第 69 页。

② 参见(匈)阿格尼丝·赫勒:《现代性理论》,李瑞华译,商务印书馆 2005 年版,第 315 页。

③ (美)布莱恩·雷诺:《福柯十讲》,韩泰伦编译,大众文艺出版社 2004 年版,第 198 页。

④ 汪民安、陈永国、马海良编:《福柯的面孔》,文化艺术出版社 2001 年版,第 422 页。

⑤ 汪民安、陈永国、马海良编:《福柯的面孔》,文化艺术出版社 2001 年版,第 206 页。

异绝不是不同“范式”的差异、“知识型”的断裂、拉什所说的“断绝”。

从研究对象上看，它们研究事件，三者分别研究现代人生存的知识、政治、伦理维度的具体事件。考古学的对象是疯狂、医学、人文科学、知识实践、惩罚、规训、性经验、自我的技术；谱系学的对象是真理、权力、道德；伦理学的对象是疯人、常人、罪犯、性反常者。三者的对象是人自身不同的文化存在形式，是相互关联的整体。

从研究的内容上看，它们研究文化机理，三者分别寻求话语规则、权力技术和内化机制。考古学寻求的是话语的“构成规则”，从狭义上说，在某一长时段内某一规则表现为表面上互相差异的自然史、经济学和语言学共同的“知识型”。而福柯后来用“构成规则”取代“知识型”的用意恰恰在于知识构成的规则中必然包含非知识要素，这显然是“知识型”一词在字面上无法包含的。这些非知识的社会、历史、文化要素是如何塑造学科知识作用的，它们又如何塑造人之主体？这些文化机理问题正是谱系学问题。谱系学研究“权力”的种种表现，研究权力运作的各式各样的关系、开放的战略和制造“合理化”效果的手段。如果说考古学着眼于知识实践，找出具体话语实践的生产法则和转换法则，那么谱系学则将重心置于与推论性实践相关联的权力的力量及关系上，它非但不要求将话语生产的规则同权力关系的规则分离开来，而且还将“知识型”这样的规则蕴涵于权力关系之中，更为重要的是，谱系学本身表现为权力的考古学。因此，考古学与谱系学就像曼德拉草的根一样生长在一起，就如同德勒兹所说的“块茎”的不同部分交织于一处。在考古学和谱系学中，不仅人自身遭受外部的话语和权力的作用，而且始终有对话语和权力的认同，并以此为基础进行自我塑造，这就与自我的技术和伦理联系起来了。具体地说，当人认同自己是疯狂或未成年时，当他自视为病人或不正常时，当他认识到自己是正在说话的人、工作的人和生活的人时，当他自我判决和惩罚罪行时，当他自认为自己是性变态、性倒错时，道德学和伦理学在场。伦理学既没有取代谱系学和考古学，也没有与它们脱离，它只是使考古学与谱系学更加执著于古希腊罗马时期浩瀚的哲学文本分析，使考古学与谱系学的"历史"色彩和哲学色彩更加浓厚,如同福柯自己在《性经验史》中表达的那样,这也是理论研究任务之使然。在这个意义上说,考古学、谱系学与伦理学在福柯的微观权力研究中是不分的,只是在不同的时期和不同的著作中侧重点不同。

戴维森认为,福柯最好的译者通常就是他自己,这个策略无疑是最有成效的。从此出发,我们姑且找到几段福柯自己的对于整体的论述。在《必须保卫社会》中,福柯指出:"这里我想说两个词(考古学和谱系学——引者注):考古学,这是属于分析局部话语性的方法,以及从描述的局部话语性开始,使解脱出来的知识运转起来的谱系学策略。这是要构成一个整体的规划。"①1976 年福柯在法兰西学院的讲座中对考古学与谱系学的关系阐述得相当清楚,那种认为考古学被抛弃的观点是站不住脚的。

《性经验史》第二卷的导言也对考古学、谱系学与伦理学三者关系进行了说明,伦理学即"对有欲望的人的分析"夹在质疑的考古学和一种自我实践的谱系学之间,谈论作为一种特殊的历史经验的"性",这也假定了我们能够支配可以用来分析构成性经验的三条轴线以及它们的特点和相互关系的工具:"有关性的知识构成、规范性实践的权力系统和个体能够,也应该被塑造成性主体的形式。"②因此,考古学、谱系学、伦理学构成了以"知识—权力—自我"为轴线的微观权力三轴分析系统。

在最简单的意义上说,考古学、谱系学、伦理学无疑是福柯微观权力研究的方法,然而,从宏观角度看,考古学、伦理学尤其是谱系学不只是方法,考古学寻求相似性的规则,找出使我们所是、所思、所言和所行的文化机制,谱系学探索微观权力的家族相似,伦理学旨在设法让我们从文化机理中得以解脱,敞开人在当下所是、所思和所行的可能性。总之,话语的形成规则形成了微观权力思想整体性的第一个维度,权力相似性所显现

---

① (法)米歇尔·福柯:《必须保卫社会》,钱翰译,上海人民出版社 1999 年版,第 10 页。
② (法)米歇尔·福柯:《性经验史》,佘碧平译,上海人民出版社 2002 年版,第 124 页。

的规训整体性显现了微观权力思想整体性的第二个维度,集理性、审美和诗性生存的“现代性态度”构成微观权力思想整体性的第三个维度,三者构成了福柯微观权力思想的宏观视域。

明确微观权力思想的宏观视域有很大的意义,首先,它是理解福柯微观权力思想的钥匙,英美人文科学领域的评论者在考古学、谱系学、伦理学选择上各执一词,关键在于缺少对福柯思想的整体性把握;其次,它是理解福柯哲学与马克思哲学内在关联的切入点之一,通过整体观的分析,有助于理解马克思整体观在20世纪下半叶的丰富和发展;再次,它是研究和理解当代政治思潮的一个着眼点之一,福柯的微观权力思想开启并推动了当代资本主义社会的“亚政治”研究和“微观政治”。他对多元异质整体的坚持,引发人们回到马克思、黑格尔等人那里挖掘他们思想中的多元差异性,并形成了丰富的成果:德勒兹和加塔利提出了游牧的同一性、块茎、千高原的互文性,德里达提出了延异的序列,拉康提出能指的逻辑学,拉克劳和墨菲建构起多元主义领导权理论,巴特勒主张杂多共在的“疯狂的舞蹈”。

异质整体观突出了他者、局部、具体、个别、特殊在总体中的不可替代的意义,显出了马克思哲学对特殊性的观照,同时,它们否认普遍的现实性,拒斥社会的规范性及主张极端个体化的原则暴露出它们自身存在的根本问题,它们旨在消除一切同一化的暴力,然而,绝对的差异本身又何尝不是另一种极端的暴力?齐泽克清醒地意识到这一点,他提出,“当今的‘疯狂的舞蹈’,不确定的多元身份的动态扩散,同样以新型的恐怖在等候它的解决方案。唯一‘实际的’期望是,通过选择不可能之事并完全占据例外的位置为一个新的政治普遍性打基础”①。

需要补充的是,在西方后结构主义有关社会整体的弱整体性理解风

---

① (美)朱迪斯·巴特勒等著:《偶然性、霸权和普遍性:关于左派的当代对话》,胡大平等译,江苏人民出版社2004年版,第351页。

头正劲的同时,当代微观物理学界,兴起了一种新的原初整体观。① 它从量子系统的不可分割性和亚量子整体守恒性出发表明了量子系统的非集合特征和强整体性,突显了事物之间在起源和发生学上的可能性联系。吉登斯认为,没有任何证据表明,生活在小型"原始"社会的人们在起源上要劣于或不同于那些生活在更为"先进文明"中的人们。② 原初整体观与现代哲学的"人类的统一性"观点出现了某种耦合,也在客观上回应了后结构主义的"部分"对"整体"的溢出性。马克思的辩证法认为,我们面对的世界是蕴涵着多种可能性的世界,这个世界的各部分之间存在着某种潜在联系,现实世界与它的可能世界整体是不可分的,一旦满足了复杂条件,可能世界会成为现实,而实践的目标正是这些复杂条件的满足。从这个角度看,这种整体观不但很好地解释了某些过去难以解释的人类自然关联和文化关联,而且本身也可能起到对后结构主义者中以异质性来取消整体的倾向进行纠偏的作用。在《手稿》中,马克思强调科学的统一问题,"历史本身是自然史的即自然界生成为人这一过程的一个现实部分。正像关于人的科学将包括自然科学一样,自然科学往后以将包括关于人的科学:这将是一门科学"③。我们曾经在恩格斯自然辩证法与爱因斯坦的狭义相对论之间建立起某种关联,那么,我们能否在特勒所说的量子世界的"关系整体"与吉登斯所说的结构主义的"关系整体"之间,在马克思关于人口分析的混沌方法、阿尔都塞"错误"的症候与量子力学的测不准原理之间,在萨特的社会整体的非集合性与量子系统整体的非集合性之间,在量子力学呈现出的整体与哲学社会科学研究中呈现出的整体之间,建立某种可能的关联呢?如果可能,那么这些潜蕴性关联能否为新的意义上两种科学之间的统一提供某种契机?这些问题值得深入研究。

卢卡奇指出:"技术(实用)的专门化破坏了每一个整体形象。尽管

① 孙慕天教授的《新整体论》对此作了详尽的分析,详见孙慕天、(俄)И. З. 采赫米斯特罗:《新整体论》,黑龙江教育出版社 1996 年版。

② 参见(英)安东尼·吉登斯:《批判的社会学导论》,郭忠华译,上海译文出版社 2007 年版,第 16 页。

③ 马克思:《1844 年经济学哲学手稿》,人民出版社 2000 年版,第 90 页。

如此,掌握整体的愿望(至少在认识上)仍没有熄灭。"[①]西方哲学界对于异质性的追求走到极致,因此向其他文化吸取营养是对极端异质化的一种普遍补偿,从海德格尔到建设性的后现代主义都曾经在东方文化中寻求过有益的整体思想。中国传统哲学整体思想以整体关怀个体,以通达穿越逻辑,以精神超越物质,以内在自然超越人工自然为特点,这种整体所具有的轻理性、轻解析、轻个体等阻碍中国社会文化发展的弱点,对于极端工具理性化、差异化、个体化的西方社会文化来说反而是一种补偿性优点,这种状况本身就体现了人类文化的"整体性"。

从西方马克思主义对马克思整体观的主体性、科学性和历史性的阐述,到对个体性、差异性和多元性的强调,再到人们把自然科学与哲学整体观结合起来的尝试,体现了马克思整体观的开放性,它使马克思哲学超越了以往的哲学,也敞开了对马克思"整体"范畴进行新阐释的空间,"任何真正的哲学都是自己时代的精神上的精华"。与马克思一样,人们对于整体观重新阐释的意义,不仅在于要阐明马克思哲学的理论观点,而且在于哲学的本性就是要回应人在当下的现实生存,这二者的关系本身就是一个辩证的整体,这一点也应成为人们今天关注整体的出发点。

四、辩证法的相通性

马克思开创了实践辩证法,这是不争的事实,1951 年以后,福柯不再把自己看成是马克思主义者,那么,福柯对辩证法是什么态度呢?凯尔纳和贝斯特在《后现代理论》中认为,德勒兹和加塔利"同福柯一样,他们也决不把自己看成是马克思主义者,并且拒斥辩证法,采用一种后现代的差异、视角和片断逻辑"[②],然而,在同一本书中,他们先前却提出"福柯采用了一种连续性与非连续性的辩证法"[③],这里我们看到,福柯既"拒斥辩证

① 转引自衣俊卿等:《20 世纪的新马克思主义》,中央编译出版社 2001 年版,第 51 页。

② (美)斯蒂文·贝斯特、(美)道格拉斯·凯尔纳:《后现代理论:批判性的质疑》,张志斌译,中央编译出版社 1999 年版,第 100 页。

③ (美)斯蒂文·贝斯特、(美)道格拉斯·凯尔纳:《后现代理论:批判性的质疑》,张志斌译,中央编译出版社 1999 年版,第 58 页。

法”,又“采用了”辩证法,布朗式的矛盾再一次出现了[①],深入的分析表明,福柯不仅坚持而且发展了马克思的辩证法思想。

(一)福柯对辩证法的强调

福柯早在1966年与博纳福瓦的访谈中就曾提出:“辩证法是一门历史的哲学,是一门人类实践的哲学,是一门关于异化和调和的哲学。”[②]后来,他在《必须保卫社会》中谈到历史话语重申“战争”话语时,明确地表明了他的辩证法,福柯提出:“历史话语向战争问题的回归,我不认为这是历史辩证哲学移植或者可以说受其控制的后果,我认为有一种与市民化相联系的历史话语的内部辩证法化(dialectisation interne)和自我辩证法化(auto-dialectisation)。”[③]历史话语的“内部辩证法化”和“自我辩证法化”的提出表现了福柯对于辩证法认识的深刻性。我认为,由福柯的“辩证法”出发,“内部辩证法化”和“自我辩证法化”表明了19世纪战争话语的三重性。从文本角度来看,17世纪中叶开始,以霍布斯为代表的资产阶级历史学以“契约”叙事取代传统“战争”叙事,古代历史叙事方式被缩减、限制,以便建立和维护进步、平等、自由、和平的资本主义历史。到了19世纪中后期,以马克思和尼采为代表的哲学则把战争模式重新引回到社会历史叙事当中,这里实现了否定之否定。然而,在福柯看来,这不是历史话语辩证法的全部内容,因此他说“我不认为这是历史辩证哲学移植或者可以说受其控制的后果”。从日常生活角度看,战争并没有因为资产阶级学者的掩盖而真正消失,而是发生了转移,它转向民族内部,市民社会呈现为自我行政、自我监督、自我管理和自我控制。这个过程就是“市民化”,这种市民化的历史话语权具有极大的扩张性。它们的扩张使之超越民族而再次走向帝国,不过这个帝国是新的帝国,这就是战争在日常生活的范围内和内容上的辩证法。从话语的角度看,西方传统国家统治主要依靠政治学和伦理学话语,17世纪中叶开始依靠历史学,而19世纪历

---

① 详见本文第六章第一节。

② (法)米歇尔·福柯:《福柯集》,杜小真编选,上海远东出版社2003年版,第79页。

③ (法)米歇尔·福柯:《必须保卫社会》,钱翰译,上海人民出版社1999年版,第206页。

史学转向生物学，社会学转向医学。这里我们看到知识话语联系和发展的辩证法。

不难看出，凯尔纳和贝斯特文本中的矛盾是属于他们自身的，事实上，这种问题在今天的综述性研究中并不罕见，本书第六章的分析就表明，布朗不仅不了解马克思经济与政治关系的辩证法，而且不了解福柯规训权力中涉及的经济与政治的多元辩证关系。

尽管凯尔纳和贝斯特前面的断言存在矛盾，但是他们提出的福柯采用了连续性与非连续性的辩证法还是很有见地的，在《后现代理论》中，他们认为，假如把福柯的晚期同早期和中期加以比较，就会发现其中既有某种连续性，又存在着明显的非连续性。① 这个观点也是詹姆逊的观点，詹姆逊说道："这种辩证关系（历史时期及其断裂——引者注）本身就是连续与断裂（同一与差异）这个更大辩证关系中的一个时刻。"②凯尔纳和贝斯特在两个意义上使用了"连续性与非连续性"的辩证法，第一，在福柯的知识考古学中，福柯既强调知识型的整体断裂，又强调两种知识型之间的某种相似性、回应性；第二，正如我们上一节所分析的，福柯的微观权力思想总体的三个阶段之间既有差异性和断裂性，又有连续性和整体性。事实上，除了上述比较明显的"连续与非连续的辩证法"，福柯的对非理性与理性的依存关系的分析也表现出某种正统的辩证法特征，福柯在《知识考古学》中还把历史看成节奏的历史。如果悬置进步性问题，这种节奏的历史与唯物辩证法描述的质变的短时段与量变的长时段、质变的间断与量变的稳定之间就显现了某种相通性，而具体知识话语之间的相互作用的某些规则（总体）和规则之间的差别的历史体现了联系的丰富性，福柯的差异空间学也表现出空间的辩证法，"关怀自身"在"老师"那里实现了自身关怀与关怀他者的有机统一，福柯在《必须保卫社会》中提出的

---

① 参见（美）斯蒂文·贝斯特、（美）道格拉斯·凯尔纳：《后现代理论：批判性的质疑》，张志斌译，中央编译出版社1999年版，第77页。

② （美）F. R. 詹姆逊：《詹姆逊文集》第4卷，王逢振主编，中国人民大学出版社2004年版，第18页。

“内部辩证法化”和“自我辩证法化”及其战争话语辩证法的三重性更加明确地表达了福柯思想中的正统辩证法特征。

福柯不仅重申了唯物辩证法,使权力的考古学和谱系学与“否定之否定”和“质变和量变”两个阶段的关联有某种契合,而且还发展了辩证法。这种发展主要表现在福柯改变了矛盾关系的图式:福柯的谱系学将“二元对立统一”的矛盾模式转换成“多元斗争与相似”的矛盾模式,由此传统的二元对立统一模式成为多元矛盾关系的极端表现和宏观效果。

传统观点认为,权力是一种二元体系。第一,它的首要机制是区分:合法与不合法,被允许与被禁止;因此权力和反权力必是对立的:一方压抑,另一方反抗,权力由上至下,反抗由下至上。第二,权力的运作模式是同一的:权力采取的控制方式在各个层次都是一样的,无论是总体决策还是具体措施,无论依赖什么样的机器或机构,权力的行为方式是普遍一致的。第三,权力是可复制的:权力根据法律、禁戒及查禁这些简单且无限被复制的机构发挥功能,从国家到家庭,从国王到父亲,从法庭到日常生活中的小小惩戒,从社会统治机构到组成主体的结构,我们可以在不同层次上发现权力的一般形式。第四,权力是法定的:人们借用法律的形式表现权力,以为权力就是法,主体在于服从。一面是具有立法权的权力,另一方面是服从的主体,这显现了传统权力观的“辩证法”。

福柯的权力观与传统观点不同,在他那里,权力是一种多元网络。第一,其首要机制是命名,通过命名而区分,也形成一种表面上二元的体系,比如正常与反常,然而,与法律的明确二分不同,权力的区分是永远混杂的。第二,权力的运作模式是异质的,对他者的权力、对疾病的权力、对罪犯的权力、对性反常的权力和对常人的权力的具体运作具有谱系性。第三,权力是不可复制的,权力的运作是在差异空间中展开的,在具体的处境中,人们被再嵌入的结构是不同的。第四,法律是权力确定的,法律的制定、出台和实施都建立在微观权力运作的基础上,是权力将主体塑造成为各种主体,包括服从法律的主体。这种网络关系决定了法律本身的合法性问题。这里我们不难看出,在权力谱系学上所表现出来的多元辩证关系。

如果借用詹姆逊和20世纪80年代以后西方学者喜爱的空间哲学来表达的话，那么多元辩证法的突出特征就是：强调要素之间是多元的对立面之间的互动关系，从平面角度看，这些多元要素呈现出多边形或者圆环图式，二分图式不过是其中的特例，从立体的角度看，各种相关要素形成类似电磁场一样无所不在的多维权力场，每一个要素的对立面都不是“一”，而是“多”。

（二）西方马克思主义对多元辩证法的影响

福柯与马克思的相通性不仅表现为二者都坚持辩证法，而且还表现在辩证法的某种“亲缘性”上，福柯的多元辩证法思想直接受到萨特与阿尔都塞等人的影响，它是批判萨特的辩证法，超越非辩证思维，吸收阿尔都塞的多元决定思想的产物。

第一，批判萨特的辩证法。福柯指出：“萨特在写《辩证理性批判》时，似乎把我们文化中始于黑格尔的这段插曲画上了句号并且将其悬置起来。他尽可能地把现代文化，即精神分析法、政治经济、历史和社会学的成果纳入辩证法。”[①]这种批评与其说是对辩证法的批判，还不如说是对萨特的辩证法的批判。福柯批判萨特试图在不改变辩证法的传统理解的前提下将所有现代哲学成果都收入其中，因此，才把萨特的这本著作说成是“一个19世纪的人为思考20世纪而做出辉煌而悲怆的努力”[②]。这里福柯明显表达了对传统二元对立的追求同一的辩证法的不满，在福柯看来，马克思的辩证法本身远比萨特所描绘的要丰富得多，他说，“现代人文主义的大师显然是黑格尔和马克思”。在1981—1982年法兰西演讲的结尾，福柯强调，黑格尔《精神现象学》既在极端意义上分析我们的认识论，也在彻底的意义上探讨我们的生存论。如果理解了精神现象学中的这一辩证法，“那么你们不难理解为什么《精神现象学》就是这种哲学

① （法）米歇尔·福柯：《福柯集》，杜小真编选，上海远东出版社2003年版，第80页。
② （法）米歇尔·福柯：《福柯集》，杜小真编选，上海远东出版社2003年版，第80页。

的顶峰"[①]。表面来看，福柯批判了萨特的辩证法，然而，萨特对人的实践与人历史存在的辩证法可能存在很大的关联[②]。

第二，超越非辩证思维。福柯肯定了非辩证法思维对同一化哲学的贡献，提出："应当尽力去发现这种非辩证思维所特有的、绝对现代性的形式。"[③]但这并不意味着抛弃辩证法，他接着强调"我认为现在建立的这种非辩证思维不涉及自然或存在的问题，而涉及什么是知识。这一思维所特有的对象是知识，因此与整体相比，即与我们总的知识网络相比，它占次级位置。一方面，它应思考知识的不同领域之间可能有的关系；另一方面，它还应思索知识与非知识之间可能有的关系"[④]。也就是说，福柯认为罗素、维特根斯坦、海德格尔、列维·斯特劳斯（也译作列奥·施特劳斯）等人的非辩证法思维涉及的知识问题是有局限性的，还需要知识的考古学和谱系学。

第三，吸收阿尔都塞的多元决定思想。阿尔都塞在《保卫马克思》一书中集中阐述了他的多元决定思想，首先他把社会视为多元因素决定的复杂构成的整体：

> 在这些决定因素（政治、风俗、习惯、金融制度、贸易制度、经济制度、艺术、哲学、宗教等——引者注）中，任何一种因素在其本质上都不是其他因素的外在因素，这不仅因为它们共同组成一个特殊的有机总体，而且主要因为这个总体在一个统一的内在本原中得到反映，这个本原就是所有这些具体的决定因素的真理性。[⑤]

在组成这个整体中，各种因素并不是能够被替代和抹杀的，它们都内在地关联着，对有机总体起着决定作用。

---

① （法）米歇尔·福柯：《主体解释学》，佘碧平译，上海人民出版社2005年版，第506页。

② 详见本文第六章第一节。

③ （法）米歇尔·福柯：《福柯集》，杜小真编选，上海远东出版社2003年版，第81页。

④ （法）米歇尔·福柯：《福柯集》，杜小真编选，上海远东出版社2003年版，第81页。

⑤ （法）路易·阿尔都塞：《保卫马克思》，顾良译，商务印书馆2006年版，第90页。

> 根据马克思主义的历史经验，一切矛盾在历史实践中都以多元决定的矛盾而出现；这种多元决定正是马克思的矛盾与黑格尔的矛盾相比所具有的特殊性；黑格尔辩证法的“简单性”来源于黑格尔的“世界观”，特别是来源于在世界观中得到反映的历史观。①

马克思辩证法是对黑格尔辩证法的批判性超越，然而，马克思并没有给我们留下“辩证法”的理论状态，于是人们就把马克思所说的“颠倒”黑格尔辩证法用来理解马克思的辩证法，在阿尔都塞看来，这是对马克思的误解，要想理解马克思的辩证法，不能只去寻找马克思关于辩证法的只言片语，在他看来，必须走到马克思的文本中，通过“症候阅读”来理解马克思的社会历史思想，他指出：

> 关于上层建筑和其他“环境”的特殊效能的理论大部分有待我们去制订，而在这以前和与此同时（因为只有承认它们的效能才能认识它们的本质），必须制订出关于上层建筑特殊因素的特有本质的理论。②

由此出发，阿尔都塞开始进行马克思意识形态思想研究，这一研究与福柯的微观权力思想之间有很多相通之处，至于二者的关联，值得进一步研究，但可以肯定的是，阿尔都塞的多元辩证法对福柯有着极大影响，福柯的考古学和谱系学闪现着阿尔都塞多元辩证法的幽灵。

从卢卡奇的“主客体统一的辩证法”到阿多诺的“启蒙辩证法”和“否定辩证法”，从萨特和阿尔都塞的多元决定论到福柯的多元辩证法，辩证法在回应20世纪的生存困境中丰富和发展，以萨特和阿尔都塞为中介，福柯实际上从马克思内含微观分析的整体理论和内含差异发展的历史发展理论中发展出来的多元辩证法与科西克从马克思的“具体的整体”出发提出的“具体辩证法”相呼应，有异曲同工之妙。

---

① （法）路易·阿尔都塞：《保卫马克思》，顾良译，商务印书馆2006年版，第95页。

② （法）路易·阿尔都塞：《保卫马克思》，顾良译，商务印书馆2006年版，第103页。

（三）多元辩证法的意义

福柯的多元辩证法丰富与发展马克思的实践辩证法，使辩证法呈现新的面貌，这一点从经济基础与上层建筑的关系上能够明显体现出来，对此，本章第一节已经作了初步的说明。长期以来，经济基础与上层建筑的关系被表述为“经济基础决定上层建筑，上层建筑对经济基础具有能动的反作用”。这里，经济基础与上层建筑构成生产关系整体，经济基础与上层建筑构成矛盾的两个对立面。这种表述以一种高度概括的方式说明了经济基础与上层建筑的关系，表现了马克思主义哲学对以黑格尔哲学为代表的西方唯心主义哲学的批判和超越。在这个意义上说，这种表述是积极的、必要的。作为唯物史观的重要关系原理，它曾经对人们的社会实践发挥过重要作用。今天，这一原理对于我们建设有中国特色社会主义的伟大实践来说仍然具有重要的指导意义。然而，当哲学界将这一高度概括性的理论说明当做经济基础与上层建筑关系的全部内容时，当“决定与反作用”被当做经济基础与上层建筑的辩证法的全部内容来理解时，这种对经济基础与上层建筑高度概括性的理论说明固有的局限性就充分显现出来。

这一理解遮蔽了经济基础与上层建筑之间关系的微观性。将这一概括当做经济基础与上层建筑关系的全部内容的根本缺陷是：用且只用宏观化的视角来看待经济基础与上层建筑的关系问题，这就以经济基础与上层建筑的宏观关系遮蔽了二者的微观联系。如果我们不把目光局限于经济基础与上层建筑的关系这一个问题的表达，而是来考察目前哲学界对其他社会历史问题的表达，那么，我们就会发现，对社会问题的研究有一种倾向，那就是宏观概括普遍地遮蔽微观分析。

这一理解忽略了经济基础与上层建筑之间关系的丰富性。以经济基础与上层建筑关系的宏观概括来遮蔽二者关系微观分析，不仅造成了宏观分析对微观分析的消除，而且忽略甚至取消了经济基础与上层建筑之间的丰富联系。从宏观上看，经济基础与上层建筑是一个二元对立的两个总体，这种视角可以使人们对生产关系结构认识明确清晰，因此这种视角有极其重要的意义,它可以对生产关系理解的唯心主义"去蔽"。然而,如果对生产关系结构局限于这样极其简单的理解,那么必然会忽略经济基础、上层建筑、经济基础与上层建筑之间谱系。结果,局限于这种宏大的理论说明,不仅将经济诸要素的特殊性和个别性抽象掉,而且将政治生活复杂多样而又彼此相似具有生产性的因素还原为同一性的权力和意识形态整体的压抑。

这一理解否定了实践的辩证法的深刻性。马克思实践的辩证法蕴涵着从抽象上升到具体的方法论,即思维中包含"许多规定的综合"和"多样性的统一"。恩格斯曾强调,任何一种社会哲学,它的研究结论如果没有包括"使它得以成为结论的发展过程"就毫无意义。当"决定与反作用"被当做经济基础与上层建筑的辩证关系的全部内容来理解时,经济基础与上层建筑就容易被当成简单的二元对立,"作用与反作用"易被当成两个对立面之间的外部化对立关系,辩证法就容易被理解成纯粹的二元关系。这种对辩证法的简单理解就回到了黑格尔甚至亚里士多德,这就掩盖了马克思实践辩证法的深刻性。目前,对辩证法的这种理解不仅存在于哲学研究中,而且存在于社会科学各个领域之中。

上述三个弊病表明,把"经济基础决定上层建筑,上层建筑具有能动的反作用"归结为马克思对于经济基础与上层建筑分析的全部内容,是对马克思唯物史观的简化,而把这个概括还原为"经济决定论"就不单是对马克思哲学思想的简化,而且是对马克思哲学的歪曲。马克思本人生前就对具有上述倾向的法国的庸俗马克思主义者提出过批判。然而,20 世纪以来,这种误解和歪曲以新的面目卷土重来,比如马克斯·韦伯的《新教伦理与资本主义精神》就被视为西方学者颠覆"马克思经济决定论"的圭臬,这种局面的形成不是偶然的,它有着深刻的原因。

意识形态斗争是第一个原因。唯物史观是指导无产阶级革命和建设的思想武器,经济基础与上层建筑的关系是唯物史观的一个重要支柱。20 世纪早期的资本主义与社会主义之间的意识形态斗争必然对理论研究产生重要影响,在这个意义上说,表面是西方学者对马克思哲学"还原”,背后是资产阶级意识形态的推波助澜,而西方学者对马克思哲学有意歪曲,纯粹是资产阶级意识形态使然。如果说前者多少还需要西方学者对马克思文本的深入,那么,后者使西方学者离开马克思的著作完全胡说成为可能。

庸俗马克思主义的影响是第二个原因。马克思是“当代最伟大的思想家”,是一个多产的理论家。因此,恩格斯说:“马克思是天才,我们至多是能手。”①如果接着恩格斯的话说,庸俗马克思主义者连能手都不是。他们不理解马克思哲学思想的丰富内涵,只是躺在马克思哲学宏大理论的怀里“睡大觉”。

马克思哲学使命的影响是第三个原因。马克思哲学不是传统哲学的思辨的知识体系,它是革命的哲学,是无产阶级和全人类解放的思想武器。马克思哲学的使命和当今的革命形势使马克思来不及对经济基础与上层建筑的关系作出更加细致全面的分析。这也在一定程度上客观地构成了人们把马克思关于经济基础与上层建筑关系简单化的原因。

我国在接受马克思唯物史观的过程中,受苏联教科书体系哲学影响较大,中国传统文化中考据学在中国学术研究中普遍缺失,对科学的追求使哲学思维受自然科学思维影响也比较大,这些都使哲学研究以一种整体化、普遍化的方法展开概念推演,很少能有人还像马克思哲学研究那样实现微观资源与宏大理论的统一。

在这个意义上说,人们不应当寻求“还原”和歪曲马克思关于经济基础与上层建筑关系思想的理由。在理论上误解马克思这一思想的根源在于:人们没有真正深入马克思的著作,没有真正深入日常生活世界中去,没能真正理解马克思辩证法。

福柯的考古学和谱系学显现了多要素相互作用的辩证关系,这种关系有助于我们真正深入马克思的著作中,并发现马克思关于经济基础与上层建筑关系思想还有其多元性。马克思资本论分析表明的监督、管理

---

① 《马克思恩格斯选集》第4卷,人民出版社1995年版,第224页。

和调节的二重性显现了经济基础与上层建筑的彼此交叉和内在关联,这与马克思的宏观概括一起体现了经济基础与上层建筑的丰富关系,也体现了马克思辩证法本身的内在性和深刻性。

马克思实践的辩证法不是一个封闭的理论体系,它在自觉回应20世纪生存困境中自我丰富和发展。在西方,卢卡奇、阿多诺、科西克、阿尔都塞等一大批新马克思主义者和福柯、德里达等后结构主义者重回到了马克思的著作中,他们都关注马克思的辩证法,各自以自己的理论从不同层面推动了人们对马克思经济基础与上层建筑关系的理解。我国哲学界对西方新马克思主义和后结构主义已经不再陌生,但是,他们提出的辩证法的真实含义,这些思想对经济基础与上层建筑的关系以及整个马克思哲学的重大意义,还有开展出来的空间和潜力。

从2001年开始,中国学术界展开对包括经济基础与上层建筑关系在内的唯物史观的研究热潮,并形成了所谓的取消、捍卫、坚持、创新、超越"经济基础与上层建筑关系"的不同观点,这些观点形成交相辉映的局面。这场至今仍未平息的大讨论体现着人们思想的解放,体现了人们对于日常生活的关注,这对于丰富和发展马克思主义唯物史观无疑有着重要的意义。然而,在本文看来,无论是要取消、捍卫、坚持、创新还是要超越,都有一个不容回避的前提,那就是人们必须明确而完整地认识马克思关于"经济基础与上层建筑的关系"的思想。德勒兹曾指出:"'新哲学家'们在讨伐马克思时,却未对资本作任何分析,资本在他们的著作中神秘地消失得无影无踪。"①这话是有针对性和有道理的。如果我们把德勒兹的批判引到我们正在探讨的主题上,我们将发现,如果忽视马克思的著作,忽视马克思哲学与现实社会日常生活的关联,忽视上层建筑与经济基础内在的、丰富的和多元的辩证法,那么,无论是"取消"还是"捍卫","超越"还是"发展",恐怕都为时过早,恐怕都不是符合马克思本人意愿和唯

① (法)吉尔·德勒兹:《哲学与权力的谈判:德勒兹访谈录》,刘汉全译,商务印书馆2000年版,第165页。

物史观的做法。

总之,既从现实的实践出发,又从马克思哲学出发;既从马克思哲学的宏观思想出发,又从马克思哲学的微观分析出发;既深入日常生活世界,又深入马克思主义思想;既深入当代世界文化,又深入中国历史环境。针对具体问题,以马克思主义宏观思想为指导,创造性地开展日常生活批判,应当成为哲学社会科学研究新的地平线。

本书第三至七章对每种具体微观权力思想对马克思哲学的意义和局限分别作了分析,所以本章主要是对福柯微观权力思想与马克思哲学的关联性进行总体分析。

福柯"对他者的权力"和"对主体的权力分析"思想为重新认识马克思对国民经济学的哲学批判提供了方法论支持,以知识考古学来理解马克思实践历史学使我们发现马克思微观史学的萌芽,权力的谱系学使我们对马克思的经济基础与上层建筑的关系理解进入微观视域,福柯与马克思哲学的内在关联的三个方面典型剖析呈现了马克思哲学的微观资源。

本章接着分析了人们忽视马克思哲学微观资源所产生的局限性:忽视马克思微观哲学资源导致人们自然科学方法影响太大,科学方法普遍化成为所有理论研究的"意识形态",加剧了意识哲学习惯的直接概念推演,最终丧失了马克思本人肯定和包容差异性的理论力量,这种远离当代社会多样日常生活的哲学无视社会存在的多元文化逻辑,必然成为那种"抽象的同一"。

马克思哲学启发我们,社会历史理论研究只有将微观视角与宏观视角统一起来,才能形成对社会历史的完整认识,从这个观点看,福柯的微观政治哲学与马克思社会历史思想具有极大的关联性,这种关联性体现为对人的具体关怀与总体关怀的统一,研究策略的微观分析与宏观综合的统一,只不过,在二人那里,这两条线索的明暗和显隐程度不同,这种状况既表现了二人思想的内在一致性,又表明了它们各自的时代特征和二者之间的互补性。

深入到福柯的微观政治哲学中,我们发现马克思在场,这种在场不仅支撑了福柯微观分析,而且以一种不引人注意的方式显现自身的存在。福柯微观政治哲学不是一种把研究对象分散化的工具论,而具有本体论意义,微观权力分析揭示了西方文化机理,建立起现代西方人自身的历史存在论,并同时显现着“现时的存在论”的现代性态度,因此,它具有明确的整体性。从研究对象上看,这种整体性表现为一种“事件—关系—话语—权力—超越”的整体;从研究的内容上看,这种整体性表现为话语规则、权力技术和内化机制三个文化机理的主轴;从方法上看,三种方法相互依托、相互补充。福柯的整体观作为“后结构主义”的整体观,受到阿尔都塞和萨特等人的直接影响,是对西方马克思主义整体观的丰富和发展,它以自己的独特的方式,在一定程度上显现了马克思的整体观在回应20世纪人类生存问题中的自我分化和发展。福柯不仅表明了自己对辩证法的看法,而且运用了辩证法;微观政治哲学不仅运用了辩证法,而且发展了辩证法,被发展的辩证法的突出特征是强调要素之间是多元的对立面之间的互动关系。从平面角度看,这些多元要素呈现为多边或者圆环而不是二分图式,从立体的角度看,各种相关要素形成权力场,辩证法的空间图式的转换使微观权力的社会运作机理更加清晰地得以揭示。马克思与西方马克思主义是福柯的多元辩证法的主要源流,看不到福柯的多元辩证法,就会陷入所谓“福柯的迷宫”,看不到马克思辩证法的丰富性和内在性,就会把马克思哲学庸俗化。

当然,我们必须看到,福柯是在自己的问题域中对马克思的引证,通过考察,我们发现,马克思哲学中确有福柯所理解的思想和资源,由此出发,我们强调了马克思哲学的微观资源。需要明确的是,我们的研究不是要提出一个马克思哲学的新体系,而是对具体的针对性:一方面,人们的哲学研究存在着对微观具体问题的基础研究的忽视而把它推给具体科学,而具体科学本身更多地强调逻辑的追问而不问对人的关怀;另一方面,现代西方福利社会生活已经呈现出福柯所揭示的异质、多元、弥散化的权力特征,这使得宏观政治革命已经不可能改变其日常生活,反观中国,日常生活中的控制与操纵同样不是一场政治革命运动所能改变的,这已经是不争的事实,因此强调马克思哲学的微观资源旨在引起我们更加关注马克思哲学对微观具体现实的关注,导入微观政治哲学的理论资源,把我们自己的日常生活现代性真正地深入下去,将文化哲学的研究深入下去。对福柯思想局限性的附带分析再一次表明,我们对福柯的研究并不意味着唯福柯之命是从,而应当是一种批判性的鉴识工作,这种研究应该能为 21 世纪中国的马克思哲学研究提供某种有益的启示。

结　语

站在新世纪的起点上，回头审视人类关于现代性内涵异常丰富的两个世纪的旅程，审视马克思主义哲学160年来的曲折历程，审视西方微观政治思想40年来的演进过程，我们发现，人类所启动的许多理论的和实践的设计和工程，似乎都在20世纪末有了某种阶段性结局，福柯思想在这个结局性认识中书写了重要的一笔。历史走入21世纪，伽达默尔、罗蒂、德里达、德勒兹、萨义德、诺齐克、布迪厄等著名西方思想大师相继谢世，不禁令人感慨万千：

每当人们想终结现代性的价值，
这些人就会生还。
他们举起时代的全部重任，
掷入自己的胸渊。
他们的先辈有苦有甜，
他们却感到生命的负担。
包容万物，
万物一如在他们心间。
唯有自由在他们的意志之上，

那么高，那么遥远。
他们深深地爱哲学，
坚持哲学永生的信念。
他们虽已身去，
却仍含笑九泉。

这首改编自奥地利诗人里尔克的小诗，或许可以谨为怀思，哲人其萎，哲学永生！哲人的生命在于虽然肉体不在，但他们的思想、才华、品格和精神与我们同在。因此，分析他们的思想，无疑是一件十分有意义的事情。

由此出发，本书确立了一个宏大的目标，这个目标旨在通过微观权力的“小孔”向人们呈现五个形象：不一样的福柯、不一样的微观权力、不一样的马克思、不一样的现代性、不一样的政治哲学。本书的工作表明，福柯既不是现代性的简单拒斥者，也不是一个人们以为的那种反理性主义者、反人文主义者、反对主体性的人，而是将现代性、理性、人文主义和主体细分、多元化的哲学家，一位主张理性批判、现代性和个体自由的具有新启蒙色彩的人文思想家。正如贯穿文章的哲学分析所体现的，正如福柯本人一再声称的，微观权力思想不是一个权力论，而是一种生存哲学，它所分析的是人自身的历史存在论，它要表达的是人自身当下的生存论，前者表明：通过不同于主权和法权的微观权力，现代西方人之所是、所行、所思和所愿以“必然”的形象被建构，通过对他者的权力、对主体的权力、空间权力、规训权力和牧师权力的多重作用，“他者”、“主体”、“人”、“时空”、“反常”、“性”等观念以“真理”形式被生产；后者表明：人的历史存在具有偶然性，人们可以寻求别样的生活，人自身具有超越性，人们比自己感觉的更自由，超越的出路是拥有现代性态度，对微观权力思想的这种揭示明确无误地表明了其哲学性，表明了其与以往不同的现代性。福柯所提出的现代性以康德为支点，向前追溯至苏格拉底时期的自我关怀，向后涉及黑格尔、马克思、尼采、波德莱尔、克尔恺郭尔、韦伯、法兰克福学派到福柯、德勒兹、吉登斯、詹姆逊和鲍曼等人的现代性话语，它是以现代性秩序、现代性态度和现代性理念为基础的多元总体。其中,集理性批判、诗化生活和审美生存于关怀自身的现代性态度是其核心,没有现代性态度,就谈不上现代性。福柯微观权力分析非常明确地与马克思的社会历史思想关联起来,其现代性态度与实践观点明显关联起来,从而向我们呈现了与以往不大一样的马克思。福柯的知识考古学方法为我们重新认识马克思国民经济学批判的哲学性提供了方法论,他的《知识考古学》一书为马克思正名,引导我们深入认识马克思对微观史学转向的意义,其《规训与惩罚》一书除了大量隐名采用马克思的思想,还对马克思明确加以引用,由此出发,我们深入马克思的《资本论》后发现,马克思的未主题化的微观权力研究已经自我显现出来,上述三个方面使马克思的微观哲学资源自我显现出来,通过二者的关联分析,马克思的整体观和辩证法的开放性和生长性也自我显现出来,福柯微观权力思想的政治哲学特征也显现出来。当代社会的政治斗争的微观化,使研究日常文化机理的微观权力分析和日常生活批判成为政治哲学的新样式。福柯的自我定位,哈贝马斯、德勒兹等人对福柯微观权力思想的政治哲学定位,当代西方政治哲学对福柯的索引和研究以及本书的工作确切无疑地表明了福柯微观权力思想的政治哲学性。

尽管我们在我们的问题域内尽可能用很大的篇幅和很多的笔墨来考察福柯的思想,并借鉴研究福柯的他山之玉,然而,我们的探讨和阐述似乎依旧是很不完备的,依然会有一些福柯的重要文献和研究福柯思想的重要文献存在于我们的视野之外,按照樱井哲夫的说法,截止到 1996 年 3 月 20 日,有关福柯研究的人文科学著作至少已达 208 本,又一个 12 年过去,弹指一挥间,有关福柯的研究著作更是“千树万树梨花开”,这一方面证明了福柯研究阵营的影响之大,另一方面表明我们的分析是不充分的。

马克思在给约·巴·施韦泽的信中谈到对蒲鲁东研究时说:“我手头没有他的任何一本著作。但是,为了向您表明我的良好愿望,我匆忙地写了一个简短的概要。”[①]幸运的是,互联网给我们提供了福柯的法文和英文著作,国内也出版了有关的中译本,在此基础上,本书做了一点工作,至于工作的意义,或许如恩格斯在《反杜林论(引论)》中所说:“对于解决这些问题,他们(各国社会主义文库中著作的作者——引者注)也许或多或少是缺乏资料的;在这些著作中,不管存在什么样学术上和文字上的缺陷,社会主义的善良愿望总是值得赞许的。”[②]这句话不是我们的借口,只当是对我们的宽容和鼓励。

从20世纪90年代起,我国学术界陆续出版了一些关于福柯思想的研究成果,从不同角度或不同层面对福柯的考古学、谱系学和伦理学作了整体的或者局部的介绍和批判性分析。这些研究不仅使福柯这位20世纪的重要思想家和微观政治哲学在我国理论界和学术界不再陌生,而且也为新世纪我国的哲学争论和哲学发展提供了新内容和新观念。同已有的关于福柯的研究成果相比,我们这里所提供的这一新的研究成果在研究视角上要具体一些,我们不是从分析单本著作的角度来理解福柯,也不从传统权力研究的视域和角度来理解微观政治哲学,我们试图从福柯的“现代性”角度来理解福柯的微观政治哲学,从人们还未触及或较少触及的材料入手来理解微观权力的哲学意蕴。这样,“我们自身历史存在论”和“现时的存在论”,即微观权力网络对人的操控与人自身当下对权力的超越就成为始终贯穿本书的写作线索,我们在分析福柯各个时期微观权力时,始终以揭示权力对人的所是、所思、所行的塑造、生产与人自身的所愿、所是、所思和所行的辩证法关系为圭臬。为了不被“书的诡计”所束缚,我们尽可能从福柯、韦伯等人的讲座和访谈所展开的思想来丰富和深化对福柯著作中要点问题的理解,这一方面有利于我们更加清楚地对福柯博大精深的思想作一些关键词性的把握,另一方面有利于我们对福柯

---

① 马克思曾写过评论蒲鲁东的专著《哲学的贫困》,这里是应邀在蒲鲁东去世后再写点东西,虽然手头没有书,但也善意地写了个概要(兼带批评拉萨尔)。参见《马克思恩格斯选集》第2卷,人民出版社1995年版,第613页。

② 《马克思恩格斯选集》第3卷,人民出版社1995年版,第369页。

的微观权力的现代性意义作具体的分析,我们所做的工作是尽量把福柯的微观权力思想的哲学性展示出来,而在这些观点的评判上,只是加以概要分析,以便给读者自己留有更多的空间。

面对一幅相对完整的福柯的微观权力思想图像,本书在此不准备把前述观点再加以概括,而是想谈一点对福柯微观权力思想的理论定位、哲学定位及其对本土现代性研究的态度上的启示,作为本书的结语。

一、理论定位

微观权力思想从根本上说是以 20 世纪人类的生存境遇和文化困境为批判对象的一种激进的文化批判理论,其批判的锋芒一方面指向人的现实的生存境遇中的各种文化力量,另一方面指向传统的社会历史哲学理论,包括法国的马克思主义,以笛卡儿为代表的近代哲学,以霍布斯、马基雅维利为代表的政治哲学,以布兰维耶、布罗代尔为代表的历史学,以乔姆斯基、斯特劳斯为代表的语言学,以苏格拉底为代表的伦理学,基督教伦理学等,同时与现象学、存在主义、结构主义、分析哲学、唯物主义、精神分析学等当代各种有影响的理论以及先锋诗学、建筑学审美主义、马拉美文学、后现代电影等文化思潮形成直接的对话。要在这样复杂的背景中从事这样复杂的理论批判,福柯的理论在形成和展开的过程中就注定是不完备的,充满各种矛盾、局限性和错误的,这一点从福柯在 20 世纪 60 年代起所引起的与德里达、哈贝马斯等人的争论,以及福柯的研究者在许多问题的内在分歧,都可以充分地说明。

从学理层面看,福柯在批判传统哲学过程中,在超越启蒙、理性、合理性和现代性的“自我同一”哲学和二分法时所提出的许多哲学观点和理论构想,如话语的“反科学”性、知识的权力性、权力的微观性、权力的关系性、权力的反法律性、启蒙的事件性、理性的分岔性、合理性的具体性、多元辩证法、“现代性”研究的“反现代性”、对启蒙的讹诈、人自身的存在论、现时的存在论、现代性态度等,既为我们提供了许多富有启发性的理论思路和创造性的见解,也显现出许多问题和缺陷,其中有的观点比较极端或偏激，缺乏合理性和全面性；有的观点存在理论混乱和逻辑错误；也有的观点存在着理论立场上或具体见解方面的错误。正因如此，福柯的许多见解和构想在提出之时就引起了许多争议，招致了各种批判，而且有关福柯理论观点的争论还将继续作为学术界的热门话题之一。

从理论与现实的关联来看，福柯对于西方现代文化和日常生活的许多不合理的现象和存在进行了深刻的批判，他的疯狂的考古学、人文科学的考古学、知识的考古学、监狱的考古学、性经验的考古学、启蒙的考古学、权力的谱系学和主体的伦理学深刻地揭示了发达资本主义社会的现代性秩序，描绘了文化权力运作的机理，对发达工业社会的自我批判与改革完善起到了很大的推动作用。但是，不难看出，福柯从理论的逻辑出发对解放和对革命的怀疑，对现实生活中暴力的咆哮的批判还需要深入研究。从理论定位上讲，福柯不是以一般地"解释世界"为特征的、给定的知识和命题的理论体系，而是直面现代人的生存境遇的理性分析、批判和反思的文化精神，是现代西方发达社会的内在的自我批判意识。对于这样一种批判性的理论的把握，显然不应停留于具体的理论观点的是非对错，以及它所提出的各种社会改革方案有多大的意义，而应当深入具体理论观点的背后去揭示深层的现代性态度。

二、哲学定位

在福柯的微观权力分析中，我们看到大量的文学、艺术、"边缘人"和"日常琐事"的痕迹，弄得哲学似乎不像哲学，如何看待这一问题？简单地说，《福柯答复萨特》一文中的观点可以看做对此问题的某种间接回答。福柯提出，哲学由原来的"一种理论工作变成了复数"，"最终正是在理论工作的这种多样性（哲学成了数学、语言学、宗教史、历史等领域的理论工作——引者注）中才实现一种哲学，这种哲学尚未发现其独一无二的思想家及其单一的话语"。[①] 从这个意义上说，当代哲学显现着罗蒂所谓

① （法）米歇尔·福柯：《福柯答复萨特》，载《世界哲学》2002 年第 5 期。

的“后哲学文化”特征,如果说传统哲学是通向真理的巴别塔,那么当代哲学则是通向罗马的条条大路,因为自马克思起,真理已从天上降落人间,不同的哲学都在以自己的方式走在追寻真理的途中。具体说来,本书认为可以从五个方面加以综合理解。

第一,学术传统。按照梅基奥尔(Merquior)的观点,福柯从属于法国哲学传统,而从柏格森的随笔式的哲学到萨特卓著的文学和自由奔放的理论分析相结合的哲学,无不体现了19世纪末到20世纪中叶法国哲学的传统,福柯从属于这种充满着哲学魔力的传统,而不是严密精确的传统。[①] 如果悬置最后一句不谈,梅基奥尔的观点无疑是有道理的,学术传统确实非常重要,而且以传统作解释的策略是必要的,但是单以这个理由作为问题的解答显然不是充分的,因为真正的哲学家并不拘泥于传统,反而总是处在超越传统的途中。

第二,话语意义。在这种观点看来,只有如此书写,方为当代哲学话语,当代哲学话语就是以诗化哲学为通行的哲学叙事方式,这是哲学的趋势和潮流。如果不按照这种图式来写,就没有多少人会接受,就没有前途。这种看法在一定意义上考虑到了“商谈伦理”,但是把哲学变成了“流行歌曲”,将哲学变成了流行权力的附庸,使哲学本身丧失了自身的本性,这不但是肤浅的,而且是有害的。

第三,美文学意义。在文章写就以后,总是要润色的,社会在发展,文化在繁荣。“信、达、雅”是古来文化之要求,哲学的文学化有何不可?这种观点是一种修辞学,有其道理,但仍然是工具意义上的解释。自马克思或者更早的时候,工具性就受到了哲学的怀疑,按照韦伯或者哈贝马斯式的二元论,如果工具性出了问题,那么就需要价值性出场来补救了。

第四,价值意义。按照罗蒂的观点,后哲学文化特征就是要反对“大写哲学”的霸权,因此新哲学的样式就是诗化哲学、对话哲学和“启迪”哲学。在学术界,的确有人把哲学家与诗人、文学家相提并论,这种研究大

---

① 参见(美)J. G. 梅基奥尔:《福科》,韩阳红译,昆仑出版社1999年版,第2页。

有意义。莫列瓦认为,哲学诉诸艺术就像它因自己的病症而诉诸某种疗法一样,哲学的病症之一不仅仅在于逻辑和理性结构的陈腐,而且在于语言手段的空虚。哲学反思不仅以探求新诗学和文本风格,以发现某种与现实相关联的崭新语言为中心。[①] 在福柯那里,哲学确实与文学、艺术、绘画不可分割,然而,如果对其理解停留于此,仍是不得要领。在本书看来,这样做或许可以解释《疯癫与文明》中的"合法的怪异"、《词与物》中的"中国分类学"、"人死了吗"访谈中"中国、阿拉伯作家"、《规训与惩罚》发表后访谈中的"毛主义"和《性经验史》中分析前苏格拉底的日常生活,但是无法解释福柯何以钟情公元2世纪的解梦者阿尔泰米多尔的分析,无法解释福柯为什么要在《性经验史》第三卷用了一章的篇幅来研究阿尔泰米多尔,须知阿氏偏爱"江湖郎中"、"骗子"和"小丑陋"的资料。

第五,实践要求和意义。上述四点所不能包含的,也是至关重要的意义,就是实践意义,也是关乎微观政治哲学生存的意义。通俗地说,对日常生活的观照,对微观琐事的关注,对边缘人的关爱不是偏爱,而是不得不爱,是不得已而为之、是"逼上梁山",这就如同"萧伯纳回答"。[②] 传统宏观哲学造成,只有通过间隙或失衡的事件、正统道德的他者、主流历史的边缘,人们才可能找到具有丰富内容和多样性的经验。因此,福柯对阿尔泰米多尔评价道:"他不是在某些伟大的作者那里去探寻这种经验,而是到它形成的地方去寻觅……经验是他所说的一切的规则和见证。"[③]这是一种什么样的研究?福柯说:"这是一本'实践的'和日常生活的著作。"[④]在福柯看来,阿尔泰米多尔的哲学是实践的哲学和日常生活哲学,可以说,福柯对阿尔泰米多尔的定位和评价完全适用于他本人,福柯的微观权力思想是一种实践哲学、日常生活哲学。

---

① 参见(俄)柳巴娃·莫列瓦:《哲学思考范式的反思》,载《第欧根尼》2007年第2期。

② 一位大腹便便的富商曾经取笑消瘦的萧伯纳说:"看到你,就知道欧洲正在闹饥荒。"而萧伯纳则机智地回应道:"看到你,就知道欧洲为什么闹饥荒。"正统哲学经常嘲笑日常生活哲学的边缘化,岂不知,它们自身正是哲学边缘化的原因。

③ (法)米歇尔·福柯:《性经验史》,佘碧平译,上海人民出版社2002年版,第353页。

④ (法)米歇尔·福柯:《性经验史》,佘碧平译,上海人民出版社2002年版,第349页。

福柯在1968年《福柯答复萨特》一文中指出:“并非因为我们脱离政治,我们才忙于如此狭隘和细致的理论问题,而是因为我们现在懂得所有的政治活动形式只能以非常紧密的方式与严格的理论思考相结合。”[①]这里,福柯已经清楚地表达了微观权力思想与政治的关联。1976年,福柯在《必须保卫社会》中提出:“它(福柯所重申的永恒战争的话语——引者注)实际上是作为哲学—法律话语在古老形式中的复苏和置换来发挥作用。”[②]这句话基本表达了微观权力思想与哲学的关联。到了1977年,福柯更加明确地强调:

> 哲学问题,这是我们所处的这个现在的问题。这就是为什么今天的哲学完全是政治学,完全是历史学。它是内在于历史学的政治学,它是对政治学不可或缺的历史学。[③]

福柯的这一句话提纲挈领,表明了现代性、哲学、政治学、历史学之间的关系,一般地说,哲学、政治学和历史学之间有着明显的区别,然而,我们所处的这个现在的问题上,即在现时存在论这个地平线上,三者合流了,在把现代性理解为我们当下的生存这个视域内,三者融合了,以福柯这样的方式探讨现代性的哲学就是历史政治学、政治历史学、政治哲学和历史哲学,就是微观政治哲学。这种叙事以一种高度概括的方式在理论上实现了对固有学科之间的穿越,在学理上实现了对韦伯关于科学的判断和施特劳斯对于政治哲学定义的呼应和对话,在实践上实现了对现实政治热点的回应和回答。

---

① (法)米歇尔·福柯:《福柯答复萨特》,载《世界哲学》2002年第5期。卡尔·博格斯在其《政治的终结》中认为,从当代社会的“非政治化”角度看,“福柯对统治经由社会领域话语而再生的方式强调就有了意义,这些领域包括:医疗保健、大众文化、家庭和性以及政治。他对现代社会权力分散的关注,对这种权力进入交流方式的关注,也都是如此”。博格斯想说明的是,传统政治已经终结。从现实生活看,他的这一判断显然是过于乐观,而他对基于自我和社会同时变革的政治复兴观的逝去的判断显现过于悲观,不过,他的研究倒是反证了现代社会微观政治的兴起。详见(美)卡尔·博格斯:《政治的终结》,陈家刚译,社会科学文献出版社2001年版,第273页。

② (法)米歇尔·福柯:《必须保卫社会》,钱翰译,上海人民出版社1999年版,第51页。

③ (法)米歇尔·福柯:《必须保卫社会》,钱翰译,上海人民出版社2003年版,第267页。

从学理上说，人们对政治哲学的疑问最大,从许多人的观点看,哲学本身是理性的,至少是一种理性的批判活动,而从人类历史角度看,政治常常与理性无涉。对政治谈哲学无异于与虎谋皮,因此尽管哲学家在关于政治理性方面做了很多的工作——从目的合理性哲学论证到程序合理性哲学分析再到事实上以实践合理性为核心的当代政治哲学批判,他们仍然怀疑政治哲学的可能性,以政治科学来取代政治哲学。对这种以科学取代哲学的做法,韦伯曾经批判:“专家没有灵魂,纵欲者没有心肝;这个废物幻想着它自己已达到了前所未有的文明程度。”在定量的和行为派的政治科学家们宣布取消政治哲学时,施特劳斯应声而起,坚持并复兴了政治哲学,他在1959年发表的《什么是政治哲学?》剑锋直指政治科学取代政治哲学的梦想,他提出,政治哲学的目的既在于认识政治事物的本性,也在于认识公正的或好的社会制度。与政治学的对策性和悬置自己的理论前设不同,政治哲学恰恰要对人的政治生存作理性的自觉运思和形上关怀,它是哲学的一个分枝,它以寻根求源、广泛而系统的方式探讨人类政治生产的问题。列奥·施特劳斯提出:“政治哲学和作为一种研究政治事物的自然科学的政治科学之间的区分也随之获得了广泛认可。然而,从传统上看,政治哲学和政治科学是一回事。”[①]搁置二人的区别,列奥·施特劳斯这一理解与“认识政治事物的本性”的政治哲学定义同福柯之间有着某种一致性,由此显现了我们通常未加注意的景象:所谓的“后现代主义者”福柯与这位“最后一位古典政治哲学家”之间内在的相通性。可见,在现代性的理论支点上,严格区分福柯的政治学、历史学与哲学是不可能的,这种新的哲学是一种哈贝马斯意义的“实践－政治哲学”,德勒兹意义的“政治哲学”,是“真正理解政治事物的本性”的政治哲学。[②] 实践－政治哲学、政治哲学与日常生活哲学一样,并不是凭空独断

---

① (美)列奥·施特劳斯、(美)约瑟夫·克罗波西主编:《政治哲学史》(上),李天然等译,河北人民出版社1993年版,第1页。

② 被称为“最后一个经典政治哲学家”的列奥·施特劳斯(Leo Strauss)在其《何为政治哲学》中提出:“政治哲学试图真正理解政治事物的本性以及正确的或完善的政治制度这两方面知识。”福柯的微观权力思想无疑是前一方面的工作。

和简化现实的同一哲学,而是将“具体事件—关系—文化—权力关联”起来的“田野作业”;不是抽象地思辨,而是细致地考古;不是试图去赞美它们真理大厦有多么牢靠或推测它们将被什么所替代,而是通过精致的微观分析找寻宏观理论的现实基础;微观政治哲学并不缺乏哲学运思,它们把哲学运思真正地深入实践和日常生活。

从实践上说,人们对政治哲学一直质疑诸多,政治能够理性化和容许哲学反思吗?换句话说,政治哲学是一种对政治实践而言的文化资本吗?这并不是可以简单回答的问题,但是,在本书看来,我们不妨换一个方式来思考,那就是政治哲学能给人们带来什么?因为政治与人们密切相关,既然人是政治动物,政治总应与人的选择相关,进而与人的思想相关,尝试着改变人的思想意识和行为,总会对政治生活产生影响,这也是马克思社会历史思想对我们的启示。由此出发来反思微观权力问题,我们发现,福柯批判得细致入微的权力,在西方是一个问题,在中国恐怕也不失为一个问题。我们每天都栖居在社会文化网络的具体时空中,但这并不意味着我们对它真切地理解,相反,正因为对其过于“熟悉”,反而会遮蔽对其本性和运作机理的洞察,事实上,直到今天,我们对中国社会的历史定位和中国人现实生活本性的认识,依然可能是“熟知”而“不解”,对政治现实运作的微观机理仍处于“非思”状态,与此同时传统日常社会中许多微观文化权力正在极大地阻滞着民主政治的进步和人的自由发展,这些问题是传统哲学的理论资源难以解释和解决的。在西方理性主义的政治秩序饱受西方思想批判的时刻,在中国传统经验和超验文化的负面势力在日常生活中甚嚣尘上的当口,与其奢侈地怀疑微观政治哲学的合法性,为理性政治沦落成非理性力量的宠物提供可能,还不如从马克思实践哲学的立场出发,正视当代政治哲学思想的启示,尝试着给微观政治理性一个发展的机会,这或许才是更为积极的态度。

福柯指出:“从基层的日常斗争开始做起,参与这项工作(微观政治斗争——引者注)的是那些在权力网最薄弱环节上斗争的人。”[①]从这个意义上说,以《现代化与文化阻滞力》和《现代化与日常生活批判》为代表的文化哲学无疑是运用日常生活批判理论范式解析中国社会转型期社会微观权力的一种尝试,无疑是一种“从基层的日常斗争开始做起”的实践-政治哲学、微观政治哲学。

厄本指出:“《历史研究》第五卷中告诉我们,在一个文明文化中,文化成分是‘它的灵魂、血液、精髓、核心、本质和缩影’,而相比之下,政治成分,更进一步说经济成分则是一个文明状态的表面的、非本质的、微不足道的现象和它活动的媒介。”[②]应当说,汤因比对经济和政治地位的评价是成问题的,然而,他对文化的评价却是中肯的,也是人们长期忽视的,这也许正是汤因比历史哲学的启示意义所在。从这个意义上说,实践哲学、日常生活哲学、微观政治哲学不应被看做表面的、非本质的和微不足道的分析,而应被视为更深层的批判和更为深远的哲思。

鲁迅对革命者被暴力屠杀的描写堪与福柯的《规训与惩罚》相媲美,福柯描写的是行刑的场面,而鲁迅描写的是围观行刑的情景。时过境迁,在福柯那里,“使人死”的暴力已经为“使人活”的微观权力所取代,在今人这里,当初观刑者的后人,是否已经从“毕其功而一役”的幻想和“人血馒头”的迷梦中醒来了呢?

福柯曾经描绘法国社会“哲学问题变成口号的历程”[③],这个历程表现为学术大众化生产过程,它一方面体现了哲学对日常生活的关注和被日常生活所关注,另一方面也使哲学流于庸俗。专门的哲学期刊改版成为大众读物,哲学思想上了时尚周刊,引起反响后被编为著作,再经电视媒体报道,被还原为一个名言,这就是一个哲学问题变成口号的历程。这种现象显然不为法国所独有,马克思哲学不也被归结为“经济决定论”和

---

① (法)米歇尔·福柯:《福柯集》,杜小真编选,上海远东出版社2003年版,第434页。

② (英)阿诺德·约瑟夫·汤因比:《汤因比论汤因比:汤因比与厄本对话录》,王少如、沈小红译,上海三联书店1997年版,第113页。

③ (法)米歇尔·福柯:《福柯集》,杜小真编选,上海远东出版社2003年版,第512页。

“暴力革命论”的口号吗？福柯的权力分析不就被贴上“泛权力主义”和“理性即权力”的标签了吗？我们本土有没有这样的现象呢？远的不说，对詹姆逊单一现代性的态度就是典型的例证。[①] 人们对于研究性的论题，是不是应静下心来，深入地分析、修正、补充甚至建立批评性对话呢？现今哲学的一个倾向是独白，大家和谐相处，这一方面表明国内哲学界已经走出哲学“意识形态化”的阶段，哲学研究走入多元化时代，这是哲学的进步，但另一方面，人们也要警惕它走向另一个极端的可能。福柯曾指出：“沉默，包围着知识的、谱系学的统一理论，它的沉默，或毋宁说是谨慎，或许就是继续进行批判的理由。”[②]在本书看来，只要是深入历史事件、日常生活实践和哲学文本之中，就算是引起批判性的争论也未尝不可，如此才能使哲学研究更加深入、精致，也更有针对性和启发性。詹姆斯·施密特在《启蒙运动与现代性》导言的结尾提出：

> 也许启蒙运动教会我们的最重要的东西就是：我们既不是神又不是从外面来巡视世界的卫兵，我们是从世界当中来说话的男男女女，必须鼓起勇气来争辩什么是真的，什么是假的，什么是正确的，什么是错误的。[③]

如果人们不能从启蒙运动中学到什么，不进入本土文化启蒙之中，不能鼓起勇气来争辩，停留于唐君毅教授所批判的“唯饭主义”，那么，日常生活现代性的希望何在呢？

三、走向日常生活的现代性

福柯的微观权力思想所体现出的总体细分的现代性，突现了日常生

---

① 这种做法的问题在于根本不对“单一现代性”作分析，甚至毫不引用詹姆逊“单一现代性”的原话，而陷入独断论的沉睡。事实上，如果想谈现代性的非唯一性、可选择性，那么完全可以直接分析，何必把人家的哲学变成一句口号呢？这种倾向对学术发展无疑是有百害而无一利的。

② （法）米歇尔·福柯：《必须保卫社会》，钱翰译，上海人民出版社1999年版，第11页。

③ （美）詹姆斯·施密特：《启蒙运动与现代性：18世纪与20世纪的对话》，徐向东、卢华萍译，上海人民出版社2005年版，第31页。

活中的现代性态度,强调了现在生活的重要性,超越了以往哲学把理性视为自我同一的意识哲学和二元对立的二分矛盾体的观念,为人们从对理性的讹诈中解放出来,提供了出路。对此,沃尔夫冈予以准确评价,“尽管控制权力可能事实上穿透语言和合理性,但这不置理性以绝境,相反,它为理性创造了空间并使之平衡”[①]。福柯对现在和理性的强调和坚持,我们或许还可以用卢曼和吉登斯都非常重视的现代性研究者乔治·赫伯特·米德的话作更加通俗的表达,米德1932年提出:

> 我们总是生活在某个现在之中,这个现在的过去和未来是完成现在的活动的领域的延伸。这个现在是新生事物出现的场景。新生事物的出现总是带来新的天空和新的大地,而它的社会性恰恰就是我们的心智结构。既然社会已经赋予我们以自我意识,我们就能够使个性从事范围更广泛的活动,在这些活动中,理性的自我之间的交流超出了我们生活的当前世界的范围。而且,因为我们可以在和他人生活在一起的同时,也在和我们自身生活在一起,所以我们可以批评自身,投身于所有理性存在者所组成的共同体从事的活动,从而在这些事业中,使我们自身成为有价值的。[②]

福柯的现代性,与米德的思想的总体精神是一致的,它们都强调当下日常生活中人的理性精神尤其是其理性批判的精神是人之为人的基点,他们的工作为我们重新审视“现代性”提供了思想、方法和武器,使人们可以在新的高度上思考现代性问题。

衣俊卿教授在《现代化与文化阻滞力》中指出:

> 实际上,要把握现代性,必须从现代社会的深层的和内在的

① Wolfgang Detel, *Foucault and Classical Antiquity: Power, Ethics and Knowledge, Introduction*, Cambridge University Press, 2005, p. 5.

② (美)乔治·赫伯特·米德:《现在的哲学》,李猛译,上海人民出版社2003年版,第152页。

机理、结构、图式、活动机制、存在方式、文化精神等方面对现代性作多维度的、深层的、全方位的透视和统摄性理解。①

在这种意义上,现代性不是现代社会的一个方面、一个细枝末节,而是渗透、贯穿、支撑现代社会,换言之,当我们把现代性由名词转为动词时,现代性就是现代社会日常生活活动的相互关联的多重属性,这一点与福柯的现代性的分岔总体和多元辩证法无疑是具有共识和相通性的。

从微观权力的角度来看,新中国成立至今,中国的马克思主义思想家们对中国政治生活的理性化可以说非常重视,甚至可以说大伤脑筋,文化大革命在某种意义上可以看成是在建立宏观理性权力同时进行的改变中国微观权力格局的实验。然而,要在短时间内立竿见影,自上而下地依靠革命热情完成如此深重的历史任务谈何容易,这一实验的结果表明,改变中国微观权力格局是一项任重道远的长期历史工作,它不仅需要宏观革命,而且需要微观上全面的改革,违背历史规律只能让中国马克思主义和人民付出沉重的历史代价,微观权力网络的超稳定性决定了其格局改变的长时段性和改变方式的循序渐进性。中国的马克思主义在总结历史经验与教训基础上选择了改革开放之路,改革开放三十多年来,中国社会在微观权力的良性格局的形成上取得了长足的发展:国家理性权力广泛地渗透到日常生活之中,科学和人文教育得到普及,人们已经基本脱离了纯粹经验力量的束缚,初步形成了个体的自主批判意识、公民意识和理性生活方式,超验的非理性力量逐步退出日常生活的舞台,民主法制的观念深入人心,各种新生的理性力量获得发展,人们从传统的血缘、地缘、“单位”和“圈子”走向现代的契约、“脱域”、“职场”和“流动”。

改革开放的成绩是可喜的,然而,我们不应因这些成绩而模糊自己的视野,而应当正视社会机体中仍然存在的具有根本性的微观权力问题。在我国,现代性问题非常复杂,从表面上看,大都市时尚男女们生活于“后现代”潮流之中,然而它是否真的超越了“现代性”呢? 恐怕有以新的非

① 衣俊卿:《现代化与文化阻滞力》,人民出版社 2005 年版,第 18 页。

理性取代了旧的非理性生活成分;城市生活的某些层面和广大农村的生活仍具有“非理性”色彩,《现代化与文化阻滞力》对“城市化”表面图景之下深层“乡村心灵”的揭示,对“西方化”外部包装之内的护心“大背心子”的透视[①],是对国人颇以为然的“非思”之思,是对国人“自身的历史存在论”所作的一个速写,经验思想定式、熟人经济行为、日常生活政治的潜规则等确定无疑地告诉我们改善本土微观文化权力格局还要做长期大量的艰苦工作,事实上,林语堂所批判的“裙带、腐败、礼俗”,“阴性的面、命、恩”,“阳性的官、绅、富”仍然在基层中残存,腐朽没落的超验力量在日常生活中残存,它们与费孝通先生所批判的传统经验力量构成的微观文化权力仍在一定程度上规范着人们,塑造着人们,人们习以为常,以至于有时达到康德所说的地步——“他已经爱上了这种状态,而且,事实上,就目前来说,他没有能力利用他的理智,因为没有人允许他做这样的尝试”[②]。当他真的尝试“运用理性”时,往往要冒着被常人以“精神病”、“未成年”和“不懂事”命名和区隔的风险。在当代中国,现代性的宏观理性制度日益完善,但是现代性秩序还未全面展开、现代性理念仍未普遍生根,最大的理性——现代性态度也在日常生活中时常处于缺场的现象,这种现状使“踏上了末路的现代性”、“超越现代性”、“医治现代性、“以中国文化拯救现代性困境”的论断显得那么天真。“只凭良好愿望,将会一事无成”[③],韦伯像马克思一样提醒我们,文化大革命的教训和改革开放三十多年的经验告诉我们,要改变中国日常生活的面貌,只有良好的愿望是不够的,以务实的态度,以求实的作风,对国人实际的历史存在作扎实的考察,恐怕是在当代中国开展本土现代性研究和实践的基础。我们研究福

---

① 参见衣俊卿:《现代化与文化阻滞力》,人民出版社 2005 年版,第 325 ~ 358 页。詹姆逊也认为,“乡下的压抑”,“农村的愚昧”在城市化中可能被保留下来,造成旧意识形态的遗留和移动。参见(美)弗雷德里克·詹姆逊:《时间的种子》,王逢振译,江苏教育出版社 2006 年版,第 25 ~ 26 页。

② (德)伊曼努尔·康德:《道德形而上学基础》,孙少伟译,九州出版社 2007 年版,第 171 页。

③ (德)马克斯·韦伯:《入世修行:马克斯·韦伯脱魔世界理性集》,王容芬、陈维纲译,陕西师范大学出版社 2003 年版,第 49 页。

柯，正是试图为这些工作寻求方法论的参照，因此我们不希求福柯思想能解决中国的问题，事实上它也无法解决我们的问题，但是，对他的研究有助于磨砺我们社会历史分析的手术刀，对其思想中哲学精神的吸取无疑能够丰富我们对理性和哲学生活的理解，从而有助于我们更好地解决中国日常生活的现代性问题。

雷诺曾经借于佩尔的话提出，福柯的成功在于他能够给人以“深刻的印象，他在谈论某种极其新颖的东西，同时为了满足青年读者的愿望，他的‘发现’被证明能够最好地适合当前风行的普遍思想运动”①，后来他干脆自己提出“福柯并没有谈论许多新的东西，而是在某种程度上对激进主义者而言赋予了这些东西以新意”②。作者非常佩服雷诺所代表的那些人的渊博知识，也十分羡慕他们所掌握的福柯思想资源，福柯也承认，20世纪不过是马克思等人提出的话语，然而本书对那种坚持“太阳底下没有新东西”的论点始终心存疑虑，因为我们不知道，如果脱离了对历史、现实、文本、文化的微观分析，而仅仅宏观上比赋，或者纯粹站在外部作趾高气扬的断言，除了表明言说者本人的“高屋建瓴”之外，到底还有多大意义？在这方面，过去的人们做得还少吗？马克思本人微观哲学分析与宏观哲学研究相结合的方法和精神提醒我们：“少谈点主义，多谈点问题。”恐怕在今天更具现实意义，也更能体现“主义”，这恐怕才是马克思的实践辩证法的本意吧！

马歇尔·伯曼在其《现代性的昨天、今天和明天》中写道：“接触了这些（福柯的现代性——引者注）言论不久，我们就会认识到，在福柯的世界里没有任何自由，因为他的语言形成了一张无缝的网，一个比韦伯能够想象出来的任何东西都要密封得多的笼子，不允许任何生活闯入。令人不解的是，今天为什么有如此多的知识分子似乎都想要与他一起憋死在

---

① （美）布莱恩·雷诺：《福柯十讲》，韩泰伦编译，大众文艺出版社2004年版，第198页。

② （美）布莱恩·雷诺：《福柯十讲》，韩泰伦编译，大众文艺出版社2004年版，第198页。

那里。"[①]看来,伯曼还没有"走入"就急匆匆地走出福柯这位被他评价为"过去的十年中对现代性说了某种实质的东西的唯一作家",却把其他走入者想象为自投福柯思想罗网的人,他或许没有意识到,福柯思想与他要恢复的"19世纪那种生气勃勃的辩证的现代主义"的本性一样,正是他正在书写的著作的标题——"一切坚固的东西都烟消云散了",看来,心甘情愿地置身于西方话语控制的妄自菲薄倾向与"拯救西方现代性"之类的妄自尊大倾向一样,都值得我们小心提防。19世纪法国诗人阿尔蒂尔·兰波在《永别》中呼吁:"绝对应该做一个现代人。"[②]在《单一现代性》中,詹姆逊激动地说:"兰波的大声疾呼一向让人觉得兴奋:可能因为它不只局限于使我们确信我们已经是现代的,而是让我们去做某些更多的事情。"[③]那么,就让我们去做某些更多体现日常生活现代性的事情吧!

① (美)马歇尔·伯曼:《一切坚固的东西都烟消云散了:现代性体验》,徐大建、张辑译,商务印书馆2003年版,第43页。

② (法)阿尔蒂尔·兰波:《地狱一季》,王道乾译,花城出版社2004年版,第50页。

③ (美)F. R. 詹姆逊:《詹姆逊文集》第4卷,王逢振主编,中国人民大学出版社2004年版,第177页。

参考文献

一、中文文献

[1]《马克思恩格斯选集》第1~4卷,人民出版社1995年版。

[2]《马克思恩格斯全集》第42卷,人民出版社1972年版。

[3]《马克思恩格斯全集》第46卷,人民出版社1979年版。

[4] 马克思:《1844年经济学哲学手稿》,人民出版社2000年版。

[5](法)米歇尔·福柯:《疯癫与文明:理性时代的疯癫史》,刘北成、杨远婴译,三联书店2003年版。

[6](法)米歇尔·福柯:《词与物:人文科学考古学》,莫伟民译,上海三联书店2002年版。

[7](法)米歇尔·福柯:《知识考古学》,谢强、马月译,三联书店2003年版。

[8](法)米歇尔·福柯:《规训与惩罚:监狱的诞生》,刘北成、杨远婴译,三联书店2003年版。

[9](法)米歇尔·福柯:《必须保卫社会》,钱翰译,上海人民出版社1999年版。

[10](法)米歇尔·福柯:《性经验史》,佘碧平译,上海人民出版社2002年版。

[11](法)米歇尔·福柯:《不正常的人》,钱翰译,上海人民出版社2003年版。

[12](法)米歇尔·福柯:《主体解释学》,佘碧平译,上海人民出版社2005年版。

[13](法)福柯:《福柯集》,杜小真编选,上海远东出版社2003年版。

[14](法)阿尔蒂尔·兰波:《地狱一季》,王道乾译,花城出版社2004年版。

[15](匈)阿格尼丝·赫勒:《现代性理论》,李瑞华译,商务印书馆2005年版。

[16](美)爱德华·W. 苏贾:《后现代地理学:重申批判社会理论中的空间》,王文斌译,商务印书馆2004年版。

[17](古希腊)柏拉图:《游叙弗伦·苏格拉底的申辩·克力同》,严群译,商务印书馆1983年版。

[18](美)朱迪斯·巴特勒等:《偶然性、霸权和普遍性——关于左派的当代对话》,胡大平等译,江苏人民出版社2003年版。

[19](德)齐格蒙特·鲍曼:《流动的现代性》,欧阳景根译,上海三联书店2002年版。

[20](德)乌尔里希·贝克:《全球化时代的权力和反权力》,蒋仁祥、胡颐译,广西师范大学出版社2004年版。

[21](美)贝斯特、(美)凯尔纳:《后现代理论:批判性的质疑》,张志斌译,中央编译出版社1999年版。

[22](法)波德莱尔:《恶之花:巴黎的忧郁》,钱春绮译,人民文学出版社1998年版。

[23](法)波德莱尔:《1864年的沙龙:波德莱尔美学论文选》,郭宏安译,广西师范大学出版社2002年版。

[24](美)布莱恩·雷诺:《福柯十讲》,韩泰伦编译,大众文艺出版社

2004 年版。
[25]（美）布朗:《福柯》,聂保平译,中华书局 2002 年版。
[26]（法）布罗代尔:《资本主义论丛》,顾良、张慧君译,中央编译出版社 1997 年版。
[27]（法）布罗代尔:《文明史纲》,肖昶、冯棠译,广西师范大学出版社 2003 年版。
[28]（美）戴维·哈维:《后现代的状况:对文化变迁之缘起的探究》,阎嘉译,商务印书馆 2003 年版。
[29]（法）德勒兹:《德勒兹论福柯》,杨凯麟译,江苏教育出版社 2006 年版。
[30]（法）德勒兹:《哲学与权力的谈判:德勒兹访谈录》,刘汉全译,商务印书馆 2001 年版。
[31]（法）德里达:《马克思的幽灵:债务国家、哀悼活动和新国际》,何一译,中国人民大学出版社 1999 年版。
[32]（法）笛卡尔:《谈谈方法》,王太庆译,商务印书馆 2000 年版。
[33]（法）笛卡尔:《探求真理的指导原则》,管震湖译,商务印书馆 1991 年版。
[34]（法）笛卡尔:《笛卡尔思辨哲学》,尚新建等译,九州出版社 2004 年版。
[35]（德）弗罗姆:《逃避自由》,刘林海译,国际文化出版公司 2007 年版。
[36]（美）格里芬:《后现代宗教》,孙慕天译,中国城市出版社 2003 年版。
[37]（德）哈贝马斯:《包容他者》,曹卫东译,上海人民出版社 2002 年版。
[38]（德）哈贝马斯:《后民族结构》,曹卫东译,上海人民出版社 2002 年版。
[39]（德）哈贝马斯:《现代性的哲学话语》,曹卫东等译,译林出版社

2004 年版。

[40] (英)哈耶克:《通往奴役之路》,王明毅译,中国社会科学出版社 1997 年版。

[41](德)海德格尔:《海德格尔选集》(上),孙周兴选编,上海三联书店 1996 年版。

[42](德)海德格尔:《面向思的事情》,陈小文、孙周兴译,商务印书馆 1996 年版。

[43](德)黑格尔:《法哲学原理或自然法和国家学纲要》,范扬、张企泰译,商务印书馆 1961 年版。

[44](德)黑格尔:《小逻辑》,贺麟译,商务印书馆 1980 年版。

[45](德)黑格尔:《历史哲学》,王造时译,上海书店出版社 2001 年版。

[46] (英)安东尼·吉登斯:《现代性与自我认同:现代晚期的自我和社会》,赵旭东译,三联书店 1998 年版。

[47] (英)安东尼·吉登斯:《社会的构成:结构化理论大纲》,李康、李猛译,三联书店 1998 年版。

[48] (英) 安东尼·吉登斯:《现代性的后果》,田禾译,译林出版社 2000 年版。

[49] (英)安东尼·吉登斯、(英)克里斯多弗·皮尔森:《现代性:吉登斯访谈录》,尹宏毅译,新华出版社 2000 年版。

[50] (英)安东尼·吉登斯:《亲密关系的变革:现代社会中的性、爱和爱欲》,陈永国、汪民安等译,社会科学文献出版社 2001 年版。

[51] (英)安东尼·吉登斯:《社会理论和现代社会学》,文军、赵勇译,社会科学文献出版社 2003 年版。

[52] (英)安东尼·吉登斯:《批判的社会学导论》,郭忠华译,上海译文出版社 2007 年版。

[53](美)吉尔伯特·罗兹曼主编:《中国的现代化》,国家社会科学

基金"比较现代化"课题组译,江苏人民出版社 2003 年版。

[54] (英)杰克·伦敦:《野性的呼唤》,余珺珉译,外语教学与研究出版社、牛津大学出版社 1997 年版。

[55] (美)卡尔·博格斯:《政治的终结》,陈国刚译,社会科学文献出版社 2001 年版。

[56] (德)康德:《纯粹理性批判》,李秋零译,中国人民大学出版社 2004 年版。

[57] (德)康德:《道德形而上学基础》,孙少伟译,九州出版社 2006 年版。

[58] (德)马文·克拉达、(德)格尔德·登博夫斯基编:《福柯的迷宫》,朱毅译,商务印书馆 2005 年版。

[59] (英)恩斯特·拉克劳、(英)查特尔·墨菲:《领导权与社会主义策略:走向激进民主政治》,尹树广、鉴传今译,黑龙江人民出版社 2003 年版。

[60] (英)恩斯特·拉克劳:《我们的时代革命的新反思》,孔明安、刘振怡译,黑龙江人民出版社 2006 年版。

[61] (法)拉·梅特里:《人是机器》,顾寿观译,商务印书馆 1959 年版。

[62] (美)丹尼斯·朗:《权力论》,陆震纶、郑明哲译,中国社会科学出版社 2001 年版。

[63] (法)路易·阿尔都塞:《保卫马克思》,顾良译,商务印书馆 2006 年版。

[64] (美)约瑟夫·劳斯:《知识与权力》,盛晓明等译,北京大学出版社 2004 年版。

[65] (法)利奥塔:《后现代性与公正游戏:利奥塔访谈、书信录》,谈瀛洲译,上海人民出版社 1997 年版。

[66] (美)施特劳斯、(美)克罗波西:《政治哲学史》(上),李天然等译,河北人民出版社 1993 年版。

[67]（美）施特劳斯、（美）克罗波西：《政治哲学史》（下），李天然等译，河北人民出版社 1993 年版。

[68]（匈）卢卡奇：《历史与阶级意识：关于马克思主义辩证法的研究》，杜章智等译，商务印书馆 1992 年版。

[69]（德）尼克拉斯·卢曼：《权力》，瞿铁鹏译，中国人民大学出版社 2005 年版。

[70]（英）罗素：《权力论：一个新的社会分析》，吴有三译，东方出版社 1988 年版。

[71]（美）赫伯特·马尔库塞：《单向度的人：发达工业社会意识形态研究》，刘继译，上海译文出版社 2006 年版。

[72]（澳）马尔科姆·沃特斯：《现代社会学理论》，杨善华译，华夏出版社 2000 年版。

[73]（法）S. 马拉美：《马拉美诗全集》，葛雷、梁栋译，浙江文艺出版社 1996 年版。

[74]（美）马泰·卡林内斯库：《现代性的五副面孔：现代主义、先锋派、颓废、媚俗艺术、后现代主义》，顾爱彬、李瑞华译，商务印书馆 2002 年版。

[75]（美）马歇尔·伯曼：《一切坚固的东西都烟消云散了：现代性体验》，徐大建等译，商务印书馆 2003 年版。

[76]（英）路易丝·麦克尼：《福柯》，贾湜译，黑龙江人民出版社 1999 年版。

[77]（德）卡尔曼·海姆：《意识形态和乌托邦》，艾彦译，华夏出版社 2001 年版。

[78]（美）J. G. 梅基奥尔：《福科》，韩阳红译，昆仑出版社 1999 年版。

[79]（美）詹姆斯·米勒：《福柯的生死爱欲》，高毅译，上海人民出版社 2005 年版。

[80]（法）皮埃尔·莫内：《自由主义思想文化史》，曹海军译，吉林人民出版社 2004 年版。

[81](德)尼采:《权力意志》,贺骥译,漓江出版社 2000 年版。

[82](德)尼采:《悲剧的诞生》,周国平译,广西师范大学出版社 2001 年版。

[83](美)乔治·赫伯特·米德:《现在的哲学》,李猛译,上海人民出版社 2003 年版。

[84](美)薇思瓦纳珊编:《权力政治与文化:萨义德访谈录》,单德兴译,三联书店 2006 年版。

[85](法)让-保罗·萨特:《辩证理性批判》(上),林骧华等译,安徽文艺出版社 1998 年版。

[86](法)让-保罗·萨特:《辩证理性批判》(下),林骧华等译,安徽文艺出版社 1998 年版。

[87](美)爱德华·W. 萨义德:《人文主义与民主批判》,杨德友译,新星出版社 2006 年版。

[88](美)史蒂文·塞德曼:《有争议的知识:后现代时代的社会理论》,刘北成等译,中国人民大学出版社 2002 年版。

[89](英)尼克史·蒂文森:《认识媒介文化:社会理论与大众传播》,王文斌译,商务印书馆 2001 年版。

[90](德)奥斯瓦尔德·斯宾格勒:《西方的没落》(上),齐世荣等译,商务印书馆 2001 年版。

[91](德)奥斯瓦尔德·斯宾格勒:《西方的没落》(下),齐世荣等译,商务印书馆 2001 年版。

[92](英)阿诺德·约瑟夫·汤因比:《历史研究》,刘北成、郭小凌译,上海人民出版社 2001 年版。

[93](英)阿诺德·约瑟夫·汤因比:《汤因比论汤因比:汤因比与厄本对话录》,王少如、沈晓红译,上海三联书店 1997 年版。

[94](美)梯利:《西方哲学史》,葛力译,商务印书馆 1995 年版。

[95](法)爱弥尔·涂尔干:《职业伦理与公民道德》,渠东、付德根译,上海人民出版社 2006 年版。

[96]（英）杰弗里·托马斯:《政治哲学导论》,顾肃、刘雪梅译,中国人民大学出版社 2006 年版。

[97]（加）威尔·金卡里:《当代政治哲学》（上）,刘莘译,上海三联书店 2003 年版。

[98]（加）威尔·金卡里:《当代政治哲学》（下）,刘莘译,上海三联书店 2003 年版。

[99]（德）马克斯·韦伯:《入世修行:马克斯·韦伯脱魔世界理性集》,王容芳、陈维纲译,陕西师范大学出版社 2003 年版。

[100]（德）马克斯·韦伯:《新教伦理与资本主义精神》,李修建、张云江译,九州出版社 2007 年版。

[101]（德）文德尔班:《哲学史教程:特别关于哲学问题和哲学概念的形成和发展》,罗达仁译,商务印书馆 1987 年版。

[102]（德）西美尔:《现代人与宗教》,曹卫东等译,中国人民大学出版社 2003 年版。

[103]（美）小约翰·B. 科布:《后现代公共政策:重塑宗教、文化、教育、性、阶级、种族、政治和经济》,李际、张晨译,社会科学文献出版社 2003 年版。

[104]（美）阿尔佛雷德·许茨:《社会实在问题》,霍桂桓、索昕译,华夏出版社 2001 年版。

[105]（美）詹姆斯·博曼:《社会科学的新哲学》,李霞等译,上海人民出版社 2006 年版。

[106]（美）詹姆斯·施密特编:《启蒙运动与现代性:18 世纪与 20 世纪的对话》,徐向东、卢华萍译,上海人民出版社 2005 年版。

[107]（美）弗雷德里克·詹姆逊:《政治无意识:作为社会象征行为的叙事》,王逢振、陈永国译,中国社会科学出版社 1999 年版。

[108]（美）F. R. 詹姆逊:《现代性、后现代性和全球化》,王逢振主编,中国人民大学出版社 2004 年版。

[109]（美）弗雷德里克·詹姆逊:《时间的种子》,王逢振译,江苏教

育出版社 2006 年版。

[110]衣俊卿:《现代化与日常生活批判:人自身现代化的文化透视》,黑龙江教育出版社 1994 年版。

[111]衣俊卿:《历史与乌托邦——历史哲学:走出传统历史设计之误区》,黑龙江教育出版社 1995 年版。

[112]衣俊卿等:《20 世纪的新马克思主义》,中央编译出版社 2001 年版。

[113]衣俊卿:《文化哲学:理论理性与实践理性交汇处的文化批判》,云南人民出版社 2001 年版。

[114]衣俊卿:《现代化与文化阻滞力》,人民出版社 2005 年版。

[115]衣俊卿:《大学使命与文化启蒙》,黑龙江大学出版社 2007 年版。

[116]包亚明编:《权力的眼睛:福柯访谈录》,上海人民出版社 1997 年版。

[117]包亚明主编:《后现代性与地理学的政治》,上海教育出版社 2001 年版。

[118]包亚明主编:《现代性与空间的生产》,上海教育出版社 2002 年版。

[119]曹卫东:《权力的他者》,上海教育出版社 2004 年版。

[120]陈嘉明:《现代性与后现代性》,人民出版社 2001 年版。

[121]陈永国编:《后身体:文化、权力和生命政治学》,吉林人民出版社 2003 年版。

[122]陈永国编:《游牧思想》,吉林人民出版社 2003 年版。

[123]丁立群:《哲学实践与终极关怀》,黑龙江教育出版社 1999 年版。

[124]费孝通:《乡土中国》,上海人民出版社 2007 年版。

[125]高宣扬:《当代法国哲学导论(上册)》,同济大学出版社 2004 年版。

[126]高宣扬:《当代法国哲学导论(下册)》,同济大学出版社 2004 年版。

[127]高宣扬:《福柯的生存美学》,中国人民大学出版社 2005 年版。

[128]林语堂:《中国人》,郝志东、沈益洪译,学林出版社 2001 年版。

[129]林语堂:《林语堂评说中国文化》,中央党校出版社 2001 年版。

[130]刘小枫:《现代性社会理论绪论》,上海三联书店 1998 年版。

[131]莫伟民:《莫伟民讲福柯》,北京大学出版社 2005 年版。

[132]孙慕天、(苏)采赫米斯特罗:《新整体论》,黑龙江教育出版社 1996 年版。

[133]孙慕天:《跋涉的理性》,科学出版社 2006 年版。

[134]汪晖、陈燕谷编:《文化与公共性》,三联书店 2005 年版。

[135]汪晖:《现代中国思想的兴起(下卷),公理与反公理》,三联书店 2004 年版。

[136]汪民安、陈永国、马海良编:《福柯的面孔》,文化艺术出版社 2001 年版。

[137]汪民安、陈永国、张云鹏主编:《现代性基本读本》,河南大学出版社 2005 年版。

[138]吴国胜:《科学的历程》(上),湖南科学技术出版社 1997 年版。

[139]吴国胜:《科学的历程》(下),湖南科学技术出版社 1997 年版。

[140]叶汝贤、孙麾主编:《马克思与我们同行:新世纪马克思哲学研究》,中国社会科学出版社 2006 年版。

[141]于奇智:《凝视之爱》,中央编译出版社 2002 年版。

[142]朱国华:《权力的文化逻辑》,上海三联书店 2000 年版。

[143]张奎良:《马克思的哲学思想及其当代意义》,黑龙江教育出版社 2001 年版。

[144] 孙庆斌:《勒维纳斯:为他人的伦理诉求》,黑龙江大学出版社 2009 年版。

[145](法)福柯:《什么叫启蒙运动》,于奇智译,载《世界哲学》2005

年第1期。

[146](法)福柯:《福柯答复萨特》,莫伟民译,载《世界哲学》2002年第5期。

[147](法)斯戴法·勒格朗:《被福柯忽略的马克思主义》,陈元、黄绍华译,载《现代哲学》2007年第4期。

[148](美)丹尼尔·德菲尔、汪民安:《友爱、哲学和政治:关于福柯的访谈》,载《读书》2008年第1期。

[149](俄)柳巴娃·莫列瓦:《哲学思考范式的反思》,俞丽霞译,载《第欧根尼》2007年第2期。

[150]衣俊卿:《论世纪之交中国哲学理性的走向》,载《求实》2001年第1期。

[151]衣俊卿:《现代性的维度及其当代命运》,载《中国社会科学》2004年第4期。

[152]衣俊卿:《论微观政治哲学的研究范式》,载《中国社会科学》2006年第6期。

[153]陈嘉明:《启蒙的意义与现代性的合理性》,载《求是学刊》2006年第3期。

[154]金民卿:《国内马克思哲学研究的几种理论范式》,载《理论前沿》2000年第1期。

[155]尚杰:《福柯的异托邦》,载《同济大学学报(社会科学版)》2005年第3期。

[156]孙正聿:《从两极到中介——现代哲学的革命》,载《哲学研究》1988年第8期。

[157]汪晖:《关于现代性问题答问——答柯凯军先生问》,载《天涯》1999年第1期。

[158]张奎良:《马克思共产主义思想的哲学意蕴》,载《哲学研究》2003年第4期。

[159]张政文:《康德与福柯:启蒙与现代性之争》,载《哲学动态》

2005 年第 12 期。

[160]强世功:《权力、技术与反抗:重读〈一九八四〉》,《二十一世纪》2001 年 10 月号。

[161]衣俊卿:《日常生活批判与社会科学范式转换》,《光明日报》2006 年 2 月 14 日。

[162]崔伟奇:《论现代性与后现代性》,《光明日报》2007 年 7 月 27 日。

[163]史啸虎:《现代性与中国的改革》,《光明观察》2007 年 9 月 3 日。

二、外文文献

[1] Foucault Michel, *The Birth of the Clinic*: *An Archaeology of Medical Perception*, Routledge, 2003.

[2] Foucault Michel, *The Order of Things*: *An Archaeology of the Human Sciences*, Pantheon Books, 1971.

[3] Foucault Michel, Luther H. Martin, Huck Gutman and Patrick H. Hutton, *Technologies of the Self*: *A Seminar with Michel Foucault.* University of Massachusetts Press, 1988.

[4] Foucault Michel, Texts/Contexts of Other Spaces, Translated from the French by Jay Miskowiec. s. In *Diacritics*, 1986, 16 (1), (spring). Http://www. foucault. info /documents/.

[5] Foucault Michel, *The Archaeology of Knowledge*, Routledge Classecs, 2002.

[6] Foucault Michel, *Power/Knowledge*: *Selected Interviews and Other Writings*1972—1977, Pantheon ,1980.

[7] Foucault Michel, *Abnormal*:*Lectures at the College de France*,1974—1975, Picador,2003.

[8] Foucault Michel, *Society Must be Defended*: *Lectures at the College*

de France, 1975—1976, Picador,2003.

[9] Foucault Michel,*What is an Author? Language*,*Counter—Memory*, *Practice*,Ithaca,Cornell University Press,1977.

[10] Foucault Michel, *Discourse and Truth*: *The Problematization of Parrhesia*,University of California at Berkeley, Oct—Nov. 1983. http://www. foucault. info.

[11] Foucault Michel,*The Foucault Reader*, Edited by Paul Rainbow, Pantheon Books,1984.

[12] Foucault Michel and Lawrence D. Kritzman, *Politics*, *Philosophy*, *Culture*: *Interviews and Other Writings*, 1977 - 1984, Routledge, 1988.

[13] Bergson, Henri and Arthur Mitchell, *Creative Evolution*, Modern library, 1944.

[14] Bernauer, James William, and Jeremy R. Carrette, *Michel Foucault and Theology*: *The Politics of Religious Experience*, Alder shot, Hampshire, Ashgate, 2004.

[15] Cahn ,Steven M,ed. , *Political Philosophy*: *The Essential Texts*, Oxford University Press Inc, 2005.

[16] Crampton,Jermy W,The Political Mapping of Cyberspace, In *Annals-Association of American Geographers*, 96 (1): 224 -227, 2006.

[17] Culpitt, Ian. ,*Michel Foucault*,*Social Policy and ' Limit Experience '*, Ph. D. thesis. Social Policy, Victoria University of Wellington,2001.

[18] Deacon, Roger Alan, *Fabricating Foucaul*:*Rationalising the Management of Individuals*, Marquette University Press, 2003.

[19] Derrida, J, & Mcdnald, C. , *The Ear of the Other*: *Otobiography*, *Transference*, *Ttranslation Texts and Discussions with Jacques Derrida*, Schocken Books,1985.

[20] Derrida Jacques, *Raising the Tone of Philosophy*, The Johns Hopkins University Press, 1993.

[21] Detel Wolfgang, *Foucault and Classical Antiquity: Power, Ethics and Knowledge*, Cambridge University Press, 2005.

[22] Elden Stuart, *Mapping the Present: Heidegger, Foucault and the Project of a Spacial History*, Continuum, 2001.

[23] Falzon Christopher, *Foucault and Social Dialogue: Beyond Fragmentation*, Routledge, 1998.

[24] Giddens, Anthony and Christopher Pierson, *Conversations with Anthony Giddens: Making Sense of Modernity*, Cambridge, UK: Polity Press, 1998.

[25] Greenfield, C., Mitchell Dean, Governmentality: Power and Rule in Modern Society, In *Australian Journal of Ppoliticai Science*. 35: 563, 2000.

[26] Clifford Michael, *Political Genealogy after Foucault Savage Identities*, Routledge, 2001.

[27] Gregory, D., *Ideology*, *Science and Human Geography*, Hutchinson, 1978.

[28] Habermas, JÜrgen, *The Inclusion of the Other: Studies in Political Theory*, Polity Press, 1998.

[29] Kant Immanuel, *Critique of Pure Reason*, Macmillan, 1922.

[30] Kosiík Karel, *Dialectics of the Concrete: A Study on Problems of Man and World*, D. Reidel Pub. Co, 1976.

[31] Kögler Hans-Herbert, *The Power of Dialogue Critical Hermeneutics after Gadamer and Foucault*, Cambridge, MIT Press, 1999.

[32] Koskela Hill, 'Cam Era'—the Contemporary Uban Panopticon, In *Surveillance &Sociaty and authors*, 2003 1(3), http:// www. Surveillance &Sociaty and authors ora.

[33] Larmour David H. J. , Paul Allen Miller, and Charles Platter, *Rethinking Sexuality: Foucault and Classical Antiquity*, Princeton University Press, 1998.

[34] Laclau Ernesto, *New Reflections on the Revolution of Our Time*, Verso, 1990.

[35] Levy Neil, *Being Up—To—Date: Foucault, Sartre, and Postmodernity*, PeterLang, 2001.

[36] Mahon Michael, *Foucault's Nietzschean Genealogy Truth, Power, and the Subject*, Suny Series in Contemporary Continental Philosophy, State University of New York Press, 1992.

[37] May Todd, *The Political Philosophy of Poststructuralist Anarchism*, Pennsylvania State University Press, 1994.

[38] May Todd, *The Philosophy of Foucaul*t, Acumen Publishing Limited, 2006.

[39] Middleton Sue, *Disciplining Sexuality Foucault, Life Histories, and Education*, Teachers College, Columbia University, 1998.

[40] Paul M. Conhen, *Freedom Moment: An Essay on the French Idea of Liberty from Rousseau to Foucault*, The University of Chicago Press, 1997.

[41] Popkewitz, Thomas S. , and Marie Brennan, *Foucault's Challenge Discourse, Knowledge, and Power in Education*, Teachers College Press, 1998.

[42] Poster Mark, *Foucault, Marxism and History*, Polity Press, 1984.

[43] Prado, C. G. , *Searle and Foucault on Truth*, Cambridge University Press, 2006.

[44] Robert Wolker, The Enlightenment Project as Betrayed by Modernity, In *History of European Ideas*, Vol. 24, Nos. 4 – 5, 1998, pp. 301 – 313.

[45] Rose, Nikolas S., *Powers of Freedom Reframing Political Thought*, Cambridge University Press, 1999.

[46] Schmidt, James, *Misunderstanding the Question: What is Enlightenment?* 2007. http://people.bu.edu/.

[47] Schuld, Joyce J., *Foucault and Augustine: Reconsidering Power and Love*, University of Notre Dame Press, 2003.

[48] Strydom Piet, *Discourse and Knowledge: The Making of Enlightenment Sociology*, Liverpool University Press, 2000.

[49] Trainor, B. T., Foucault and the Politics of Difference, In *Philosophy and Social Criticism*, 29: 563 - 580, 2003.

后　记

步入21世纪的中国是在全球化地平线上和传统中国文化背景下快步发展的中国,这就决定我们在面对现代性,面对西方社会的微观权力的同时,还要面对中国传统社会的复杂微观权力问题。从这个意义上说,相对于西方的知识分子,中国的知识分子有着更重的历史责任,需要更强的人文关怀,面对更复杂的现实问题,需要更细致的工作。日常生活的现代性是在现实世界和日常生活中开展出来的,如何面对和解决?单纯依靠传统资源恐怕势单力薄、力不从心,因此,调动新的文化资源就成为我们推动现代性研究的一个绝非可有可无的选择。基于此,本书通过对现代性的先期考察发现:康德以来哲学对启蒙的探讨,尤其是20世纪80年代以来东西方对现代性问题的集中探讨使梳理和总结现代性的时机日趋成熟;与此相关,通过西方马克思主义思想的发展和引入,中国马克思主义的本土实践,中国的马克思哲学已经发展到以实践哲学、交往理论、文化哲学、发展哲学、科技哲学、生态哲学、政治哲学等为样式的新阶段,探讨这些新马克思主义哲学特征的时机日趋成熟;从1968年起,西方的微观政治研究经过40年的演进,取得了丰富的成果,探讨新政治哲学研究范式的时机也日趋成熟。上述三个方面的工作某种程度上在研究福柯微观政治哲学的语境中合流,因此,我们以马克思主义的实践论为指针,以新世纪现代性问题为地平,探寻福柯微观政治哲学的意蕴,明确以现代性制度、理念、态度为基础的多维现代性,形成了以对他者的权力批判、对主体的权力批判、空间权力批判、规训权力批判和牧师权力批判为基础的微观政治批判的结构性认识,分析了马克思的微观哲学资源。鉴于问题的复杂性,本书提供的只是一些初步的构想,其中的观点和见解还不够准确、成熟,我们衷心希望它能进入新世纪关于现代性问题、马克思哲学和政治哲学研究的交流与对话中,能对中国日常生活的现代性研究起一点微小的推动作用,因此诚心向各位专家求教。

需要强调指出的是,本书并不完全认同福柯的理性秩序批判观点,并不赞同他的全部判断,但是我们敬重他所坚持的那份“公共知识分子”的信念。

这本书是在我的博士论文基础上修改出版的,对我来说,攻读博士的过程是我人生的又一次“进阶”。在此,我要感谢我的博士生导师衣俊卿教授对本论文的倾情投入和悉心指导,对学生的无微不至的关怀;感谢黑龙江大学张奎良教授、丁立群教授、张政文教授、何颖教授、马天俊教授等对本论文提出宝贵意见和建议;感谢孙正聿教授、徐晓风教授作为答辩委员会的主席给我提出的中肯的意见和建议;感谢我的硕士生导师孙慕天教授引领本人感受到哲学的深沉与诗情;感谢先前的福柯研究者为本书提供的研究平台;感谢国务院学位委员会专家对优秀博士论文的评审;感谢国家社科基金、黑龙江省社科基金、黑龙江大学文化哲学研究中心的资助;感谢黑龙江省委党校的同事的大力支持;感谢我的同学、朋友和家人,他们对我提供了无私的帮助。

最后,我们再一次感谢中国“麦田里的守望者”、“人文精神的守望者”、“新启蒙主义者”、“理性精神的捍卫者”,在他们身上,我们看到了中国知识分子群体的责任与良知,也意识到新世纪知识分子的义务与使命,我们愿意将这些弥足珍贵的思想和精神传承下去,发展开来,为中国的现代性事业尽自己的绵薄之力。

赵福生

2010 年 1 月 24 日于冰城汲沦溪